DAOLU KEYUN JIASHIYUAN JINENG DENGJI PEIXUN JIAOCAI

道路客运驾驶员技能等级培训教材

下册

北京公共交通控股（集团）有限公司　主编

（高级工、助理技师、技师、高级技师）

人民交通出版社股份有限公司

北京

内 容 提 要

《道路客运驾驶员技能等级培训教材》共分上、下两册,针对公交行业驾驶员岗位要求,结合智能辅助驾驶主动安全预警系统等新技术发展,以交通安全、驾驶技能、车辆维修、应急处理等知识和技能为重点,涵盖了企业自主评价体系初级、中级、高级、助理技师、技师、高级技师六个技能等级的岗位要求和专业技能知识。

本教材上册适用于初级工、中级工的技能培训,下册适用于高级工、助理技师、技师和高级技师的技能培训,为高技能人才发挥引领示范作用提供了基础知识保障。

图书在版编目(CIP)数据

道路客运驾驶员技能等级培训教材. 下册 / 北京公共交通控股(集团)有限公司主编. — 北京:人民交通出版社股份有限公司,2020.8
ISBN 978-7-114-16542-9

Ⅰ. ①道… Ⅱ. ①北… Ⅲ. ①道路运输—旅客运输—驾驶员—技术培训—教材 Ⅳ. ①U471.3

中国版本图书馆 CIP 数据核字(2020)第 078247 号

书　　名:	道路客运驾驶员技能等级培训教材(下册)
著 作 者:	北京公共交通控股(集团)有限公司
责任编辑:	王　丹　李　喆
责任校对:	刘　芹
责任印制:	刘高彤
出版发行:	人民交通出版社股份有限公司
地　　址:	(100011)北京市朝阳区安定门外外馆斜街 3 号
网　　址:	http://www.ccpress.com.cn
销售电话:	(010)59757973
总 经 销:	人民交通出版社股份有限公司发行部
经　　销:	各地新华书店
印　　刷:	北京市密东印刷有限公司
开　　本:	787×1092　1/16
印　　张:	34.5
字　　数:	673 千
版　　次:	2020 年 8 月　第 1 版
印　　次:	2020 年 8 月　第 1 次印刷
书　　号:	ISBN 978-7-114-16542-9
定　　价:	98.00 元

(有印刷、装订质量问题的图书由本公司负责调换)

编写委员会

主　　任：洪崇月

副 主 任：高　原　吴松涛　李金刚　谢　静

主　　编：杨　斌

副 主 编：邵　强　邵　丹　刘宝来　谢亚平

编撰人员：(按姓氏笔画排序)

马　忠　马金光　王大鹏　戎建涛

刘宝华　刘宝来　齐士方　李树桐

张英红　单文涛　赵　刚　贾　震

郭　超　曹晓霞　宿　月　裴怀宝

牛丽君　冯　佳

项目负责：谢　静　丰　帆

前言
Preface

2017年国家实行职业资格制度改革，由企业承担技能人才评价主体责任。北京公交集团作为北京市第一批技能等级认定试点企业，紧跟改革步伐，对技能人才评价标准和流程进行全面调研与梳理，形成了科学、严谨、规范的技能等级自主评价体系。在此基础上，北京公交集团结合新技术的发展与应用，将技能人才评价与智能调度系统、智能辅助驾驶主动安全预警系统等公交领域新技术进行深度融合，开发了具有公交特色、符合企业实际需求的技能等级培训系列专用教材。

《道路客运驾驶员技能等级培训教材》共分上、下两册，针对公交行业驾驶员岗位要求，结合智能辅助驾驶主动安全预警系统等新技术发展，以交通安全、驾驶技能、车辆维修、应急处理等知识和技能为重点，涵盖了企业自主评价体系初级、中级、高级、助理技师、技师、高级技师六个技能等级的岗位要求和专业技能知识。

本教材上册适用于初级工、中级工的技能培训，内容包括职业入门必备的企业文化、法律法规、职业道德、事故预防、安全驾驶、应急处理、车辆构造、维护和常见故障处理等知识内容。本教材下册适用于高级工、助理技师、技师和高级技师的技能培训，内容为上册各模块知识点的延伸与提升，拓展了运输管理、公文写作、办公软件应用、职业培训与指导等内容，为高技能人才发挥引领示范作用提供了基础知识保障。

本教材在编写过程中得到了北京市人力资源和社会保障局相关领导、专家的支持和指导,得到了北京公交集团相关专业部室领导、专业人员和技能大师工作室的鼎力相助,在此表示诚挚的谢意!我们坚信,本教材一定会在未来公交行业从业人员职业技能提升中发挥重要作用。

由于编者水平有限,书中难免有疏漏和不足之处,恳请广大读者批评指正,并及时将发现的问题和修改建议函告北京公交集团人力资源部(地址:北京市丰台区莲花池西里29号,邮政编码:100161),以便修订时研用。

编 者

2020 年 5 月

目录
contents

第一章 交通安全分析

第一节 交通安全的影响因素 ······ 2
第二节 交通事故产生的原因 ······ 3
第三节 交通事故的预防 ······ 8
第四节 交通事故案例分析 ······ 11

第二章 车辆驾驶操作

第一节 车辆的基本结构与名称 ······ 18
第二节 车辆驾驶理论 ······ 26
第三节 山路驾驶 ······ 38
第四节 夜间驾驶 ······ 43
第五节 高速公路驾驶 ······ 47
第六节 通过桥梁、隧道、涵洞的驾驶操作 ······ 51
第七节 通过泥泞、翻浆道路的驾驶操作 ······ 54
第八节 涉水的驾驶操作 ······ 56
第九节 恶劣气候下的驾驶操作 ······ 58
第十节 场地驾驶操作 ······ 63

第三章　车辆安全驾驶

第一节　车辆安全驾驶理论 …………………………………………… 70
第二节　车辆防御性驾驶 ……………………………………………… 81
第三节　适宜性驾驶与健康（情绪控制、心理指导）………………… 87
第四节　应急处理 ……………………………………………………… 93
第五节　消防知识和车辆火灾预防与处理 …………………………… 102

第四章　汽车电子控制技术

第一节　发动机电子控制技术 ………………………………………… 112
第二节　底盘电子控制系统 …………………………………………… 120
第三节　电气技术 ……………………………………………………… 138
第四节　汽车电子控制技术发展趋势 ………………………………… 143

第五章　柴油机发动机电控技术

第一节　电控柴油机概述 ……………………………………………… 150
第二节　常规压力电控燃料喷射系统的控制原理 …………………… 153
第三节　柴油共轨喷射系统控制原理 ………………………………… 156
第四节　柴油共轨系统结构与工作原理 ……………………………… 162
第五节　柴油机的废气净化装置与控制 ……………………………… 175

第六章　天然气发动机技术

第一节　天然气发动机概述 …………………………………………… 188
第二节　公交车用潍柴天然气发动机 ………………………………… 190
第三节　公交车用天然气发动机的日常使用及维护 ………………… 194
第四节　城市公共交通车辆燃气系统技术特点与管理 ……………… 195
第五节　常见故障 ……………………………………………………… 226

第七章　车辆电气与电子技术

第一节　公交车电子技术概述 …………………………………… 232
第二节　公交车电子控制系统的一般组成 …………………… 233
第三节　公交车常用传感器 …………………………………… 240
第四节　公交车用执行器 ……………………………………… 248
第五节　汽车网络基础知识 …………………………………… 253
第六节　汽车电控系统的故障检测与分析 …………………… 264
第七节　电子故障诊断设备 …………………………………… 271
第八节　城市公共交通车辆电气设备技术特点与管理 ……… 275

第八章　车用空调系统电控技术

第一节　车用空调制冷循环的热力过程 ……………………… 294
第二节　车辆空调取暖与通风系统的调节 …………………… 297
第三节　车辆空调自动控制系统 ……………………………… 299
第四节　空调系统的保护和控制装置 ………………………… 305
第五节　车辆空调维修与测试设备 …………………………… 310
第六节　车辆空调系统维修与检测 …………………………… 316

第九章　汽车底盘故障诊断与排除

第一节　传动系统故障诊断与排除 …………………………… 322
第二节　制动系统故障诊断与排除 …………………………… 329
第三节　汽车转向系统故障分析与排除 ……………………… 332
第四节　自动变速器故障诊断与排除 ………………………… 336

第十章　新能源汽车技术

第一节　新能源汽车概述 ……………………………………… 346
第二节　混合动力汽车 ………………………………………… 351
第三节　纯电动汽车 …………………………………………… 378
第四节　双源无轨电车 ………………………………………… 392

第十一章 车辆综合故障诊断技术

第一节 故障诊断基本概述 …… 414
第二节 汽车故障诊断基本原理 …… 427
第三节 汽车故障诊断流程步骤 …… 434
第四节 电控发动机故障诊断与分析 …… 450

第十二章 运输企业日常管理

第一节 运输成本管理 …… 466
第二节 车用物资管理 …… 472
第三节 劳动人事管理 …… 481
第四节 汽车编队行驶管理 …… 483

第十三章 公文写作

第一节 公文写作知识 …… 486
第二节 技术总结 …… 495
第三节 论文写作 …… 498

第十四章 职业培训与指导

第一节 职业培训基础知识 …… 510
第二节 职业指导方法 …… 513
第三节 微课设计 …… 515

第十五章 北京公交集团企业文化价值

第一节 北京公交集团企业文化发展历程 …… 520
第二节 北京公交集团企业文化建设体系 …… 523
第三节 北京公交集团企业文化价值理念体系 …… 526

第四节　北京公交集团员工行为规范 ··· 531
第五节　北京公交集团企业文化实践活动 ··· 533

附录　计算机应用相关知识

参考文献

第一章

交通安全分析

第一节　交通安全的影响因素

道路交通系统由人、车、路和环境四个基本要素构成。道路交通系统作为动态的开放系统，其安全既受系统内部因素制约，又受系统外部环境干扰，并与人、车、路和环境因素密切相关。

一、人的因素

道路交通是人类生存最基本的需求之一。人是道路交通安全的主体，包括所有道路交通参与者，如驾驶员、骑车人、行人等。随着社会的发展和交通活动的日益频繁，人与车、车与车之间的交通冲突机会不断增加。同时，人们的传统交通观念，人们的心理、生理、认知水平等方面的局限性和不良的交通习惯（如明知违法，但因为看到他人违法没有造成事故或没有受到处罚，而放纵自己的行为），在短期内难以有较大的转变。另外，一部分文化素质不高与快速发展的交通之间不协调，交通意识转变速度与道路交通的发展不协调，机动化水平的提高与交通管理新技术、新手段不协调；成为人们参与交通的主要不安全因素。

二、车辆因素

车辆是现代道路交通中的主要运行工具，影响车辆安全行驶的主要因素有转向、制动、行驶和电气四个部分。我国车辆种类较多，动力性能差别大，车辆在长期使用过程中处于各种各样的环境，承受各种应力，如外部的环境应力、内部功能应力和运动应力，以及车辆总成、部件等。车辆结构和使用条件不同，其使用强度、行驶工况、技术状况参数将以不同规律和不同强度发生变化，导致车辆使用性能不良、机件失灵或部件损坏，从而引发交通事故。

三、道路因素

道路是交通运输的基础设施，是影响道路交通安全的重要因素之一。随着道路建设的逐步扩大，公路里程增加，尤其高等级公路明显增加，道路结构和交通条件日益改善，为道路交通安全改善打下了良好的基础。但是，我国有很多城市道路交通构成不合理，交通流中车型复杂，人车混行、机动车非机动车混行问题严重；部分地区公共交通不发达,服务水平低,安全性差;近年来,共享单车出现,自行车交通比率增大,加上骑车人水平不一、个性不同,非机动车与机动车和行人争道抢行;无效交通如空驶出租车较多、私家车辆增加,造成道路拥堵严重。这些无疑恶化着我国城市的交通安全状况。此外,部分城市道路直线路段过长,道路景观过于单调,容易使驾驶员产生疲劳、注意力分散,致使反应迟缓而发生交通事故。另外,我国道路基础设施建设速度低于交通需求的发展速度,有的道路的设计要求与实际运行状况不协调。各地区道路线形、道路结构、道路设施不统一,客观上给驾驶员适应交通环境带来一定难度。

四、环境因素

交通环境是交通安全的综合因素。交通环境主要包括道路交通标志标线、安全设施、噪声污染和天气气候等。道路交通标志标线设置不科学、不连续,数量不足;道路周边的环境建设和配套设施建设不协调,容易造成驾驶员对道路安全警惕意识松懈,安全性降低。国内外许多学者经过长期研究证实,视觉良好的标志标线能够提供视线诱导,增强道路景观;良好的照明可以提高路面照度的均匀性,减轻照明眩光,给驾驶员提供了安全驾驶的环境。但是,交通环境是随着一定的条件变化而改变的,不同的交通工具、不同的道路状况、不同的季节、不同的天气,都有不同的交通环境。

交通参与者要针对不同的交通环境采取不同的参与方式,才能充分享受交通资源,确保平安出行。

思考题

交通安全的影响因素包括哪些内容?

第二节　交通事故产生的原因

近年来,随着人们的道路交通安全意识逐渐增强,机动车交通事故发生量呈逐渐下降趋势,但总量还是较大。据全国交通事故统计数据分析,人的因素是造成交通事故的主要原因,由此造成的交通事故约占总事故的95.30%,其中机动车驾驶员因过失造成交通事故的占87.5%,非机动车驾驶人占4.7%,行人、乘客占5.18%,其他人员占2.62%。

一、酒后驾驶对交通安全的影响

酒精会使大脑高级神经紊乱,从而破坏人们正常的生理机能。根据世界卫生组织的事故调查显示,50%～60%的交通事故与酒后驾驶有关。酒后驾驶已经被世界卫生组织列为车祸致死的首要原因。正是由于酒后驾驶可能导致的严重后果,各个国家都对酒后驾驶执行严格的规定。我国的相关法律将酒后驾驶分为饮酒驾驶和醉酒驾驶。饮酒驾驶和醉酒驾驶是根据驾驶员血液、呼气中的酒精含量值来界定的。所谓饮酒驾驶,是指驾驶员每百毫升血液中的酒精含量大于或者等于20mg、小于80mg的驾驶行为。所谓醉酒驾驶,是指驾驶员每百毫升血液中的酒精含量大于或者等于80mg的驾驶行为。

科学研究发现,驾驶员在没有饮酒的情况下驾驶汽车,发现前方有危险情况,从视觉感知到踩制动器的动作,中间的反应时间为0.75s;饮酒后,因酒精麻痹作用,造成驾驶员注意力分散、行动笨拙、反应迟钝、判断能力降低、操作能力降低,从而不能准确接收和处理路面上的交通信息,无法正确判断安全行车间距与行车速度,无法正常控制加速踏板、制动踏板和转向盘,反应时间要减慢2～3倍,制动距离也要相应延长,极易导致事故的发生。

试验表明,当血液中酒精浓度含量达到每百毫升20mg时,驾驶车辆的能力开始下降;血液中酒精浓度含量达到每百毫升30mg时,就会导致视力降低;血液中酒精浓度含量达到每百毫升80mg时,驾驶员的视野就会缩小,视像也会不稳,辨色能力下降,眼睛只盯着前方目标犯困打盹,导致行驶不规律,不能发现和领会交通信号、交通标志标线,对处于视野边缘的危险隐患难以发现。饮酒后,驾驶员在酒精刺激下,情绪易冲动,胆量增大,过高估计自己,具有冒险驾驶倾向,对周围人的劝告不予理睬,驾驶中操作失误的动作比正常人增加16倍。所以,饮酒驾驶,特别是醉酒驾驶,对道路交通安全的危害是十分严重的。

二、超速行驶对交通安全的影响

大量的交通事故统计数据表明,多数交通事故是由于超速行驶引起的。其主要原因是驾驶员交通安全意识淡薄,受利益驱使、特权思想支配,开"英雄车",过于相信自己的能力。此外,驾驶员认为路况较好、视线开阔,汽车性能好、控制起来得心应手,以致产生麻痹心理,认为开快点也没什么问题,超速行驶,埋下安全隐患。

(1)超速行驶,驾驶员注意力集中、心里紧张,超车、会车增多,行驶间距缩短,导致驾驶员不但对所驾驶的车辆速度不能正确判断,而且对行人、非机动车、其他机动车的速度也会低估。特别是在超越前车时,容易低估对向来车的速度和距离,同时也会低估超越前车的相持距离,与对向来车极易发生相撞或刮擦事故。

(2)车速越高,驾驶员视野越窄,从而无法获取足够的道路信息,对突然出现的危险情况很难发现、处理。而且长时间超速行驶,还会使驾驶员的神经高度紧张,疲劳感增加,容易困倦,不能正确判断交通情况,甚至采取错误的措施,导致事故的发生。

（3）超速行驶，车辆惯性加大，遇到紧急情况时不能及时制动，易发生追尾事故。实验证明，车速增加一倍，转弯时车辆的离心力增加两倍，冲击力增加一倍。超速行驶不仅极易发生侧翻事故，而且会加重事故损失。

（4）车辆长时间超速行驶，发动机及传动机构处于连续疲劳状态，破坏车辆在特定环境工作中的指数，加大车辆的工作强度和负荷，加剧机件的磨损。对轮胎更是不利，提高了轮胎的摩擦温度，使轮胎容易老化和变形，引发爆胎。

三、疲劳驾驶对交通安全的影响

驾驶员由于长时间坐在固定的座位上操作，动作受到一定范围的限制，长时间高度集中和忙于判断车外刺激信息，精神状态格外紧张，易产生驾驶疲劳。疲劳驾驶是引发交通事故的一个潜在的重要原因。

（一）驾驶疲劳的分类

驾驶疲劳分为轻微疲劳、中度疲劳和重度疲劳三个阶段。驾驶员处于轻微疲劳时，会出现换挡不及时、不准确；驾驶员处于中度疲劳时，操作动作呆滞，有时甚至会忘记操作；驾驶员处于重度疲劳时，往往会下意识操作或出现短时间睡眠现象，严重时会失去对车辆的控制能力。

根据驾驶疲劳引发事故的不同程度，可分为三个时期。

1. 事故潜在期

驾驶员一般连续驾驶5h就会出现疲劳，表现出头昏、手脚发抖、心情烦躁等症状，从而使得驾驶动作过分急促或迟缓，准确率随之下降，发生事故的危险性随之增大。

2. 事故易发期

急性疲劳带来的危害和结果就在这一时期内。驾驶员通常表现为情绪低落、烦躁不安、操作不准确、修正动作时间不当或不合时机。若不能及时引起注意或警惕，就有可能会引发事故。

3. 过度疲劳期

过度疲劳期是影响行车安全最危险的时期，发生事故的概率最高（可以说是事故必发期）。如驾驶车辆连续行驶8h以上而未能很好地睡眠，驾驶员会感到身体严重不舒服，对外界情况几乎没有反应，对操作动作几乎不能自制，不时地打瞌睡，甚至进入半睡眠状态，就会出现与来车相撞，偏离正常路面，撞死、撞伤路边行人或翻入沟内、坠入悬崖、江河等重大事故。

(二)疲劳驾驶对安全行车的影响

疲劳会使驾驶员的驾驶机能失调、操作能力下降,对安全行车带来不利的影响。

1. 反应时间明显延长

据国外研究,工作一天以后,不同年龄的驾驶员对红色信号的反应时间都延长了,见表1-1。

不同年龄的驾驶员疲劳前后的反应时间　　　　表1-1

年龄(岁)	疲劳前的反应时间(s)	疲劳后的反应时间(s)
18~22	0.48~0.56	0.60~0.63
22~45	0.58~0.75	0.53~0.82
45~60	0.78~0.80	0.64~0.89

对复杂刺激(同时给红色和声音刺激)的反应时间也延长了,有的甚至延长2倍以上。

2. 操作能力下降

疲劳之后,驾驶员动作准确性下降,有时发生反常反应(对于较强的刺激出现弱反应,对于较弱的刺激出现强反应)。动作的协调性也受到破坏,以致反应不及时,有的动作过分急促,有的动作又过分迟缓。有时做的动作并不错,但不合时机。这在制动、转向方面表现得最为明显。

3. 判断失误增多

疲劳以后,判断错误和驾驶错误都远比平时增多。判断错误多表现为对道路的通畅情况、对潜在事故的可能性及应对方法考虑不周到,车速控制不当(特别是雨天)。驾驶错误多表现为掌握转向盘、制动、换挡不当。严重者可发生手足发抖、脚步不稳、动作失调、肌肉痉挛,对驾驶产生严重影响。

四、超载超限对安全行车的影响

车辆超载超限对安全行车或运输造成极大的危害,严重危及国家和人民的生命财产安全,诱发大量的道路交通事故。据统计,载重货车道路交通事故中,有80%以上是由于超限超载运输引起的。车辆超载超限运输给人民生命财产造成巨大的损失。其危害主要有:

(1)车辆超载超限严重破坏公路基础设施。由于超载超限车辆的荷载远远超过公路和桥梁的设计载荷,致使道路路面损坏、桥梁断裂,使用年限大大缩短。

(2)车辆超载超限,会因质量增大而惯性加大,制动距离加长,危险性增大。如果严重超载,则会因轮胎负荷过重、变形过大而引发爆胎、突然偏驶、制动失灵、翻车等事故。另外,超载还会影响车辆的转向性能,易因转向失控而导致事故。

(3)驾驶员驾驶超载超限的车辆,往往会增加心理负担和思想压力,容易出现操作错误,影响行车安全,造成交通事故。

(4)由于超载超限的车辆无法达到正常行驶速度,长时间占用车道,直接影响道路的畅通。

因此,驾驶车辆运载货物或乘客时,应严格遵守法律、法规中的装载规定,不得超载超限。

五、分心驾驶对安全行车的影响

根据美国国家公路交通安全管理局发布的最新数据,2017年全美有3166人死于分心驾驶,每天有大约9人死于分心驾驶机动车事故。从另一个角度来看,9%的致命车祸是由分心驾驶所致,通常是驾驶员使用手机通话或发短信(占2017年所有分心驾驶死亡事故的14%)时引起的。除使用手机外,驾驶车辆时吃东西、聊天、摆弄收音机或调整风扇、空调等操作,导致思想不集中,视线离开路面等,也是造成分心驾驶事故的原因。

在日常生活中,不少驾驶员安全意识不足,盲目自信,心存侥幸,打电话、聊天的分心驾驶行为比比皆是。常见的分心驾驶行为如下:

(一)驾驶中使用手机

驾驶车辆的时候发短信或拨打电话,出事概率是一般正常驾驶的2~3倍,可以说是最常见也是引发事故最多的分心驾驶行为。

(二)驾驶中触碰电子设备

驾驶中浏览、操作电子设备也是经常出现的分心驾驶行为,由于视线要跟上操作,导致脱离正常行车视野,很容易发生追尾事故。

(三)驾驶中与车上人员聊天

驾驶中与车上人员聊天会干扰安全驾驶;如果驾驶员转头去跟后座的人聊天或讲话,就会完全脱离正常行车视线,更加危险。

(四)驾驶中抽烟

驾驶中抽烟也是常见的分心驾驶行为。驾驶员抽烟时一般都一只手握转向盘,遇到紧急状况容易手忙脚乱,面对危险来不及反应。

(五)驾驶中化妆、整理头发

化妆过程中有许多动作都需要集中注意力,例如画眉、描眼线、刷睫毛等。驾驶员注意力都在化妆上,导致遇到危险情况来不及反应,容易引发事故。

(六)驾驶中拿取物品、调整座位等行为

驾驶中找寻、拿取物品,调整座位等动作都是相当危险的,这些动作必须在停车后才能做。此外,行车中吃东西、盯着路边的事物看、照顾宠物等都属于分心驾驶行为。

专心驾驶,保障行车安全,既是对他人生命安全的珍重,更是对自己和家人的负责。任何分心驾驶的行为都可能会导致无法挽回的严重后果,因此大家都应遵纪守法,不分心驾驶,让习惯成自然,做一名合格的机动车驾驶员。

1. 交通事故产生的原因有哪些?
2. 酒后驾驶的危害是什么?
3. 超速行驶有哪些危害?
4. 分心驾驶对安全行车有哪些影响?
5. 疲劳驾驶对安全行车的危害有哪些?

第三节　交通事故的预防

交通安全是一项复杂的系统工程,既涉及人、车、路、环境四者之间的关系,又是社会问题,必须综合治理。实践证明,交通安全管理工作需要全社会通力合作,共同担当维护交通秩序、履行交通安全的责任和义务。只有这样,预防和减少交通事故才能落到实处。人、车、路、环境四个要素是解决道路交通事故高发问题的关键环节。因此,要从根本上降低和防止道路交通事故的发生,保证行车安全,减少伤亡和经济损失,就必须从以下几方面做好预防工作。

一、加强交通安全教育,减少交通违法行为

在道路交通事故预防的诸多因素中,人处于核心地位。人的交通安全意识和法治观念比较淡薄,违法现象比较严重,是造成交通事故的最主要因素。国内外道路交通事故处理的实践证明,各类道路交通违法行为的存在是导致事故发生的根本原因。

因此,预防和减少道路交通事故,从根本上讲,要从预防和减少交通违法行为做起。为了提高交通安全,世界各国都十分注意交通安全教育,交通安全教育主要分为两大部分,即对机动车驾驶员的交通安全教育和对全社会人员的安全教育。

(一)对驾驶员的教育

对驾驶员的交通安全教育应常抓不懈且注重实效,内容主要有:驾驶员定期学习交通安全法规;学习机动车的新技术、新操作技能、机械理论。驾驶员定期进行的理论考核、操纵考核和车辆审验等都可以归到这个范围内。

此外,从驾驶员本身来说,具有高度责任感和安全意识、严格遵守交通安全法规和熟练掌握驾驶技术,即具有良好的思想、心理、技术素质,可以减少和避免交通事故的发生。

1.文明驾驶的培养

每个交通参与者都有义务自觉维护交通的畅通、和谐。文明素质与驾驶技术对驾驶员来讲同等重要。驾驶员行驶中的互相礼让,并不是单纯为了文明而文明。实践证明,文明驾驶是与人方便,与己方便。

驾驶员文明修养是职业道德品质形成的过程,即:首先要获得文明印象;其次要磨炼文明意志;再次要培养文明习惯;最后要坚定文明信念。

(1)获得文明印象

文明印象是指人们在日常生活中形成的有关好坏、文明、道德等的一些直观印象。如人们对驾驶员驾驶机动车是守法还是违法、文明还是不文明早就能够鉴别,具备了一定的文明素质评价标准。

(2)磨炼文明意志

驾驶员在驾驶车辆参与交通活动中,要以文明和道德的动机战胜不文明、不道德的动机,要以自己的理智战胜导致危险驾驶的欲望和冲动,经过长期艰苦的意志磨炼,就会逐渐产生正义感,从而厌恶不讲规矩、不负责任的行为。

(3)培养文明习惯

好的习惯是培养出来的,驾驶员的文明习惯也需要在长期的、反复的实践中逐步养成。这需要付出艰苦的努力,可一旦形成好的习惯,受益的是驾驶员自己和整个社会。

(4)坚定文明信念

养成良好习惯以后,要坚定信念、排除干扰。驾驶员在参与交通中有时可能会遇到"好心不得好报"的情况,但不能因此就抛掉"好心",要坚持自己良好的思想品质,保持坚定的文明信念。

驾驶员应当做文明交通的楷模。驾驶员讲文明、讲道德一定是受人尊敬的。其在交通活动中的文明道德行为可以起到示范作用、带头作用、辐射作用和牵动作用。当守法规、讲文明、讲道德成为广大交通参与者的行动时,自觉守法的大环境才能形成。

2. 安全行车的基本要求

(1) 不超载

道路是按照车辆正常装载与乘坐要求设计与建设的,不能适应超载车辆的使用需要。超载车辆承载并未留有过多的制动余力,所以,对于车辆而言,即使驾驶员没有其他违法行为,每一处坡道、弯道、窄道、路口等也都存在事故隐患。尤其是驾驶员在陌生道路驾驶超载车辆时,最容易发生事故。

(2) 不超速

任何一条道路设计都规定了设计车速,即车辆能够保证安全行驶的极限车速,因此,车辆在任何一条道路上都应该限速行驶,超过限速标准就意味着无法保证车辆的交通安全。任何一名驾驶员都不可能完全了解和适时掌握道路上的限速情况,因此,行车时应严格遵守限速规定。

(3) 不抢行

道路交通设施明确表示出了不同种类、不同流向车辆的路权,即出行权、通行权、先行权、占用权。标志标线表示的是空间路权,交通信号表示的是时间路权。驾驶员应严格遵守标志标线和信号规定,在取得通行权后要先判断自己是否有先行权,以免发生抢行,导致违法行为或引发事故。

(二) 对全社会人员的教育

交通安全是全社会的问题,必须要通过广泛、深入、持久的舆论宣传,增强每一个人的交通安全意识和守法意识。目前,我国仍有一部分交通参与者交通素质不高,守法观念不强,有法不依、有规不循,存有侥幸心理、冒险心理、非理性的从众心理,以及其他不良的习惯心理等。因此,只有深入持久地对他们进行交通安全教育,才能不断提高其交通安全意识和社会道德意识,使其自觉履行交通参与者应尽的社会责任和义务。要利用一切新闻媒介和宣传手段对全社会进行交通安全教育和交通安全法规进行宣传,加强和提高人们的交通安全意识和交通法制观念。如果全社会的交通参与者都有高度的安全意识和守法意识,就可以减少交通事故的发生。

1. 守法意识教育

《中华人民共和国宪法》规定,公民"必须履行宪法和法律规定的义务"。《中华人民共和国道路交通安全法》第二条规定,"中华人民共和国境内的车辆驾驶人、行人、乘车人以及与道路交通活动有关的单位和个人,都应当遵守本法。"交通参与者必须履行法律法规所规定的义务,否则既是违法行为,也是不文明、不道德的表现,同时还会受到法律的处罚和社会的谴责。如酒后骑车、骑车违法带人、骑车闯红灯、逆行、行人不走人行横道等,既要受到社会的谴责,还会受到行政警告和处罚。

2. 安全意识教育

安全意识对每个交通参与者来讲都非常重要,它贯穿于道路交通行为的始终。安全通行是交通参与者对社会良好交通环境的最基本要求,也是对自身生命的关爱。对所有人来说,安全意识是永恒的,遵纪守法是终身的。良好的交通安全秩序有益于人类社会的方方面面,而一旦出现交通不安全行为,结果往往带来人员的伤亡和财产的损失。

交通无小事,小违法会酿成大事故,小事故会造成大影响。只有懂得这一点,守法通行,文明交通,才能真正成为一名合格的交通参与者。

二、加强车辆维护,提高汽车的安全性能

良好的车辆技术性能是保证安全驾驶的重要前提。目前,除了要建立完善的车辆安全检验制度和车辆维修制度外,驾驶员日常应勤于维护车辆,出车前应彻底检查转向系和制动系,认真做好车辆的日常维护工作,及时消除隐患,保证车况良好,杜绝带"病车"上路行驶,严把车辆技术性能关。

近年来,各车辆制造厂陆续推出了各种新型安全装置,如车载防撞系统、打瞌睡或注意力不集中的报警系统、轮胎气压过低警报系统、视觉警报系统等。这些安全装置的应用,使车辆进一步实现了智能化,能对驾驶员及乘客提供安全保障。

总之,交通事故是在一定条件下发生的动态过程,具有很大的随机性和偶然性。道路上发生的交通事故往往不是人、车、路、环境中的某一因素单独所致,而是各因素相互作用的结果。预防交通事故,必须对交通参与者加大宣传及监管力度,改善道路条件,优化道路环境。特别要对车辆驾驶员加强道路交通安全教育,使他们时刻谨记造成交通事故的各个因素,努力保持行车安全。只有这样才能使每一个交通参与者都享有一个更加安全的交通环境。

1. 如何做好交通事故的预防工作?
2. 驾驶员安全行车的基本要求包括哪些?

第四节 交通事故案例分析

随着我国经济社会的发展,机动车、驾驶员数量迅猛增长,由于人、车、路、环境等道路交通系统的要素不完善、不协调,人们的法治观念不强,重特大道路交通事故依

然多发。通过对交通事故案例进行分析,希望广大车辆驾驶员能够以此为鉴,自觉遵守道路交通安全法律法规,履行道路交通安全义务,文明行车、安全驾驶,预防和减少重特大道路交通事故,共同维护道路交通安全。

一、乘客与驾驶员互殴引发的交通事故

重庆万州公交车坠江重大交通事故

【事故经过】

2018年10月28日10时08分,重庆万州区22路公交车突然偏离行驶车道,跨越实线,与一辆对向正常行驶的小轿车相撞后,失控撞断长江二桥护栏,坠入距桥面约140m的江中。

【事故伤亡】

经过3天的专业打捞船舶、蛙人救援队、水下机器人、大型吊船的全力打捞,10月31日事故公交车打捞出水,客车上包括公交车驾驶员15人全部死亡。

【事故原因】

10月28日9时35分,乘客刘某在龙都广场四季花城站上车,其目的地为壹号家居馆站。由于道路维修改道,22路公交车不再行经壹号家居馆站。当公交车行至南滨公园站时,驾驶员冉某提醒去壹号家居馆的乘客在此站下车,刘某未下车。当公交车继续向前行驶途中,刘某发现车辆已驶过自己的目的地站,要求下车,但该处无公交车站,驾驶员冉某未停车。10时03分32秒,刘某从座位起身走到正在驾驶的冉某右后侧,靠在冉某旁边的扶手立柱上指责冉某,冉某多次转头向刘某解释。随后双方争执起来并逐步升级,甚至相互使用了攻击性语言。10时08分49秒,当公交车行驶至万州长江二桥距南桥头348m处时,刘某右手持手机击向冉某头部右侧。10时08分50秒,冉某右手放开转向盘还击,侧身挥拳击中刘某颈部。随后,刘某再次用手机击打冉某肩部,冉某用右手阻挡并抓住刘某右上臂。10时08分51秒,冉某收回右手并用右手往左侧急打转向盘(车速为51km/h),导致车辆失控,向左偏离越过中心实线,与对向正常行驶的红色小轿车(车速为58km/h)相撞后,冲上路沿,撞断护栏,坠入江中。

【案例分析】

乘客刘某在乘坐公交车过程中,与正在驾车行驶中的公交车驾驶员冉某发生争吵,两次持手机攻击冉某,实施危害车辆行驶安全的行为,严重危害车辆行驶安全。冉某作为公交车驾驶员,在驾驶公交车行进中与乘客刘某发生争吵,遭遇刘某攻击后应当认识到还击及抓扯行为会严重危害车辆行驶安全,但未采取有效措施确保行车安全,右手放开转向盘还击刘某,又用右手阻挡刘某的攻击,并与刘某抓扯,严重违反公交车驾驶员职业规定。乘客刘某和驾驶员冉某之间的互殴行为造成车辆失控,致使车辆与对向正常行驶的小轿车撞击后坠江,导致重大人员伤亡。因此,乘客刘某和驾驶员冉某的互殴行为与危害后果具有刑法意义上的因果关系,两人的行为严重危害公共安全,已触犯《中华人民共和国刑法》第一百一十五条规定,涉嫌犯罪。

【防范措施】

(1)开展驾驶员职业道德的教育培训。公交企业要切实教育驾驶员群体时刻把乘客的生命财产安全放在第一位;关心驾驶员劳动群体,化解驾驶员不良的心理因素,使其平心静气,善待让人,正确应对和处置行车中突发的各种妨碍安全行车的矛盾纠纷,化解戾气,提升驾驶员安全驾驶素质和文明服务能力。

(2)开展公交车驾驶员突发危机和矛盾纠纷正确应急处置演练。

(3)尽快安装驾驶员安全防护设施,杜绝违法分子攻击驾驶员的行为。

二、客车驾驶员突发晕厥导致车辆失控引发的交通事故

陕西汉中公交车两死五伤事故

【事故经过】

2018年11月3日14时35分,汉中市汉台区中心广场兴汉路与人民广场交汇处,发生105路公交车与其他车辆碰撞交通事故。事故致2人死亡(1男1女)、5人受伤(3女2男)。经现场紧急处置,交通已恢复,肇事驾驶员已被控制并接受调查,受伤人员正在救治。

【事故原因】

根据公安交警部门的调查取证和医院诊断,已查明该事故系因公交车驾驶员张某驾驶车辆时突发晕厥疾病,导致车辆失控而引发的。

【案例分析】

驾驶员在晕厥前肯定有身体突然不适的征兆,遇到这种情况时,本着对他人生命财产负责的态度,在保证安全的情况下应当立即停车,从而尽到一名驾驶员应尽的社会责任。例如2006年2月22日中午12时许,驾驶员曹师傅驾驶957快支公交车由南向北行驶至玉泉营桥时,突发心脏病,但他仍坚持将公交车减速停在路边,之后失去意识,经抢救无效病亡。这起事故未造成车上乘客受伤。2015年北京八方达公司公交车驾驶员杨勇驾驶941路快车行驶至靛厂锦园路段时,突发疾病,仍将公交车安全地停在路口后晕倒,身体倾斜到左侧窗户边上,脚仍踩在制动踏板上,保证了20多位乘客的安全。2017年9月17日下午5时,湖南常德桃源县翔宇汽车运输有限责任公司客车驾驶员刘金武,驾驶湘J47286客车载客15人从县城返回盘塘镇,途经S226青林路段,突发疾病,在倒下之前,凭着超强的意志第一时间完成了空挡、踩制动踏

板、拉驻车制动器、熄火、打开危险报警闪光灯等一系列规范的紧急操作,使客车平稳地停下。这一系列的操作刘师傅仅花了50秒时间。刘师傅在自己临危之前,想到的是车上乘客的安全,于是忍着巨大的痛苦,凭着娴熟的技术,挽救了一车乘客的生命,是广大驾驶员学习的模范!

作为一名专业的车辆驾驶员,平日要养成良好的安全驾驶习惯,才能够在自己临危的瞬间,按照标准的应急处置方案操作,确保乘客的生命安全。

【防范措施】

(1)建立并落实公交驾驶员,定期强制体验制度,使其及时掌握自身身体状况。患有影响安全驾驶疾患的驾驶员,必须暂离岗位及时治疗。

(2)驾驶员要如实汇报自己近期的身体状况,本着对企业和社会安全负责的态度,杜绝带病驾驶,防止因突发疾病带来的交通事故。

三、驾驶员违反法规和操作规定引发的交通事故

深汕高速公路陆丰段四死四伤重大交通事故

【事故经过】

2018年11月3日21时40分,一辆车牌号为粤VN2323的大客车从深圳往汕头方向行驶,途经深汕高速公路陆丰路段时,与因故障停靠在应急车道上车牌号为粤VY1709的大客车发生碰撞,造成4人死亡、4人重伤、部分乘客轻微伤。

【事故原因】

车牌号为粤VN2323的大客车驾驶员在行驶中观察不周、判断失误、疏忽大意,在超越停在应急车道上的另一大客车时,未与被超越的大客车保持横向和纵向安全距离,违法强行超车,造成车辆碰撞,导致事故发生。

【案例分析】

根据对事故的分析,发现强行超车是此次事故的主要原因。粤VN2323大客车驾驶员没有注意安全行车环境,不能正确预测左侧同向行驶的车辆会向右改变车道,在观察不彻底又不想让行的情况下,选择向右打方向并继续加速行驶,当发现前方超车路段应急车道内有停驶的故障车时,在判断失误、计算观察不准、未能与被超越车辆保持横向和纵向安全距离的情况下,仍然加速强行超越停在应急车道内的故障车,最终酿成交通事故。

【防范措施】

(1)加快推进车辆主动安全防御系统视频监控及防碰撞系统的运用,通过信息化手段及时干预驾驶员的危险驾驶行为,发现各种突发事故风险时立即采取警示措施。

(2)切实加强驾驶员行车动态监控管理,落实在岗值守和岗位职责的监管,严密

掌握车辆运行状态,落实危险违法驾驶行为及时发现、立即警示、干预处置、终止消除的程序,并对屡教不改的驾驶员做出严肃处理,切实发挥动态监控防范事故的作用。

(3) 认真排查驾驶员、车辆存在的风险、管理漏洞和安全隐患,开展安全行车专题教育和培训,严格执行驾驶操作规程,进一步提高驾驶员的安全操作技能和安全行车意识。

(4) 驾驶员要本着对自己、对社会负责的态度,认真对待每一次超车,确保行车安全。

1. 交通事故的案例分析方法有哪些?
2. 防范交通事故的发生的方法有哪些?

第二章

车辆驾驶操作

第一节　车辆的基本结构与名称

一、客车车身基本结构及布置形式

客车与公共交通车辆是运输旅客的交通工具。合理的车身结构,能够在保证车身强度的前提下,减轻车身质量,降低能耗。客车车身主要由骨架结构和蒙皮结构两部分组成。其分类如下:

(一)按用途分类

客车车身结构按用途可分为城市客车、长途客车、旅游客车和专用客车四类。

1.城市客车车身

城市客车是为城市公共交通运输而设计和装备的客车。这种车辆设有座椅及乘客站立的区域。由于乘客上下车频繁,所以车厢内地板低、过道高、通道宽、座椅少、车门多、车窗大,并有足够的空间供频繁停站时乘客上下车走动使用。按运行特点,城市客车又可分为市区城市客车和城郊城市客车。为了满足大、中城市公共交通的需要及环保要求,城市客车正逐步向大型化、低地板化、环保化、高档化和造型现代化等方向发展。

2.长途客车车身

长途客车又称公路客车,是为城间旅客运输而设计和装备的客车。由于旅客乘坐时间较长,这类客车必须保证每位乘客都有座位,不设供乘客站立的位置。为了有效利用车厢的面积,座椅布置比较密集,而且尽可能提高座椅的舒适性,座椅质量都比较好。长途客车车厢地板高,地板一般设计成凹形,有利于提高车身的抗扭刚性,地板下面设有存放行李物品的行李舱。为了提高整个车身的刚度,这类客车的车门少,且多布置在前轴之前。对于在高速公路上行驶的快速客运车辆,要求具有更高的可靠性、行驶安全性、乘坐舒适性和高速行驶性能等。

3.旅游客车车身

旅游客车是为旅游而设计和装备的客车。这类客车与长途客车的设计原则基本相近,但在外观和舒适性等方面比长途客车好,车内设施及附件设备也更豪华和高档。为观光方便,旅游客车的视野一般较开阔。中高档长途客车和城郊城市客车均可作为旅游线路客运车辆使用。

4. 专用客车车身

专用客车在其设计和技术特性上是只适合于需经特殊布置设计后才能载运人员的车辆。这类客车与长途客车类似，但可无行李舱。其款式一般有学校客车、机场摆渡客车、采血车和会议客车等。它们根据特定要求，按专门规定的设计标准和用途来制造。

(二) 按承载形式分类

客车车身结构按承载形式可分为非承载式、半承载式和承载式三类。非承载式和半承载式车身结构都是属于有车架式的，而承载式车身则属于无车架式的。

1. 非承载式客车车身

非承载式车身是指在底盘车架上组装而成的车身结构形式。这类车的底盘有较强的车架，车身骨架是通过多个橡胶衬垫或弹簧沿车身总长安装在车架上的。车身骨架与车架弹性连接，安装在车架上的车身对车架的加固作用不大。车架是支撑全车的基体，承受着安装在其上面的各个总成的各种载荷。车身在很小程度上承受由车架弯曲和扭转所引起的载荷，严格来说并非完全不承载。车架的振动通过弹性元件传到车身，由于弹性元件的挠性作用，大部分来自路面的振动和冲击被减弱或消除，在坏路行驶时可以对车身起到保护作用。

非承载式车身结构的优点是连接车身和车架的橡胶衬垫或弹簧可以起到一定的缓冲、隔振和降低噪声的作用，车厢内噪声低，缓冲隔振性能和乘坐舒适性较好；底盘与车身可以分开后再组装成一体，便于生产装配及在同一底盘上安装不同的车身，简化装配工艺，便于组织专业化生产；有车架作为整车的基础，便于在汽车上安装各总成和部件；安全性能由底盘加强，遇到撞车事故时，车架可以对车身起到一定的保护作用，使车厢变形小。

2. 半承载式客车车身

半承载式车身就是车身与车架刚性连接，车身部分承载的结构形式。其结构特点是底盘仍保留有车架，车身通过焊接、铆接或螺钉与车架作刚性连接，是一种介于非承载式车身和承载式车身之间的车身结构。它的车身本体与底架（此时的车架也可称为"底架"）用焊接或螺栓刚性连接，将车身骨架侧壁立柱与车架纵梁两侧的外伸横梁或牛腿连接在一起，加强了部分车身底架而起到一部分车架的作用，故车身也可以分担一部分弯曲和扭转载荷。例如发动机和悬架都安装在加固的车身底架上，车身与底架成为一体，共同承受载荷。

半承载式车身结构的优点是结构简单，容易对车辆进行改装，可以适当地降低地板的高度；同时车身部分参与了承载作用，可在一定程度上减弱底架的强度和刚度，减轻客车的自身质量。但由于保留有底架，半承载式车身还是一种过渡结构，车身地板的高度受底架的限制而难以有很大程度的降低;整车的轻量化仍受到一定的限制;车架纵梁的制造需要大型锻压设备、装焊夹具及校验等一系列昂贵复杂的生产设备;底盘的结构调整也比较烦琐,改进成本高,开发周期长。

3. 承载式客车车身

应用在客车上的全承载车身技术是高档豪华客车制造中的重要技术手段。该技术是德国凯斯鲍尔公司于20世纪50年代首创,是将飞机制造的整体化框架结构技术应用于客车生产,并通过严格的碰撞试验,性能优越,使客车具有经济、安全和舒适等优点,尤其适用于高速长距离客运汽车。在传统技术条件下,客车产品达到低地板、轻量化、配置人性化、低排放、环保化、乘坐空间大等种种要求越来越难,而全承载车身技术的出现,可满足上述要求。目前,全承载车身技术已应用到多家客车生产厂的客车产品上,引发了客车制造业的一场技术变革。

承载式车身是无独立车架的整体车身结构形式,其结构特点是底盘不是传统的冲压成型铆接车架式结构,而是由矩形钢管构成的格栅式结构。底架、前围、后围、左右侧围、车顶六大片组成全承载式车身。车身采用封闭环结构,由于没有车架,可降低地板和整车高度。载荷由整个车身承受,车身上下部结构形成一个整体,在承受载荷时,整个车身壳体可以达到稳定平衡状态。在具有较大的抗扭刚度的格栅式结构的底架上,配置发动机、前后桥等总成,可以保证各总成正确的相对位置关系。承载式车身除了其固有的乘载功能外,还要直接承受各种负荷。

承载式车身的优点是车身结构在设计时就进行了有限元分析和计算,得到优化,使得车身质量降低,结构强度与刚度提高;简化构件的成型过程,提高材料利用率;整车重心低,高速行驶稳定性较好;加工不需要大型的冲压设备,便于产品改型和系列化,容易实现多品种系列化生产。此外,其被动安全性好。承载式客车采用的格栅式结构,能使整车在受力时迅速将力分解到全车各处。按照欧洲的客车被动安全测试,这种结构能够在汽车翻滚及相撞时保证乘客的安全空间。

(三) 按车身结构分类

根据车身结构的差异,可将客车车身分为薄壳式、骨架式、复合式、单元式和嵌合式结构等。

1. 薄壳式结构

薄壳式车身结构无较强的独立骨架结构,构成车身整体的是板块式构件,蒙皮也参与承载,是飞机机身薄壳结构的移植和运用。

薄壳式客车车身的底部由优质钢板冲压而成,一般加焊了贯通式纵梁和横向的局部加强结构,以保证车身具有良好的承载能力和安装发动机及底盘各总成。这种车身结构形式广泛应用于轻型客车。

2. 骨架式结构

这种车身结构的骨架是由抗扭刚度很大的异型钢管构成的,车身不依靠外蒙皮加强,外蒙皮主要起装饰作用。骨架型钢多采用性价比高的碳素结构钢,在组焊成的独立骨架上装配车门、车窗、侧窗顶盖和地板等,结构应力主要由车顶骨架、底骨架和侧围骨架承担。由于不依靠外蒙皮的加强,可以采用张拉蒙皮,这样就可以使客车外表面平整光顺。

骨架式车身结构可以分为六大片,分别是顶骨架、左侧围骨架、右侧围骨架、前围骨架、后围骨架和底骨架。这六大片通过焊接等连接方式合成整体空间骨架。这种车身结构具有承载能力好、整体强度高、窗立柱较细、侧窗开口大且视野开阔等优点,广泛应用于大客车。

3. 复合式结构

复合式车身结构是将薄壳式和骨架式两种结构融为一体的一种车身结构。在受力较少的部位用薄壳式结构,而受力大的部位则采用骨架式结构。复合式车身的前后围为薄壳式结构,第二立柱与最末立柱之间为框架结构。同时采用内蒙皮结构,解决了外蒙皮上铆钉多的问题。复合式车身结构比薄壳式车身结构弯曲刚度高,质量有所减轻;比骨架式结构的生产效率高。

4. 单元式结构

单元式车身结构是采用纵向构件将若干个由地板横梁、立柱、顶横梁等构成的环箍单元连接起来,形成一种独特的车身结构。它由 5~6 个长度为 1.5m 左右的可以互换的单元体和前后两个单元体组成。每个单元体的两端用贯通的矩形材料密封。横向构件均为压制件,在焊接架上组焊成独立的单元件之后,再送到流水线上进行组装。

5. 嵌合式结构

嵌合式车身结构是根据车身不同部位的受力情况,有针对性地将铝挤压型材嵌合而组成车身的侧壁。型材嵌合后将环氧树脂挤入连接处,树脂硬化后即可将铝型材牢固地黏结在一起。铝型材上有纵向整体式加强筋,可以用铆钉与钢质的竖框铆接在一起,因此车身强度高、质量轻且不易损坏。这种车身采用蜂窝状夹层结构的铝板制成顶盖和地板,中间填充经发泡处理的氨基甲酸乙酯。顶盖和地板与前述的挤压铝型材侧壁构件一起构成整个车身的壳体。嵌合式车身结构具有强度高、质量轻和寿命长等优点,适合于中型客车的车身。

二、发动机与车门布置形式

(一) 发动机布置

客车车身的总布置在很大程度上与发动机的布置相关联,发动机布置主要有前置、中置和后置三种。

1. 发动机前置后驱(FR)

发动机前置后驱是4×2型汽车的传统布置形式,主要应用于轻型客车。这种布置结构简单、工作可靠、操纵方便、发动机的冷却效果好、前后轮的质量分配比较理想。但由于发动机前置,凸起于车厢地板表面之上,使得车厢的面积利用率差;传动轴从车厢地板下通过,导致地板平面离地距离较高,乘客上下车不方便;发动机的噪声、气味和振动难以隔绝,很容易传入车厢内,影响乘员的乘坐舒适性。

2. 发动机中置后驱(MR)

发动机中置后轮驱动,有利于实现较为理想的质量分配,车厢面积的利用率高,乘客门可以布置在车辆前轴之间。但是发动机维修困难,对发动机的可靠性要求很高;由于中置车厢地板下,发动机冷却效果差,地板高度也难以降低;发动机的噪声、气味和振动还是可以传入车厢内。由于以上一些问题,这种布置方式只在部分大中型客车上采用,并未获得推广。

3. 发动机后置后驱(RR)

发动机后置可有纵置和横置两种方式。这种布置形式的发动机、离合器和变速器一般都置于后桥之后;主减速器与变速器之间的距离较大,相对位置经常变化,所以应设置万向传动装置和角传动装置。将发动机布置在车厢后部,容易做到汽车总质量在前后轴之间的合理分配,增大车厢面积利用率,降低地板高度,隔绝发动机噪声、气味和振动,车门可开在前悬之前,发动机的维修也比较方便。同时,由于后轴的簧上质量和簧下质量之比增大,可以改善车厢后部乘客的乘坐舒适性。因此,发动机后置的布置方案在大中型客车上得到广泛推广使用。

发动机位置的局限在于发动机在车辆后部,冷却条件差,必须采用冷却效果强的散热器;发动机、离合器和变速器是远距离操纵,操纵机构复杂而且传动效率也会有所降低。

(二)客车车门布置

客车车门有乘客门、驾驶门和应急门三种。不同尺寸不同类型的车型,车门布置形式各不相同。

1. 乘客门

乘客门是乘客上下车的出口,是客车的重要组成部分,按通道宽度可分为单引道门和双引道门。单引道门主要用于乘客上下车不频繁的长途客车、旅游客车和团体客车上,轻型客车应用也比较广泛;双引道门则主要用于乘客上下车频繁的城市客车上。

2. 驾驶门

驾驶门是驾驶员上下车专用门,设置在转向盘同侧,一般应用在中低挡乘客门中置的大型客车和一些中型客车上。

3. 应急门(安全门)

当客车内发生危险时,乘客可通过应急门紧急撤离,一般应用在特大型的长途或旅游客车上。国家标准并未对应急门的布置做出明确限制,但是合理布置应急门的位置是相当重要的,通常布置在客车右侧中部偏后位置。

三、外廓尺寸

国家标准《汽车、挂车及汽车列车外廓尺寸、轴荷及质量限值》(GB 1589—2016)中规定,乘用车及客车外廓尺寸的最大限值见表2-1。

乘用车及客车外廓尺寸的最大限值 表2-1

车辆类型		长度(m)	宽度(m)	高度(m)
乘用车及客车	乘用车及二轴客车	12	2.55	4
	三轴客车	13.7		
	单铰接客车	18		

四、车厢布置形式

(一)座椅

客车一般根据用途、乘客数及车长布置座位排列方式和排数。城市客车行驶的车站距离近,乘客频繁流动,主要应保证乘客上下车方便和便于在车内走动,一般多采用单、双排座的布置形式,以增大过道的宽度和站立面积。城市客车的座位布置一般为前部1+1、后部2+2的形式。

长途客车由于乘客乘坐时间长,车站距离也较远,客流量一般比较稳定,座椅布置主要应保证乘客乘坐的舒适性,而且尽可能使乘客面朝前方乘坐。

(二)内行李架、通风道及各种附件

内行李架、通风道及相关附件是客车内饰的重要组成部分。客车上的附件主要有车载电视、灯具、通风道及出风口、音响及扬声器等。在长途和旅游客车上,车载电视一般布置在驾驶员右上方的顶棚部位,便于全车乘客观看;车体较长的客车,可在客车中部位置增加一个显示器,方便坐在车后面的乘客观看。城市客车的车载电视

布置在驾驶员座椅后部及中部靠近车顶的位置。扬声器根据不同车型的需求,选择相应的数量和型号,安装位置一般在车内顶棚。

客车内置行李架有航空式行李架和敞开式行李架两种。航空式行李架主要应用在长途和旅游客车上,通常将出风口、阅读灯面板、音响、扬声器和照明灯面板整齐排列于通风道下平面、座椅上方。敞开式行李架常用于低档客车上,是航空式行李架的简化,取消活动门。城市客车一般不设置行李架。

长途、旅游客车的通风道通常在前后顶相通,在客车内室侧顶形成一个循环的风流通道。布置出风口时,一般和座椅的分布同时考虑,以乘员调节方便为标准,按座椅间距调节,保证每个乘客座位上方都有一个,乘客可根据自己的需要调节风向及风量。城市客车的通风道前后封闭布置在内室的两侧顶上,以保证风道能够到达前乘客门和驾驶员上方。

(三) 通道宽度、高度和扶手布置

通道宽度、高度及扶手的布置会直接影响乘客在车内走动的方便性,也在很大程度上关系着站立乘客的安全性。

城市客车和长途(旅游)客车坐垫平面处的通道宽度有着很大的区别。城市客车一般为 420~650mm,当座椅成 3 行布置时宽度可达 940~1060mm;现代城市客车的前部只布置有两行座椅,通道宽度更宽;长途大客车上的通道宽度较窄,一般约为 310~540mm。

通道处的高度是指车厢内地板至顶棚的距离。城市客车一般取 1950mm 左右,低地板城市客车一般为 2000~2200mm;长途客车,车型大小不一,容量较小的通道处的高度允许取得小些,一般可取到 1750mm。

扶手一般由直径为 25~35mm 的薄壁钢管或铝管制成,外面蒙上一层发泡的塑料,以减小其导热性。扶手通常设置在车门及通道处,便于乘客上下车。长途客车的座椅旁都设有扶手,主要是为了提高乘客乘坐的舒适性;城市客车由于乘客乘坐的区间短,一般座椅旁不设扶手,而是设置吊环式扶手供站立乘客扶持。

(四) 地板平面高度

客车的安全性和上下车的方便性取决于踏步的高度、深度、级数、表面状态、能见度以及扶手位置和车门宽度等。对于城市客车而言,乘客上下车频繁,为了使乘客上下车方便及保证乘客的安全,应尽量降低车厢地板的高度,减少踏步的离地高度及级数等。欧洲经济共同体 EEC 的安全标准中规定,城市大客车的一级踏步离地的最大高度应小于或等于 400mm。德国、英国和法国等国对地板高度做了不能超过 700mm 的规定,一级踏步离地高度在 350~370mm 之间。日本规定了城市大客车的地板离地高度不能超过 900mm,一级踏步的离地高度在 320~380mm 之间。

为方便残疾人、老幼乘客及婴儿车乘坐城市客车,近年来国外的一些新车型上开发设置了方便特殊乘客上下车的附属装置。如在乘客门入口处设置了可收回和伸出的活动踏板。当车辆停站时,踏板由专门机构伸出搭在站台上,在车厢与站台间形成一个坡度不大的斜坡通道供乘客上下车,待开车时再收回隐藏。

为了使城市客车的地板尽量降低,目前广泛采用发动机后置的超低地板城市客车底盘。现代超低地板城市客车的地板高度约为320~340mm,这样乘客门附近不再需要设置踏步,乘客可以直接从地面踏入车内。

对于长途及旅游客车来说,由于乘客上下车不频繁,情况和城市客车相反,需要适当提高车厢地板的高度,以提高碰撞时的安全性,改善乘客的视野,便于布置行李舱和其他生活设施,如空调、暖风设备和卫生间等。因此,近年来长途大客车日益趋向于高地板布置,地板高度一般可以达到1000mm以上,有的达到了1300mm甚至1700mm,整车的总高度达到了3500mm甚至更高。

(五) 车窗上下边梁的高度

客车车窗上下边梁高度的设计布置应保证乘客有足够的视野。长途和旅游客车,上边梁应保证站立乘客有一定的视野角度,一般在10°左右;下边梁与胸部同高,高度不小于600mm。

五、座椅尺寸及操纵机构的布置

客车座椅是最多的附件总成,其结构的安全性、乘坐的舒适性和材料的环保性等与乘客密切相关。客车座椅一般分为乘客座椅和驾驶员座椅,两者在尺寸和结构上有着一定的区别。

(一) 乘客座椅的相关数值

不同型号的大客车,其座椅坐垫距离地板的高度大约为450mm,一般不超过500mm,坐垫前缘到前排座椅靠背的距离为250mm。

城市大客车座椅宽度一般不得小于865mm;长途大客车单人座椅的宽度为480mm;双人座椅的标准宽度约为960mm;三人座椅的宽度可取1300~1350mm;四人座椅的宽度则可取1750~1800mm。视用途和级别不同,座椅的间距为650~800mm;靠背高度为520~680mm。

(二) 驾驶员座椅的相关数值

驾驶员作用在踏板上的力随着坐垫与靠背的倾角和座椅高度的变化而变化。座椅越高,坐垫与靠背的倾角越小,则作用力也越大。当坐垫倾角很小时,驾驶员几乎是腿伸直来踩脚踏板；当座椅靠背倾角减小时，即坐垫与靠背的夹角接近90°时，驾驶员就有了可靠的支承；当座椅增高时，驾驶员的腿和踏板支杆几乎可形成一条直线。因此，离合器或制动器传动机构沉重的汽车，就应该升高座椅，而坐垫和靠背倾角则宜选取较小值。这样做的主要原因是当转向盘的倾角很小时，从手臂一直到肩膀的肌肉都参与工作（而当倾角很大时，则只有手臂到胳膊的这一段肌肉在用力）。如座椅处于中间位置，水平方向位移的调整量为±45mm，垂直方向的位移为±30mm，坐垫高度在400～500mm范围内进行调整，此时驾驶员作用在踏板上的力可达820N。

六、仪表盘的布置

仪表盘是客车的中枢神经系统，上面布置有各种仪表、指示灯和控制系统。它是客车运行时的监控中心，可以及时准确地显示客车运行的工作情况，使客车接受某种特定的操纵指示。仪表盘的质量直接关系到行车的安全性，也关系到整车内饰的协调。

仪表盘应最大限度地满足人机工程学要求，保证驾驶员集中注意力和操作方便，从而保证行车安全。造型和功能要求高度统一，色彩与客车内饰设计要相协调。仪表盘各种控制开关的位置，按人机工程学的要求，应尽可能安排在双手轻易能触摸到的地方。因此，客车仪表盘一般设计成座舱式结构、环式操纵。仪表信息、操纵部件都集中在驾驶员的视线与手的活动范围的最佳位置，方便操纵。

仪表盘控制开关一般布置在转向盘周围，变光开关、转向开关及刮水器开关等以组合开关的形式安装在客车转向柱上。当然，不同的客车，仪表盘的布置也不尽相同。

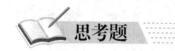

1. 简述客车车身的基本结构和分类。
2. 简述客车的总体尺寸及布置形式。

第二节　车辆驾驶理论

在路上驾驶汽车时所遇到的交通情况千变万化、错综复杂，掌握车辆各种动态的运动规律，及时、准确地作出有效处理，是职业驾驶员应特别注意的问题。

一、道路情况分析及处理

(一) 特殊行人动态分析及处理

1. 老年人、残疾人

特点：行动迟缓，耳目不灵。

处理方法：提前减速慢行，留有一定安全距离。

2. 儿童

特点：活泼、幼稚，缺乏交通知识。遇有情况，或四处乱跑，或不知所措。

处理方法：提前减速，必要时停车避让。切忌鸣笛驱赶。

3. 聋哑人、盲人

特点：因听觉或视觉功能障碍，听不见汽车的声音或看不见汽车。

处理方法：不可用喇叭催促，应降低车速，耐心等待，安全避让。

4. 精神失常的人

特点：道路上行走毫无规律，甚至手舞足蹈、横卧马路。

处理方法：不可用喇叭催促，应降低车速，耐心等待，安全避让。

5. 负重物的人

特点：遇到车辆驶来，有时只顾避让身体而不顾重物。

处理方法：应缓行通过，并注意重物的位置。

6. 雨天行人

特点：由于行人撑伞或穿雨衣，听觉、视觉和行动都会受到影响。

处理方法：注意行人动向，随时做好停车准备。

(二) 车辆动态分析及处理

1. 机动车

行车时应随时注意各种机动车的动向，尤其注意转向灯、制动灯的变化，随时调整行车路线和行驶速度。驶近停放在路边的车辆时，应预防其突然起步；保持一定的横向距离，防止车门突然打开，造成碰撞。发现机动车违法装载或有车身倾斜、扭曲等现象，应格外注意。

2. 摩托车

摩托车体积小、加速性能好、速度快、机动性强，但稳定性差，具有自行车和机动车行驶时的双重特点。所以，行车时遇到摩托车要保持足够间距，不宜长时间尾随，以防摩托车突然制动或摔倒。

3. 人力车

人力车结构简单、速度慢、灵活性差、起步困难、控制能力差。遇到人力车时应提前示警,保持合适间距,不要与其争道,要安全避让。

4. 自行车

不同骑车人有各自的特点：青年人骑车速度快,好争道抢行、急转猛拐；妇女骑车往往摆动幅度大,遇情况不知躲避,有时会突然停车或摔倒；老年人骑车较稳妥,但反应慢,遇事处理不及时；青少年骑车,交通法规意识不强,随意乱拐,危险性较大。骑车人常见的违法行为有：两车或多车并行,边说话边骑车,更有甚者搭肩并行、互相打闹；不顾前后左右,争道抢行,在机动车间挤钻,遇障碍急转猛拐,借道骑行；如果前方机动车速度稍慢,骑车人便攀附随行；雨天撑伞骑车；在视线不良的交叉路口转弯时不伸手示意；到处乱停、乱放自行车。由于自行车轮胎与路面接触面小,稳定性差,骑车人稍有不慎,重心便偏离支撑面而摔倒,特别是在冰雪、泥泞等附着系数低的道路上,由于急转猛拐易横向滑倒,且滑出距离较大。汽车驾驶员应针对自行车的特点以及骑车人的行为习惯,正确处理与自行车的关系,其中重要的是时刻保持高度的警惕性,随时准备采取措施,且必须保持足够的安全距离。

二、一般道路驾驶

一般道路是指道路状况良好、路幅较宽、路面条件好(如主干公路等)的道路。这种道路往往车辆流量大,交通情况相对复杂,要求驾驶员具有娴熟的驾驶技术。

在一般道路上行驶,总体要求是认真观察道路上的各种情况,根据实际需要,合理地控制车辆的位置及车速,正确进行会车、超车、让车、转弯、跟车、掉头等操作。

在一般道路上行驶,应合理选择行车路线,以减少对车辆的磨损和燃料的消耗,提高车速,缓解驾驶疲劳。靠道路右侧行驶,有分道线时应按规定各行其道。行驶中应尽量避开道路上的凹坑及各种障碍物,对活动障碍物的变化或可能出现的情况要有充分估计,做好采取相应措施的准备。当需要改变行驶路线时,要根据道路情况,选择一条预定路线并尽量保持直线行驶,避免频繁改变车道。

在一般道路上行驶时,行驶速度应根据车型、车况、道路、气候、环境及视线等客观条件以及交通流量和驾驶技术等因素确定,要严格遵守有关限速的规定。正常行车,应以经济车速行驶。车速过高,会造成视野变窄,操作难度加大,并使车辆的经济性下降,还易发生交通事故；车速过低,会降低行车效率,增大成本。需要减速时,可适当松抬或完全抬起加速踏板,利用发动机的牵阻逐渐降低车速；如不能满足减速要求,可辅以驻车制动器来达到减速目的。加速时,必须根据当时的车速情况,或直接加速,或降一级挡位加速,以保证发动机有足够的动力。在小范围内调整车速,只需适当踏下或抬起加速踏板即可。总之,车速应控制在限速范围内,能从容地观察和处理道路上各种交通情况,正常发挥操作水平,严禁盲目加速或减速。

(一) 转弯

汽车转弯时,应注意道路的宽窄、弯度大小、地形条件和交通情况,根据需要合理确定转弯路线、行车速度和转向时机,做到"减速、鸣笛(允许鸣笛时)、靠右行"。减速是为了便于观察弯道或道路两侧情况,避免造成转向过急而引起汽车横滑或翻车。鸣笛是示意行人注意,尤其在视线死角,观察不到弯道另一端的情况时,更要鸣笛示意;在禁鸣路段则应缓行,不得鸣笛。靠右行是为了避免侵占对方来车的行驶路面而发生意外。

1. 右转弯

车辆右转时要降低速度,给自己和其他人留出更多时间,以免发生事故。在开始右转弯前要打开右转向灯,尽早告知他人(车辆)自己的行车意图。如果所驾驶的车辆(如大客车、铰接车、拖挂车等)不拐入别的车道就不能顺利转弯时,可按图2-1所示进行大转弯,以便安全顺利通过。如果右转弯必须通过反向车道才能实现时,要观察对面车道车辆,为对方留下足够的通过间距,必要时要停车待对方车辆通过后再转弯。

2. 左转弯

左转弯时的车位应当在十字路口的中央。若转弯过急,车辆左侧可能与别的车发生碰撞。在转进多车道路口时,要进入安全可行的车道。驾驶大型车辆在有两个转弯车道的路口应尽量使用右侧转弯车道,如图2-2所示。这是因为左转弯时有可能先向右摆,而车辆右侧的情况不如驾驶员一侧观察得清楚。

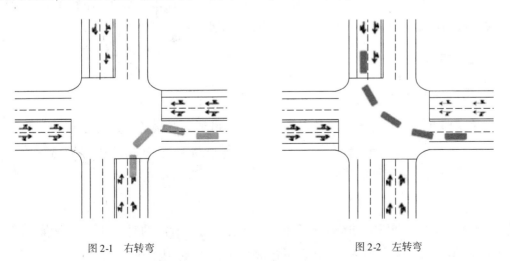

图2-1　右转弯　　　　　　　　图2-2　左转弯

3. 连续转弯

遇到连续转弯时,要按照左右转弯的要领操作,控制好车速、转弯时机和行车路线,沿中线右侧行驶。转弯时,特别是连续转弯时要控制车速,尽可能避免紧急制动,以免车辆侧滑和甩尾。

(二)会车

车辆交会时,应根据双方车辆的速度、车型、车况、装载情况(或乘人情况)、天气、视线、交通情况和驾驶技术等,及时调整车辆的速度及行驶方向,选择有利的会车地点,适当降低车速,握稳转向盘;同时观察道路两侧情况,保持两车之间有足够的横向安全间距。

(1)在视线良好而又无限速标志的宽阔道路上会车时,可适当加大两车的横向间距,不降速交会。会车后,注意从后视镜观察确认无车辆超越时,再缓缓地驶向道路中心。

(2)会车时,如果前方遇来车或有障碍物,应判明来车的速度、距离障碍物的远近和前方道路情况,再根据条件采取合理的交会方法。来车速度较慢或离障碍物较远时,应果断加速越过障碍物后,驶入右侧;也可根据需要适当降低车速,在超越障碍前与来车交会。在两车之间出现障碍物或狭窄路段时,应让距离较近、车速较快、前方无障碍的一方先行通过,不得抢行。若障碍物在来车前方,应注意观察对方的动向。当对方车辆强行超越(或打开左转向灯示意)时,应立即减速或停车让行,切不可抢行,造成"三点并排"交会。

会车时切忌:不提前减速或在道路中心高速行驶;待对方来车临近时,突然向右转动转向盘后,又立即向左转动转向盘,驶向路中。

(3)行车中,在没有划中心线的道路上遇到对面车在较近距离内超车时,应靠右减速慢行,做好停车准备。若突遇对方车辆强行超车,占据自己车道时,较好的处理办法是尽可能让出车道,千万不要斗气而照直行驶。

(三)超车

1. 超车的定义

超越前方同向行驶车辆的过程称为超车。超车应严格遵守交通法规中"禁止超车"的有关规定,在道路条件允许的情况下,选择道路宽直、视线良好、对面无来车,且道路两侧均无影响超车的障碍物的路段进行。

2. 超车的过程

超车前,应根据双方的车速及车长,充分估计超车所需的时间和距离。准备超车时,距前车30m左右打开左转向灯,逐渐驶向道路左侧,鸣喇叭,待前车让超后,加速从左侧与被超车保持足够的横向安全间距超越。超车后,仍循左侧行驶一段距离,在不妨碍被超车正常行驶的情况下,变左转向灯为右转向灯,逐渐驶回正常行驶路线。

3. 超车时的注意事项

(1)密切注视前车动态,保持一定纵向距离,不具备条件,千万不能强行超车。

(2)超车时应从左侧超越,超越后应从反光镜内观察被超车的纵向距离,不得影响后车正常行驶。

(3)超越停放车辆时,应减速、鸣笛,保持一定侧距,注意被超车辆前、后空间出入的行人。

(四)通过凹凸路面

在凹凸路面上行车,由于路面不平,容易引起车身震动。若车身震动过大,会造成机件损坏或转向难以控制。因此,必须根据凹凸路的特点,灵活地采用不同方法通过。

三、城市道路驾驶

城市是人口高度集中的地方。随着现代社会经济建设的迅速发展,城市的各种车辆与日俱增,交通管理与设施也不断发展完善。但目前我国城市的交通状况仍然跟不上现代化交通发展的需要,混合式交通的状况依然存在,因此,驾驶员必须熟悉城市的交通概况及特点,掌握城市驾驶的操作要点,以确保在城市安全行车。

(一)城市交通的概况及特点

根据道路条件、交通设施、交通管理和行车环境等情况,城市交通可分为集镇、小城市交通和大中城市交通几种情况。

1. 集镇和小城市的交通概况

集镇和小城市的交通比大城市落后。大多数集镇的街道比较狭窄,没有划交通标线;道路交通设施比较简单,交通管理也跟不上要求;摆摊、设点占据路面的情况较多,行人缺乏交通安全常识和遵守交通法规的自觉性,常有违法行为;机动车、非机动车、行人甚至牲畜在道路上混行,常常会造成交通堵塞。

2. 大中城市的交通状况

大中城市交通设施与管理比较先进和完善,行人大都具有一定的交通安全常识和遵守交通法规的习惯。但大中城市人口集中,机动车数量多,车流量大,部分路段仍为混合式交通,道路拥挤,交通堵塞经常发生。

(二)城市驾驶操作要点及注意事项

城市驾驶要严格遵守交通安全法规,注意交通信号和交通标志标线,正确判断和处理道路上的各种动态,控制车速,保持安全车距,谨慎驾驶,时刻做好充分思想准备,确保在城市道路上安全行车。

1.通过集镇和小城市的注意事项

由于集镇、小城市道路狭窄,行驶中遇有会车应主动减速让车,尽量避免超车;通过狭窄路段时,应注意行人突然横穿道路;停车时,应选好停车地点,尽量避免在集市或道路较窄的路段停车,以免造成交通阻塞;遇有集市,应减速缓行,多鸣笛示意,谨慎驾驶,注意安全。遇畜力车时,切勿靠近牲畜鸣笛,以防牲畜受惊引发事故。

2.通过大中城市的注意事项

(1)进入市区前的注意事项

首先应了解城市交通管理部门实施的有关地方性交通安全法办法。在国家制定的《中华人民共和国道路交通安全法》和国务院制定的《中华人民共和国道路交通安全法实施条例》的基础上,有些城市又制定了符合本地交通情况的地方性安全法办法。驾驶员必须遵守这些规定,并服从交通民警的管理和指挥。外地驾驶员在未进入市中心前,要详细了解行车路线。行车中要特别注意观察道路交通标志,如指路标志、单行道标志等,以便确定行驶方向和选择畅通的行驶路线;行车时要尽量避开交通流量的高峰期或经常发生交通堵塞的线路。如果不熟悉该城市交通路线,应选择容易分辨的主干道路行驶。

(2)市区行驶要求

车辆在市区驾驶,必须按规定分道行驶。在没有划分中心线和机动车与非机动车道的道路上,机动车、非机动车和行人同在一条路通行,互相干扰,容易发生事故。因此,驾驶机动车应尽量在道路中间行驶。在划设中心线的道路上,车辆应在中心线右侧靠中心线行驶,不得越过中心线或压线行驶。在划分小型机动车道和大型机动车道的道路上,小型客车在小型机动车道行驶,其他机动车在大型机动车道行驶。大型机动车道的车辆,在不妨碍小型机动车道的车辆正常行驶时,可以借道超车。小型机动车道的车辆低速行驶或遇后车超越时,须改在大型机动车道行驶。在划有快慢车道和中心实线车道线的三车道道路上行驶,各种车辆必须在规定的车道上行驶。

需借道行驶时,应不得妨碍按规定车道正常行驶的车辆。在道路上划有超车道的,机动车超车时可以驶入超车道,超车后须按规定驶回原车道。

四、牵引驾驶

(一)汽车牵引的形式

汽车牵引汽车或汽车牵引挂车行驶,叫作牵引驾驶。其形式有两种:一种是软连接,另一种是硬连接。前一种形式的连接装置比较简易,驾驶操作则比较困难,而且不安全,只限应急时使用;后一种形式的连接装置比较复杂,驾驶操作较为简便,是大件或大宗货物运输的重要方式。

1. 软连接牵引

软连接牵引通常用于汽车拖曳汽车。软连接是以拖车绳、钢丝绳、铁链或粗麻绳为连接主件,两车间连接长度一般为4~10m,前端系于前车的后牵引钩,后端系于被牵引车的前挂钩,两端均应牢固地拴紧,以防松脱。如果在狭窄、弯曲或繁华的街道上牵引时,应适当缩短牵引绳索的长度,但不应少于4m。坡道或涉水牵引时,绳索应适当放长。

2. 硬连接牵引

硬连接牵引又分单杠连接、三角架连接、铰接式连接和伸缩式连接四种形式。

(1) 单杠连接

单杠连接的单杠是长约3m的金属杆件,两端各镶焊圆环,主要用来拖曳有故障的车辆。使用时,一端圆环套装在牵引车后端的牵引钩上,另一端在被牵引车的车架前端用插销连接。

(2) 三脚架连接

三脚架连接被广泛用于拖带全挂车。顶角置有挂环,套装在牵引车的牵引钩上,另外两角制成叉式,用销子连接在挂车前轮转盘架的前端。这种连接形式,能使全挂车前轮转向协调,并可调节主、挂车位置的高低变化。

(3) 铰接式连接

铰接式连接也叫鞍式连接,用于半挂车和通道式客车。牵引车的车架上设置鞍式磨盘,半挂车的车架前端下方也设置有磨盘,主、挂车的磨盘叠合后,中间插入轴销便可完成铰接。半挂车的铰接装置附有灵活的锁解机构,便于半挂车的临时脱开与连接。铰接式牵引装置使车辆形成整体,行驶性能较好,并便于维护。

(4) 伸缩式连接

伸缩式连接一般用于长料挂车。它的牵引装置分成两段,能够伸长或缩短。前半段是一根单杠,杠身上设有多个单孔,可以用2~3个插销与后半段连接;前半段前端置一挂环,套装在牵引车的钩上。后半段是呈狭长中空的叉形,平面上有2~3个等距离销孔与前半段相接。单杠的伸长或缩短,可以适应货物装载的需要。

(二)硬连接牵引驾驶

汽车拖带挂车行驶时与单车行驶有所不同。主、挂车的全长大于单车,车轴增加,车辆的最小转弯半径较大,弯道的通过性能较差;由于主车与挂车是活动连接,行驶中容易产生"蛇形"摆动,稳定性也差;制动停车的距离要比单车长。给驾驶员的操作带来一定的困难。

1. 全挂车的驾驶

全挂车除了按一般的单车操作方法驾驶外,还应根据其特点注意以下操作要点:

(1)出车前的准备

①检查拖钩、拖架、连接销及螺母,转盘及转盘中的螺栓和钢板 U 形螺栓,车厢等,看其有无松旷、变形、裂纹、磨损等情况;检查车轴头螺栓有无松旷;检查制动系统有无漏气、漏油现象。

②检查安全保险链或钢丝绳、连接保险销、灯线、防护栏等是否齐全有效;检视三角木、油布和随车工具是否齐全。

(2)驾驶操作要点

①起步。

起步前发动机温度应达到50℃以上,要用一挡。先用普通的速度放松离合器踏板,感到挂钩与挂环在拉紧时,便加踩加速踏板,并相应地均匀放松离合器踏板。在拖挂较重或道路条件恶劣及挂车没有缓冲弹簧装置的情况下,放松离合器踏板有效行程的时间应该加长些,而加速踏板踩下时应稍快一点。起步时应尽量使挂车和牵引车排成一条直线。

②停车。

选择适当的地点,保持主、挂车正直停放,不得妨碍其他车辆通行,并便于顺利起步。车辆停好后,挂入低速挡,拉紧驻车制动器,根据需要用三角木或石块塞住主、挂车的后轮。

③换挡。

加挡时,应当延长加速时间,让车速缓慢提高,避免加油猛冲,使加速阻力急剧增大,造成前后车的撞击,甚至损坏传动机件。减挡时,应适当提前,切不可拖至乏力时再行换挡。汽车牵引挂车时,惯性较大,换挡时抬踏离合器,动作应缓和,使汽车变速时更加平稳。

④上坡与下坡。

汽车拖带挂车上坡时,无疑会遇到很大的坡道阻力。通过距离短、视线好的坡道,可利用车辆的惯性冲坡;较长或有转弯的坡道,应提前换入低速挡以保持足够的动力,防止上坡途中熄火停车,造成起步困难。当主车越过坡顶而挂车还处于上坡时,仍应加速前进;待挂车通过坡顶后,方可松抬加速踏板,并挂入高速挡前进。由于重力作用,车辆呈加速下行,所以一开始就要控制好车速。根据坡道坡度的大小、长度、宽度、弯度来选定挡位,充分利用发动机的牵阻作用和制动器控制车速。下长坡时使用制动器的时间不可过长;装有制动鼓淋水冷却装置的,开始下坡时就应使用。尽量避免紧急制动。

⑤转弯。

转弯前必须减速,适当加大转弯半径,避免由于急剧转向而降低横向稳定性。通过较急的弯道,应注意内轮转弯半径差,避免挂车内轮驶向路外。转弯时,应尽量避免制动。

⑥会车。

会车前应提前减速,保持主、挂车直线行驶。会车应注意选择合适的路段。没有把握时应提前做好停车准备。交会中,要与来车保持足够的侧向间距,防止挂车大幅度摆动使两车发生碰撞。

⑦超车与让车。

在平直路面上如有必要超车时,应提前靠左行驶,待前车避让后再超越。超越时要充分估计到本车和被超车的长度及行驶速度的差距。超越后,与被超车保持足够的安全距离后,方可驶入原车道。拖挂车的行驶速度比单车低,让车的情况应该比超车多。行驶中,要经常注意观察后视镜,在确定安全的前提下及时让路。

⑧滑行与制动。

牵引行驶,主、挂车同步性较差,牵引装置的连接部位易受撞击。因此,减速应尽量利用滑行、发动机牵阻作用,必要时再辅以行车制动器制动,避免紧急制动。

⑨倒车。

应尽量避免倒车。必须倒车时(适用于硬连接)应注意以下几点:

a. 操作前要看清倒车路线及周围设施,尽可能排除道路上的障碍,并选定好倒车目标。

b. 倒车前要查看挂车转向轮所处角度,便于及时调整,或用顺车的方法使主、挂车拉直,或用半联动短距离倒车,使挂车转向轮转至有利倒车的一边。

c. 进行直线倒车时,要调整驾驶姿势,瞄准主、挂车车厢一侧,使其保持直线;发现偏差,立即少量回转转向盘进行调整,切勿转错方向。

d. 转向盘的转动,双轴挂车与单车倒车方向相同,单轴挂车则与单车倒车方向相反。

⑩掉头。

应选择适当的地段,尽量一次性顺车掉头。如果场地狭窄,应先选好停车位置,尽量靠边,在停车前急转转向盘,使主车车头摆向内侧,主、挂车形成一个角度,以减少掉头时的进退次数。掉头时要避免主车后部一侧与挂车前栏板碰擦,以致损坏车厢及牵引架。可先用侧方移位的方法使主车向左移动适当的距离,然后再倒车。

(3)注意事项

在行驶中,如感到车速突然加快或发动机动力突然增大时,可能是挂车脱钩;如感到车辆突然乏力,可能是挂车轮胎损坏或制动"抱死";如感到车辆意外摇摆,可能是挂车轮毂轴承松旷。遇上述情况,应立即停车检查,及时维修。

2. 半挂车、平板车、长料挂车的驾驶

(1)半挂车

半挂车有广泛的发展前途,可运载不同的货物,有较大的通用性,便于实行集装箱运输和改进拖挂运输的组织方式。

①半挂车的特点。

半挂车一般采用全轮制动,因而制动性能较好;转弯时的内轮转弯半径差较全挂车大;倒车的操作要领基本与拖挂单轴挂车相同,即转向盘的回转方向应与单车倒车方向相反。半挂车的掉头,一般选择在岔路口,便于一次顺车或一次倒车掉头。在较宽的道路上,一般一两次进退,半挂车就可以掉头。牵引车与挂车可以形成锐角,因此半挂车的机动性较大。

②半挂车的分离与连接。

牵引车与半挂车分离时,可在车辆停止后,先将半挂车轮胎的前后用三角木或石块塞住,使其不致溜动,再将半挂车的辅助支撑架降下,与地面接触,并进一步使半挂车前部稍有抬高,以解除对牵引车鞍式磨盘的全部载荷,然后将制动管路的接头和灯用电缆的插头解开,最后将鞍式磨盘的锁止机构打开。

牵引车与半挂车连接的方法,可按分离的相反顺序进行操作。

(2)平板车

平板车的载质量一般大于20t,多采用多组轮轴,其驾驶操作方法基本上与半挂车的驾驶方法相同。根据其特点,还应注意下列事项:

①平板车又宽又长,载质量大,有时还载运超宽、超长和超高货物,机动性受到一定限制。行驶前需选定路线,必要时报经公安交通管理机关批准,并按指定的时间和路线通过。

②由于质量很大,起步时必须使用一挡,适当加大节气门开度,松抬离合器踏板要稳,以防损坏传动部件。避免使用半联动,以防离合器摩擦片加速磨损或烧坏。

③多组轮轴的平板挂车,采用全轮转向,能比较顺利地通过各种弯道,但稳定性较差,因此,应尽量维持直线行驶。会车时应保持较大的横向安全间距;遇到狭窄路段,应提前减速,然后缓缓通过。

④稳住加速踏板,保持匀速行驶,尽量避免紧急制动,以保证挂车行驶的稳定性。

⑤平板挂车通过桥梁时,要有公路管理部门的许可证。通过时需要用低速挡,不要在桥上变速或制动,以免桥梁受到损害而发生意外事故。

⑥采用断气制动结构的平板挂车,在脱离牵引车时,挂车能自动制动。需要使挂车单独移动时,可将分离开关旋转90°,排放制动气室的压缩空气,使制动解除。

⑦平板挂车应加强途中检查。由于轮胎较多,必须经常注意嵌石和胎面刺伤等情况。发现货物有移位时,应立即采取加固措施,否则随着移位增大、重心偏移,就会影响车辆的安全行驶。

(3)长料挂车

长料挂车是单轴挂车,其驾驶操作方法基本与拖带普通挂车相同。另外,根据长料挂车的特点,还应注意以下几点:

①在例行维护方面,要注意横转架装置可靠、润滑正常,栏柱的锁止机构须操作灵活。注意保持紧线机构的性能良好,并在途中注意货物是否捆紧,如有松动,应及时用紧线机构将货物收紧。

②行驶中要注意挂车后部的超长部分,转弯时提前减速并适当加大转弯半径,以免发生刮擦事故。

(三)软连接牵引驾驶

用软连接牵引时,被牵引车应有转向机构,制动良好。牵引前,两车驾驶员预先约好安全停、驶的信号,并密切协调。

1.牵引车

(1)用一挡慢慢起步后,方可放松驻车制动器,用离合器半联动方法使车辆缓缓将绳索拉直,待感到稍有阻力时,再保持足够的动力平稳行进,切忌猛抬离合器快速起步,损坏机件或崩断绳索。当后车已被拖动后,打开危险报警闪光灯,靠道路右侧直线行驶,便于会车和让车,使其他正常行驶的车辆有较好的通过条件。车速要保持均匀,不可忽快忽慢,以免绳索时紧时松而被拉断。通过交叉路口或转弯前要提前鸣笛或打手势告知被牵引车,同时注意前后左右各方情况。遇到窄路、急弯或其他障碍物时缓慢通过。有困难时,应示意被牵引车同时停下。

(2)停车前应示意后车,然后减速靠右行进,并注意后车是否同时靠边和保持应有的牵引距离。在平路上可先踏下离合器踏板,让车辆以惯性滑行,待感到车后稍有阻力时,方可制动停车,再把变速器操纵杆移入空挡。如后车要求停车时,也要如此操作,决不可立即制动停车。

2.被牵引车

(1)因蓄电池没电不能起动时的被牵引

被牵引车首先应当做好起步准备,然后示意牵引车。在牵引车已起步、牵引绳索将要拉直时,被牵引车迅速配合。当发动机正常工作,被牵引车已能够单独行驶时,向牵引车示意,并做好减速停车准备,在牵引绳索开始放松后,即可制动停车。

(2)需要完全依靠牵引车的牵引

在完全依靠牵引车牵引的情况下,气压制动和真空加力装置的车辆可踏下离合器踏板,把变速器操纵杆置于中速挡位置,并注意牵引车的速度变化。当发现牵引绳索放松时抬起离合器踏板,通过半联动的方法,利用发动机的牵阻作用适当减速。当牵引绳索恢复拉直状态时,及时踏下离合器踏板。可反复用此方法处理,必要时可使用制动器减速。被牵引车挂入中速挡,除了利用发动机的牵阻作用外,还能使气压制动器有足够的储气压力,或使真空增压器维持正常的真空度,以保证制动器的正常性能。如果被牵引车是液压式制动器,并且技术性能可靠,可将变速器操纵杆置于空挡位置,直接用制动踏板控制车速。

(3)被牵引车的行驶路线

被牵引车的行驶路线基本上应循前车轨迹,下坡时应根据坡度的大小,使用离合器的半联动,发挥发动机的牵阻作用,同时运用行车制动器使车速保持基本一致。要防止速度超过牵引车,引起牵引绳索松下而卷进前桥。被牵引车要求停车时,要先通知前车,在牵引车有了减速靠边的动作后,方可相应地减速靠边并制动停车。

思考题

1. 特殊行人的特点有哪些?处理方法是什么?
2. 简述车辆在一般道路上行驶的特点。
3. 简述城市道路驾驶注意事项。
4. 汽车硬连接牵引一般有几种形式?
5. 详述汽车软连接牵引的操作方法。

第三节 山路驾驶

山路驾驶时,重力是影响行车速度的最大因素。上坡时,坡道越陡,负载越重,重力在与行车相反方向的分力越大,使用的挡位应越低,以便车辆有足够的转矩克服上坡阻力。下陡坡时,重力在行驶方向的分力使车速加快。坡越陡,负载越重,加速作用越明显,必须选择一个安全的车速,使用低挡位,合理制动,控制车速。出车前,与熟悉自己将要经过坡道路况的驾驶员进行交流是保证行车安全的重要措施。

行驶时,特别是下坡,必须控制车速,尽可能减少制动,以保持制动器的制动效能。必须注意,制动器过热,制动效果将开始减退,要想得到理想的制动力将非常困难。此时要想持续维持这种效果不明显的制动,制动器将失效,直到损坏不能使用。

一、上坡时的驾驶操作

(一)起步

(1)起步前,应先判断好坡道的长度及高度,再选择适当的挡位。

(2)起步时,除按一般起步要领和程序操作外,应注意驻车制动器操纵杆、离合器踏板和加速踏板三者的密切配合。尤其是离合器处于联动位置时,松开驻车制动器操纵杆的操作与踩下加速踏板的时机和程度必须适当。

(二)换挡

车辆上坡行驶中,换挡动作比平路行驶难度大,要求快、及时、准确。

1.迅速升挡

坡道加挡时的提速幅度比平路大,动作要迅速,空挡停顿时间要短;换挡后,应迅速将加速踏板适量踩下,以保证车辆有足够的行驶动力。

2.提前减挡

汽车行驶中,如发现牵引力不够应提前减挡。由于上坡时车速降低快,在减挡过程中要把操作时间计算进去,坡道越陡,提前程度应越大,减挡时加空油越小。在不得已的情况下可以越级换挡,以免因动作缓慢造成换挡后无法行驶,甚至造成熄火或倒溜。

3.具有自动变速器汽车的上坡驾驶

随着汽车科技含量的提高,许多车辆已使用自动变速器。使用自动挡上坡时,如果路段不长、不陡,使用D挡即可;如上大坡、长坡时,应提前将自动挡换入固定的3挡或2挡上,以保证上坡平顺。但不可在汽车速度很高时突然从D挡换入3挡或2挡,以减少机件损伤。

(三)行驶

上坡行驶中,必须根据坡道情况选择适当的挡位。尽量用低挡上陡坡,使发动机保持足够的动力。当动力不足时,应迅速减挡,切不可强撑,以致造成拖挡熄火。如错过换挡时机,可越级减挡。若遇换不进挡或发动机熄火时,应立即联合使用行车与驻车制动器强行停车,然后重新起步。坡度太陡,车辆动力不足时,应使用三角木垫入车轮后方,抵住轮胎,以防止车辆后溜。若遇车辆失控倒溜时,应把车尾转向靠山一侧,使车尾抵在山石上,将车辆停住,并注意转向盘的转动方向,以避免发生严重车祸事故。

汽车上长坡时,驾驶员要耐心、谨慎,保持车辆平稳上坡,切不可操之过急,过多地踩下加速踏板。要随时注意仪表工作情况。若爬坡时间过长,冷却液沸腾时,应选择适当地点休息片刻,并添加冷却液,检查车辆,待温度降低后再继续行进。

(四)停车

停车时一定要做好"坡道停车三件事":
(1)拉紧驻车制动器操纵杆。
(2)将变速器操纵杆挂入低速挡(下坡时挂倒挡)。
(3)用三角木等物品塞住后轮,以防溜车。

二、下坡时的驾驶操作

(一)起步

一般平缓下坡起步时,可按平路起步要领操作,但加挡前的加速时间可适当缩短。坡道较陡时,可用2挡或3挡起步,解除驻车制动后,待车辆已开始溜动再抬离合器,一经联动可视情况换至中速挡或高速挡行驶。

(二)换挡

下坡时,为确保行车安全,应视坡度大小提前换入合适挡位,利用发动机的牵阻作用控制行车速度。

1. 加挡

下坡加挡前要轻踩加速踏板,缩短用低速挡的行驶距离。加挡时用"两脚离合器法"操作,注意动作要迅速、准确。空挡位置一带而过,不得停留,以免变速器主、从动齿轮转速差急剧增大,造成加挡困难。

2. 减挡

需要减挡时,先将车速降至所减挡位的最低行驶速度,随后迅速按一般减挡要领操作,但发动机转速要比平路上行驶时提高一些,双脚配合要迅速、有效。如果减挡不成功,应使用制动器,重新降速后再进行减挡操作。

3. "抢挡"

汽车在下坡途中遇到制动器失效或不宜使用制动器时,需要利用发动机的低速运转牵制车速。这是驾驶员行驶在坡路时必须掌握的一项基本功。

车辆在高速挡位下坡,可能因溜坡而高速行驶。在车速急增的情况下,换入较低的挡位时,要求发动机转速提高1~2倍以上。当高速挡换入空挡的一瞬间,松开离合器踏板的同时,应立即加空油,提高发动机转速,此时应用最快的动作换入低速挡,迅速抬离合器踏板和加速踏板,使原有车速因发动机牵制作用而降低。

高速挡换入低速挡时,加空油的大小与原有的车速、坡度大小、动作快慢有关,车速快、坡度大、动作慢时,加空油要大。

"抢挡"操作对汽车各部件损伤较大,并具有一定的危险性,需要谨慎对待。在下陡坡时应尽可能提前选好挡位,控制车速,避免"抢挡"。

自动变速汽车换挡操作可参考上坡驾驶要领进行。

(三) 行驶

下坡行驶中,由于重力作用,车速往往会越来越快。为了保证安全,必须提前控制车速,根据需要换入合适挡位,以免因车速太快而造成危险。

下坡行驶时合理使用制动器也是驾驶员应掌握的技能。

(1) 气压制动车辆要保持气压在安全标准(450kPa)以上。

(2) 液压制动车辆应将制动踏板踩两次后,再用脚踩下制动踏板。

(3) 运用制动器的时机要有预见性。根据车速、道路情况施加适当的制动力,以保证车辆行驶稳定。

(4) 下长坡时,因制动器使用时间过长,制动机件会发热,应随时注意检查。感到制动效能有异常时,必须及时停车进行检查,故障排除后方可行驶。

(5) 下陡坡、长坡时,一旦制动失效,车辆会越跑越快,以至于无法控制。此时应利用周边天然障碍(如山边石头等)形成对车辆的行驶阻力,消耗汽车动能,使车辆停止。

在下坡行驶时,车速会因重力加快,因此下坡行驶最重要的是根据汽车的总质量、坡道的长度和坡度、路面状况和天气条件及车辆技术状况选择一个合适的车速。

公路上有限速标志或最高安全车速标志时,车速绝对不能超过这个速度,同时要注意指示坡道长度和坡度的标志。

下坡时,必须把发动机的制动效能作为控制车速的主要措施,当发动机转速较高、变速器处于低挡位时,发动机的制动作用最大。

下坡前,要提前换入低速挡,降低车速,合理使用制动器。

在下长坡或陡坡时,制动器的使用仅是发动机制动作用的补充。

下坡前,选好适当挡位后,可按以下方式制动:踩下制动踏板的力度以能感到车辆明显减速为止。当车速减到比安全车速低8~10km/h时,松开制动踏板。当车速又增加到安全车速(限制车速)时,重复上述操作。例如,当限制车速为40km/h,车速达到40km/h时,使用制动器;当车速降至30km/h时,松开制动踏板。按实际需要重复以上操作步骤,直至车辆到达坡底。

三、山区跟车、超车、会车和停车

(一) 山区跟车

在山区公路行驶时,前后两车距离要比平时大一些,上坡时两车距离不低于75m。大坡时两车距离要大于100m。若前车为重车、拖挂车、半挂车,则车距还应加大些,以防前车突发故障,造成两车相撞。遇上坡中途停车时,应适当加大与前车的安全距离,防止前车在起步时溜车。

(二) 山区超车

在山区道路超车时,应选择宽阔路段。超车前要提前开启左转向灯、鸣喇叭,确认安全后再超车。下陡坡时不得超车。

在山区道路行驶,不能轻易超车,更不要强行超车。山区公路窄弯多,驾驶员的视线会受到很大影响,超车时一定要耐心,要等前车让道后,确认视线良好、对面无车和无障碍物后才能超车。

(三) 山区会车

在山区道路会车时,应选择道路宽阔的安全路段。靠山体一侧的车要让外侧的车先行。如靠山体一方不让行,应当提前减速并选择安全的地方避让。在窄路会车,应减速或停车。行经弯道时,要主动避让车辆和行人,做到"减速、鸣喇叭、靠右行"。

(四) 山区停车

机动车通过山区危险路段,应谨慎驾驶,避免停车。尤其是通过经常发生塌方、泥石流的地段,应尽快驶离,不能停车。

总之,山区道路驾驶情况复杂,安全系数小,潜在的不安全因素多,在注意以上几点的同时,还要做到遵守交通法规,小心谨慎,更要注意汽车的稳定性、操控性、安全性,以确保稳妥地处理出现的各种情况,保证行车安全,减少和降低事故的发生。

思考题

1. 简述山区跟车、超车、会车和停车的要求。
2. 山区上坡换挡有哪些要求?
3. 山区下坡行驶中要注意哪些问题?

第四节 夜间驾驶

夜间行车是驾驶员在工作中必然要遇到的,所以了解夜间行驶的特点,行车道路的识别和判断方法及使用灯光的规定,是每个驾驶员必须掌握的技能。

一、夜间行车特点

(一) 光线不好,视线不良

夜间行车的最大特点是照明条件差,视野变窄,视距变短,驾驶员只能看清被灯光照亮的景物。汽车的远光灯照射距离一般是150m左右,近光灯为30m左右,照射范围一般不超出路面,在此距离和范围以外的景物无法看清。因此,夜间行车时,难以发现来自两边暗处和较远处(灯光照射距离以外)的交通情况,预见性处理情况的可能性降低,处理情况常常手忙脚乱。另外,晃眼的远光灯会造成观察力下降。特别是刺眼的强光会使人在7s内看不见物体。如果这时的车速是80km/h,就等于闭着眼开出去150m。由此可见,行车时照明条件不好,看不清或者看不见路上的情况,是影响夜间行车安全的主要因素。黄昏时分,交通情况(行人、非机动车、机动车)多,光线差,容易产生错觉,造成判断失误,是一天中最容易发生交通事故的时候。

(二) 机动车驾驶员容易疲劳

夜间行驶时,驾驶员极易产生视觉障碍(夜间的能见度仅为白天的1/8),必须集中精力,才能看清前方的情况。茫茫黑夜,旷野寂静,能看到的只有路面,能听见的只有发动机的声音,单调乏味,时间一长,机动车驾驶员就会感到倦怠、昏昏欲睡。特别是黎明前后,经过一夜的行车,精力下降,更容易打瞌睡。

(三) 容易盲目开快车

夜间行车,特别是长途行车,交通情况(行人、非机动车)少,交会车辆也少,驾驶员思想容易麻痹而开快车。另外,夜色茫茫,单车行驶,判断车速没有参照物,机动车驾驶员往往又急于赶路,在不知不觉中就会提高行车速度,越开越快。

因此,夜间行车时,驾驶员更要严格遵守交通法规与职业道德,控制车速,掌握合理的行驶路线,认真驾驶,尽量避免或减少炫目现象,保证行车安全。

二、夜间驾驶要领

(一) 出车前的准备

根据夜间行车特点,出车前机动车驾驶员必须做好各方面的充分准备,做到有备无患,以防止或应付途中可能出现的意外情况。

1. 适当休息

出车前要做适当休息。尤其是夜间长途行车前,必须保证充足的睡眠和充沛的精力,以减轻夜间行车时的疲劳程度。

2. 检查车辆

夜间行车前,必须对全车的灯光、电气设备进行认真的检查、调整和必要的维护,使其保持良好的性能;检查并补充油、水、轮胎气压等,以保持正常的标准;检查货物捆绑、装载情况;还必须检查传动、转向、制动等影响行车安全的各部机件是否牢固可靠,若有故障或影响安全的因素,应及时排除,消除隐患,保证车辆有良好的技术状况。

3. 带好随车物品

夜间行车,尤其是执行长途任务,要携带必要的随车工具、铁锹、夜间工作灯或手电筒等,以及易损的常用零配件。

(二) 灯光的运用

灯光的作用有两个:一是照明,使驾驶员看清前方路面情况;二是信号作用,使其他车辆看清本车的位置和行驶状况。

(1) 夜间使用灯光的时间一般与城市路灯开熄时间一致,如遇阴暗天气,视线不良时,可提前开灯或推迟关闭,并要提前开启示宽灯、尾灯、牌照灯。当看不清前方100m处物体时,开启前照灯。车速在30km/h以内,可使用近光灯,灯光需照出30m以外;车速超过30km/h,应使用远光灯。

(2) 起步时,先开灯,看清路面情况后再起步。停车时,车辆停稳后再关灯。

(3) 在风、雪、雨、雾等天气行驶时,应使用雾灯或防炫目的近光灯,尽量避免出现光幕而影响视线。

(4) 夜间行驶在无交通信号的交叉路口时,可用变换近、远光灯来示意其他车辆和行人。

(5) 夜间车辆通过照明条件良好的路段时,应使用近光灯;通过没有路灯或路灯照明不良的路段时,应将近光灯转换为远光灯,但同向行驶的后车不得使用远光灯。

(6)夜间会车时,应当在距对方来车150m以外改用近光灯;在窄路、窄桥与非机动车交会时应使用近光灯。

(7)在路边临时停车,应开启危险报警闪光灯、示廓灯及后位灯。

(三)夜间行驶对道路的判断

夜间行车在没有路灯照明的情况下,驾驶员必须学会判断路面状况,以达到安全行驶的目的。

1. 用车速判断

行驶时,未改变加速踏板位置,车速自动减慢,发动机声音也变得沉闷,表明行驶阻力加大,可判断为车辆可能在上坡或驶入松软路面。反之,车速在自动加快,说明行驶阻力变小,可判断为车辆可能在下坡。

2. 用灯光判断

(1)汽车行驶中,灯光照射距离由远变近时,可判断为上坡,下坡而接近坡底,也可能进入弯道,应注意控制车速。

(2)灯光照射距离由近变远时,可判断为汽车正在下坡,或由弯路进入直路。

(3)灯光离开地面时,可判断为前方出现大坑或急弯;或已行至坡顶,即将下坡行驶。

(4)灯光由路中移向路侧,表明前方出现弯道。

(5)若前方路面不断出现黑影,则表明路面会出现凹陷或横沟,应注意减速或准备随时停车。

(6)若灯光照在地面时感到光线不强,说明可能为沥青路面;感到路面发亮,可能为沙砾路面。

(四)车速、车距的控制

1. 控制车速

在平坦、宽阔、视线良好的道路上车速可适当加快。遇有会车、路面不平、转弯、桥梁(窄桥)、窄路、交叉路口等复杂情况,应减速慢行,一般将车速控制在40km/h以下,并随时做好停车准备。

夜间行车速度过快或高速行驶中会车,都是极为危险的。这是因为汽车灯光的照射距离是有限的(远光灯为150m左右),驾驶员无法看见这个距离以外的物体。特别是在会车时,只能用近光灯,照射距离只有30m左右。根据试验,夜间以55km/h的速度行驶时,驾驶员发现情况后立即踩制动踏板,停车距离为30m。也就是说,夜间以55km/h的速度会车,在近光灯的照射范围内发现情况并立即停车,车辆与物体之间就没有间隙了。而且这还是在车况、路况、机动车驾驶员反应均良好的情况下进行的试验。那么,在高于这一速度,车况不良,路面有沙子或潮湿打滑,机动车驾驶员疲劳、反应能力下降等情况下,就更不可能在 30m 的距离内将车停下,撞上物体是不可避免的。如果迎面来的是行人或自行车等,那么危险性更大。所以,夜间驾驶车辆,车速一定不能过快,以便能够在灯光有限的照射范围内发现情况,并在这个距离内安全地减速停车。因此,谨慎而正确地选择行驶速度,是夜间安全行车的根本保证。

2. 控制车距

夜间跟车行驶时,车距必须加大,通常应保持在 100m 以上,或者在同样条件下,是白天行车距离的 2 倍以上。车速较快时,更应保持较大的纵向行车间距,以防止前车突然减速或停车,制动距离不够而撞上前车。

三、其他注意事项

(一)关注夜间交通参与者

夜间行车特别要注意路边的行人,尤其很多老年人喜欢穿深颜色的衣服,在夜间很不容易被驾驶员发现,而且他们的听觉和视觉又都相对较差;注意是否有逆行的行人、坐在路边的行人以及堆放在路边的沙砾等杂物;遇自行车对向驶来时,应当使用近光灯,减速或停车避让。

(二)复杂道路行驶

行驶中遇道路施工信号灯、复杂地段或道路状况不明等情况,不可冒险通过,应减速慢行,或停车查明情况再继续行驶。需要倒车、掉头时,必须先下车看清周围地形,上下、左右有无障碍。进退过程中要多留余地,必要时由其他人协助指挥进行操作。

夜间行驶或停车时,尽量避免驶入路边的草地或土质路基,谨防因暗沟、暗坑或路基松软而发生陷车事故。在路边短时间停车时,应打开示廓灯、后位灯和危险报警闪光灯;若停车时间较长,还应在车后 100m 以外的地方设置危险警告标志,以防发生意外。

(三)夜间会车、超车

1. 夜间会车

夜间会车时,在距对面来车 150m 以外,应关闭远光灯,开启近光灯,并降低车速,靠右侧行驶。关闭远光灯的瞬间应迅速观察自己前方的地形和路线。遇到对方来车使用远光灯行驶时,驾驶员不要直视对面车辆灯光,应将视线右移,避开对方车辆灯光,并减速行驶。若对方车辆不关闭远光灯,可连续变换灯光提示,同时减速靠右侧行驶。如果示意后来车仍未关闭远光灯,为了行驶安全,应将车辆及时停在道路右边,关闭前照灯,改用示宽灯,待其通过后再继续行驶,避免"斗气"。

2. 夜间超车

夜间行车,超车是相当危险的事情,不到迫不得已最好不要超车。确需超车时,一定要准确判明前方情况,确认条件成熟,再跟进前车并连续变换远近灯光,必要时以喇叭配合,示意前车避让,在判定前车确已让路、让速,允许超越时,方可超车。在超车中应适当加大行车间距。如果道路前方有弯道、窄桥、窄路、交叉路口、陡坡等复杂道路,严禁超车。若对来车的大小、速度、距离等情况无法准确判断时,绝不能冒险超车。

(四) 行驶中遇故障

行驶中若前照灯突然不亮,要沉着冷静,稳住方向,迅速减慢车速,同时可打开雾灯,停车后查明原因,修复前照灯后再行驶。行车中还应注意观察仪表,发动机、底盘有无异响,以及驾驶室内有无异味。若有异常,应立即停车检查,排除后再上路行驶,不能带故障行车。

此外,夏季夜间行车,要关闭风窗玻璃,以防止趋光的昆虫飞进驾驶室,伤及眼睛。

1. 夜间驾驶如何使用灯光?
2. 夜间驾驶如何判断路况?
3. 简述夜间驾驶的特点和要领。

第五节　高速公路驾驶

在高速公路上驾驶车辆,完全不同于一般道路,高速公路具有车速高、全封闭、多车道、流量大的特点,驾驶员应当学会并掌握高速公路的正确驾驶方法。

一、驶入高速公路

(一) 驶入高速公路的步骤

从一般道路驶入高速公路,必须按照以下三步安全行驶。

1. 匝道行驶

首先应根据指路标志,确定目的地的行驶方向,路标会提示驾驶员要去的地方,是进入左侧匝道,还是进入右侧匝道,一旦驶错方向无法掉头,只能在下一个出口驶离高速公路。《中华人民共和国道路交通安全法实施条例》明确规定,严禁在匝道上超车、停车、掉头、倒车,以免酿成车祸。

2. 加速车道行驶

要充分利用加速车道尽量提高并接近主干道上行进车辆的车速,以防后续车与本车发生追尾碰撞。打开左转向灯,沿加速车道提速行驶,尽快将车速提高到60km/h以上。如果跟随前车行驶,还要注意观察前车的行驶速度和加速情况,并与其保持能够在加速车道上充分加速的安全距离,在充分利用加速车道约二分之一以上路程,注意并掌握前后情况,在不妨碍行车道车辆行进的有利条件下,选择驶入行车道的时机。

3. 驶入行车道

从加速车道驶入高速公路行车道时应集中精力,观察左侧行车道上行驶车辆的车速和车流情况,在不妨碍行车道车辆正常行驶的情况下,安全平顺地汇入车流。

(二)驶入高速公路的注意事项

(1)在合流三角地带之前打开左转向灯,汇入行车道时,转向盘的操作不要过急、过猛。

(2)密切注视高速公路行车道的行车情况,并通过后视镜观察行车道后面驶来的车辆动态。

(3)应正确估计行车道上的车流速度,以调整和控制好行驶速度。

(4)主车道车辆稀少时,也应尽量避免抢在正常行驶车辆前驶入主车道。

(5)主车道车流密度大时,如果主车道上的车辆相距较近或以车队状态行车时,欲驶入车辆的驾驶员应考虑本车的加速性能和首车的速度。首车速度较低,本车加速性良好,在不影响首车的正常行驶条件下,应从容加速从首车前方驶入;首车开得较快,其他尾随车与其有近有远时,可以选择一辆车速较低的车辆空挡驶入,但一定不能影响其正常行驶;首车开得较快,尾随车辆一辆跟一辆,相距很近时,本车应控制好车速,在所有车辆通过后再驶入。

二、驶离高速公路

驶离高速公路也是分三步进行,即驶离行车道、在减速车道上行驶和匝道行驶。

(一)驶离高速公路行车道

在驶离高速公路时,当看到最初的出口标志后,应迅速做好驶离的准备。

(1)高速公路每一出口前,2km、1km、500m及出口处都设有预告下一出口的标志,应尽早变更到最右侧行车道。见到1km预告标志牌后,严禁超车。

(2)驶离高速公路主车道的最佳时机是行至离出口500m处,打开右转向灯,适当调整车速,逐渐平顺地从减速车道始端驶入减速车道。

(3)如果因疏忽已驶过出口,只能继续向前,行驶至立交桥掉头,或行驶至下一出口驶离,千万不能在高速公路上紧急制动、停车、倒车、掉头、逆行、穿越供紧急使用的中心隔离带缺口,以免发生危险。

(二)减速车道的行驶

驶入减速车道后,注意观察车速表,进入匝道之前,车速降到约40km/h。

(三)匝道行驶

(1)驶入匝道后,根据匝道的弯度掌握好转向盘,并将车速控制在限定时速以下。
(2)驶离匝道与驶入匝道一样,不可以在匝道上超车、停车、掉头、倒车等。
(3)注意从其他车道合流的车辆。
(4)不得未经减速车道减速,直接进入匝道。

三、高速路段驾驶安全注意事项

汽车驶入高速路段后,具备了可以充分发挥其性能的条件。但是,如果驾驶员不懂或不严格遵守高速公路的行驶法规,盲目追求高速行车,势必会扰乱高速公路正常的行驶秩序,埋下严重的车祸隐患,使危险时刻威胁着自己和他人。

(一)对车辆行驶速度的控制

1. 确认车速

在宽阔的固定参照物少和高速车流的高速路段上行驶,一定要通过车速表确认车速,不要盲目地一味加速,严格按照高速公路的行驶速度要求驾驶。

2. 最高时速和最低时速

最低车速为60km/h,最高车速为120km/h。遇恶劣气候条件下行车时,必须减速行驶。

3. 速度的选择

(1)严格遵守最高和最低时速的规定。
(2)根据道路交通情况和需要确定车速,超车时不要超过最高时速,让超车时不能低于最低时速。

(3)注意高速公路上的限速标志。

(二)严格遵守分道行驶的原则

高速公路行车道分为双向四车道、六车道、八车道。机动车在高速公路上行驶时,必须严格遵守分道行驶、各行其道的原则,不得穿行越线、变更车道,不准骑轧行车道分界线。

1. 同方向有两条车道的行驶

所有机动车在行车道上行驶,左侧车道的最低车速为100km/h。

2. 同方向有三条车道的行驶

(1)车速高于110km/h的汽车在最左侧车道上行驶。

(2)车速高于90km/h的汽车在中间车道行驶。

(3)右侧车道车速不得低于60km/h。

3. 特别说明

(1)除因停车驶入或驶出紧急停车带或路肩外,不准在紧急停车带和路肩上行车。

(2)道路限速标志标明的车速与上述车道规定不一致的,按照道路限速标志标明的车速行驶。

(三)必须保持足够的安全距离

1. 同车道两车间的前后安全行驶距离

汽车在高速公路上正常行驶时,同车道的前后车辆必须根据行驶速度、天气和路况保持足够的安全距离。

(1)所谓正常情况下,当车速为100km/h时,安全距离为100m以上;车速在100km/h以下时,安全距离可适当缩小,但最小距离不得少于50m。

(2)如遇大风、雨、雪、雾天或路面结冰时,应当减速。在非正常情况下,前面讲到的安全距离,不足以确保行车安全,所以应在规定安全距离的基础上留出避开危险的余量。

①能见度小于200m时,开启雾灯、近光灯、示廓灯和前后位灯,车速不超过60km/h,与同车道前车保持100m以上的距离。

②能见度小于100m时,开启雾灯、近光灯、示廓灯、后位灯和危险报警闪光灯,车速不得超过40km/h,与同车道前车保持50m以上的距离。

2. 瞬时两车横向间的左右距离

(1)正常超车,车速在100km/h时,横向车间距应为1.5m以上;70km/h时,应为1.2m以上。

(2)如遇大风、雨、雪、雾天或路面结冰时,在减速行驶的同时,应适当加大横向车间距。

(四)正确变更车道

变更车道时,要注意观察道路上设置的标志或警示牌,按照标志或警示牌上的要求行驶。同时,应提前减速并开启转向灯,确认安全后,再驶入指定的车道。

在高速公路上变更车道,不外乎是因需要超车、前方一条行车道发生交通事故、前方修路或施工三类情况。变更车道时,尽可能采用大的曲线半径,具体方法如下:

(1)通过后视镜观察后方车辆动态,距前车80m以上,打开转向灯。

(2)再次观察前后车辆动态。

(3)打开左转向灯3s后,平稳转动转向盘,驶入左侧行车道行驶,注意不要猛转转向盘。

(4)超车时不要把车速提高到不必要的程度。

(5)超车后继续行驶,直到超过80m以上的距离。

(6)超过足够距离后,打开右转向灯,平稳转动转向盘,返回原行车道。

1. 简述驶入、驶出高速公路的步骤。
2. 高速路段驾驶安全注意事项有哪些?

第六节 通过桥梁、隧道、涵洞的驾驶操作

一、通过桥梁的驾驶操作

道路上的桥梁很多,建筑材料、建筑结构、建筑年代不同,承载能力也不同,因此,在通过不同桥梁时,必须严格遵守交通标志规定的"车速、轴重、高度"等,采取安全的操作方式。接近桥梁时,应仔细观察桥头附近的交通标志,确认桥梁的承载能力,遵守限载、限速等有关规定,降速平稳通过。若无交通标志,且确认安全无问题,通过时也要拉大车间距离,最高车速不得超过限速要求。

(一)窄桥

通过窄桥时,应注意对向来车,若发现来车距离对面桥头较近,应主动靠路右侧停车,待来车过桥后再行通过。通过窄且桥面不平的桥时,应提前减速降挡,以低速平稳通过。尽量避免在桥上换挡、制动、会车、停车等。跟车通过时,应适当加大跟车间距,减轻桥梁的负荷、避免冲击负荷;有条件的,最好逐车通过。

(二) 拱桥

通过拱桥时,因前方视线受到阻碍,往往无法看清对向车和行驶路线,不便观察,因此,应减速、鸣笛、靠右行驶,避免中途停车、变速换挡,并随时注意对向来车和行人情况。车行至桥顶,要放松加速踏板,减速下行,同时注意观察桥下情况,随时做好制动准备。

(三) 漫水桥

通过漫水桥时,必须提前减速,按设定路线匀速行驶,避免中途停车、变速、转向。遇汛期时,要随时注意水情报告,情况不明,不宜冒险通过。桥面积水时,探明水深后再通过,防止汽车被水浮起,冲入深水区,发生危险。

(四) 吊桥、浮桥、木桥、便桥

通过吊桥、浮桥、木桥、便桥时,须先停车查看,确认无危险后低挡平稳驶过。过桥时尽量避免制动、换挡变速、停车等,减少对桥梁的冲击负荷。车上的乘员最好下车步行过桥。

(五) 交通标志不明、年久失修桥梁

遇有交通标志不清、年久失修的桥梁,必须对桥梁进行勘察,确认可以通过时,方可过桥。通过勘察,仍不能确保安全通过,可绕道行驶,绝不能冒险通过。

(六) 水泥桥

通过水泥桥时,如为双车道以上桥面,路面平整,可按一般驾驶要领通过。如桥面狭窄,应看清前方是否有来车。若桥面会车有困难,不可冒险会车,应提早主动在桥头宽阔地段停车等候,不要抢行。

二、通过隧道的驾驶操作

在通过隧道时,应注意观察交通信号,按法律法规的规定安全行驶。

(一) 隧道驾驶的基本要求

1. 减速行驶,握稳方向

汽车从隧道外路段驶入时,眼睛对黑暗适应时间一般为 7~8s,此时驾驶员的视

力下降,因而必须减速行驶。此外,夜间隧道行车,由于隧道内有照明灯,隧道内比外部明亮,但驾驶员也不可提高行驶速度,而是控制好汽车方向,注意隧道内的交通状况。隧道的出入口处是气流变化较大的地方,特别是在高速公路上,受侧向气流的影响,常常产生较大的侧向力,使汽车突然改变行驶方向。驾驶员必须注意这一点,在降低车速的同时,应握紧转向盘,保持好行驶方向。

2. 控制车速,保持车距

驾驶员在进入隧道前要注意观察交通标志,特别是限速标志,控制好车速。在隧道内行车不能凭直觉判断车速,一定要通过车速表确认行驶速度,同时还应注意保持相应的车距。

3. 开启车灯

驾驶员通过隧道应提前开启前后车灯,目的是标明车辆的位置,确定车距,防止追尾事故。隧道内不宜鸣喇叭。

4. 严禁停车、超车

由于各级公路的隧道都比洞外路面窄,特别是路肩的宽度以最小基本宽度为设计基准。所以,隧道内严禁随意停车,以免交通阻塞。若汽车在隧道内出现故障,应立即设法将车辆移出隧道,不得在隧道内检修。一般道路的双车道隧道,应靠道路右侧以正常速度行驶,不得变换车道,更不准随意超车。

(二)不同隧道驾驶的操作

1. 单行隧道

通过单行隧道,必须注意停车信号、标志和对向来车情况,具备通过条件时,开启灯光,按规定速度匀速通过。不具备通过条件时,必须在隧道口靠右停车等候,具备条件时再通过,避免堵塞隧道。

2. 双车道以上隧道

通过双车道以上隧道时,首先开启灯光,必须按交通标志规定的速度、车道行驶。随时注意对向来车,保证行车安全。在隧道内不宜鸣笛,以防产生噪声。通过隧道时不能倒车、停车和掉头,防止隧道堵塞和引发交通事故。如需掉头,出隧道后,找适当地点进行掉头。

3. 特殊情况

在通过隧道时,遇到特殊情况,须服从交警指挥,按其手势行驶,保证隧道畅通。

三、通过涵洞的驾驶操作

通过涵洞时,驾驶员要充分考虑高度限制,因此,应先减速并注意观察交通标志的限高要求,必要时停车核实,检查车辆高度是否在交通标志允许范围内,确认能通过时方可通过。此外,涵洞内一般潮湿路滑,路幅较窄,照明条件差,因此,驾驶员应谨慎驾驶,减速降低挡位,随时注意防滑及前方来车和交通情况,防止发生事故。

思考题

1. 简述通过各式桥梁的驾驶操作方法。
2. 通过隧道时需要注意哪些问题?
3. 简述安全通过涵洞的方法。

第七节 通过泥泞、翻浆道路的驾驶操作

用泥土、沙石筑成的简易公路,由于地势低、泥土松软,春季易形成翻浆,雨后会布满泥泞。在这样的道路上行驶,路面附着情况变差,驱动轮易打滑,且制动时同轴上两轮胎的附着系数不同,还极易造成侧滑。同时,通过条件差,方向不易控制,驾驶操作麻烦,稍有不慎,就会使驱动轮陷入泥坑,车辆无法前进,严重时会造成车辆倾覆。因此,要根据泥泞、翻浆路面的特点正确操作,保证行车安全。

一、进入泥泞、翻浆道路前的准备

(一)调查路面情况

进入泥泞、翻浆路段前,要事先调查路面情况,弄清泥泞、翻浆路面泥泞的深度、翻浆的程度和路段的长度。

(二)准备好防滑物品、清理路面的工具

1. 装越野轮胎

经常在泥泞、翻浆道路上行驶的车辆应装用越野轮胎,以提高汽车的通过能力。

2. 装防滑链

进入泥泞、翻浆路面前,在车辆驱动轮上预先装上防滑链,改善车轮与路面的附着状态,提高汽车的通过能力。

3. 充分发挥车辆具备的结构性能

在通过泥泞、翻浆道路时要充分发挥车辆具备结构性能。四轮驱动车辆要使用

全驱动提高车辆的通过能力。具有差速锁装置的车辆,用差速锁锁住差速器,减少汽车滑转和陷车的可能。

4. 准备清理路面的工具

准备适量的锹、镐等清理路面的工具和草垫、沙、石等加大路面附着力的物品。

(三) 做好陷车时的救援方案

预计要通过泥泞、翻浆道路时,提前做好陷车时的救援方案。组织好救援小组、救援车辆、救援物品、临时指挥人员,保证车辆的正常行进。

二、在泥泞、翻浆道路上行驶时的操作要领

(一) 选好行驶路线

经过泥泞、翻浆路面时,要低速匀速通过。除避开障碍物外,不要曲线行驶,减少打滑的可能。行驶中要选择较平直、泥泞少的路面通过。车辙是前车压实的路面。如果路面上车辙清晰,可沿车辙行驶,并要注意自己驾驶车辆的最小离地间隙,防止车辆托底。车队通过泥泞、翻浆路面时,要适当加大车距,后车沿前车车辙前进,减少同时多车陷住的可能。路面有积水时,如看不清水深和路面情况,尽可能避让通过。如果必须从积水路面通过,要摸清情况,事先采取措施,再行通过。

(二) 匀速行驶

低速匀速行驶是通过泥泞、翻浆道路的关键。在进入泥泞、翻浆道路前,预先选择适当挡位,用加速踏板控制好车速,匀速通过避免中途换挡。因为中途换挡会造成动力中断,动力一旦中断,车辆就有可能停住,车辆停住后,再次起动时,静摩擦力远远大于动摩擦力。重新起步时,驱动力小,车辆不能起步;驱动力大,极易超过附着力,驱动轮打滑,不能起步。行驶中遇情况必须换挡时,要提前换挡,充分利用车辆惯性,动作迅速,加速踏板与离合器配合应准确连贯、一气呵成,减少换挡冲击,保证车辆匀速行驶。

停车重新起步时,选择合适挡位,注意加速踏板与离合器的配合,缓加油,轻抬离合器,充分利用半联动,慢起步,控制好驱动力,避免驱动力大于附着力,防止驱动轮打滑。

(三) 避免紧急制动

车队在泥泞、翻浆路面上行驶,速度相对较慢,只要保持好行车车距,用加速踏板控制好车速,就能防止紧急制动。在车速相对较慢的情况下紧急制动,极易造成停车

起步，引发驱动轮滑转而陷车。

三、车辆陷入泥浆时可采取的措施

车辆陷入泥浆打滑时，要保持镇静，切忌轰车。因为轰车会使发动机输出更大动力，加剧驱动轮滑转，导致车辆越陷越深。此时可采取以下措施：

（1）挖出驱动轮下的泥浆，铺入碎石、沙子、草垫、柴草、树枝、木板等增加附着力，将车开出。如有条件，尽可能支起驱动轮，将上述材料直接放到驱动轮下，效果会更明显。

（2）卸下部分或全部货物，防止车辆进一步下陷，减少静摩擦力。

①后轮驱动的车辆卸下部分货物时，应尽可能卸下前部货物，以免因卸下货物而减少驱动轮的附着力。

②个别车轮深陷或单侧车轮深陷，车身严重倾斜时，要立即采取措施，防止车辆倾覆。

思考题

1. 如何安全通过泥泞、翻浆路段？
2. 如果车辆陷入泥浆，应采取什么措施？

第八节　涉水的驾驶操作

车辆涉水行驶时，由于水对车的浮力和侧向冲击力，导致车辆行驶稳定性变差，纵向和横向附着力严重下降，容易产生驱动车轮滑转和车辆侧滑，使操作困难。涉水行车还会带来以下隐患：一是水具有不可压缩性，如果通过进、排气系统进入发动机汽缸，会造成气门连杆、活塞曲柄弯曲变形，严重的还会损害缸体；二是车内电路（尤其是行车电脑）进水后会造成短路，甚至损坏，只能选择更换。此外，机舱内除了发动机还有很多其他部件，浸水后不会马上停止工作，但同样会造成很大的损失。因此，我们必须掌握正确的涉水驾驶方法。

一、涉水前的准备

（一）察明水情

汽车涉水前，应首先察明水情，即水深度、水流速和水底情况等。了解情况后，选择水浅、底硬、两岸坡缓、水流稳定、距离最短的地方涉水。在水面较宽时,应设立标杆,指示行车方向和涉水界线。

(二)做好防护

通过较深的河段时,车辆做好防水措施,如密封好油箱口、加机油口,包扎好高、低压电器设备,加高排气管口等。

二、涉水驾驶的操作方法

(1)涉水时,应提前选好低速挡位,使汽车平稳地驶入水中,以免水花溅入发动机。

(2)行驶过程中要稳住加速踏板,保持汽车行驶平稳且有足够动力,一次通过,尽量避免中途换挡、停车和急转方向。要充分估计制动效能的衰退,中途不得不停车时,应拉紧驻车制动杆。

(3)行进中要看远顾近,尽量注视远处的固定目标,不要注视水面,以防视觉错乱,偏离涉水路线。弯道或路面边缘被水淹没看不清的路段,要找固定标志作为参照物,尽量保持车车辆在道路中央行驶。

(4)行驶过程中如果车轮打滑空转,不要勉强进退,更不可猛踏加速踏板,应立即停车,不要熄火,以免越陷越深;车辆因进水而发生故障熄火,不可持续打起动机,防止因空气滤清器进水损坏发动机,应果断组织人力或其他车辆协助驶出。

(5)涉水行驶要先关闭空调及音响设备,摘下安全带,打开应急灯,摇下车窗玻璃,车门锁要处于开启位置,以方便必要时开车门。

(6)当多车涉水时,不可同时下水,应待前车上岸后,后车方可涉水。跟车行进时不仅要与前车保持距离,而且还要判断前车的通过能力,防止前车突然熄火而堵塞交通,影响自己车辆的通过。尽量避免会车和超车。因为会车、超车时容易挤升水面高度,降低车辆涉水能力。

三、涉水后的检查

(1)涉水后,选择安全地带停车,卸下防水设施,擦干受潮零件,清除传动轴、散热器、轮胎等上面附着的杂物、石子等。

(2)由于制动器被水浸泡后制动效能降低,涉水后应尽快恢复制动性能。为确保行车安全,在采取上述措施后,应用低速挡行驶,并间断轻踏制动踏板,以清除制动器中的残余水分,使制动器迅速干燥,恢复制动效能,然后再正常行驶。

思考题

1. 涉水前需要做什么准备工作?
2. 详述涉水驾驶的操作方法。

第九节　恶劣气候下的驾驶操作

汽车在路上行驶,会遇到各种不同的路况和天气。由于天气和路况的不同,能见度、驾驶员的视野、路面附着系数都在不断地变化。针对这些可变因素,驾驶员必须采取不同的驾驶操作,才能保证行车安全。

一、严寒气候下的驾驶操作

我国长江以北地区和青藏高原、新疆地区,一年当中有很长时间气候严寒。在严寒气候条件下,气温极低。低气温使燃油雾化不良,不能形成足够浓度的可燃混合气,起动困难;使润滑油黏度增大,既增加起动的困难,又使润滑条件变差;使风窗玻璃容易积霜,造成视线不良;使路面积雪、结冰,路面附着系数下降,汽车容易侧滑,制动距离加长,给安全行车带来隐患。在这种路面上行车,必须注意以下问题。

(一) 起动发动机

冬天起动发动机时,要注意以下问题:

(1) 冬天起动发动机时要注意正确使用起动机,一次起动不成功,最少间隔30s,再开始下一次起动,以免损坏起动机和蓄电池。

(2) 发动机起动后应适当预热,温度超过40℃后,才能起步行驶(最好预热3min以上再起步行驶)。

(3) 装用废气涡轮增压器的发动机,要预热3min后再起步,防止损坏废气涡轮增压器。

(二) 雪天行车注意事项

雪天行车,汽车轮胎与路面的附着系数极小,制动距离加长,纵向安全距离是干燥路面上的3倍。例如,汽车以40km/h的速度行驶时,在干沥青路上的制动距离为10.5m,在干水泥路上的制动距离为9m,而在冰路上的制动距离为62.98m,在雪路上的制动距离为31.49m。在大雪或冰冻道路上行车时,对驾驶员威胁最大的是滑溜(分为后轮溜滑、前轮滑溜、动力滑溜和横向滑溜四种)。为保证行车安全,驾驶人应做到以下几点：

(1) 冰雪天气行车,需携带防滑链、三角木、绳索、铁锹等防滑物品和必要的防寒用品,并注意发动机防冻。由于冰冻结雪,路面的附着能力很低,必要时在驱动轮上安装防滑链,尤其在山路行车更为必要。为增强附着性能,也可用麻绳绕在车轮上做短距离行驶。在驱动轮上装上防滑链,左右要对称,松紧要适度,冰雪融化后,要立即拆除,以免损坏路面和轮胎,条件允许时可更换防滑轮胎。

(2) 起步时,加速要适度,离合器应半离合,轻踩加速踏板,使发动机在不熄火的情况下输出较小动力,以适应冰雪路面,提高附着力。起步时如用力过猛,驱动轮容易打滑空转,因此,起步和行驶过程中禁止猛抬离合器、急加速、急制动,应稳住加速踏板匀速行驶。没有安装防滑链的车辆在雪地起步时,可比平时起步高一级的挡位,利用离合器半联动和轻踏加速踏板实现平稳起步。起步困难时,可在路边找些秸秆、用铁锹挖些土石等物铺垫在驱动轮下辅助起步。

(3) 在冰雪路面上行车,一般应保持匀速行驶,需要提高车速时,慢慢踏下加速踏板,不要加速太猛,以防两驱动轮因突然增加转速而打滑,或因左右轮在急加速中遇有不同阻力而产生急骤横滑。为预防车辆侧滑或与其他车辆发生刮碰,应低速行驶并保持安全距离。对于积雪覆盖的道路,有时沟壑被积雪掩盖,道路的轮廓难以辨别,行车时应根据道路两旁的树木、电杆等参照物判断行驶路线,用发动机的牵阻作用控制车速,低速行驶。有车辙的路段,应循车辙行驶,转向盘不可急打急回,以防车辆侧滑偏出道路。

(4) 遇有情况需要减速或停车时,尽量采用预见性制动和利用发动机的牵制作用减速,避免紧急制动。特别是在进入弯道或下坡前一定要降低车速,但在降低车速时不要制动过急。若情况紧急,可以强行减挡,充分利用发动机的制动作用,换低速挡降低车速。

(5) 转向时,一定要提前缓抬加速踏板,平稳降速,稳住转向盘,慢转慢回。在不影响来车的情况下,尽量加大转弯半径,以减小转弯时的离心力,切记不可快速急转急回,以防侧滑甩横。

(6) 雪地超车、会车应选择安全地段靠右侧慢行,适当增大两车的横向间距,且与路边保持一定距离。必要时,可在较宽的地段停车让行。

(7) 在山区冰雪道路上行车,跟车行驶应与前车保持较大的纵向距离,一般为正常道路条件的1.5~3倍。遇前车放慢速度,后车需要减速时,可间歇缓踏制动踏板辅以驻车制动器,切忌将行车制动器一脚踏到底或使用驻车制动器过急过猛。如果遇到前车正在爬坡时,后车应选择适当地点停车,等前车通过后再爬坡;行经山区低等级冰雪道路坡道时,上坡车应当让下坡车先行。

(8) 当车辆发生侧滑时,应立即缓慢、适当地向后轮侧滑的一方转动转向盘,可连续数次回转转向盘,以调整车身。

(9)在冰冻结雪道路上行车时要注意其他交通参与者(如行人、和自行车突然滑倒),在行车时,应尽量与行人和自行车保持适当的安全距离。

二、炎热气候条件下的驾驶操作

炎热的气候条件下,驾驶汽车要充分估计到气候炎热给车辆带来的问题和驾驶员容易出现的问题,注意克服出现的问题,保证行车安全。

(一)车辆

(1)由于天气炎热,散热条件变差,发动机容易过热,特别是在气候潮湿炎热的热带和亚热带,更要注意。

(2)由于气候炎热,使用铅酸蓄电池的车辆要检查蓄电池的通气孔,保持通气孔畅通,防止通气孔堵塞,损坏蓄电池;与此同时,还要注意检查电解液的量和电解液的比重,注意补充去离子水,防止电解液浓度过高,影响蓄电池的使用寿命。

(3)注意检查轮胎气压,防止轮胎气压过高、过低而引起轮胎异常磨损或导致爆胎。

(二)驾驶员

气候炎热容易引起疲劳;休息不好、精力不足,驾驶员就容易犯困。因此,在炎热季节,驾驶员更要休息好,保证充足的体力,才能确保行车安全。

三、雨天的驾驶操作

雨天路面附着系数降低。下雨后,路面湿滑,驾驶员要充分注意到雨天路面、行人的特点,才能保证行车安全。

(一)小雨

小雨刚打湿路面时,路面上的泥土、灰尘形成很薄的一层泥泞。这时路面的附着系数最低,驾驶员唯一能做的就是控制车速,把车速降低,避免紧急制动,加大安全系数。

(二)大雨

1. 降低车速,加大跟车距离,避免紧急制动

大雨将路面冲洗得较干净,路面的附着系数会比初下雨时大一些,但是由于水层加厚,速度高时,轮胎排水花纹将不能排干路面上的水,在轮胎与路面之间形成水膜,车速高时会出现水滑现象。一旦出现水滑现象,车辆将无法控制,容易引发交通事故。因此,在雨天行驶,驾驶员必须降低车速。

下雨对驾驶员的视线有严重影响,风窗玻璃上虽装有雨刷,但雨水使光线透过率大大减小,可视距离大大缩短,能见度大大降低。为了适应这种情况,驾驶员应降低行车速度,增加跟车距离,打开前后位置灯,在下大雨时,应打开近光灯行驶。

雨天行车,车轮与地面的附着力下降,制动作用距离加长,是干燥路面上的1.5倍,因此,要尽量避免紧急制动或制动过猛,因为雨天路面上附着力减小,很容易使制动力超过附着力,引起侧滑。

2. 注意行人、骑车人

在雨天,行人使用雨具,对路面的交通情况注意力大大降低。汽车驾驶员必须采取制动措施,避让行人,保证行车安全。雨天通过积水路段时,驾驶员必须将车速降到最低,以免通过路边的积水时溅起的水花会溅到行人身上,这也是一个驾驶员必须具备的素质。

在雨天行车时,还应注意自行车。雨天骑车人为减少淋雨,穿着雨衣,妨碍其观察路面情况,为躲避水洼,有时会突然拐入机动车道。驾驶员必须充分注意到自行车的行动特点(特别是单手扶把、骑车打雨伞的骑车人),才能确保行车安全。

3. 刮水器的使用

雨中行车,要合理使用刮水器,防止使用时间过长,损坏刮水器。刮水器一旦损坏,要及时维修,不要勉强行驶,防止因视线不好引发事故。如刮水器损坏或雨量过大,刮水器不起作用,必须靠边停车,等待雨停或雨小后再继续行驶。

4. 除雾

雨天行车,如车内乘员较多,车内外温差相对较大,风窗玻璃上会形成"雾"。这时要及时打开空调,除去风窗玻璃上的"雾",保证视线良好。

5. 通过路面积水

通过路面积水路段,要了解积水深度。积水过深,不能通过,避免车辆在水中熄火,无法行驶或损坏车辆。

四、雾天的驾驶操作

雾天行车,最大的问题是视线不良。保证雾天行车安全应做到以下几点:

(1)驾驶员遇雾天时,应将风窗玻璃、车灯擦拭干净,充分利用各种车灯,以提高驾驶员自己及周围其他交通参与者的能见度。及时开启雾灯、危险报警闪光灯,根据能见度状况,还应开启示廓灯、后位灯和近光灯。

(2)集中精力驾驶,特别是在通过十字路口时一定要"一慢、二看、三通过",不要盲目跟车。雾天的连环交通事故多是因为盲目跟车或跟车距离太近所引起的。

(3)驾驶员要根据视距远近,适当控制车速,低速行驶,使制动距离小于或等于驾驶员的可见距离,平稳制动,以防侧滑。

(4)驾驶员要与其他车辆和行人保持充分的安全距离,随时注意行人与其他车辆的动态。雾天尾随行车时,应密切注意前车动态,保持较大的跟车距离,适当控制车速,切不可急转转向盘,猛踏或快松加速踏板,以防侧滑。

(5)雾天行驶,严禁超越正在行驶的车辆。发现前方车辆靠右边行驶时,不可盲目绕行,要考虑到此车是否在避让对面来车。超越路边停放的车辆时,要在确认其没有起步的意图而对面确无来车后,适时鸣喇叭,从左侧低速绕过。

(6)雾中会车,要尽量选择宽阔的路段和地点。会车时,应关闭雾灯,以免给对方造成炫目感。适当鸣喇叭提醒对向车辆注意,发现可疑情况,立即停车让行。发现对面来车车速较快,没有让道意图时,应主动减速让行,必要时确保右边行人安全前提下靠边停车。前方有障碍物时会车,要留出提前量和安全间距。会车后,打开雾灯。

(7)若雾过大,在风窗玻璃上形成水膜,影响视线,要及时使用刮水器,刮去水膜;若风窗玻璃车内面起"雾",夏季打开空调除"雾";冬季用热风除"雾",保证视线良好。遇有浓雾或特大雾天,能见度过低,行车困难时,应选择安全地点停车,待能见度好转时再继续行驶。

(8)雾天发生事故时,应保护好事故现场,立即抢救伤员,并及时报警。开启危险报警闪光灯、前后位置灯,有随车应急用照明设施的应开启应急照明,向后方照射以提醒后面的车辆,并在车前、后方设置反光标志,其他人员应该立即离开道路并站在安全距离外等候交警到达现场。

五、刮风天气的驾驶操作

刮风天气对机动车和非机动车都有一定的影响。为保证行车安全,应做到以下几点:

(1)降低车速,控制好方向。大风天气行车,由于风速和风向往往不断地发生变化,当感到转向盘突然"被夺"时,一定要双手稳握转向盘并减速,控制好车辆的行进方向。遇横风时,当车辆行驶方向发生明显偏离,驾驶人应迅速抬起加速踏板,握稳转向盘,适当地慢慢修正。当车辆速度较快时,可以适当地连续轻踏制动踏板,禁止紧急制动和猛打转向。

(2)注意行人、骑车人动态。顺风时,非机动车速度较快,不要与之争道抢行;逆风时,骑车人为减少阻力,一般是埋头骑行,很少抬头,靠边停车时应注意避让。

思考题

1. 简述雨天行车的注意事项。
2. 雾天行车应注意哪些问题?
3. 详述汽车涉水的方法和注意事项。
4. 雪天行车的注意事项有哪些?

第十节 场地驾驶操作

一、快速移位长距离倒车

1. 场地要求

场地尺寸和行驶路线如图2-3所示。

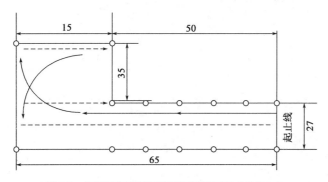

图2-3 快速移位长距离倒车驾驶路线(尺寸单位:m)

说明:汽车的行驶路线,实线为前进,虚线为倒车;图中"○"代表标杆。

2. 操作方法及要领

(1)汽车在进口处挂入2挡起步,加速后换入3挡,沿桩杆中间位置行驶,然后打开右转向灯,当驾驶室超过最后1个标杆时,迅速向右转动转向盘到极限位置,等右前轮1距离右侧标杆形成的边线约0.5m时,向左转动转向盘,使汽车沿此线前进。当保险杠距离前端标杆形成的边线约2m时,向左转动转向盘,使汽车位置保持正直。当汽车保险杠距离标杆1m左右时,向右回转转向盘,使车轮保持直行位置,踩下离合器踏板,踩下制动踏板,变速杆置于空挡位置,停车。

(2)挂入倒挡,使汽车沿着右侧的标杆倒车行驶,当车厢与后面的标杆平齐时,踩下离合器踏板,踩下制动踏板,停车,将变速杆置于空挡位置。

(3)挂入2挡起步行驶,选择适当的位置停车,位置要便于倒车。

（4）挂入倒车挡,开始倒车。可以通过后视窗以车厢的后尾板为基准,保证车厢距离两侧的标杆距离一致,快速倒车;也可以通过后视镜以两侧的车厢或者车轮为基准,保证车厢距离两侧的标杆距离一致,快速倒车。当车辆的保险杠移出前进位置标杆的连线后,踩下制动踏板,拉紧驻车制动器,发动机熄火停车。

3. 考核要求

（1）汽车驾驶的技术操作应符合规定

快速移位的过程中,要求操作平稳,换挡及时,配合协调,正确使用离合器,不准熄火,起步和停车要求平稳,不准有半联动现象;快速移位的过程中,不准碰撞标杆,不准压、越边线;严禁停车时转动转向盘;快速移位的驾驶应在规定的时间内完成行驶和倒车,一个循环后,考核结束。

（2）考核时间

考核时间为120s。汽车起步时鸣号,同时计时开始;停车结束时鸣号,计时结束。

二、汽车列车长距离倒车

1. 场地要求

场地尺寸和行驶路线示意图,如图2-4所示。

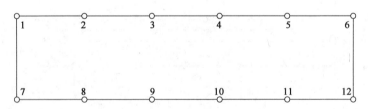

图2-4 汽车列车长距离倒车示意图

说明:长度为100m,宽度为车身宽度+0.8m;每个标杆距离为20m;图中"○"代表标杆。

2. 操作方法及要领

（1）驾驶员自己将汽车列车摆正在倒车起点的位置。

（2）挂入倒车挡,开始倒车。可以通过后视窗以车厢的后尾板为基准,保证车厢距离两侧的标杆距离一致倒车;也可以通过后视镜以两侧的车厢或者车轮为基准,保证车厢距离两侧的标杆距离一致倒车。当车辆的保险杠移出标杆6与标杆12的连线后,踩下制动踏板,拉紧驻车制动器,停车后发动机熄火。

（3）倒车操作注意事项：

①转向盘的回转转向与单车倒车转向相反。

②倒车过程中,如果出现折叠现象,应该停车向前行驶,将车辆拉直后再重新倒车。

③驾驶过程中,注意转向盘的转动修正量要小而且角度要小,注意后视镜不能碰杆。

④倒车时,应该将挂车的回转装置锁止。

3.考核要求

(1)技术操作应符合规定

汽车列车长距离倒车过程中,不准熄火,起步和停车要求平稳,不准有半联动现象;倒车过程中,不准碰撞标杆,不准压、越边线;严禁停车时转动转向盘;汽车列车长距离倒车过程应在规定的时间内完成。

(2)考核时间

考核时间为180s。车辆起步时鸣号,同时计时开始;停车结束时鸣号,计时结束。

三、"S"形路线行驶与倒车

1.场地要求

场地尺寸和行驶路线,如图2-5所示。

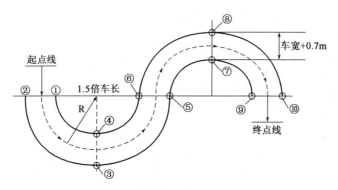

图2-5 "S"形路线行驶与倒车示意图

2.操作方法及要领

(1)车辆前进

车辆挂入2挡平稳起步,进入"S"形路线时,尽量使车辆贴近外侧边线,可以有效地避免转弯行驶时由于内轮差造成的内侧后轮压线情况。此时,观察风窗玻璃上的左边刮水器片右侧与外侧边线重合,外侧车轮距离边线约8~10mm。当车辆前进到标杆⑤、⑥的时候,迅速相反转向转动转向盘,要柔和。观察风窗玻璃上的右边刮水器片左侧与外侧边线重合,外侧车轮距离边线约8~10mm。继续转弯行驶,当车门与标杆①、②平齐时,迅速回正转向盘,保持汽车直线方向,尽量使汽车贴近内侧边线驶出"S"形路线。踩下离合器踏板,踩下制动踏板,变速杆置于空挡位置,停车。为倒车做好准备。

(2)汽车倒车

挂入倒车挡,开始倒车。可以通过倒车镜观察,以右后侧车轮与内侧边线的距离为基准,控制这个距离为8~10mm,然后倒车。注意观察,当汽车倒车至倒车镜接近标杆④的时候,轻微地向左转动转向盘,使倒车镜绕过标杆④,然后立刻以右后侧车轮与内侧边线的距离为基准,继续倒车。

同时观察左侧倒车镜,当发现左侧车厢的尾部接近标杆⑥的时候,轻微地向左转动转向盘,使汽车向标杆⑥贴近,然后以左后侧车轮与内侧边线的距离为基准,转动转向盘,继续倒车。当汽车倒车至倒车镜接近标杆⑦的时候,轻微地向右转动转向盘,使倒车镜绕过标杆⑦。当汽车的左后侧车轮与标杆⑨重合时,缓慢地回正转向盘,尽量保持汽车直线方向驶出"S"形路线。

当车辆的保险杠移出前进位置标杆的连线后,踩下制动踏板,拉紧驻车制动器,停车,发动机熄火。

注意:"S"形路线行驶与倒车过程中,转向盘的修正量尽量要小,转动转向盘要柔和;"S"形路线行驶与倒车过程中,尽量避免折线行驶。

3.考核要求

(1)汽车驾驶的技术操作应符合规定

"S"形路线行驶与倒车过程中不准熄火;起步和停车要求平稳,不准有半联动现象;"S"形路线行驶与倒车过程中,不准碰撞标杆,不准压、越边线;严禁停车时转动转向盘;"S"形路线行驶与倒车驾驶应在规定的时间内完成"S"形路线行驶和倒车,一个循环后,考核结束。

(2)考核时间

考核时间为180s。车辆起步时鸣号,同时计时开始;停车结束时鸣号,计时结束。

四、软连接汽车的牵引

1.场地设备要求

牵引车的技术状况良好,软连接汽车1辆;各种复杂路况路段2000m。

2.操作要领及要求

(1)首先检查牵引车的制动系统、灯光系统、转向系统是否符合技术要求。

(2)检查被牵引车辆的制动系统是否符合技术要求;如果被牵引车辆的制动系统失效,则不能采取软连接的方式进行牵引。

(3)检查被牵引车辆的灯光系统、转向系统是否符合技术标准。

(4)长期行驶接近大修的汽车,或牵引能力有限以及传动机构存在某些缺陷的汽车不能做牵引车。

(5)在车辆的牵引过程中,牵引车和被牵引车辆要求全部打开示警灯,牵引车和被牵引车辆之间的距离不大于8m;牵引车辆时,牵引车的速度不能大于40km/h。

(6)牵引车辆时,不允许牵引车急加速、急减速和紧急制动;牵引车辆转弯时,要求转弯半径尽可能的大,转弯过程中,要注意防止牵引装置挂碰路边的车辆、行人及其他设施。

(7)车辆之间的牵引装置要求连接可靠,强度可靠,起步要求平稳,防止连接装置损坏。

(8)在泥泞路面、翻浆路面,原则上不能牵引车辆;牵引车辆时,禁止超车。

(9)被牵引车辆要求只能乘坐驾驶员1人,负责操纵被牵引车辆,不能有其他的乘客;如果被牵引车辆是货车,应该尽可能地将货物卸除后牵引,以保证安全。

3. 考核要求

(1)软连接汽车牵引车的驾驶技术操作应符合规定;在驾驶操作过程中,发动机不准熄火,起步和停车要求平稳;严禁停车时转动转向盘;能根据道路情况正确选择合适的挡位和速度;考核过程中,注意被牵引车辆的平顺性是否符合要求。

(2)考核时间为10min。车辆起步时鸣号,同时计时开始;停车时鸣号,计时结束。

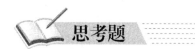

1. 叙述快速移位长距离倒车的驾驶操作要领。
2. 复述汽车列车长距离倒车的驾驶操作方法。
3. 详述"S"形路线行驶与倒车的驾驶操作要领。

第三章

车辆安全驾驶

第一节　车辆安全驾驶理论

道路交通系统是一个综合系统。道路与环境为车辆的安全行驶提供了基础,车辆则是完成各项运输任务的工具。但是,不论是道路环境的功能,还是车辆的功能,都必须通过驾驶员的操作才能真正实现。所有的道路交通信息、环境信息,都要靠驾驶员的感觉、知觉去了解,并靠驾驶员的手脚配合使汽车加速、减速、转向、制动。也就是说,车辆行驶的安全要依靠驾驶员的思想意识、操作技术、生理及心理机能和职业素质。由此可见,驾驶员在人车系统正常运转中充当信息处理者的角色、决策者、调节者与控制者的角色,起主导作用。

一、安全驾驶的基本要求

驾驶安全的首要条件是驾驶员要具有良好的职业素质,注意品德修养,努力提高驾驶技术,增强行车中的应变能力,克服不利于安全行驶的因素。

行车中,自觉遵守法规,安全驾驶、文明行车是对驾驶员最基本的要求。遵守道路交通安全法律法规是行车安全的重要保证。保证行车安全,驾驶员要认真做到以下几点:

1. 保持必要的安全车距

汽车的间距与车速紧密相关。汽车行驶时,必须与道路上的车辆、行人保持合适的纵向和横向的间隔距离。这个距离随车速的增加而加大,一般与前方车辆的距离米数应大于或等于车速的千米数。例如,当车辆以 60km/h 的车速行驶时,前后两车最小距离应为 60m。但跟随前车的间距也不宜过大,否则,其他车辆很容易插入。

在超车或会车时,如果车速为 60km/h,超车或被超车的横向安全间距最小为 1m;会车时的横向安全间距要大于 1.2m;与人行道的横向安全间距应大于 0.5m。

车辆在没有划分机动车车道的道路上,应尽可能保持在车道的中央行驶,与道路两边的行人、非机动车保持适当的横向安全距离;在划分机动车车道的道路上,尽可能避免与其他车辆并排行驶,更要避免多车并排行驶或三点一线或多点一线并排行驶。

2. 安全通过人行横道

车辆通过没有交通信号灯的人行横道时,要减速慢行,确定无人通过时,再迅速通过。遇行人通过时,必须停车让行,待行人通过后再通过,切不可与行人抢行,以免发生事故。

通过有交通信号灯的人行横道遇红灯亮时,必须停车等候,此时即使无人通过,也要严禁开车通过,以免因人行横道绿灯放行,行人突然急速通过而发生交通事故;当绿灯放行机动车时,也要注意观察行人,随时做好制动准备,防止因行人在绿灯结束前迅速通过而造成交通事故。

3. 故障车的处置方式

机动车在城市道路发生故障不能行驶时,须立即报警并设法将车辆迅速移出主路,靠路肩或路边停车,以免影响其他车辆正常通行。同时,打开危险报警闪光灯,在来车方向 50~100m 以外设置危险警告标志牌。在高速公路上出现故障时,要迅速将车辆移动到应急车道内,打开危险报警闪光灯,告知车内乘员迅速离开车辆和高速公路,并在最短的时间内将危险警告标志牌放置在车后 150m 以外,然后报警。

4. 车辆上下渡船的要求

车辆上下渡船,应低速慢行。车辆通过渡口,必须服从渡口管理人员指挥,在指定地点依次待渡。机动车上下渡船在跳板上行驶时,驾驶员双手要握稳转向盘,低速慢行,稳定行驶,匀速通过。

5. 通过铁路道口的规定

铁道路口是铁路与公路平面交汇处,驾驶员驾驶车辆通过铁路道口必须遵守以下规定。

(1)通过有人看守的铁路道口时,必须听从道口看守人员和道口安全管理人员的指挥。遇道口栏杆(栏门)关闭、音响发出报警、道口信号灯红灯亮,或看管人员示意停车时,必须依次停在停车线外;没有停车线的,停在距最外侧钢轨 5m 以外,不得影响道口栏杆(栏门)的关闭。

(2)通过无人看守的铁路道口,需停车瞭望,做到"一慢、二看、三通过"。

(3)遇道口两红灯交替闪烁时,不准通行;红灯和白灯(绿灯)同时熄灭时,按通过无人看守道口方式通行。

(4)机动车通过铁道路口时,严禁熄火或空挡滑行。如果机动车在铁道路口发生故障,应立即组织人员将车辆迅速移出铁道路口(距最外侧钢轨不少于 2m);确实无法将车辆移出铁道路口时,必须迅速采取措施,设法通知两端车站,并在此道口两端 800m 处的铁路上用红色信号示警(白天用红旗,夜间用红色灯光),拦停列车,防止列车与汽车相撞。

6. 安全倒车的操作方法

倒车时,驾驶员不便于观察到车后的情况,较向前行驶的危险性大,因此应尽可能避免倒车。必须倒车时,要按以下步骤进行。

(1) 观察路况

倒车前要观察路况,查看道路宽度、车顶上方高度、有无障碍物及车后的距离等。

(2) 匀速缓慢

倒车行驶时,车速要尽可能缓慢匀速,以便驾驶员修正方向和停车。

(3) 尽可能向驾驶员一侧倒车或转向

向驾驶员一侧倒车、转向,是因为驾驶员可通过侧窗看清车辆后方情况。向另一侧倒车、转向,驾驶员由于不便观察车辆后方情况,容易出现危险情况。

(4) 请一个助手协助倒车

如果有条件,最好请一个表达能力强的助手协助倒车。特别是对驾驶技术不够熟练的驾驶员来说,这种做法十分必要。切记:在铁路道口、交叉路口、单行线路、弯路、桥梁、陡坡、隧道和交通繁华拥挤路段不准倒车。

7. 车辆掉头的具体规定

机动车掉头时,要注意观察来往车辆,避免引发交通事故。

《中华人民共和国道路交通安全法实施条例》第四十九条规定:机动车在有禁止掉头或者禁止左转弯标志、标线的地点以及在铁路道口、人行横道、桥梁、急弯、陡坡、隧道或者容易发生危险的路段,不得掉头。机动车在没有禁止掉头或者没有禁止左转弯标志、标线的地点可以掉头。掉头时,不得妨碍正常行驶的其他车辆或者行人通行。

8. 安全地进出非机动车道

机动车驶入、驶出非机动车道时,必须注意避让非机动车,不准截头猛拐,不准用喇叭驱赶非机动车驾驶人。非机动车驾驶人因道路受阻不能在非机动车道行驶而驶入机动车道时,后面的机动车必须减速让行。

二、安全驾驶基础知识

影响行车安全的因素是多方面的,归纳起来有驾驶员的因素、车辆的因素、道路因素和环境因素。在这些因素中,人的因素起主要的作用。这就要求每个驾驶员要有高度的责任感,认真遵守道路交通安全法规;刻苦钻研技术,保持车辆良好的技术状况;掌握、总结安全行车的规律,适应不断发展的道路交通环境;文明驾驶,礼貌行车,确保行车安全。

(一) 职业素质与行车安全

现代汽车速度快,行车环境复杂。特别是在混合交通的道路上,由于各种原因,总有人有意或无意地违反道路交通安全法规。为了保证人民生命财产的安全,要求车辆驾驶员必须加强学习,不断提高职业素质,学会行车中的"忍让"。

驾驶员的职业素质包括驾驶员的身体素质、思想素质、文化素质和技术素质等。

1. 驾驶员的身体素质与行车安全

驾驶工作是体力和智力相结合的一种特殊劳动,劳动强度较大,因此,驾驶员良好的身体素质是安全行车的基础。身体素质主要是指良好的视力、体力和耐力。

(1)驾驶员的视觉机能与行车安全

①视野

视野是指驾驶员在驾驶车辆时头部和眼球保持不转动时,两眼能够看到的范围。车辆静止时,视野范围可达到150°~180°,其中可辨别颜色的视野约70°。视野随车速的增加而变小,近距离道路两旁情况变得模糊不清,采集信息量减少。因此,高速行驶时要注意突发事故。

根据测算,车速40km/h时视野焦点,即采集信息的中心距离为80m;车速60km/h为120m,车速80km/h为160m。因此,随着车速的增加,采集的外界信息量相应减少,对安全驾驶十分不利。

②视力

视力是指驾驶员眼睛能够分辨物体的能力。根据中华人民共和国公安部139号令《机动车驾驶证申领和使用规定》第十二条"申请大型客车、牵引车、城市公交车、中型客车、大型货车、无轨电车或者有轨电车准驾车型的,两眼裸视力或者矫正视力达到对数视力表5.0以上。申请其他准驾车型的,两眼裸视力或者矫正视力达到对数视力表4.9以上。"人通过眼睛辨认外界物体敏锐度,医学上称为视敏度。视敏度分为静视力和动视力。静视力是指静止时的视力,驾驶员的静视力要达到4.9以上;动视力是指驾驶车辆行驶中的视力。动视力随车辆行驶速度而改变,车速提高时动视力下降。动视力还随驾驶员年龄增加而变差。

③夜视力

视觉与亮度有关,亮度大可以增加视力,反之视力则降低。夜视力与年龄相关,年龄增大,夜视力下降;夜视力也与车速有关,车速增加,夜视力下降。驾驶员要特别注意黄昏和黎明时段,因为这两个时间段光线较暗而车灯亮度与周围亮度相差不大,物体与周围环境反差较小,易产生错误判断,造成危害。

④暗适应与亮适应

由亮处到暗处和由暗处到亮处,视力需要一个适应过程。由亮处到暗处的适应过程叫作暗适应,由暗处到亮处的适应过程叫作亮适应。暗适应比亮适应所需时间要长,亮适应的时间只需几秒。车辆行驶中,驾驶员由明亮到昏暗,如进入长隧道,由于视力不能立即适应,容易发生视觉误差,这时一般采取打开前照灯和减速的方法,减少由亮到暗带来的视力差别以增强暗适应能力。

⑤炫光

炫光即耀眼的强光,是由视野中极强的亮度或视野中心与背景间强烈的亮度对比引起的。行驶中,对面车辆突然打开远光灯,瞬间光亮极强,什么也看不见,这就是炫光的作用,也可称作耀眼光或强光盲现象。遇到这种险情,驾驶员头脑必须保持冷静,果断采取正确的避险措施,防止发生事故。

(2)驾驶员的体力和耐力与行车安全

体力是一种长时间的非连续性运动能力的一个体现,比如驾驶员在长途驾驶车辆活动中,中间短暂休息,没有连续不断地驾驶车辆,到达目的地后,体力好的不会感觉很累,体力差的会感觉很累。体力好的会比体力差的驾驶员驾驶车辆的里程更长。耐力是一种短时间内持续的体力与毅力的坚持,比如驾驶员执行紧急运输任务,不能像长途驾驶车辆那样走走停停,而需要连续不断地驾驶车辆完成运输任务。良好的体力和耐力是驾驶员完成运输任务和行车安全的重要保证。

①高温对驾驶员行车安全的影响。

在高温天气驾驶车辆,会使驾驶员的体力负荷加重,耐力下降,感觉灵敏性降低,注意力涣散,动作正确性降低,反应能力、协调能力和调节能力均受到影响。据有关实验证明,当车内温度高于27℃时,驾驶员对于危险的反应时间比温度低于23℃时要慢0.3s。当车速为60km/h时,反应慢0.3s,意味着驾驶员采取紧急制动或绕开障碍物比正常气温时,车辆要多行驶5~6m,行车事故发生率高50%~80%。

②气流速度与湿度对驾驶员的影响。

有实验表明,当湿度为10%的时候,被试者感觉到60℃能够忍受,而当湿度为80%的时候,就不能忍受。同时,皮肤表面的空气流动情况也会影响某个特定的气温和湿度的忍受度。空气流动使汗水容易蒸发,使人感到凉快。在温度为27℃、湿度为60%的房间里,空气流动快时比慢时更舒适一些。

夏天,有的驾驶员行车中长时间打开车窗,这样通风效果固然很好,使人感到凉爽,殊不知长时间吹这种风会引起感冒,易患脊神经炎,而且容易导致面部神经麻痹等。

2. 驾驶员的思想素质与行车安全

驾驶员的责任心、觉悟和修养在平时的思想情绪中起着关键作用。正常情况下,只要驾驶员有责任感,驾驶作风正派,一般不会发生交通事故;而绝大多数责任事故的肇事者,在思想上或驾驶作风上都存在着这样那样的问题。事实上,每个驾驶员都有安全行车的愿望,也知道应该怎样去做才能保证安全。然而一些驾驶员在特定的环境和场合,不能控制情绪,违法驾驶,酿成事故。所以说,防止和克服异常思想情绪,杜绝违法驾驶,是安全行车的保证。异常思想情绪主要有思想麻痹、骄傲自满、赌气驾驶、超速行驶、强行超车、情绪波动等。驾驶员要保持高度的责任感,不断提高自身修养,行驶中保持平和的情绪,这样才能做到安全驾驶。

3. 驾驶员的文化素质与行车安全

(1)文化素质能够保证驾驶员对法规有更好的理解,使驾驶员在整个职业活动和日常生活中能学法、知法、懂法、守法,做到依法办事,自觉遵守交通安全法规的各项规定,正确理解交通标志、交通标线和交通指挥信号的属性及内容要求,减少盲目性。

(2)文化素质能够保证驾驶员对车辆原理的深入理解和对车辆技术性能的全面掌握,保证在驾驶技术,排除故障及维修、维护等方面精益求精,以适应现代化车辆技术日新月异的发展。

(3)文化素质能够保证驾驶员具有自我学习、自我修养的能力。

4. 驾驶员的技术素质与行车安全

驾驶员技术水平高低是衡量驾驶员素质的重要条件。一名优秀的驾驶员除了必须具有强烈的责任感、良好的心理素质和生理素质及思想修养外,还要有高超的技术水平。

(1)要有扎实的操作基本功

驾驶员有扎实的操作基本功,是安全驾驶车辆、避免事故的保障。熟能生巧,只有基本功扎实,熟练、正确地掌握起步、制动、换挡、转向等技术,才能在遇到情况时做到眼到手到、遇事不慌。

(2)要有良好的车感

车感是驾驶员对所驾车辆的长度、宽度、高度、离地高度的感知,是一种空间概念。优秀的驾驶员能达到人车合一的境界。车辆是驾驶员肢体的延伸。在车辆运行中,驾驶员凭车感就能准确判断车辆所占空间。驾驶员有良好的车感在处理交通情况时才能做到合理会车、让车、超车,得心应手,游刃有余。

(3)要有准确的判断力

在千变万化、错综复杂的道路上行车,保证行车安全,主要依靠驾驶员的判断能力。判断能力体现在车辆高速运动时驾驶员能够准确判断道路中各种物体的距离,做到提前决策和预防;对其他机动车、非机动车的运行速度做到迅速、准确地判断,预测可能出现的情况;准确判断行人动态,把握各类行人的运动规律,在复杂的交通环境及人车混行的状况下保证安全;当车辆驶入某一路段时,迅速、准确地判断出路面对车辆的制动、操作稳定性的影响,以及路面的附着能力等情况,提前采取合理措施,控制好车辆。

(4)要具备良好的应变能力

随时处于警觉状态,做好处理突发事件的准备;在受到干扰时迅速判断、决策、调整、处理,保证行车安全。

(二)交通心理与行车安全

据有关资料表明,驾驶员由于心理因素造成的事故比由驾驶技术造成的事故多很多。例如,开"斗气车""冒险车""逞能车""英雄车"等,都属心理的范畴。了解驾驶员的心理,对于安全行车有着极其重要的作用。

1.驾驶员的心理状态

(1)心理活动的基本过程

驾驶员在行车中,随时注视着车内外环境变化,时刻都在进行着心理活动。从环境(车内外)传来的各种信息,经驾驶员的视觉、听觉、触觉等感觉器官,通过神经传到大脑中枢,经过大脑的分析和综合、判断、推理,最后作出决定,再由神经传到运动器官,指挥手、脚操纵汽车。当手、脚的操作效果与驾驶员的意志产生偏差时,感觉器官又通过神经将这种误差的新信息输送到大脑中枢,这种机能称为反馈。驾驶员就是通过反馈来不断地修正误差,使车辆按照其主观意志行驶。

(2)交通信息的发现与处理

①驾驶中常见的信息。

a.突显信息。

这种信息来得很突然。驾驶员在行车中要求思想集中,时刻保持高度警惕。

b.已现信息。

已现信息指在行车中已经预见可能出现的事故苗头。例如,发现有些驾驶员违法行驶。发现已现危险信息后,必须提高警惕,谨慎驾驶。

c.微弱信息。

微弱信息指刺激量很小的外界信息。对这类信息的感觉与处理和驾驶员的注意力、分析综合能力及判断能力有关。

d.潜伏信息。

潜伏信息具有一定的隐蔽性。行车中一般不容易观察和发现。驾驶员对于潜伏信息要特别认真对待,尽量做到早发现,防患于未然。

②交通信息的处理。

a.正确处理。

对外界传来的信息,驾驶员有足够的时间作出正确的反应、决策和处理,以避免发生事故。

b.错误处理。

驾驶员对外界信息作出的反应、决策和处理不符合安全操作要求。

c.未做处理。

多数情况下,驾驶员由于分心驾驶、注意力不集中,出现险情没有时间反应而导致事故发生;有的是因为险情特别意外复杂,驾驶员处于"惊呆"心理状态,手足无措;有的是因为判断或决策失误,失去时间而来不及处理等。

(3)驾驶员心理特征的影响

每个人的心理活动都有着差异。心理的个别差异就是个性心理特征,包括人的性格、气质、情感等。驾驶员的个性心理特征对安全行车有一定影响。

①性格的影响。

性格是指一个人对现实认识所固有的态度,以及与之相适应的习惯行为方式。它是个性心理的一个重要特征。驾驶员如果公正、直爽、谦逊、负责,富有同情心,将有助于行车安全。

②气质的影响。

气质是一个人比较稳定的心理特征,主要表现在情感产生的快慢、强弱、隐显以及动作是否灵敏等方面。气质不同的人都存在着一定弱点,驾驶员要了解自己的弱点,有针对性地加以克服。

③情感的影响。

情感主要指道德感和理智感。驾驶员应具备良好的职业道德,养成文明行车、安全礼让的好习惯。

2. 驾驶员违法心理状态

造成驾驶员违法的心理状态有逞强心理、侥幸心理、从众心理、习惯心理等。这些不正常的心理状态,极易导致发生交通事故。驾驶员要认真对待这种心理状态,并加以克服。

(1)逞强心理

有些车辆驾驶员逞强好胜,故意在别人面前显示自己的技能和"威风",从而获得一种心理上的满足,在道路交通繁忙时表现得尤为明显。我们经常会在道路上看到一些车辆,在行驶中忽左忽右地反复并线、超车,一路冲在前面,好像只有他才有这个能力。逞强好胜的另一种表现是不服输,即你超过了我的车,我就想方设法超过你的车。这种心理一旦占了上风,就会不顾一切地把法律、安全和道德抛到了一边。

(2)侥幸心理

一些驾驶员可能有过违法未被发现的经历,于是就产生了侥幸心理。侥幸心理反映一个驾驶员自认为不良的行为不会引起什么后果,不会被发现,不会受到处罚,对自己的这种行为盲目自信。具有侥幸心理的驾驶员胆子会越来越大,在驾驶车辆时表现为超速行驶、酒后驾驶、疲劳驾驶、肇事逃逸等,以致酿成事故,甚至严重的交通事故。

(3)从众心理

从众心理是指在群体行为的影响下,做出与群体行为相一致的行为。人们的从众行为在生活中很常见,在道路交通中尤为突出。如在某一路段或某一区域内,由于管理严格,秩序良好,同时也会约束一些驾驶员的不良交通行为。反之,在交通秩序混乱的路段或区域,违法行为较多见,有的驾驶员就认为"由于大家都不守法,所以我也不守法",守法规的反倒成了"个别现象",一些法治意识、安全意识、道德意识淡薄的驾驶员就容易在这里发生不良的从众行为,甚至酿成事故。

(4)习惯心理

习惯是驾驶员无意识的多次重复的结果。完成这种行为已成为他们的需要,如果不这样做,他们就会感到不舒服、别扭。例如,驾驶员要礼让人行横道内或准备通过道路的行人,这既是守法,同时也是对行人的尊重,然而许多驾驶员由于没有这个好习惯而违法,甚至造成交通事故。习惯的好坏涉及驾驶员的道德品质、情操与修养,涉及驾驶员的法治观念。驾驶员良好的习惯会对社会产生良好的影响,不良习惯会对社会产生消极的影响。

(三)行驶速度与行车安全

随着科学技术不断进步,运输工具的速度与效率、速度与效益、速度与安全息息相关。但是,速度越快,危险性也就越大。

1.车速与行车安全

(1)以经济车速为经常行驶的车速

所谓经济车速,即使用高速挡位时燃料消耗最少的车速。车辆在经济车速行驶,发动机转速不高,能合理发挥发动机动力性能,降低燃料消耗,车辆稳定性和安全性得到提高,对安全行车十分有利。

现代汽车的转向系统,一般采用动力转向装置,以保证转向过程的稳定性和灵活性。制动装置普遍采用由微型计算机控制的盘式电子防抱制动装置(ABS),制动性能比传统的鼓式机械液压制动装置有显著的提高。

掌握所驾车辆的性能,在不同道路、气候等条件下,选择适当车速,才能在安全行驶的同时提高经济效益。

(2)不同道路条件下的安全车速

驾驶员在行车中由于常常受到外界环境的干扰,因此,要根据实际的道路条件和环境的不断变化,预防可能出现的危险情况,随时调整车辆的行驶速度,保证行车安全。

①交通标志和标线指示行驶速度和方向。

交通标志和标线的作用是指示车辆和行人通行与停止,警告注意危险地段,限制车辆行驶速度、限高和限载等。

a.在设有警告标志的地点。

用以警告车辆驾驶员注意危险,减速慢行。禁令标志是限制车辆、行人的标志,如对车辆限速、限高、限宽、限载、禁止超车等,同时说明了前方道路情况复杂,容易发生危险,要小心驾驶。

b. 交通标线的作用。

交通标线的作用是管制和引导交通,用来指示车行道、行车方向、路面边缘、人行道;禁止、限制等特殊规定;警告车辆驾驶员、行人了解道路上的特殊情况,提高警觉,准备防范或采取应变措施等。

交通标线给驾驶员指明了前方道路的基本信息,在这种情况下,即使车辆性能再好,也要遵守规定,按交通标线指示行驶。

② 随时注意路面交通情况变化。

道路情况随气候和路面的附着系数而变化,现在大部分道路为水泥、沥青路面,干燥时附着系数一般为 0.7~0.8,是理想的行车路面;下雨时将降至 0.4~0.5,如果路面泥泞,则会降至 0.2~0.3。附着系数的降低将对安全行车构成威胁。

车辆轮胎的附着力与轮胎宽度、轮胎花纹、轮胎气压、轮胎新旧程度有关。在相同附着系数的路面,宽胎比窄胎附着力大;低压胎新胎比高压胎旧胎附着力大。所以,在同样的路面,不同车辆其稳定性也不同。有经验的驾驶员很容易感知车辆是否有滑移的倾向,而把车辆速度相应控制在车辆无滑移的范围内。

另外,特殊天气行车应做到:

a. 雨天行车,尽量不要采用紧急制动,多利用发动机的牵阻作用,提前处理情况,降低车辆行驶速度。

b. 在泥泞及路基较松软道路上,用低速挡,使车轮有足够的驱动力,不要在泥泞路段中停车,避免起步打滑。

c. 在冰雪路面行驶时一定要双手握稳转向盘,尽量保持车辆直线行驶;遇有情况或转弯时提前减速,充分利用发动机的牵制力换低速挡控制车速,少踩制动踏板,必要时,可慢拉驻车制动器协助降速。

2. 车速与反应时间

驾驶员从感观接受外来信息到作出反应的时间称为反应时间。从发现紧急情况到开始采取处理措施最少需要 0.75s,通常为 1s。由于反应时间受车速和驾驶员的反应能力、车辆制动系统的技术状况、气候条件等因素的影响,即车速越快反应时间越长,制动距离也就越长,对行车安全极为不利。因此,驾驶员要正确处理好行驶速度及反应时间与行车安全的关系,确保行车安全。

三、车辆安全设备技术状况与安全

车辆的转向装置、制动装置、灯光、喇叭等信号装置、行驶系等,是控制车辆行驶、向其他交通参与者发出信息的装置,车辆安全设备技术状况的好坏,直接影响着行车安全。

1. 转向装置的技术状况与安全

转向装置的技术状况对安全行车至关重要。转向沉重、转向不稳、转向跑偏、转向不能回位等不仅增加驾驶员的劳动强度,而且使操纵灵活性和稳定性遭到破坏,尤其是高速行驶时会使操纵失准,引发事故。为使转向系统经常处于良好的工作状态,要规范地进行定期维护、调整,必要时进行更换。

2. 制动装置的技术状况与安全

制动装置是能够强迫车辆减速或停车的设备,在车辆安全行驶中占有十分重要的地位。它与转向机构配合,能有效地避免各种危险情况的发生。

车辆行驶过程中,上坡、下坡、转弯、掉头,既要躲避行人,又要避让其他车辆。在避让过程中,行驶的速度必须得到有效控制。如果转弯不减速,车辆可能翻车;遇到道路上有行人、车辆和其他障碍物,若不能及时减速或停车,就会造成交通事故。车辆的减速和停车,主要靠行车制动装置来实现。

行车制动器技术状况的好坏,决定了制动停车距离的长短,制动停车的距离越长,出现交通事故的可能性就越高。因此,对制动装置关键部件要进行经常性的检查、维护和调整,必须更换的零部件要及时更换,使制动装置长期处于良好的工作状态,这样才能防患于未然。

3. 灯光、喇叭等信号装置的技术状况与安全

灯光、喇叭等信号装置在安全行车中非常重要,不仅能够为车辆提供照明和行车动态等信息,还能够告诉其他驾驶员车辆的动态,从而达到互相避让、安全行驶的目的。如果没有灯光的照明,晚上或视线不良的情况下,道路情况就难以看清楚,行车就会发生危险。

在指示灯中,转向指示灯要规范使用。例如,起步要提前开启左转向灯,告诉来往车辆驾驶员目前车辆的动态;超车前开启左转弯灯,告诉后方车辆驾驶员前车已准备占用车道超车;准备停车时提前开启右转向灯,示意后车注意安全等。所以灯光信号的技术状况良好,照明清晰,信号准确无误,是保障安全行车的重要一环。

4. 行驶系的技术状况与安全

从行驶系的功能和作用来看,它不属安全操纵设备,但它的技术状况会影响安全操纵设备的性能。例如,车桥、车架变形会造成转向沉重和跑偏,影响转向盘的自动回正能力;前轮定位可保证车辆直线行驶的稳定性,能够使转向轮自动回正,减少或避免轮胎单边磨损;钢板弹簧、减振装置和导向元件左右不平衡,会造成行驶跑偏和制动跑偏;轮辋和轮胎变形,会造成车辆行驶摆头、转向盘不稳,影响行驶的安全稳

定性。

行驶系的故障有的是可以调整的,如前轮前束等;有的是无法调整的,只能更换,如主销后倾、车架变形、钢板弹簧弹力不一致等。对这些部件的维护主要靠驾驶员平时在行车中尽量使车辆少受大负荷的冲击力。如在严重崎岖不平的道路上车速太快、撞车、翻车等,是造成行驶系机构变形扭曲的主要原因。

1. 安全行车的基本要求有哪些?
2. 简述驾驶员交通心理的状态。
3. 车辆设备技术状况对安全行车有哪些影响?

第二节　车辆防御性驾驶

防御性驾驶技术始于20世纪50年代,应用流行于英美等国家,现在为世界各国所采用,成效显著。防御性驾驶技术是将相关的驾驶技能和驾驶习惯进行系统的总结和归纳,形成一套简单明了、科学系统的安全驾驶体系,帮助驾驶员更清楚地了解人类的生理缺陷、更全面地观察并了解驾驶环境、更准确地预测不确定的潜在的危险因素、更及时地采取预防措施避免交通事故。

一、防御性驾驶的定义

防御性驾驶的核心是"预防措施"。无论在哪里驾驶车辆,危险因素都永远存在。驾驶员如果掌握了行驶中及时观察、准确预测和分析行动,逐渐形成良好的驾驶习惯和安全理念时,就能够避免在复杂多变的驾驶环境中发生交通事故。

二、防御性驾驶的目的及核心理念

(一) 防御性驾驶的目的

防御性驾驶是预测危险,进而远离危险的一种驾驶技术及驾驶哲学。对于人、车密度极度拥挤的国内交通而言,防御性驾驶理念和方法除了可以帮助驾驶员免除本身引起的危险外,还可以远离因其他交通参与者引起危险而导致的事故。

(二)防御性驾驶的核心理念

防御性驾驶的核心理念是预防,真谛是礼让。防御性驾驶是将观察环境、预测险情、提前预防、正确决策、果断操作等进行科学运用的安全驾驶体系,是对现行交通安全法规的全面诠释和拓展。

防御性驾驶能够培养驾驶员的安全理念,使驾驶员形成良好的驾驶习惯,降低交通事故的发生概率;减少因驾驶带来的焦虑和疲劳;提高工作效率和车辆利用率等。

三、防御性驾驶技术

防御性驾驶的五大要领,即预估风险、放眼远方、视线灵活、留有余地和引人注意。

(一)预估风险

预估风险是指行驶中,驾驶员需要根据天气、路况及目测事物等与安全驾驶有关的各种要素情况,提前预测、分析可能会对车辆行驶造成的潜在危险。比如通过十字路口,会遇行人、非机动车,甚至机动车突然闯红灯;临近高速公路出口,会遇到车辆突然减速、变道;超车时,会遇到被右侧车辆遮挡住右前方的视线等。当然,除了这些情况,在行车的任何时候都要对接下来的行车路程提前作出风险预估,以便采取措施,防患于未然。

另外,驾驶员还应该做到预防性自检。出车前,要做好充分的准备,熟悉车辆性能和各种操纵装置,检查车辆的燃油余量、总电量、机油量、检查制动装置和轮胎的状况,确保车辆技术状况良好。了解天气状况、道路拥堵信息、高速公路的出入口等,提前规划好行车路线。

预估风险的方法具体如下。

1. 路口停车的距离

路口停车时,如果处于第一位,距离停止线 1.5~2m 的距离;处于中间或后面位置时,离前车 4~5m 的距离。绿灯亮时,起动车辆最好比其他车辆慢 1~2s。

2. 避免在车群中行驶

如果驾驶的是小型客车,应尽量避免夹在同向行驶的大型车辆中间行驶。要做到不管什么时候都要预留好逃生路线。

3. 对其他交通参与者行为的预估

例如,超车不示意(或不鸣笛)的、变更车道不开转向灯的、制动时"灯不亮"的,等等,这些看似非常平常的驾驶行为,可能把驾驶员带入非常危险的境地。

4. 行驶中的安全空间

驾驶员要时刻保持车辆四周留有相对合适的、动态的安全空间,这个空间是遇到紧急情况用来逃生的空间。这个空间也许驾驶员几年、几十年都没有用到过,一旦需要时就是逃命的空间。

(二) 放眼远方

放眼远方是针对不可预见的风险。通常驾驶员只有 3~6s 的观望距离,也就是只能观察到车辆在 3~6s 后将要行驶到的路况信息。实验表明,车辆在正常行驶中,驾驶员从获得视觉信息,到判断是否有潜在危险,再到决定如何处置一般需要大约 6~8s 的时间。因此,防御性驾驶要求驾驶员在行车中需要放眼远方搜索前方至少 15s 以外的交通状况,以便能够提前分析、判断可能出现影响安全驾驶的各种情况,为下一步正确操作动作预留出更多的时间和空间。当然,如果驾驶员看不到 15s 以后车辆将要到达的道路位置,说明驾驶员驾驶的车辆速度过快,应该减速。

在交通环境良好的路面,尤其是在高速公路行驶时,驾驶员每时每刻都面临着意想不到的危险,稍有疏忽就会出现车辆失控而导致交通事故。例如,那些突然闯入高速公路的动物以及车辆突然减速、频繁变道、违法占道,或散落的物品等,这些风险因素是远还是近,是静止还是运动,驾驶员都不能忽略或低估。面对远方存在的行车风险,将目光搜索到 15s 以外范围,主动观察交通状况,预留出足够的时间来观察、反应,从容应对突然出现的交通危险,避免事故的发生。

(三) 视线灵活

驾驶中,危险来自四面八方,变化无常,驾驶员需要保持不间断地、有序地搜索车辆周边 360°空间的交通状况,及时发现潜在的危险,有意识地避免被周边的事物分散注意力。如在通过路口时,不要过度依赖放行的绿灯,因为闯红灯的车辆和行人每天都有;转弯时,不要只注意前轮的周边情况,而忽视观察后轮的周边情况;减速停车时,不要以为后车就一定能够停车,因为分心走神的驾驶员经常会出现。因此,驾驶车辆时,驾驶员的眼睛要像雷达一样,不断地扫描,不断重复地看看前方,看看仪表盘,再看看左侧车窗和左侧反视镜、车内后视镜、右侧车窗及右侧后视镜,再回到看前方,每 5~8s 重复循环一次。另外,在视觉搜索过程中还需要刻意避免因其他车外景物、车内事物而分散注意力,做到眼睛在任何景物、事物上停留时间不要超过 2s,否则,较长时间关注某一景物、事物会使驾驶员和他人处于高度危险之中。比如,有一些驾驶员行车中东张西望、打电话、发短信、玩游戏,与乘车人谈天说笑,甚至嬉戏打闹等,导致驾驶员的眼睛忽略观察道路上瞬息万变的交通状况,一旦遇到突发险情,后果不堪设想。

安全行车观察方法具体如下。

1. 既看"天"又看"地"

行车中,驾驶员不仅要看路面的交通情况,还要注意道路上方的情况,如道路上方的指示标志、限高、限速标志,顶部的障碍物等。

2. 望远、看中、顾近

行车中,驾驶员要保证足够的观察视距,在放眼远方的同时,还要兼顾近处的交通状况,做到"望远、看中、顾近",以获取最全面的交通信息,提前发现险情。

3. 瞻前顾后,扫视周围

行车中,驾驶员要避免发呆和专注凝视,眼睛不要长时间集中观察某一景物和事物,要用不超过20s的时间主动观察一次后视镜,及时了解后方车辆动态;要不时转动眼睛或头部,扫视车辆周围所处的动态环境,扩大视野范围,要善于利用眼睛的余光来感知车辆周围的动态变化。

4. 消除盲区影响

行车中,驾驶员在变更车道、转弯时,可以通过左右侧头、前后探头或调整驾驶姿势等方式仔细观察,以消除车外后视镜盲区及车辆两侧立柱盲区的影响。

(四)留有余地

行车中,车辆往往都是在流动变化的车流中前行,这就需要驾驶员与周围的车辆时刻保持足够的安全空间,以便从容应对各种危险的出现。如在车流中,经常会遇到正常行驶的前车突然减速、左右车道的车辆突然变道、后方行驶的车辆距离过近,甚至这几种情况同时出现,这就要求驾驶员做到避免在车群中行驶,避免与两边的车辆并排行驶,保持四周有合适的安全行驶空间,预估其他驾驶员的行为,容忍礼让其他车辆和行人。

跟车过程险情的预判及方法具体如下。

1. 预防前车突然停车

注意观察前方车辆的行驶动态及路面状况,不要将注视点固定在前方某一辆车上,要随时观察前方两到三辆车的动态。要预想到前车可能会突然停车,或因前车制动灯有故障出现制动时灯不亮的情况,以便给驾驶员赢取更多的反应时间,决定具体的安全驾驶操作方法。

2. 警惕异常车辆

前方车辆行驶轨迹异常变化时,首先要与前车保持足够的安全距离,随时注意观察,防范前车驾驶员可能存在的行为,如酒后驾驶、吸毒后驾驶、疲劳驾驶等。必要时,在保证安全的情况下尽可能地超越前车行驶。

3. 跟随大型车辆行驶要注意交通信号灯的变化

前方有大型车辆时,会导致视线不佳,挡住路口的交通信号灯或路边的交通标志。驾驶员可以通过加大跟车距离来扩大视野范围,预防跟随大型车辆通过路口,因交通信号灯突然变化,造成交通违法;同时还可以避免大型车辆紧急制动时与其追尾。

4. 同向车道后车跟车过近

遇到同向车道后车跟车过近时,驾驶员可以尝试打开关闭示廓灯或轻踩制动踏板的方法警示后车(注意不要用力,目的是使后车减速远离前车,防止因离前车过近带来的追尾风险)。如果警示后,后车还是跟车过近,建议打开右转向灯示意让后车先行,保证同向车道跟车安全。

(五) 引人注意

驾驶员在行车过程中要经常通过各种方式,如目光接触、闪前照灯或鸣笛的方式传递出意图,倒车时可开启报警装置引起交通参与者的注意,要利用这种方式与交通参与者交流、沟通,最大限度地降低发生交通事故的概率。

当然,行驶中如果驾驶员没有把握与交通参与者交流,也不要突然改变车速和车道,防止发生意外交通事故。

四、防御性驾驶措施

1. 横穿道路的预防

横穿道路时,提前减速,加强观察,多鸣喇叭,尽可能与前车预留安全行驶间距,做好随时停车的准备。

2. 安全车距的预防

行驶中,保持适当的安全车距,能够有效地预防追尾和碰撞事故的发生。可采用"两秒钟"法则判断前车和后车的距离。

方法:在跟前车行进当中,前车与后车经过路边某一固定参照物的时间间隔在"两秒钟"以上,说明跟车距离合适。遇到雨天等恶劣天气时,应预留更长的安全跟车距离。

3. 通过交叉路口的预防

(1) 车辆通过交叉路口

坚持在原车道行驶,不要贴边压线,不要超车,做到"一看、二慢、三通过";注意交叉路口内是否有行人,注意观察行人、自行车和非机动车的动态,并保持安全的间距;转弯时,减速或停车,按道路通行规定,让直行的行人、非机动车、机动车先行。

(2)交叉路口会车、变道、转弯

在交叉路口会车、变道、转弯时,要提前发出示意信号,按道路通行规定,选择正确的路线或车道行驶。

(3)支路驶入干路时

由支路驶入干路时,车辆会出现视野盲区,驾驶员一定要小心仔细观察,在确保绝对安全时将车辆驶入干路。

(4)车辆行经路口

车辆行经路口遇有车辆抢行时,提前做好减速或停车的准备;跟车通过路口时,与前车保持足够的安全距离,要预估行人或非机动车可能会突然绕过前车向道路中央移动,随时做好避让或停车的准备。

4. 雨天驾驶预防

(1)雨天行车时必须减速慢行,与前车保持必要的安全距离。雨中行人手撑雨伞、骑车人头戴雨帽,视线、听觉受到限制,要注意纵向、横向安全距离,小心避让。

(2)起步时加油不能过大过猛,离合器接触要平稳,遇事尽量提前处理,不要猛踩制动踏板,以防车辆侧滑倾覆。

(3)视线不清时特别是夜间,应降低车速,多鸣笛,打开刮水器、防雾灯,遇下大雨、暴雨时,要开启雾灯。

(4)为防止车辆侧滑,必须严格控制车速,严禁高速急转弯或紧急制动。

(5)会车时应加大侧向间距。

(6)涉水时若低洼路段有积水,应先下车试探查明水的深度、水底情况,确认没有危险时方可低速缓慢通过。

(7)转弯时不可因前车慢行,而加速超越前车,注意转弯时,转向盘应慢打慢回,防止车辆出现侧滑现象。

(8)行车中应随时注意路面的选择,不要太靠近路边行驶和停车。特别是在乡村道路、堤坝、低等级桥梁道路上行车时,更要小心谨慎,尽量不超车。

(9)在窄道上会车时,应注意选择安全地段,以防路肩或路基松塌导致翻车。

5. 转弯与弯道预防

提前打开转向灯,注意内外轮差,弯道禁止超车,预防对面车辆越过中心线行驶。

6. 道路会车预防

(1)在未划分车道的道路上应减速靠右行驶,并注意对面来车的速度及占用道路的宽度,避免突然让道操作。

(2)雨天会车时要注意路面积水情况,并预测会车地点,使用近光灯。

五、防御性驾驶要求驾驶员具备的能力

1. 认识和掌握"信息处理特性"

驾驶员无论是在城市道路还是在公路上行驶,其驾驶过程首先是收集各种交通信息,并对信息进行预测、分析、判断,然后才是驾驶操作,要做到驾驶操作无误,关键在于驾驶员收集处理各种交通信息的能力。

2. 努力学习安全驾驶知识

驾驶员不但要掌握车辆行驶特性,还要熟悉车辆的使用性能。随着国家经济建设的发展,道路条件发生了质的变化,汽车的各种特性、车速、车身质量等都相应提高,因此,车辆的操纵性、稳定性、制动时的方向性及惯性力都需要在思想上重视起来,在安全行车中养成良好的驾驶习惯,做到出车前想一想,看一看,坚持途中检查和回场后维护,掌握安全行车系统知识,增强安全行车意识。

3. 注重心理健康

作为一名驾驶员,要学习交通心理学,注重心理健康,正确认识事故出现后的偶然性与必然性,预测行车事故的必要性和可能性的关系,为消灭道路交通事故、增加信心建立科学的依据。

4. 严格训练,提高技术水平

正确的驾驶操作是保证安全行车的前提,因此,对在训驾驶员要严格训练,严格要求,在实习期间要增强跟车训练实践,使其掌握车辆运行规律,提高独立处理道路各种情况的能力,避免"职业杀手"的出现。

 思考题

1. 什么是防御性驾驶?
2. 防御性驾驶的五大要领是什么?
3. 简述防御性驾驶措施及方法。

第三节 适宜性驾驶与健康(情绪控制、心理指导)

驾驶员的情绪对安全行车影响很大。在积极的情绪状态下,驾驶员操作失误少、工作效率高;而在消极的情绪状态下,驾驶员不应有的操作失误增多,对安全行驶极为不利,会大大降低运输效率。因此,驾驶员应该经常处在积极的情绪状态下驾驶车

辆。然而,由于社会的复杂性,驾驶员不可能经常生活在理想的环境中,必然会产生这样或那样不良的情绪反应,引起驾驶员心理状态的变化。

一、心理情绪的产生

人的情绪是一种心理活动的产物,是伴随人的认识过程而产生的,心理情绪产生于认识和活动的过程中,同时影响着认识和活动的进行,是人对客观世界的一种特殊的反映形式,是人对客观事物是否符合自己需要的态度的体验。只有那些与人的需要发生关系的事物,才能引起人的情绪变化,产生不同的内部体验和外部表现。如在行车过程中你需要超车,当鸣笛或灯光示意做超车准备时,前车很有礼貌地靠右行驶,并示意让你超越,当顺利超越后,你就会有一种内部体验和外部表现;倘若你在后面不断按喇叭或灯光示意想超越时,前车总是在路中缓慢行驶,置之不理,你就会产生与前者不同的内部体验和外部表现。前者是一种积极的心理情绪,后者则是一种消极的心理情绪。

所以,凡能满足或符合人的需要的事物,就会引起积极的、肯定的心理情绪,如愉快、赞叹等;凡是不能满足人渴求的事物或与人的意志相违背的事物,则会引起消极的、否定的心理情绪,如厌恶、愤怒等。

情绪的生理基础是十分复杂的,情绪是大脑皮层和皮层下神经过程协同活动的结果。一般认为,情绪的产生是外界环境的刺激、人体的生理状态与认识过程这三种因素相互作用的结果,其中认识过程中个人对当前情境的估计和过去经验的回忆在情绪中起着重要作用。如驾驶员在过去的行车经历中曾遇到过某种险境,但由于措施得当而平安度过,当他再次经历这种险境时,就会根据过去的经验做出决策,不致出现恐惧或惊慌失措。

情绪产生的源泉是客观现实。但是,情绪又不是客观现实直接、机械地决定的。作用于人的外部世界的各种条件与人的各种需要的联系是发生在认识活动之中的。客观事物对人的作用必须通过人的认识过程,而人的认识的每一次活动又不是单独地由孤立的一件事物决定的。人在生活实践中积累的知识和经验制约着当前的认识,并与人的态度或愿望结合起来。因此,人们对作用于他们的事物的判断与评估,才是情绪产生的直接原因。同一件事对不同的人或在不同的时间、条件下出现,可能被作出不同的评估或料想,从而产生不同的心理情绪。

二、人的情绪变化与安全行车的作用

在一般情况下,人的一切心理活动都带有情绪色彩,而且以心境、激情和应激等三种状态显露出来。驾驶员出现这些情绪状态时,将对驾驶工作产生不同的影响。

(一)心境、激情、应激与驾驶安全

1. 心境与驾驶行为

心境是人的情绪的一种较持久而又微弱的状态,是非定向的弥散性的情绪体验。其产生原因往往是生活中的一般事件,但影响其最主要的因素是人的主观世界(理想、信念等)。心境能影响人的整个行为表现。人们在工作称心如意、家庭美满幸福时,就会感到高兴;反之,则会悲观、消沉、心境欠佳,从而减弱工作精力,甚至导致交通事故。例如,驾驶员因生活困难而产生家庭纠纷,工作时无精打采,行驶目的地为 A 点,结果却开到 B 点。这就是由驾驶员心境欠佳和环境在视觉上失去控制产生的结果。事实证明,良好的心境有助于活动积极性的发挥和提高工作效率。驾驶员在此情绪状态下行车就会感知清晰、判断敏捷、操作准确。而不良的心境则会使人沉闷,影响身心健康,妨碍工作,还会觉得看什么都不顺眼,在驾驶过程中可能会强行超车,开"斗气车",最终酿成事故的发生。

2. 激情与交通事故

激情是强烈的、激动而短促的情绪状态。它通常是由一个人生活中具有重要意义的事件所引起的,有很明显的外部表现,有激动性和冲动性,时间短促,指向性较为明显。激情也同样具有双重作用,积极的激情是人类行为的巨大动力,消极的激情可能会产生不良的后果。"怒发冲冠""大发雷霆"等都是消极的激情状态。在这种情形下,人的认识活动范围往往会缩小,理智和分析能力受到抑制,自控能力减弱,往往不能有效约束自己的行为,不能正确地评价自己行为的意义及后果,会影响观察、判断和操作,在驾驶过程中容易发生交通事故。

激情产生的原因有很多,一般是由相互矛盾的强烈愿望或冲突而引起的。例如道路上营运的出租车驾驶员,常常为了眼前的经济利益,驾车超越前车。而前车驾驶员也为了其利益不甘落后,始终占道不让。僵持的结果往往会激起后车驾驶员的愤怒而呈现出消极的激情状态,很可能会不顾危险强行超车而造成交通事故,损害公众的利益。

3. 应激与安全操作

应激是由出乎意料的紧张情况所引起的情绪状态。驾驶员在突如其来的或危险的情境下,必须迅速地作出决策时,往往情绪处于应激状态。例如汽车在行驶中突然遇到行进的人在车辆前横穿道路或者同方向行驶的自行车突然抢行闯道等,就需要驾驶员依据平时积累的经验,集中注意力,在瞬间作出正确决定。紧急的情景会惊动整个有机体,很快改变有机体的激活水平,引起情绪的高度应激化和行动的积极化。但应激也会使人全身兴奋、注意和知觉范围缩小、行为紊乱,特别是在险情出现之前缺乏足够的思想准备时机体可能会作出不适当的反应。例如,车辆过渡口时,要加速冲上渡船,突遇加速踏板卡死不能回位,发动机高速运转的车辆一直向船头冲去,驾驶员可能会产生应激状态,手忙脚乱忘记使用制动器停车,思维判断只是简单地被局限于寻求用脚尖去勾起加速踏板的方法上,甚至错把加速踏板当成制动踏板去踩,结果导致不应有的交通事故。

(二)情绪对安全行车的作用

1. 积极的情绪,起着增力作用

对于驾驶员而言,积极的情绪可以明显提高人的活动能力,使人的头脑更加灵活、手脚操作更加协调。在具体的车辆行驶过程中,积极的情绪也能够使驾驶员的驾驶行为更加科学合理,从而达到规范要求,主动避免过激行为,从而减少车辆安全事故的发生。因此,积极的情绪对于驾驶员而言是十分重要的。驾驶员在驾驶过程中,应当保证情绪处于积极的状态之中。

2. 消极的情绪,起着减力作用

消极的情绪会削弱人的活动能力。车辆驾驶具有一定的难度和专业性,如果驾驶员在驾驶过程中情绪处于消极的状态,那么驾驶员的活动能力也会受到较大影响,进而在驾驶过程中精神不够集中,驾驶表现相对较差,既不能够有效的操纵车辆,同时也会使自己的驾驶行为出现较大的失误,一旦遇到道路上的突发情况,就会引起严重的交通事故。因此,驾驶员应当有效地消除消极的情绪,做到合理地控制自己。

三、驾驶员情绪的调整与控制

1. 注意消极情绪的宣泄与排解,培养情绪稳定性

目前,我国绝大部分道路尚处在混合式交通状态下,驾驶员在车辆行驶中,可能因堵车、会车、跟车、超车、超速行驶等与其他驾驶员、交通管理人员、行人发生一些不愉快。这时驾驶员的心里必然会产生不满情绪。这种不满情绪不能盲目地节制,要学会科学地排解、宣泄,但又绝对不能让其宣泄在操作行为上。这时驾驶员的头脑一定要冷静,可以把车辆开到路边能停车的地方,下车用脚对轮胎踹几下或大喊几声,这样既可以宣泄不满情绪,又可以趁机查看一下轮胎状况。

另外,情绪的稳定性是可以培养的。那些有强烈愿望及意志坚强的人,就能自我克服情绪的不稳定性。培养情绪的稳定性,需要在工作和日常生活中学会约束自己,即顺心时不过分高兴,失败时也不丧失信心,经常检查自己的行为,检查自己对易引起不正常情绪事物的反应,并学会控制自己。如在城市行车时,后方车辆强行插队以及行人对车辆视而不见地斜穿道路等,都会刺激人的情绪,驾驶员要学会正确应对,在行车中控制住自己的情绪。

2. 自我调释,寻求克服消极情绪的实用方法

(1)形成适宜的情绪状态

驾驶员可以用语言或靠理智来控制自己情绪发生的强度,转移注意力,改变情绪发生的方向。可多聆听舒缓的音乐,以音律的节奏变化调整心态;在汽车上张贴自己所喜爱的名人格言,作为提醒自己安全行车的规范文本等。

(2)培养正确看待问题的思维方法

驾驶员要多角度地发现问题,培养正确的人生观、世界观,学会辩证、全面的思维方法,多采用换位思维的方法,减轻心理压力。

(3)加强身体锻炼

锻炼身体,增强机体的活力,提高耐疲劳能力,是保持清醒的判断、分析能力的良好方式。

(4)培养幽默感

学会自我解嘲,用常见的笑话、小幽默调节情绪,并加强逆向思维。

(5)利用语言暗示的方法调节控制情绪

人的语言暗示对人的心理和情绪活动都有着奇妙的作用。当自己为消极情绪所压抑时,可以通过语言的暗示作用来调节和放松情绪。比如当自己发怒时,可以用语言暗示自己"不要发怒,发怒会把事情闹大";在陷入忧愁时,要提醒自己"忧愁是不起作用的";当有比较大的内心冲突和烦恼时,可以用"不要怕,不要急,要稳住,会好的"等词语,给自己以鼓励和安慰。这些办法都能促进情绪的好转,对情绪有明显的调节作用。

总之,掌好情绪的"船舵",积极开辟心灵的"港湾",驾驶员就有好的心情驾驶车辆,为他人和自己构筑一个安全、舒适的行驶氛围和有序、高效的交通环境。

四、驾驶员的心理表现与指导方法

(一)驾驶员不良的心理表现

1. 侥幸心理

行车过程中,侥幸心理是一种不良的心理因素。有些驾驶员在超车过程中虽然看到了空间不够,并且已经意识到了会存在一定的危险,但是由于存在侥幸心理,认为其他车辆可以有效地避让自己,为自己提供安全的环境,肆意超车,很容易引发安全事故。

2. 赌气心理

除了侥幸心理之外,赌气心理也是驾驶员的不良心理因素之一。有些驾驶员在驾车过程中会因为超车和堵车产生赌气心理,即在驾驶行为上过激,出现在道路上驾

车故意超车和故意别车的现象。这种赌气心理很容易导致驾驶员行驶失误,使驾驶员对路面的安全状况不能进行有效地估计,进而在驾驶过程中存在操作不当问题,给自己和行人带来较大的安全隐患。

3. 恐慌和迁怒心理

有些驾驶员由于缺乏足够的经验,在驾驶过程中不够熟练,存在一定的恐慌心理,表现为在行驶过程中畏首畏尾,驾驶动作不到位,使得车辆的行驶轨迹发生变化,给自己的行车带来较大的影响,同时也给道路通行带来一定的安全隐患。除了恐慌心理外,有些驾驶员还带有一定的迁怒心理,对于行人和身边的车辆会有一些不正常的表现,导致驾驶行为出现偏差,进而引发不良的安全事故。恐慌和迁怒心理是驾驶员在驾车过程中必须要避免的。

4. 恃强和自我表现心理

有些驾驶员由于驾驶技术相对过硬,在具体的行车过程中会自我感觉良好,在超车和会车过程中忽视了不安全因素,片面地认为自己的所有驾驶行为都是合理的,导致在驾驶过程中出现恃强凌弱现象,使驾驶行为存在潜在的安全问题,既不利于行车安全,同时也给其他的行人和车辆带来了较大的安全隐患。恃强和自我表现心理是驾驶员必须克服的不良心理。

(二)驾驶员心理健康的指导方法

心理健康与一个人的人生观、价值观密切相连。热爱生活,热爱工作,勇于承担起自己的家庭责任、社会责任,正视生活、工作中的不顺心、不如意,学会排除不良情绪,是心理健康的基础。

1. 心理健康的自我培养方法

驾驶员在面临挫折时,应学会自我心理健康指导,即调动自身的适应机制,减少焦虑情绪,维持心理平衡,主动培养自己心理健康的稳定性,采取转移注意力等方法进行自我心理指导。

(1)自我心理健康指导

驾驶员在行驶过程中,不可避免地会遇到各种不愉快的事情,这时应学会自我调节。在驾驶行为开始前及结束后,经常性地检查并审视自己的心理健康情况,检查自己对容易引起不正常事物的心理反应,进行自我心理指导。

(2)转移注意力,控制异常心理

在行驶过程中,当驾驶员意识到自己的心理受到影响时,要学会及时从兴奋或愤怒的心理活动中转移出来,可以用听音乐、转移注意力等方法来控制自己心理发生的强度,改变异常心理发生的方向。

2.用目标寻觅法改变异常心理

驾驶员在遭受生活、工作的挫折时,常常会感到失去了生活、工作的目标,感到迷惘,出现挫折感或空虚感等心理障碍,表现出对驾驶工作的厌倦。此时,驾驶员应从精神层面上寻找生活目标、工作意义,建立起明确和坚定的、乐观的人生态度。

(1)积极的自我心理暗示

驾驶员遇到苦难时要学会告诉自己这不是最坏的结果,比起其他人,自己现在的状况还不是最差的,未来的生活还是会好的,并经常憧憬美好的未来,保持奋发进取的生活状态。

(2)扩宽兴趣,维持良好健康心理

兴趣是维持良好心理状态的重要条件,是生活额外的一种调和剂。从事自己喜欢的活动,常能给人带来极大地满足感和成就感。当面对生活、工作带来的压力和挫败感时,可以从个人兴趣中得到安慰和补偿。

3.用合理宣泄法消除心理压力

合理宣泄法就是利用或创造某种条件,以合理的方法把压抑的心理倾诉或表达出来,以减轻或消除心理压力,是稳定思想情绪的一种方法。当驾驶员心情不快时,向朋友和家人倾诉,可以缓解内心的压抑感。因为问题一旦说出来就会发现,其实问题并没那么严重,同时还可以从亲友那里得到一些安慰和有用的建议。

4.用放松法消除心理紧张

驾驶员可以通过放松训练,来缓解和消除心理紧张。放松训练对于缓解紧张性头痛、失眠、高血压、焦虑、不安、气愤等生理心理状态较为有效,有助于稳定情绪、振作精神、恢复体力、消除疲劳,还可增强驾驶员行车安全中处理突发紧急情况的能力。

对驾驶员及时进行心理指导,能够使驾驶员了解自身心理健康状态,并有针对性地矫正自己的不良心理倾向,保障行车安全。

1.心理情绪的产生主要有哪些因素?
2.解释驾驶员的三种情绪状态。
3.简述驾驶员调整和控制情绪的方法。
4.不良的驾驶心理有哪些表现?其危害是什么?
5.简述驾驶员心理健康的指导方法。

第四节 应急处理

面对千变万化的道路交通状况,驾驶员应具备处理突发交通情况的知识与较强的应变能力,遇有紧急情况时才能采取得当的处置措施。

一、紧急情况处置的原则

遇到紧急情况时,驾驶员应头脑冷静、机智沉着、胆大心细,遵循先人后物、避重就轻的原则,迅速作出判断,果断采取处置措施。

(一)先人后物

人的生命是最宝贵的,驾驶员在任何情况下首先应当考虑人的安全。当危险出现时,必须确保人身安全,损物不伤人是避险时最基本的处置原则。

(二)避重就轻

在遇紧急事态时,尽量避开损失较重或危害较大的一方,向着损失较轻或危害较小的一方避让,将损失减小到最低程度。

(三)控制方向

车辆在正常行驶速度下的紧急避险,应先控制车辆的行驶方向后制动。因为在紧急情况出现时,改变汽车行驶方向,可以使车辆避开危险点,有时还能化险为夷、转危为安。车辆在高速行驶状态下的紧急避险,应先制动减速,后转向避让。因为车辆在高速行驶时急转向,极易造成车辆侧滑相撞或在离心力作用下侧翻的事故。

二、行车中常见紧急情况的处置

车辆行驶中,往往会由于机件失灵出现紧急情况,极易引发交通事故。如果驾驶员能够采取得当的应急措施,就可以避免发生交通事故或减小损害后果,保证人员和车辆的安全。

(一)轮胎漏气或爆胎的应急处置

由于轮胎故障而导致的交通事故时有发生,已经成为安全行车的一大隐患。在车辆行驶中,轮胎的故障表现为轮胎漏气和轮胎爆裂,其中轮胎爆裂引发的事故后果更为严重。

1. 轮胎漏气

车辆在行驶过程中发生一侧轮胎漏气时,主要表现为车身倾斜,方向控制不灵活,并随着时间的延长越来越严重。发现轮胎漏气时,驾驶员应紧握转向盘,极力控制行驶方向,缓慢制动减速,尽快驶离行车道,停放在安全的地方。轮胎漏气驶离主车道时,驾驶员不可采用紧急制动,以免造成翻车或追尾事故。

2. 轮胎爆裂

如果汽车在轮胎气压较低的状态下行驶时,随着胎压的下降,轮胎与地面的摩擦成倍增加,胎温急剧升高,轮胎变软,强度急剧下降。这种情况下,如果车辆高速行驶,轮胎会出现波浪变形而导致爆胎。

轮胎发生爆裂之前,驾驶员一般很难察觉,直至听到爆裂声并随后出现车身迅速歪斜,转向盘向爆胎侧急转时才能发现。爆胎时,车速越高,危险性越大,前轮爆胎比后轮爆胎更危险。驾驶员意识到前轮胎爆裂时,应保持镇定,双手紧握转向盘,全力控制住行驶方向,切不可采取紧急制动,应松抬加速踏板,采取断续制动,尽量保持车身正直向前,控制车辆保持直线行驶,或采用"抢挡"的方法,利用发动机牵制作用使车辆减速,缓慢停车。在发动机制动作用尚未控制住车速时,不要贸然制动停车,以免车辆横甩发生更大的危险。

(二) 转向突然不灵、失控时的应急处置

当发现车辆转向突然不灵时,驾驶员应当尽快减速,尽量设法靠右行驶,并选择安全地点停车,严禁继续行驶。

当车辆发生转向失控时,驾驶员要立即松抬加速踏板,缓踩制动踏板,将车速降下来。在车速较高时,不可采取紧急制动来减速。转向失控后,若车辆偏离直线行驶方向,应果断地连续踩踏、放松制动踏板,使车辆尽快减速停车。当车辆转向失控行驶方向偏离,事故已经无法避免时,应尽快减速,极力缩短停车距离,减轻撞车力度,减小损失。

装有动力转向的车辆,驾驶员突然发现转向困难、操作费力,应尽快减速,选择安全地点停车,查明原因。

(三) 制动突然失灵时的应急处置

行车中发现制动突然失灵时,驾驶员要沉着镇静,握紧转向盘,以控制方向为第一应急措施,再利用"抢挡"或驻车制动器减速。使用驻车制动器时,应缓慢使用,避免因紧急使用造成驻车制动盘"抱死",损坏传动机件而降低制动作用。

未安装制动防抱死装置系统(ABS)的车辆,在冰雪、湿滑、砾石路面或者比较光滑的路面上制动时,要轻踏或间歇踩踏制动踏板。如果驾驶员发现汽车偏离方向时,应立即松开制动踏板,待方向得到控制后再踩制动踏板。若制动时前轮抱死,会出现丧失转向能力的情况;而后轮抱死,则会出现侧滑甩尾的情况。

制动防抱死装置系统(ABS)可以有效防止紧急制动时车轮抱死,并最大限度地发挥制动器的效能。安装防抱死装置系统(ABS)的车辆制动时,ABS系统可以防止

车轮抱死,所以可用力踩下制动踏板。

山路下坡时车辆制动突然失效后,首先应利用道路边专设的避险车道停车。不得已的情况下,可利用车身靠向路边的岩石或树林碰擦,或用前保险杠侧面撞击山坡停车。停车后,使用驻车制动器,以防溜动,发生二次险情。如果没有可以利用的地形和时机,应迅速逐级或越一级减挡,利用发动机牵制作用降低车速。

(四)发动机突然熄火的应急处置

行车中发动机突然熄火,应立即开启危险报警闪光灯,将车辆移到不妨碍交通的地点停车,放置故障车警告标志牌后再检查熄火原因。

(五)车辆侧滑时的应急处置

车辆侧滑一般是由于转弯时速度过快、转向过急、制动过猛或擦撞引起的,而易发生侧滑的路面是下雨开始时的路面,由于雨水与路面上的尘土混合,形成"润滑剂",使路面异常溜滑。

车辆因转向或擦撞引起侧滑时,驾驶员不要惊慌,应迅速抬起加速踏板,但不可使用行车制动器进行紧急制动。紧急制动的反作用力会使车轮与路面附着力变小,加重侧滑。

车辆速度超过60km/h时,未安装制动防抱死装置系统(ABS)的车辆紧急制动易导致侧滑或甩尾等危险情况。车辆发生侧滑时应立即松抬制动踏板,同时向侧滑的一方转动转向盘并及时回转进行调整,修正方向后继续行驶。

车辆在泥泞、滑溜路面上紧急制动时,易产生侧滑,甚至造成翻车、坠车或与其他车辆、行人相撞。车辆在泥泞、滑溜路面上猛转方向时,易导致行驶方向失控,甚至造成翻车、坠车或与其他车辆、行人相撞。车辆在泥泞路上发生侧滑时,应向侧滑的一侧转动转向盘适量修正。

(六)遇横风时的应急处置

在日常行车中会遇到顶风、顺风、横风等情形,其中对行车安全影响最大的就是从侧面吹来的横风。尤其是当车辆行至高速公路隧道出口或凿开的山谷出口处时,车辆行驶速度过快,与地面附着力降低,稳定性下降,极易发生交通事故。

横风的影响与车速成正比,当汽车行驶方向因横风的影响而发生明显偏离时,如果回转转向盘过急,在离心力的作用下,会使汽车发生横向滑移,甚至发生翻车事故。

正确的做法是迅速抬起加速踏板,握稳转向盘,适当地缓慢修正。当速度较快时,可以适当地连续轻踏制动踏板,降低行驶速度,禁止使用紧急制动和猛打转向盘。

三、车辆发生事故时的应急处置

(一)车辆碰撞

车辆碰撞分为正面碰撞、侧面碰撞和追尾碰撞。碰撞对驾驶员和乘车人人身安全威胁较大,如果驾驶人采取正确的应急处置措施,可有效地降低事故的损失。

车辆发生正面相撞,巨大的冲击力是导致人员伤亡的主要原因。行驶中与其他车辆有迎面碰撞可能时,应先向有利的一侧稍转方向,随即适量回转,努力使迎面碰撞变为侧面碰撞或刮擦,减小对驾驶员和乘车人的伤害。

行车中与其他车辆发生正面碰撞不可避免时,应紧急制动,以减少正面碰撞力,同时保持正确的应急姿势。驾驶员要迅速判断撞击的方位和力量。当撞击的方位不在驾驶员一侧或撞击力较小时,驾驶员应紧握转向盘,两腿向前蹬直,身体向后倾斜,紧靠座椅后背,以此形成与惯性相反的力,保持身体平衡,避免车辆在撞击时,头撞到驾驶室其他物体上受伤;当撞击的方位临近驾驶员座位或撞击力较大时,驾驶员应迅速放开转向盘,并抬起双腿,身体侧卧于右侧座上,或尽量向副驾驶座位上移动,避免身体被转向盘抵住。

(二)车辆侧翻

汽车翻车前,一般都有先兆。急转弯翻车时,驾驶员会有一种车身向外侧漂移的感觉;向一侧翻车时,车身先慢慢倾斜,然后倾翻。

发生缓慢翻车有可能跳车逃生时,应向翻车相反方向跳车。车辆向深沟连续翻滚时,身体应迅速躲向座椅前下方,抓住固定物将身体稳住,避免身体滚动受伤。

当驾驶员感到不可避免地要被抛出车外时,应在被抛出的瞬间,猛蹬双腿,增加向外抛出的力量,借势跳出车外。跳出车外落地后,应双手抱头顺势向惯性力的方向滚动,以躲开车体,增大远离危险区的距离。

(三)车辆落水

若车辆行驶中突然落水,驾驶员要保持清醒的头脑,并告知乘车人不要慌张,做好深呼吸。同时迅速判明水底、水流的方向和水的深度,判断水是否能淹没车辆。如果驾驶室不会被淹没,应待车辆稳定后,再设法从安全的出处离开车辆。如果外部水的压力较大很难开启车门时,应迅速开启车窗或敲碎侧窗玻璃,便利逃生。

离车后应尽快浮上水面。如果不会游泳,离车前应在车内找一些能浮的物品抓住。只要浮出水面,就会有更多获救的希望。

四、高速公路紧急避险

高速公路由于车辆行驶速度快,出现紧急情况时一旦避险措施不力,发生事故后所造成的后果是严重的。在高速公路行驶中,发现前方有人或动物突然横穿等紧急情况时,应果断采取损失小的避让措施。

在高速公路上发生紧急情况,不要轻易急转方向避让,应采取制动减速措施,使车辆在碰撞前处于低速行进或停止状态,以减小碰撞损坏程度。车辆在高速公路急转向,极易造成侧滑相撞或在离心力作用下翻滚的事故。车辆在高速公路意外撞击护栏时,应稳住方向,适当修正,切忌猛转转向盘。

车辆在高速公路发生故障时,应在应急车道或右侧路肩上停车,开启危险报警闪光灯,在行驶方向后方150m处设立警告标志。驾乘人员应迅速转移至车辆右后侧护栏以外的地方,迅速报警,等候救援。

在高速公路上遇突然情况必须停车时,应尽快逐渐向右变更车道停车。车辆如果因故障不能离开高速公路行车道,应立即开启危险报警闪光灯,在行驶方向后方150m处设立警告标志,夜间须开启示廓灯和后位灯。在高速公路上除遇障碍、发生故障等必须停车外,不准停车上下人员或者装卸货物。

大雾天在高速公路遇事故不能继续行驶时,开启危险报警闪光灯、示廓灯和后位灯,在车后150m以外设置警告标志,快速从右侧离开车辆,站到防护栏以外。

雨天车辆在高速公路行驶中会发生"水滑"现象。水滑是路面上有积水,随着车速的增加,轮胎与路面之间形成水膜,轮胎悬浮,附着力变小的现象。遇此情况,驾驶员应握稳转向盘,逐渐降低车速,不要急踩制动踏板或猛打转向盘。

五、危险化学品运输

危险化学品包括爆炸品、压缩气体、液化气体、易燃液体、易燃固体、自燃物品、遇湿易燃物品、氧化剂和有机过氧化物、有毒品和腐蚀品等,具有易燃、易爆、毒害、腐蚀、放射性等特性。这类物品存在巨大的潜在危险性,一旦发生事故,容易造成人身伤亡、财产损失和环境污染等严重危害。

(一) 爆炸品

爆炸品的化学性质不稳定,对摩擦、撞击、温度等非常敏感,在外界作用下易发生剧烈化学反应,发生整体或局部爆炸,对周围环境造成破坏,例如,火药、导火索、烟花爆竹等。

为确保道路交通安全,此类物品应单独运输并严禁与氧化剂、酸、碱、盐类等混储混运,同时要避免摩擦、撞击、颠簸、震荡。一旦发生火灾,要用水、雾状水、泡沫进行扑救,切忌使用沙土压盖。

(二) 腐蚀品

腐蚀品是具有强烈的腐蚀性、氧化性和易燃性的固体或液体。一旦接触,不仅能灼伤人体组织,而且还能对金属等物品造成损坏。部分腐蚀品还有剧毒性。常见的腐蚀品有硫酸、漂白粉等。

为确保交通安全,要根据腐蚀化学品的不同特性选择储存运输的容器,比如,盐酸可用耐酸陶坛,硝酸用铝制容器,硫酸和烧碱用铁制容器。在道路运输中如车辆发生火灾,应及时用水、沙、土等进行覆盖。施救人员在使用水稀释时,禁止用直射水流,以防液体飞溅。

(三) 易燃固体

易燃固体的燃点低,对热、撞击、摩擦敏感,易被外部火源点燃,并伴有有毒烟雾或有毒气体。这类物品不包括已列入爆炸品的固体物质。易燃固体有硫化磷、闪光粉、火柴等。

易燃固体不可与氧化剂、氧化钢瓶、氧化性酸类、自燃物品混装,并应特别注意粉尘。如果发生火灾,可以用沙、土覆盖,也可用水浇灭。

(四) 易燃液体

易燃液体包括易燃的液体、液体混合物或含有固体物质的液体,具有高度易燃性、易爆性、高度流动扩散性、易积聚电荷性、受热膨胀性和毒性。常见的易燃液体有汽油等。在交通运输过程中,这类物品不可与氧化剂或自燃物品混装,严禁烟火,远离火种、热源。发生火灾时,常用泡沫、干粉、黄沙等进行扑救。

(五) 从事危险化学品道路运输应注意的问题

(1)危险化学品运输应使用专门的运输容器。运输容器应符合所运输货物的物理、化学特性和装载要求,杜绝跑、冒、滴、漏。各种危险化学品不能混装,做到一车一货。危险化学品车辆驾驶员及押运员应当具备相关应急处置知识。

(2)应特别注意气象条件的变化。

(3)选择得当的行驶路线,行车时间、行车速度要恰当。一旦发生泄漏,要迅速将车开往空旷地带,远离人群、水源。一旦发生交通事故,要扩大隔离范围。

(4)施救要得当,安全为第一。危险化学品都存在不同程度的易燃、易爆、毒害、腐蚀等特性,极易对人体产生危害,因此,运输人员和押运人员一定要熟知物品的特性,掌握适当的施救措施。

六、事故现场急救

人们在享受道路交通便捷的同时,也面临着因道路交通事故带来的威胁和伤害。据统计,全世界每年因道路交通事故造成的人员伤亡中,有相当一部分是由于救护不及时或救护方法不正确造成的。因此,掌握必要的自救急救知识和技能,可为伤者赢得获救的时间,防止伤情恶化,降低死亡率和伤残率。

(一)现场急救的原则

现场急救是指意外发生,专业医务人员到达现场之前,利用现场所提供的人力、物力,采取及时有效的初步救助措施。实施急救应遵循以下原则:

(1)保持镇定,沉着大胆,细心负责,理智、科学地判断,充分利用现场可支配的人力、物力进行救护。救护行为须符合正确的急救操作方法,尽量避免、减少伤情的恶化。

(2)观察、评估现场,脱离危险环境。救护工作要在安全情况下进行,远离带电、着火等危险情况和危险物品。伤者的移动搬运要慎重。

(3)及时拨打紧急呼救电话。事故发生后应立即拨打事故报警电话122。

(4)分清轻重缓急,先救命后治伤。要优先抢救危重伤者(如处于昏迷状态、大出血、呼吸困难、肠管等脏器脱出的伤员),后救护轻伤者。

(5)当现场有伤者可能因不必要的移动致使伤势恶化,除非会危害其生命,否则切勿立即移动。如遇伤者被压于车轮或物体下时,禁止拉拽伤者的肢体,要想办法移动车辆或物品,将伤者托出;困于车内无法下车的,如有可能也要尽量设法将伤者托出,避免二次受伤。如要将伤者带离现场,则应迅速并小心从事,并在现场留下位置记号。

(二)外伤的处理措施和手段

1. 对创伤出血情况的处理

有创伤出血尤其是大量出血的伤员,应立即包扎止血。救护时应先止血后包扎。常见的较大外出血类型有动脉出血、静脉出血等。

(1)加压包扎止血。适用于全身各部位的小动脉、静脉、毛细血管出血。方法是用敷料或其他洁净的毛巾、手绢、三角巾等作软垫覆盖伤口,再加压包扎,以增强压力达到止血的目的。

(2)指压止血。适用于出血量大、有血管损伤的伤员。方法是用手指压住伤口近心端的动脉,使血管被压闭住以阻断动脉血运。

(3)加垫屈肢止血。适用于外伤出血量较大,肢体无骨折和关节损伤者。方法是通过加垫纱布、毛巾、衣物等物止血。一般加垫的位置：前臂在肘窝处，上臂在腋窝处，小腿在腘窝处，大腿在大腿根部。

(4)在没有绷带急救伤员的情况下，可用毛巾、手帕、床单、长筒尼龙袜子等代替绷带包扎。

2. 对骨折情况的处理

骨折的现场处理最重要的就是固定。正确良好的固定能迅速减轻伤者的疼痛，减少出血和肿胀，防止损伤脊髓、血管、神经等重要组织，而且也是搬运的基础。

(1)胸腰椎骨折。坠落伤、砸伤、交通伤等严重创伤后腰背疼痛，尤其有双下肢瘫痪时应考虑胸腰椎骨折。疑有胸腰椎骨折的，不能随意移动伤者，禁止坐起或站立，并应依照伤后的姿势用布带、三角巾等做固定，同时要用与伤者身高相当的木板或硬质担架搬运。切忌：①不做固定就搬运伤者；②用软质担架搬运。

(2)前臂骨折。肘关节屈成直角，掌心朝向胸部，将木板放于前臂内侧，长度超过手心、肘关节少许，另一夹板放于前臂外侧，长度超过肩、肘关节，然后用绷带缠绕固定。

(3)大腿骨折。要使伤者仰卧，伤腿伸直，用两块夹板放于大腿内、外侧；无夹板时，用健肢固定的方法，然后用三角巾、腰带、布带等进行固定。

(4)小腿骨折。用两块由大腿中段到脚跟长的木板加垫后，放在小腿的内侧和外侧，关节处垫置软物后，用三角巾、腰带或布带分段扎牢固定。

3. 对烧烫伤情况的处理

烧烫伤是生活中常见的意外，会造成局部组织损伤，轻者皮肤出现肿胀、水泡、疼痛；重者皮肤烧焦，血管、神经、肌腱等同时受损，甚至会使呼吸道受伤。严重烧烫伤者口渴时，可口服少量淡盐水或淡盐茶（100mL 水加 0.3~0.5g 盐）。条件许可时，可服用烧伤饮料。

(三) 救护时应注意的问题

(1)应尽可能在原地对伤者进行救护，在包扎、止血、固定后方可搬运或移动伤者。如果现场有关节损伤、骨折扭伤的伤者，应避免其活动，尽量保持伤者状态，进行固定处置后等待专业人员进行搬运。

(2)不要在没有医务人员的情况下转送严重昏迷的伤者。

(3)遇有害气体中毒的伤者时，应将伤者立即移至有新鲜空气的地方，以防止继续中毒，并注意对伤者保暖。

(4)当伤者发生休克时，现场救护要尽量使伤者平卧，下肢略抬高以便静脉血回流；保持呼吸畅通；注意用被、毯给体温过低的伤者保温，防止热损耗，对伴发高烧的感染性休克伤者应给予降温。

(5)搬运时应注意救护体位,对颈椎、脊椎受损或骨折的伤者更要注意保护体位,确保伤者统一移动和固定搬运,避免二次伤害。

(6)给伤者进行包扎和止血时,有条件的应对伤者进行消毒,用厚棉垫、无菌纱布止血带包扎止血或用毛巾、手绢、领带等代替。包扎四肢时,结扎部位应在伤口的近心端。要注意结扣不要打在伤口上方或身体背后,以免使伤者感觉不适。

思考题

1. 应急处置的基本原则是什么?
2. 车辆制动失效如何处置?
3. 车辆着火的应对方法是什么?
4. 车辆爆胎如何处置?
5. 简述现场救护原则。
6. 简述外伤的处理措施和方法。

第五节 消防知识和车辆火灾预防与处理

一、灭火的基本原理

发生燃烧必须同时具备三个条件,即着火三要素:可燃物质(如汽油、柴油、天然气等)。助燃物质(如氧气、空气等)、遇有明火或达到着火温度(温度高、湿度低等)。灭火的基本原理是消除上述三个条件中的任意一个,使燃烧终止。

二、灭火的基本方法

灭火的基本方法有如下几种。

(一)冷却法

物质燃烧需要一定的温度,用灭火剂使燃烧物的温度降到其燃点以下,即能使燃烧停止。可用灭火剂有水、二氧化碳等。

(二)隔离法

隔离法是指使燃烧物与可燃物隔离,从而终止燃烧的方法。

(三) 窒息法

窒息法是指用耐火或难燃材料覆盖在燃烧物的表面上,断绝空气来源的方法。常用的材料有石棉布、湿棉被、干沙等。

(四) 抑制法

抑制法是指灭火剂参与燃烧反应,并中断燃烧的连锁反应,如 1211 灭火器和 1301 灭火器。

三、灭火剂

灭火剂能通过物理、化学作用使燃烧停止。灭火剂的种类很多,目前常用的有水、干粉灭火剂、泡沫灭火剂、卤代烷灭火剂等。

(一) 水

水是目前使用最广泛、最易得到、最经济有效的灭火剂。但是水不能用于扑救电气火灾、易与水发生放热反应的化学物质、比水轻的可燃液体和高温容器炉膛等。

(二) 干粉灭火剂

干粉灭火剂与火焰接触,能捕捉氧化反应中的 OH、H 活性基团,中断燃烧的连锁反应,使火熄灭。

干粉灭火剂有很多种,其主要成分是碳酸氢钠(小苏打)。另外,还有少量的滑石粉作为流动剂;云母粉作为绝缘剂;硬脂酸镁作为防潮剂。

干粉灭火剂效力大、无毒、不腐蚀、不导电、久储不变质、价格较便宜,因此被广泛应用于扑灭可燃、易燃气体,液体火灾和电气设备火灾。

(三) 泡沫灭火剂

通过化学反应或机械方式产生灭火泡沫的灭火剂叫泡沫灭火剂。泡沫灭火剂的种类很多,按生成泡沫的机理可分为化学泡沫灭火剂和空气泡沫灭火剂两大类。泡沫灭火剂主要由发泡剂、泡沫稳定剂等组成。

泡沫灭火剂用化学反应方法或机械方法制造出大量含有二氧化碳或空气的泡沫,利用其相对密度很小的特点,覆盖、黏附在燃烧物的表面,隔绝空气,隔绝热辐射,同时还有一定的冷却作用。泡沫的蒸汽可以降低燃烧物附近氧的浓度。这种灭火剂主要用于扑救非水溶性可燃液体及一般固体火灾。

(四) 卤代烷灭火剂

卤代烷灭火剂是一种灭火效率高、不留痕迹、腐蚀性小、久储不变的灭火剂。我国目前使用最多的是1211（二氟一氯一甲烷）灭火剂。它在常温下是无色透明的液体，极易汽化。

卤代烷灭火剂的灭火机能，主要是在接触火焰时受热产生溴离子，与燃烧产生的活性氢基化合，抑制了氧化反应，使燃烧停止。此外，它还有一定的冷却、窒息作用。

四、灭火器的使用知识

灭火器是指在内部压力作用下，将充装的灭火剂喷出，以扑灭火灾的器材。灭火器主要用来扑救初起火灾，是常备的灭火器材。

（一）常见灭火器

1. 清水灭火器

采用储气瓶加压的方式，利用二氧化碳储气瓶中的气体做动力，将灭火剂喷射到燃烧物上，以达到灭火目的。清水灭火器用以扑灭可燃固体物质火灾，其最大的优点是不污染火场上的物品。

（1）构造

清水灭火器主要由筒体、筒盖、喷射系统及二氧化碳储气瓶等部件组成。

（2）规格性能

清水灭火器只有手提式一种，型号为MSQ9，灭火器高度为635mm，筒体内径为160mm，充装水（一般自来水）和少量添加剂，充装量为9L。清水灭火器射程为8~10m，喷射时间为40~50s。清水灭火器存放地点的环境宜在4~55℃范围内，冬季应注意防冻。

清水灭火器筒体的试验压力为2.5MPa，且在此压力下维持2.5min，不应有泄漏和变形等现象。

（3）使用方法

①将灭火器提至火场，距燃烧物10m左右。

②取下安全帽，然后用手掌拍击开启杆压头，这时二氧化碳储气瓶的密封膜片被击破，二氧化碳气体进入筒体内，形成压力迫使清水从喷嘴喷出，进行灭火。

③当喷嘴喷出水时，立即一手提灭火器的提环，另一手托住灭火器的底圈，将射流对准燃烧最猛烈处喷射。

④使用过程中，灭火器应始终保持与地面垂直状态，切忌颠倒或横卧，以避免喷射中断或只喷出少量清水。

⑤每年应检查一次二氧化碳小钢瓶的质量。若质量减少1/10以上时，应重新充装二氧化碳气体。

2. 二氧化碳灭火器

二氧化碳灭火器是利用灭火器中的高压液态二氧化碳喷出灭火，主要适用于扑救仪器仪表、贵重设备、图书资料、电压在 600V 以下的电气设备、少量油脂以及一般可燃固体物质的初起火灾。

（1）型号规格

二氧化碳灭火器按液态二氧化碳充装量分为 MT_2、MT_3、MTZ_5 和 MTZ_7 四种型号规格。其中 MT_2 和 MT_3 为手轮式，MTZ_5 和 MTZ_7 为鸭嘴式。

MTZ_5 型灭火器型号标记说明如下：M 表示灭火器；T 表示二氧化碳灭火剂；Z 表示阀门为手动开启、自动关闭型，鸭嘴式；5 表示充装液态二氧化碳 5kg。

（2）构造

MT 系列二氧化碳灭火器主要由筒体、启闭阀和喷筒等组成，如图 3-1 所示。

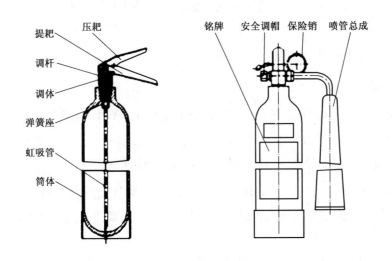

图 3-1　手握式二氧化碳灭火器

MT 系列二氧化碳灭火器筒体用无缝钢管制成，具有较高的耐压强度。启闭阀用铸铜制造，具有良好的密封性能。在启闭阀下部有一根虹吸管，在启闭阀上装有安全膜，当温度超过 50℃ 或筒内压力超过 18MPa 时，会自行破裂放出二氧化碳气体。喷筒由喷管和喇叭筒组成。

（3）使用方法

①灭火时，将灭火器喷筒对准火源根部，打开启闭阀，二氧化碳立即喷出。

②鸭嘴式二氧化碳灭火器（MTZ 系列）只要打开安全装置，右手紧握喇叭木柄，左手将鸭嘴压下，二氧化碳即可喷出。

③手轮式二氧化碳灭火器（MT 系列），将手轮逆时针旋转，二氧化碳即能喷出灭火。

(4)使用注意事项

①灭火器在使用过程中,要连续喷射,防止余烬复燃。在室外灭火时,不能逆风使用,也不允许颠倒使用。

②二氧化碳灭火器喷射时间较短,使用要迅速。

③筒体内二氧化碳处于液态,打开灭火器后,由于压力降低,二氧化碳由液态变成气体,吸收汽化热,喷嘴边的温度迅速下降。当温度下降到-78.5℃时,二氧化碳将变成雪花状固体(常称干冰),因此使用时应防止冻伤手。

④二氧化碳是有毒气体,使用时要注意安全。当空气中二氧化碳含量达到8.5%以上时,会造成呼吸困难,血压升高,失去知觉;含量达到20%时,会使呼吸衰弱,造成死亡。

⑤二氧化碳灭火器应放在明显且易于取用的地方,同时应防止气温超过55℃和日晒。

⑥定期检查灭火器内二氧化碳存量,如果二氧化碳的质量减少1/10,应该补充灌装。

⑦灭火器每5年进行一次水压试验。

3. 干粉灭火器

干粉灭火器是以高压二氧化碳气体作为动力,而喷射干粉灭火剂的灭火器械。干粉灭火器可有效地扑救可燃液体、可燃气体、电气设备和一般固体物质火灾。

干粉灭火器按移动方式可分为MF型手提式、MFT型推车式、MFB型背式;按干粉充装量可分为MF_1、MF_2、MF_3、MF_4、MF_5、MF_6、MF_8和MF_{10}八种规格。

MF_8型干粉灭火器型号标记说明如下:M表示灭火器,F表示干粉灭火剂,8表示充装干粉8kg。

这里仅介绍常用的MF系列手提式干粉灭火器。手提式干粉灭火器按二氧化碳储气瓶安装位置分为外装式和内装式两种。二氧化碳钢瓶装在筒体内的称内装式,装在筒体外的称为外装式。外装式干粉灭火器的结构如图3-2所示。

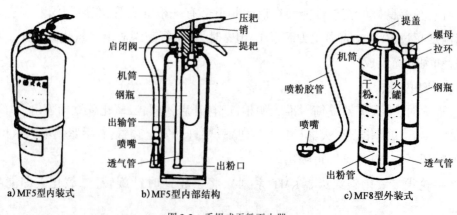

图3-2 手提式干粉灭火器

(1) 构造

外装式干粉灭火器主要由筒体、钢瓶、提柄、胶管、进气管、出粉管和喷嘴等组成。

(2) 使用方法

①使用前,首先上下颠倒几次,使干粉预先松动。

②灭火时,将灭火器喷嘴对准火源根部,一只手握住喷嘴,另一只手提提环,握住提柄。当拉起提环时,干粉在二氧化碳气体压力的作用下,由喷嘴射出,形成云雾状粉雾,将火扑灭。

③扑救地面油火时,要平射,左右摆动,由近及远,快速推进。

(3) 使用注意事项

①干粉灭火器应设置在明显、易于取用且干燥通风良好的地方。

②要防止干粉灭火器受潮和日光曝晒。每半年检查一次干粉是否受潮结块;称量一次二氧化碳钢瓶质量,若二氧化碳质量低于原质量的 9/10,应补充二氧化碳。

③每次使用后应重新装粉和充气。

④每 5 年进行一次 1.5 倍筒体及钢瓶设计压力的水压试验。

五、汽车灭火器安放位置、保存及检验

按照我国《机动车运行安全技术条件》和《机动车检验项目及方法》相关规定,机动车应当配备灭火器等设备才能上路行驶。

汽车常用的灭火器有手提式磷酸铵盐干粉灭火器、手提式二氧化碳灭火器和手提式 1211 灭火器。

(一) 灭火器安放位置

汽车灭火器安放的位置应明显易见,取用方便,干燥通风,远离明火和高温。乘用车可在驾驶员座位下面或后面。商用车可在驾驶室、车厢内的座位下或拿取方便而不影响汽车乘载功能的合适部位。由于视线障碍或其他原因,不能直接看见灭火器位置时,应采用明显标志加以指示。

(二) 保存

汽车灭火器的环境温度要求:干粉、1211 式灭火器一般在 20~55℃ 范围内;二氧化碳灭火器应在 10~55℃ 范围内。

(三) 检验

灭火器无论是否使用,距出厂的日期已达规定期限时,必须送维修单位进行水压试验检查。手提式和推车式 121 灭火器、手提式和推车式干粉灭火器、手提式和推车

式二氧化碳灭火器,期满 5 年以后,每隔 2 年必须进行水压试验等检查,确保使用时安全可靠。

六、汽车着火后的处理

(一)发动机罩内、仪表盘下着火

发动机罩内或仪表盘下着火,往往是电气系统故障或燃油系统泄漏造成的。电气系统引发火灾的原因有电线短路、电气系统漏电、停车后未关点火开关、蓄电池通风孔不畅等。燃油系统泄漏主要是滴漏,尤其是炎热的夏季,排气管冒出的火花很容易将漏出的汽油点燃而发生火灾。

当火势初起时,尽快将车开离车行道,停车后立即关闭点火开关,乘员迅速离开车辆,使用随车携带的灭火器灭火。

若没有灭火器,先用其他器材灭火,例如,发动机罩内的火可用沙土扑灭,也可用厚布、工作服等覆盖灭火,并立即拨打 119 报警电话,同时向过往车辆求助,力争在最短时间内将火扑灭。

(二)汽车后部冒烟、冒火苗

若发现汽车后部冒烟或窜出火苗,应立即离开道路驶向安全停车地点,立即拨打 119 报警电话,请求消防队救火,同时用灭火器扑灭初期的火焰。

汽车后部着火是很危险的,易引爆油箱,造成重大人身事故和财产损失。若火源是车上的货物,应立即卸下着火货物。若是翻车或撞车引起的火灾,先抢救伤员,再用灭火器扑灭火焰抢救汽车。

七、预防汽车发生火灾的注意事项

(1)经常检查汽车电气导线接头是否松动、脱落,若有,立即紧固松动的接头和更换脱落的导线接头。

(2)更换漏电的点火线圈、分电器高压线、火花塞等。

(3)汽车停驶后,不要长时间使点火开关处于开启状态。

(4)保持蓄电池盖上的通风孔畅通,否则积聚过多氢气会引起爆炸。

(5)注意汽车的燃油系统千万不要有滴漏、渗漏,即使微小的渗漏也要找到原因,及时处理。

1. 简述汽车灭火器安放的位置。
2. 简述汽车灭火器的使用周期。
3. 简述预防汽车发生火灾的注意事项。
4. 简述汽车发动机罩内、仪表盘下着火的原因及处理方法。
5. 简述汽车后部冒烟、发现火苗后的处理方法。

第四章

汽车电子控制技术

随着国家对环保、节能要求的不断提高,汽车电子控制系统的应用越来越广泛,控制装备的不断增加,汽车的性能得到进一步提升。汽车已经不仅是一种交通工具,而且成为人们社会交往、休闲、娱乐的一个载体,以及社会文明程度提高的重要标志。

自1887年第一台以内燃机为动力的汽车诞生以来,已经经历了100多年,汽车技术相对稳定。四行程汽/柴油发动机、单线制直流电器系统、传动系统、转向系统、制动系统及行驶系统共同构成了汽车的基本结构。近十几年来,世界汽车技术有了飞跃式的发展,公交车辆也同样发生着巨大的变化。促进汽车技术飞跃式发展的因素主要来自三个方面:一是电子技术和计算机技术的快速发展以及在汽车上的迅速普及应用。二是地球环境污染的日趋严重和汽车排放环保法规的日趋严格。三是地球石油储量的逐渐减少、石化燃料的不可再生和新能源的开发。

在这三大因素的影响下,汽车的电气系统已经再也不是一个简单的辅助控制系统,而是迅速发展成为以电子计算机控制为主导的强大的电子网络。精确的燃烧控制、超细的燃油雾化和排放的无害化处理成为汽车内燃机发展的主流方向。发动机的能源也由单一的汽/柴油发展为天然气、液化石油气、甲醇、氢气等多种燃料。甚至发动机本身也面临着彻底的变革,电动汽车、燃料电池汽车大有取代内燃机汽车的趋势。同样,汽车底盘也发生了飞速的发展,电控液压自动变速器(AT)、电控驱动加速防滑系统(ASR)、制动防抱死控制系统(ABS)、电子控制空气悬架(ECAS)、卫星定位导航系统(GPS)、电子行车稳定系统(ESP)、激光雷达探测安全距离自动控制系统、巡航车速控制系统(CCS)、自动驾驶系统等正在或将要在汽车上推广使用。

第一节 发动机电子控制技术

一、汽油发动机电子控制燃油喷射系统概述

汽车发动机电子控制燃油喷射系统(Electronic Fuel Injection,EFI),是汽车汽油发动机取消化油器后,采用计算机控制燃油供应管的装置。该系统的优点是取消化油器喉管,进气管设计灵活,充气效率提高;喷油雾化好,燃烧充分;可以精确控制各缸混合气的浓度,并与运行工况相匹配;可以实现分层燃烧,减少爆燃倾向,有利于提高压缩比;提高了发动机的冷启动性能和加速性能。

(一)汽油发动机电子控制燃油喷射系统的分类

汽油发动机电子控制燃油喷射系统可分为L型汽油电喷系统和D型汽油电喷系

统两类。

(1) L 型汽油电喷系统。以进气空气流量为主控信号,控制喷油量的汽油电喷系统。

(2) D 型汽油电喷系统。以进气歧管压力为主控信号,控制喷油量的汽油电喷系统。

(二) 汽油发动机电子控制燃油喷射系统的特点

汽油电控喷射系统以电控模块为控制核心,以空气进气量和发动机转速为主控信号,以氧传感器为反馈信号,以喷油器、点火模块和怠速控制阀为控制对象,保证发动机在各种工况下均能获得最佳浓度的可燃混合气和最佳点火时刻,使发动机燃烧后产生的 CO、HC、NO_x 可以在三元催化器中得到转化,生成 CO_2、H_2O、N_2,降低有害气体的排放。

(三) 汽油发动机电子控制系统的组成

汽油发动机电子控制系统由传感器、电子控制单元、执行器组成。

发动机电子控制系统中的控制模块,预先存储着发动机各种工况条件下最理想空间比数值的程序。当发动机运行时,发动机控制模块根据检测到的空气流量信号及各种工况信号,计算出发动机完全燃烧所需要的喷燃油量,并在合适的喷射时刻开启喷油器,向进气道中或汽缸中喷射适量的燃油,并与空气混合供给发动机,如图 4-1 所示。

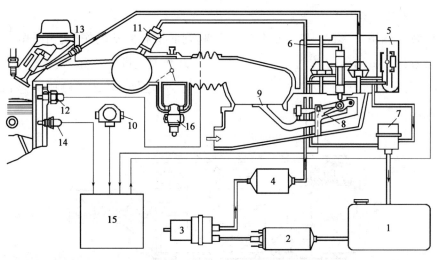

图 4-1 KE 型机械式汽油喷射系统结构示意图

1-燃油箱;2-电动燃油泵;3-蓄压器;4-燃油滤清器;5-电-液压力调节器;6-燃油量分配器;7-燃油压力调节器;8-电位计;9-空气流量计;10-节气门开关;11-冷启动阀;12-温度时间开关;13-喷油器;14-水温传感器;15-控制器(微机);16-补充空气滑阀

二、汽油发动机电子控制燃油喷射系统

(一)汽油发动机电子控制系统的发展

汽油发动机燃油喷射技术早在20世纪30年代就应用在航空活塞式发动机上。由于成本较高,这一技术在汽车上的应用仅限于性能要求很高的赛车上。1950年至1953年高尔夫和福特两家公司在二缸两冲程车用发动机上采用了机械燃油喷射装置。1958年,德国奔驰200SE型汽车上采用机械式进气管喷射系统。汽车用汽油发动机电子控制燃油喷射系统是1953年由美国本迪克斯公司开始试制,1957年公布后引起各大汽车厂商的关注。德国博世公司购得此项专利并于1967年推出了装有D-Jetronic型汽油发动机电子控制燃油喷射系统的德国大众汽车。1973年,博世公司推出L-Jetronic型电控汽油喷射系统。从此,各种电控汽油喷射系统逐步开发出来。

(二)汽油发动机电子控制燃油系统结构

汽油发动机电子控制燃油喷射系统主要由燃油系统、进气系统和控制系统组成。

1. 燃油系统

燃油系统根据计算机的指令,供给喷油器一定压力的燃油,喷油器则根据计算机指令喷油。

(1)电动汽油泵

一般装在油箱中,汽油从电动机内流过,起到润滑和冷却的作用,由于隔绝空气,所以不会着火。供油压力约为0.3MPa;打开点火开关立即开始运转;发动机工作中始终运转;打开点火开关,发动机未着车或熄火时,只运转1s,建立油压后停止运转。电动汽油泵结构如图4-2所示。

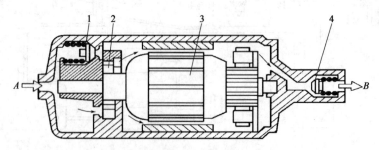

图4-2 滚柱式电动汽油泵结构示意图
1-安全阀;2-滚柱泵;3-驱动电动机;4-单向阀;A-进油口;B-出油口

(2)燃油滤清器

安装在汽油泵后,由尼龙纤维滤网和微孔直径约10μm的纸质滤芯组成。

(3) 燃油导轨

燃油导轨的容积较大,可以防止燃油压力波动。其作用是将燃油均匀、等压地分配给各喷油器。

(4) 油轨压力调节器

安装于燃油导轨的一端,进油口通燃油导轨,出油口回油箱,控制口通进气歧管;内有膜片、膜片弹簧、回油阀门等。

作用:发动机未着车时,在膜片弹簧作用下保持回油阀门控制油压在 0.25 ~ 0.3MPa。发动机工作时,随着进气歧管真空度的变化,随时调整油轨内的油压,使油压与进气歧管之间的相对压力始终保持不变,这样从喷油器喷射出来的油量唯一取决于喷油器的开启时间,便于电脑通过控制喷油器通电时间的长短精确控制喷油量。

(5) 喷油器

一般安装于进气歧管上,靠近进气门处。喷油器由电磁线圈、衔铁针阀、针阀弹簧、进油口及滤网等组成。其喷口形状一般有轴针式、多孔式、锥形导套式等。喷油器阀体上设有 O 形密封圈,起支撑、密封、隔热、防振等多重作用,如图 4-3 所示。

工作情况:当电控单元送来电流信号,电磁线圈通电产生磁力,将衔铁针阀吸起,压缩针阀弹簧,燃油喷出;电流信号切断,针阀弹簧将衔铁针阀压下关闭,停止喷油。一般针阀开启升程约为 0.1mm,针阀开启时间约为 2 ~ 10ms。

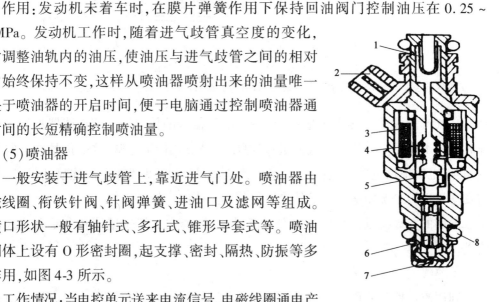

图 4-3 电磁喷油器
1-滤网;2-电接头;3-磁化线圈;4-复位弹簧;5-衔铁;6-针阀;7-轴针;8-密封圈

2. 进气系统

进气系统为发动机提供清洁的空气并控制发动机工作时的进气量。

(1) 进气歧管压力传感器

压力传感器在发动机上主要有两个应用:一是用于气压的检测,包括进气真空度、大气压力、汽缸内的气压等;二是用于油压的检测。

在速度密度型空气流量检测系统中,进气歧管绝对压力传感器用于检测进气歧管内部空气的绝对压力,它是燃油喷射和点火系统的重要传感器之一。电脑根据发动机转速和进气压力信号,并参考进气温度信号,即可计算出发动机的进气量,如图 4-4 所示。

(2) 空气质量流量计

发动机电子控制系统中很重要的一项控制内容就是最佳空燃比控制,为达到最佳空燃比控制的目的,必须对发动机进气空气流量进行测量,这就要用到空气流量

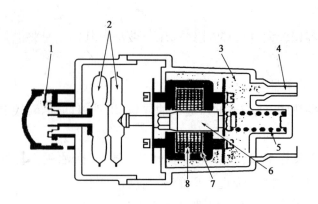

图 4-4 膜盒式进气歧管压力传感器

1-大气压力;2-膜盒;3-进气歧管压力;4-通进气歧管真空接口;5-复位弹簧;6-衔铁;7-接电控单;8-线圈绕组

计。空气流量计是将发动机进气量转变为电压信号的传感器。该传感器将发动机工作时不同工况随时变化的空气流量,以电压信号方式传给电脑,这一信号成为空气流量信号,电脑根据空气流量信号、发动机转速信号等即可计算出最佳喷油量,以获得与发动机运转工况相适应的最佳浓度的可燃气体混合气。

常用的空气流量计有热线式空气流量计、热膜式空气流量计和卡曼涡旋式空气流量计。

① 热线式空气流量

利用流过检测元件空气带走的热量来检测空气流量。热线式空气流量计由感知空气流量的白金热线、根据进气温度进行修正的温度补偿电阻(冷线)、控制热线电流的控制电路及壳体等组成。

② 热膜式空气流量计

热膜式空气流量计的工作原理与热线式空气流量计类似,都是用惠斯登电桥工作的。所不同的是,热膜式空气流量计不使用白金丝作为热线,而是将热线电阻、补偿电阻及桥路电阻用厚膜工艺制作在同一陶瓷基片上构成的,如图4-5所示。

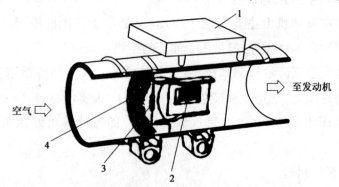

图 4-5 热膜式空气流量计

1-控制电路;2-热膜;3-进气温度传感器;4-金属网

③卡曼涡旋式空气流量

利用卡曼涡旋原理检测流体速度。常见的卡曼涡旋式空气流量计有超声波式卡曼涡旋空气流量传感器和压力光电式卡曼旋涡空气流量传感器。它们都是通过涡旋发生柱产生涡旋,前者利用气流速度和方向对超声波传播的影响检测涡旋的出现频率;后者利用涡旋产生的压力变化,通过压力感应薄膜的摆动带动反光镜,将发光二极管的光线反射到光敏三极管上,检测涡旋的出现频率,如图4-6所示。

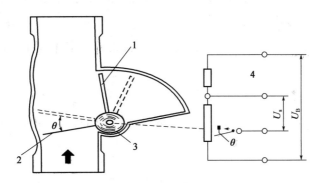

图4-6 动片式空气流量传感器
1-阻尼片;2-动片;3-复位弹簧;4-电位

(3)节气门位置传感器

节气门位置传感器装在气门体上,跟随气门轴同步转动,主要用来检测节气门的开度和节气门开闭的速率,并将其转变为电信号送到发动机控制模块,作为控制喷油量、点火正时、怠速运转和排放的一个比较重要的参考信号。

根据其输出的信号特点,节气门位置传感器有线性输出和开关量输出两种形式。

①安装位置

一般汽油机安装在节气门上,称为节气门位置传感器;柴油机安装在加速踏板上称为加速踏板位置传感器。

②原理与作用

怠速触点——闭合时电脑感知怠速状态;

满负荷触点——闭合时电脑感知满负荷状态;

线性变化区域——随着转角的变化输出相应的电压信号,电脑感知节气门的开度,以控制相应的喷油量。

(4)进气温度传感器

由于进气温度的变化,会引起空气密度的变化,因而在计算喷油量时应根据进气温度进行修正。金属热电阻、半导体热敏电阻和热电偶。

①金属热电阻

金属的阻值一般都是正温度系数,呈线性变化。常见的热电阻材料一般有铂(Pt)、镍(Ni)等。一般可将金属丝张挂在进气通道中,缠绕在陶瓷骨架上或烧制在基片上形成膜片温度传感器。铂（Pt）金属热电阻适用于精密温度测试，镍（Ni）金属热电阻适用于制作低温温度传感器，如进气温度和水温等。

②半导体热敏电阻

用陶瓷半导体材料制成，其温度系数很高，电阻与温度呈指数关系。热敏电阻又可分为正温度系数（PTC）型、负温度系数（NTC）型和临界温度（CTR）型，常用的为负温度系数（NTC）型。与金属热电阻相比，热敏电阻的温度系数即阻值随温度的变化量要高10多倍，并且其温度系数不是常量。汽车上用的测量温度在300℃以下的低温热敏电阻主要用于测量水温、进气温度等，高温热敏电阻主要用于测量汽车尾气的温度。

③热电偶

热电偶是将两种不同的金属连接在一起，当A、B两点温度不同时，A、B之间会产生电位差，通过测量电位差就可以测量温度差。

3. 控制系统

控制系统的核心任务是定量控制燃油喷射和点火时刻。

（1）曲轴位置、凸轮轴位置传感器

在电控喷射系统中，相对于发动机每一个工作循环吸入的空气量，都可以得到由发动机控制模块控制的符合最佳空燃比的喷油量，而空气流量传感器检测的是单位时间的空气流量，为确定上述每次循环符合最佳空燃比的喷油量，应求得每个工作循环吸入的空气量，即在已知单位时间空气流量的基础上，应检测发动机的转速。

曲轴位置传感器是发动机控制系统中最重要的传感器之一，是确认曲轴转角位置和发动机转速不可缺少的信号之一。发动机控制模块用此信号控制燃油喷射量、喷油正时、点火时刻、点火线圈、充电闭合角、怠速转速和电动油泵等的运行。

①电磁感应式传感器

由永久磁铁、线圈、衔铁和齿盘等组成。齿盘在旋转时磁隙大小发生变化，线圈周围的磁场强度发生变化，在线圈中感生出近似正弦波的电压信号，如图4-7所示。

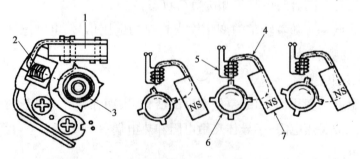

图4-7　磁脉冲式传感器

1-永久磁铁；2、5-耦合线圈；3-转子；4-托架；6-信号转子；7-磁芯

②霍尔效应式传感器。

由霍尔元件、永久磁铁、磁力线遮挡盘等组成。当遮挡盘遮住霍尔元件时,切断了磁力线对霍尔元件的作用,霍尔元件产生的电压为低电位。当遮挡盘窗口对着霍尔元件时,永久磁铁的磁场作用在霍尔元件上,霍尔元件产生的电压为高电位,通过检测集成电路放大的脉冲信号频率,就可以确定转速。

③光电效应式传感器。

由光源、遮光盘和光敏元件三部分组成。一般光源可用砷化镓发光二极管;光敏元件一般为光敏三极管。光敏元件结构简单,寿命长,控制精度高。只要有10%的光照,就可以达到饱和导通,实现光电转换。与电磁式相比,有明显的优势,其输出为方波,清晰、明快,不受转速和电磁波的影响。其缺点是必须保持发光二极管和光敏三极管的清洁,否则,影响光电传感器的工作精度。

(2)氧传感器

检测发动机尾气排放中氧的含量,反馈给电脑,是发动机排放治理闭环控制的主要信号,如图4-8所示。

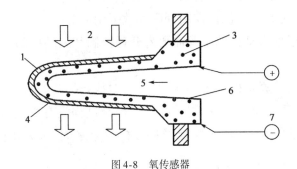

图4-8 氧传感器

1-陶瓷层;2-尾气;3-固体电解质;4、6-铂电极;5-空气;7-传感器的电动势

①基本结构与原理。

由内外表面均涂覆有薄薄一层铂的二氧化锆管、起电极作用的衬套和起保护作用的多孔外罩组成。二氧化锆管内层通大气,外层处于汽车尾气之中;当内外层气体中氧含量差距较大时,氧离子通过二氧化锆管从内层向外层扩散,二氧化锆管内外层之间产生正向电位差约0.9V,当内外层气体中氧含量差距较小时,氧离子停止扩散,二氧化锆管内外层产生正向电位差趋向为0V;电脑根据氧传感器的信号不断调整燃料供给量,使空燃比始终处于理论空燃比附近上下波动。

②二氧化锆氧传感器的工作温度。

二氧化锆氧传感器的工作温度一般是350~850℃。在有些远离发动机位置安装的氧传感器需要增加加热元件,形成加热式氧传感器。

(3)电子控制单元

电子控制单元功能如下:

接收传感器或其他装置输入的信息,给传感器提供参考电压;将输入的信息转变为微机所能接受的信号,存储、计算、分析处理信息;计算出输出值所用的程序;存储该车型的特点参数;存储运算中的数据;存储故障信息,根据信息参数求出执行命令值;将输出的信息与标准值对比,查出故障,把弱信号变为强的执行命令;输出故障信息;自我修正功能,如图4-9所示。

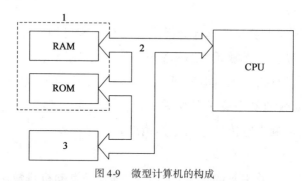

图4-9 微型计算机的构成

1-存储器;2-信息传送通道(总线);3-输入/输出装置

①电子控制单元的硬件主要包括输入回路、微机和输出回路。
②电子控制单元的软件包括控制程序和数据两部分。
③工作原理:根据发动机的工况需要有开环控制和闭环控制。

a. 开环控制。

发动机工作时,计算机根据传感器的信号,对执行器进行控制。而控制的结果是否达到预期目标无法作出分析,控制的结果对控制过程没有影响,这种控制方式称为开环控制。开环控制的特点是在控制器和被控对象之间,只有正向控制作用而没有反馈控制作用。

开环控制系统调整空燃比和点火提前角的准确程度受到发动机技术状况和控制程序及数据的限制。另外,开环控制系统无法将影响空燃比和点火提前角的其他控制参数——兼顾,因此很难达到理想的精确控制。

b. 闭环控制。

闭环控制实质上就是反馈控制。在开环控制基础上控制系统根据实际检测到的开环控制的反馈信号来决定增减输出控制量的大小,闭环控制的特点是在控制器和被控制对象之间不仅存在着正向作用,而且存在着反馈作用。

(4)空调使用与发电机负荷

空调使用时压缩机工作时,用电设备负荷加大时发电机负荷加大,都会造成发动机负荷加大、转速降低,因此必须给电脑发出信号,自动提高发动机进气量。

第二节 底盘电子控制系统

近年来,随着电子工业的发展,电子技术在汽车上的应用越来越多,车用电子装置的新产品不断涌现。特别是大规模集成电路及微型处理器的应用,大大推动了汽车工业的发展,同时也给汽车的控制装置带来了巨大的变革。当前,电子技术在解决汽车所面临的油耗、安全、排放等方面起着重要作用。

由于汽车运行时,发动机和传动机构的工作过程相当复杂,因此要对其进行适时控制。传统的机械机构已力不从心,而微型处理器在这方面却能大显身手。

一、自动变速器电子控制系统

汽车变速器是一套用来协调发动机转速和车轮的实际行驶速度的变速装置。它可以在汽车行驶过程中,在发动机和车轮之间不同的速度下,通过换挡使发动机实现最佳的动力性能状态。自动变速器是指汽车行驶过程中离合器和变速器操作都实现了自动化,即可以实现自动换挡的变速器。

(一) 自动变速器的发展历程

汽车自动变速器的研究和应用可以追溯到20世纪30年代。1939年美国通用汽车公司首先在其生产的奥兹莫比尔(Oldsmobile)轿车上装用了行星齿轮组成的液力变速器,可谓现代自动变速器的雏形。20世纪40年代末、50年代初,根据车速和节气门开度自动控制换挡的液力控制换挡自动变速器出现,自动变速器进入迅速发展时期。

20世纪70年代中期,电子控制技术开始应用于汽车变速器。日本丰田汽车公司首先研制成功了世界上第一台电子控制变速装置,并在1976年实现了批量生产。

自1981年起,美国、日本等国家的一些汽车公司相继开发出各种微型计算机控制的自动变速系统,如电子控制液力变矩式自动变速器、电子控制多级齿轮变速器等。

1. 自动变速器概述

电控自动变速器可实现与发动机最佳匹配,并可获得最佳的经济性、动力性、安全性,达到降低发动机排气污染的目的。因此,电子控制变速器广泛用于轿车、客车、大型公共汽车、越野车及重型牵引车上,且装车率迅速提高。尤其美、日、德等国生产的轿车上,采用电子控制器的比例越来越高。近年来,随着我国轿车工业的快速发展,各轿车制造企业都推出了装有自动变速器的车型。可以断言,国产轿车普遍装用自动变速器的时代已经到来。

自动变速器的发展经历了三个阶段,即液力自动变速器阶段、电控液力自动变速器阶段和智能自动变速器阶段。

2. 自动变速器的优点

与传统的机械式手动变速器相比,自动变速器具有如下优点:

(1)汽车起步平稳,能吸收、衰减振动与冲击,提高乘坐的舒适性。

(2)自动适应行驶阻力和发动机工况的变化,实现自动换挡,有利于提高汽车的动力性和平均车速。

(3)液力变矩器使传动系的动载荷减小,延长了汽车的使用寿命。

(4)驾驶操纵简单,实现换挡自动化,有利于行车安全。

(5)能以较低的车速稳定行驶,提高车辆在坏路上的通过性。

(二)电控液力自动变速器

电控液力自动变速器是目前市场上应用最为广泛的自动变速器。它通过传感器和开关监测汽车和发动机的运转状态,接受驾驶员的指令,并将所获得的信息转变成电信号,输入到电控单元,电控单元根据这些信号,通过电磁阀控制液压控制装置的换挡阀,打开或关闭通过换挡离合器和制动器的油路,从而控制换挡时刻和挡位的变换,实现自动变速。

1.电控液力自动变速器的组成

电控液力自动变速器由液力变矩器、行星齿轮系统、液压控制系统、电子控制装置组成,如图4-10所示。

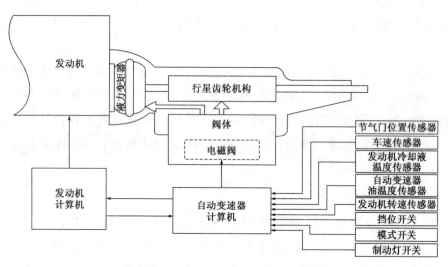

图4-10 电子控制自动变速器控制过程原理图

(1)液力变矩器

液力变矩器的作用相当于离合器,与传统离合器不同的是,它处于结合状态。同时增大发动机的输出扭矩。

①液力变矩器的组成

液力变矩器主要由泵轮、导轮、涡轮、单向锁止离合器等组成,如图4-11所示。

泵轮:是液力变阻器的输入元件,它与变速器壳体刚性连接,变速器壳体总成用螺栓固定于发动机,壳体随发动机曲轴一起旋转,将发动机的机械能转变为自动变速器的动能。

导轮：导轮位于涡轮和泵轮之间，是液力变阻器的反应原件，通过改变自动变速器液压油的流动方向，从而达到增加扭矩的目的。

涡轮：是液力变阻器的输出元件，它通过花键孔与行星齿轮系统的输入轴相连，涡轮位于泵轮前方。泵轮叶片将自动变速器液压油的功能转变为涡轮轴上的机械能。

单向锁止离合器：由于液力传动不可避免地会带来能量损失，因此，在车速较高时随着涡轮转速与泵轮转速接近，变矩器通过电磁阀控制油压将锁止离合器与壳体直接结合，使泵轮与泵轮刚性连接，实现直接机械传动，从而提高传动效率。

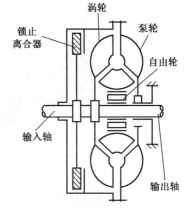

图 4-11　液力变矩器

工作原理：当油压存在时，活塞右移压紧从动盘，即锁上离合器接合，于是泵轮涡轮接合成一体旋转，变矩器不起作用。当油压撤除时两者分离，变矩器恢复正常工作。

②变矩原理

当涡轮转速较低，与泵轮转速差较大时，从涡轮流出的液流冲击导轮叶片，力图使导轮顺时针方向旋转。由于柱楔紧在道端，导轮便同自由轮外座圈一起被紧在内座圈上而固定不动，此时起增大转矩作用；当涡轮升高到一定程度，液流对导轮冲击反向，于是导轮自由地相对于内座圈涡轮同向转动，这时，变矩器就转入耦合器的工况，这样的变矩器称为综合式变矩器。这种综合式变矩器在高传动比时有较高的效率。

(2) 行星齿轮系统

液力变矩器虽能传递和增大发动机转矩，但变矩比不大，变速范围不宽，远不能满足汽车使用工况的需要。为进一步增大扭矩，扩大其变速范围，提高汽车的适应能力，在液力变矩器后面又装了一个辅助变速器——有级式齿轮变速器。该齿轮变速器多数是用行星齿轮变速的。

行星齿轮变速器是由行星齿轮机构及离合器、制动器和单向离合器等执行元件组成的。行星齿轮机构通常由多个行星排组成，行星排的多少与挡数的多少有关，其基本结构和工作原理，可用最简单的单排行星齿轮机构说明，如图 4-12 所示。

单排行星齿轮机构的三个基本元件是太阳齿轮、齿圈、行星齿轮及行星齿轮架，如图 4-12 所示。

①行星齿轮机构

太阳齿轮位于中心位置，几个行星齿轮借助于滚针轴承和行星齿轮轴安装在行星齿轮架上,这些行星齿轮与太阳齿轮相啮合,一般均匀布置在太阳齿轮周围。外面是同行星齿轮相啮合的齿圈。

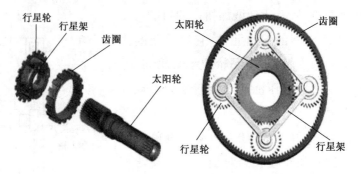

图4-12 行星齿轮机构

行星齿轮机构的作用是通过改变传动比适应扭矩和旋转速度的变化,提高汽车动力。按结构分为辛普森式和拉维纳式两种。

②离合器

换挡离合器为湿式多片离合器,当液压使活塞把主动片和从动片压紧时,离合器接合;当工作液从活塞缸排出时,复位弹簧使活塞后退,使离合器分离。

将行星齿轮机构中某一元件与输入部分相连,可使该元件成为主动元件。

离合器的作用是将行星齿轮机构中任意二元件连锁为一体,使三个元件具有相同的转速。这时行星齿轮机构作为一个刚性整体,实现直接传动,如图4-13所示。

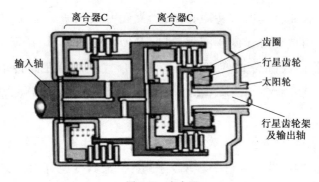

图4-13 离合器

③制动器

换挡制动器通常有两种形式:一种是湿式多片制动器,其结构与湿式多片离合器基本相同,不同之处是制动器用于连接转动件和变速器壳体,使转动件不能转动。换挡制动器的另一种形式是外束式带式制动器。

制动器是将行星齿轮机构中某一元件与变速器壳体相连,使该元件受约束而固定,制动器有盘式制动器和带式制动器两种,盘式制动器结构和工作原理与离合器完全相同,只不过在作用上有所不同。盘式制动器连接运动元件与变速器壳体,而离合器连接的是两个运动元件,如图4-14所示。

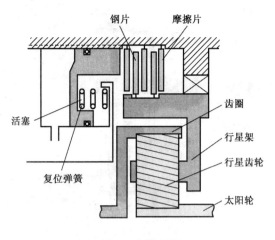

图 4-14 制动器

(3)液压控制系统

液压控制系统由油泵、主调压阀、副调压阀、速控阀和换挡阀等组成。

自动变速器能够实现自动换挡的原因是变速器根据加踏踏板的位置、发动机进气歧管的真空度和汽车行驶的速度来自行分析是否需要换挡。自动换挡系统中各控制阀不同的工作状态能够控制变速齿轮机构中离合器的分离与结合,制动器的制动和释放,改变变速齿轮机构的动力传递路线,实现变速器自动换挡。

①油泵

油泵是为自动变速器中的变矩器、换挡执行机构、液压控制阀等提供其所需的一定压力和流量的液压油。

常见的油泵有转子式油泵、齿轮泵和叶片泵三种,如图 4-15 所示。

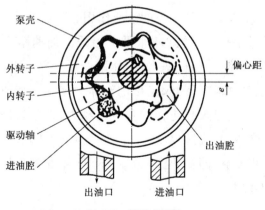

图 4-15 转子式油泵

②主调压阀

主调压阀的作用是根据换挡手柄的挡位、汽车行驶的速度和节气门开度的变化,自动调节流向自动变速器液压系统的油压力(管路油压力),使其与发动机功率相符,防止液压油泵功率损失,如图 4-16 所示。

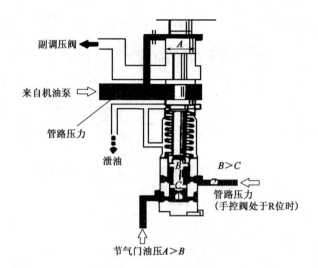

图 4-16　主调压阀的结构

来自油泵产生的压力,进入主调压阀后,使柱塞产生向下的作用力,克服弹簧力,打开出油口泄油。当向下的作用力与弹簧力平衡时,导致管路中油压一定,同时输出的一定油压力给副调压阀。管路中油压有时会有波动,如发动机转速升高,油泵转速增加,向下作用力增大,阀体下移,出油口泄油量增大,保持油管中的压力不变。

③节气门阀

节气门阀受节气门控制,随节气门开度大小(即发动机负荷大小)而改变其输出油压力的液压阀,输出的油压高低即为自动换挡的一个信号。根据输入方式的不同,节气门阀分为机械式和真空式两种。

来自液压泵的压力油由节气门阀的进油口进入,须经阀口节流后,方能从出油口接至换挡阀。另外节气门阀上还有两个控制油口,分别与来自断流阀的油压及出油口油压相通,使阀体在 A、B 处受到向下的液压作用力。当发动机怠速运行时,阀上进油口处的节流口开度很小,输出的油压很低。当踩下加速踏板时,节气门缆绳被拉动,凸轮顺时针转动,将强制低挡柱塞上推,压缩调压弹簧。调压弹簧则推动节气门阀体向上,使节流口开大,从节气门阀输出的油压力增高。加速踏板越往下踩,即发动机节气门开度越大,节气门阀凸轮转动角度也越大,强制低挡柱塞上移越多,节气门阀体向上移动也就越多,节流口也就越大,使得节气门阀输出的油压力越高,从而使发动机节气门的开度大小(即发动机负荷大小)与自动变速器节气门阀输出的油压有了对应关系,如图 4-17 所示。

④离心调速阀

离心调速阀有时也被称作离心调速器,或速控阀,其作用是为自动变速器换挡阀提供一个随车速大小而变化的控制油压。因其基本原理是利用轴旋转时重块所产生的离心力来控制滑阀阀芯的位置,故称为离心调速阀。常见的离心调速阀也有两种:普通复合式双级调速阀和中间传动复合式双级调速阀。

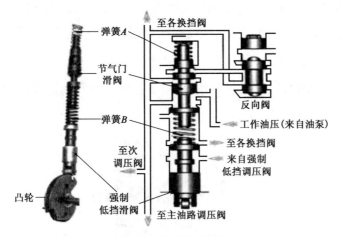

图 4-17　节气门阀的结构

⑤手动阀

手动阀是安装于控制系统阀板总成中的多路换向阀,由驾驶室内的自动变速器操纵手柄控制。自动变速器操纵手柄的位置与自动变速器的工作方式有关,与挡位数并不对应。

手动阀还提供倒挡(R)、空挡(N)、停车挡(P)等功能。

手动阀的结构:在阀体上有多条油道,一条进油道与液压泵主油路相连,其余为出油道,分别通至"D""2""L""P"和"R"挡位相应的滑阀或直接通往换挡执行元件,如图 4-18 所示。

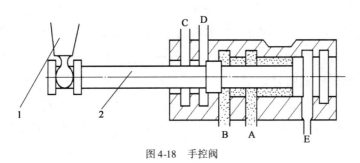

图 4-18　手控阀

1-手控连杆机构;2-滑阀;A-油泵压力油入口;B-通往主油路调压阀;C、D、E-通往操纵油路

(4) 电子控制装置

电脑接收来自车速、加速踏板、加速度及换挡选择机构所传来的信号,进行比较和处理,并按预定的规律选择挡位和换挡时刻,及时发出相应的换挡指令至换挡执行机构。

电脑具有控制换挡时刻、控制超速行驶、控制闭锁离合器、控制换挡品质、故障诊断与失效保护等功能。

(三) 无级自动变速器

1. 电控机械式无级变速器的特点

(1) 各种工作状态保持最佳的传动比。

（2）全程无级变速驱动力与车速平滑过渡。

（3）它使汽车动力性、经济性和操纵性能显著提高。

2. 金属带式无级变速器（VDT-CVT）组成和工作原理

金属带式无级变速器由金属带，主、从动工作轮，液压泵，起步离合器和控制系统等组成（图4-19）。

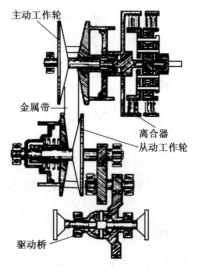

图4-19　金属带式无级变速器

金属带式无级变速器的动力传递路线是发动机发出的动力经飞轮、离合器、主动工作轮、金属带、从动工作轮后，传给中间减速器，再经主减速器与差速器，最后传给驱动车轮。该变速传动系统中的主、从动工作轮是由固定部分和可动部分组成的。工作轮的固定部分和可动部分之间形成V形槽。金属带在槽内与工作轮相啮合。当工作轮的可动部分作轴向移动时，即可改变金属带与主、从动工作轮的工作半径，从而改变金属带传动的传动比。主、从动工作轮的可动部分的轴向移动是根据汽车的行驶工况，通过液压控制系统进行连续地调节，从而实现无级变速传动的。

二、制动防抱死系统

制动防抱死制动系统（Anti-Lock Brake System，ABS）是汽车上的一种主动安全装置，其作用是在汽车制动时，自动调节制动力的大小，避免车轮完全抱死在路面上产生滑移，使车轮处于边滚动边滑动的状态，以保证车轮与路面间有最好的附着状态，从而缩短制动距离，提高汽车制动过程中的方向稳定性及转向操纵能力，使汽车制动更为安全有效。

（一）防抱死制动系统基本理论

一般来说，防抱死制动系统由普通制动系统和制动力调节系统两部分组成。前者是由制动主缸、制动轮缸和制动管路等构成的普通制动系统,用来实现汽车的常规制动,而后者是由传感器、电子控制单元、制动压力调节器等组成的压力调节系统,在制动过程中用来确保车轮始终不抱死,使车轮的滑移率处于合理的范围内。

1. 汽车制动性能

汽车在行驶过程中,强制减速以至停车且维持行驶方向稳定性的能力,称为汽车的制动性。

评价汽车制动性能的指标主要有制动效能和制动时的方向稳定性。

(1) 制动效能

汽车在行驶中,强制减速以至停车的能力称为制动效能。制动效能包括制动距离、制动时间和制动减速度。

(2) 制动时的方向稳定性

汽车在制动时仍能按指定方向的轨迹行驶,即不发生跑偏、侧滑,以及失去转向能力,称为制动时的方向稳定性,如图 4-20 所示。

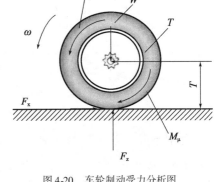

图 4-20 车轮制动受力分析图

V-车速;ω-车轮旋转角速度;M_j-惯性力矩;M_μ-制动阻力矩;W-车轮法向载荷;F_z-地面法向反力;T-车轴对车轮的推力;F_x-地面制动力

2. 制动时车轮受力分析

制动时车轮受力分析如图 4-20 所示。

3. 地面制动力(F_μ)

(1) 附着力:

附着力是指地面对轮胎切向反作用力的极限值。

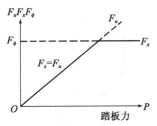

图 4-21 地面制动力、车轮制动力与附着力的关系

附着力取决于轮胎与路面之间的摩擦作用及路面的抗剪强度,如图 4-21 所示。

汽车在制动过程中,车轮的运动可以划分为三个阶段,即纯滚动、边滚边滑和完全拖滑。

(2) 滑移率:制动防抱死系统用滑移率来表示车轮在制动过程中滑移成分在车轮纵向运动中所占的比例,用 S_B 表示。其定义表达式为

$$S_B = \frac{V - r\omega}{v} \times 100\%$$

式中:S_B——车轮的滑移率,%;
  r——车轮的自由滚动半径,m;
  ω——车轮的转动角速度,rad/s;

v——车速，m/s。

滑移率与附着系数的关系如图 4-22 所示。

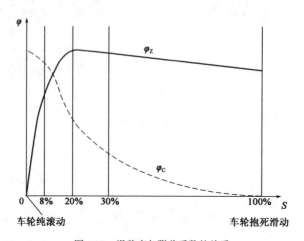

图 4-22　滑移率与附着系数的关系

$S<20\%$ 为制动稳定区域；$S>20\%$ 为制动非稳定区域

将车轮滑移率 S 控制在 20% 左右，便可获取最大的纵向附着系数和较大的横向附着系数，这是最理想的控制效果。

（二）制动防抱死系统的组成与工作原理

ABS 是在传统制动基础上，又增设了车轮轮速传感器、电子控制单元（ECU）、制动压力调节器、ABS 警告灯等装置，如图 4-23 所示。

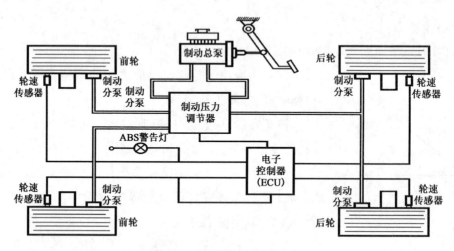

图 4-23　制动防抱死系统的组成

制动防抱死系统根据车速和车速传感器的信号计算车轮的滑移率，作为控制制动力的依据。S 高于设定值，ECU 就会输出减小制动力信号，并通过制动压力调节器减小制动压力；S 低于设定值时，ECU 就会输出增大制动力信号，并通过制动压力调节器增大制动压力，控制滑移率在设定的范围内。ECU 根据车轮的车速传感器信号计算车轮的角加速度作为控制制动力的依据。ECU中应设置合理的角加速度、角减速度门限值。制动时,当车轮角减速度达到门限值时,ECU输出减小制动力信号;当车轮转速升高至角加速度门限值,ECU输出增加制动力信号。

(三) 制动防抱死系统部件

1. 转速传感器

转速传感器用于检测车轮的转速,并将转速信号输入电脑(ECU)。转速传感器一般安装在车轮处,但也有些安装在主减速器或变速器中,车轮转速传感器有电磁式和霍尔效应式两种类型。

齿圈随车轮转动时,轮齿与传感头之间的空气隙发生变化,使磁电传感器中磁路的磁通发生变化,从而切割线圈产生交流电,交流电的频率随齿圈转速的快慢而变化。根据交流电的频率,ECU就能计算出车轮的转速,如图4-24所示。

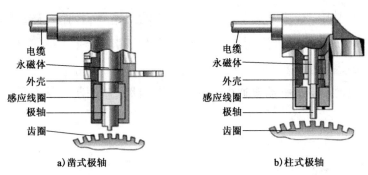

图 4-24　电磁式转速传感器

2. 电控单元

电控单元主要用于接收转速传感器及其他传感器输入的信号,进行放大、计算、比较,按照内部控制程序的控制方式进行逻辑分析,判断后输出控制指令,控制制动压力调节器,进行制动压力调节,控制单元除接收信号逻辑分析、输出指令信号外,还有具备安全保护功能。

3. 压力调节器

制动防抱死系统压力调节器工作时可分为增压、保压和减压三个过程,如图4-25所示。

(1) 增压过程

踏下制动踏板,由于电磁阀的进液阀开启,回液阀关闭,各电磁阀将制动总泵与各制动分泵之间的通路接通,制动总泵中的制动液将通过各电磁阀的进出液口进入各制动分泵,各制动分泵的制动液压力将随着制动总泵输出制动液压力的升高而升高。

(2) 保压过程

当某车轮制动中,滑移率接近于20%时,ECU输出指令,控制电磁阀线圈通过较小电流(约2A),使电磁阀的进液阀关闭(回液阀仍关闭),保证该控制通道中的制动分泵制动压力保持不变。

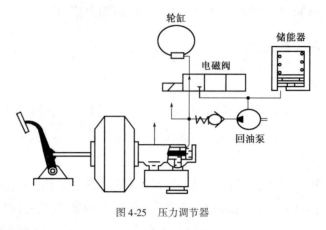

图 4-25　压力调节器

(3)减压过程

当某车轮制动中,滑移率大于 20% 时,ECU 输出指令,控制电磁阀线圈通过较大电流(约5A),使电磁阀的进液阀关闭,回液阀开启,制动分泵中的制动液将通过回液阀流入储液器,使制动压力减小。

与此同时,ECU 控制电动泵通电运转,将流入储液器的制动液泵回到制动总泵出液口。

三、电涡流缓速器

缓速器作为一种汽车辅助制动装置在国外已有几十年的应用历史,而国内则是在近些年才开始逐步推广和普及。缓速器的应用,极大地改善了车辆的制动性能,延长了车轮制动器的使用寿命,降低了车辆的使用成本;降低了轮毂温度,避免了制动过热和爆胎,大大提高了车辆的安全性能;减少了制动粉尘,缓解了车辆制动噪声,具有良好的环保效应。前面已介绍了集成在自动变速器中的液力缓速器。这里介绍缓速器的另一种应用形式——电涡流缓速器。电涡流缓速器具有低速、大转矩、维护简单、可靠性高等特点。

(一)结构和原理

1. 结构

电涡流缓速器由定子、转子、控制器、气压开关、速度传感器、手拨开关、电源总开关和缓速器指示灯等组成。

(1)定子:内置多组线圈,是缓速器的主要工作部件。通过固定支架与车辆底盘连接。

（2）转子：由对称的前、后转盘组成，中间通过法兰或连接环将其固定为一体，与传动轴一起旋转。

（3）控制器：缓速器的控制核心，采用无触点的大功率晶体管控制。

（4）气压开关：与气阀座一同安装在车架上，通过三通、气管与前制动气路相连，是采用制动踏板操纵缓速器工作时的控制开关。

（5）速度传感器：速度传感器通过固定支架安装在定子上，在转盘旋转过程中产生脉冲信号，并将信号传输至控制器，由此得到车辆行驶的速度信号。

（6）手拨开关：安装在驾驶室内，驾驶员通过选择合适的挡位来实现车辆的制动。

（7）电源总开关：一般安装在电气舱内，接在蓄电池正极和缓速器控制器之间，供车辆检修时使用。

（8）缓速器指示灯：安装在仪表盘上，向驾驶员显示缓速器的工作情况，并提供缓速器故障的诊断信息。

2. 工作原理

电涡流缓速器的基本原理是通过定子和转子之间的磁场作用达到车辆减速的目的。其中定子固定在车辆底盘上，转子通过凸缘连接和传动轴一起运转，转子和定子之间有很小的气隙。定子中的多组线圈通电后产生很大的力矩，作用在旋转的转盘上，从而使车辆减速，如图4-26所示。

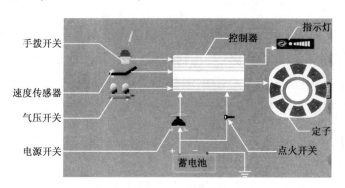

图4-26　控制原理图

（二）缓速器的使用

1. 操作步骤

打开点火开关，红色的电源指示灯亮起，表示缓速器供电正常。

汽车达到一定车速（约5km/h），准备工作指示灯亮起，表示缓速器进入工作待命状态，可以控制缓速器工作。踩下制动踏板，或打开手拨开关，缓速器开始制动，车辆速度明显降低。根据踏下踏板的不同角度，以及手拨开关挡位的选择，缓速器以不同制动强度进行工作，工作指示灯依次变亮。当车速降低到5km/h以下时，准备工作灯熄灭，缓速器停止工作。此时，切记要把手拨开关回到零位。

2.缓速器使用注意事项

一般情况下尽可能使用手控方式,可以大大减轻车轮制动器负荷,避免制动器磨损过快或者温度过高,使其始终处于良好的工作状态。这样当行驶中遇到紧急情况时,能保持其良好的安全性能。因为缓速器的工作时间要先于常规制动系统。在使用脚制动方式控制缓速器时,注意尽量轻踩制动踏板。除非必要,应避免紧急制动,从而最大限度地发挥缓速器的效能。对于有预见性的制动,如到站、高速公路上进收费站等,要提前使用缓速器使车辆减速,最后用车轮制动器使车辆停住,从而有效地降低制动蹄片磨损速度。车辆空载或行驶在冰雪、泥泞的路段时,由于车轮与地面间的附着力较差,在使用手拨开关时不能换挡太快,以免因缓速器作用力过大引起后轮打滑。在这种情况下还应当确认缓速器与 ABS 是否正确连接。当车辆在山区行驶,特别是在长距离下坡时,切记不能连续将缓速器手拨开关放在最高挡位上,以避免缓速器持续过热导致线圈烧坏。如果缓速器连续使用了一段时间,这时不要马上将车停下,避免其散热不良。

四、动力转向系统

(一)大型客车对转向系统的要求

大型客车转向阻力矩较大,一般对转向桥轴荷大于 4t 的车辆,要求设置动力转向装置,从而减少驾驶员转向操作强度,达到转向灵活、轻便的目的。动力转向系统是在驾驶员的控制下,借助于汽车自身的液压动力或电动机驱动力来实现车轮转向。动力转向系统根据动力源不同分为液压动力转向系统和电动动力转向系统,大客车多采用液压动力转向系统。对动力转向系统有以下要求。

1.确保转向安全可靠

必须保证转向系统工作可靠,以确保汽车行驶安全。当动力转向装置突然失效时(如转向助力泵故障或发动机突然熄火),转向系统必须在较大的操纵力矩下仍能进行操控,从而保证汽车安全可靠地行驶。为实现这一目的,一般来说,对于前轴负荷不超过 12t 的客车,可不附加任何装置,仅在动力系统的高、低压回路之间加装一个充油阀。一旦动力转向失效,充油阀在背压作用下将高、低压回路联通,从而确保转向仍能依靠人工实现。

2.转向灵敏,操纵轻便

转向灵敏就是操纵灵活,操纵轻便就是省力。大型客车正常行驶时,一般要求转向盘上的操纵力为 5~20N,最大不超过 50N。对于常流式液压动力转向系统来说,转向操纵力的大小取决于转向阻力和液压助力系统的泵压,转向灵敏度取决于转向盘自由行程和助力泵排量。泵排量低,会在快速转向时出现助力滞后现象,泵排量过大,转向助力过于灵敏,会产生方向"发飘"的感觉。为了限定助力系统的最高压力,一般在液压助力系统内设置安全阀。为确保在低速时方向灵敏、高速时又不致产生过分灵敏,动力转向系统设有流量控制装置(流量控制阀)。

3. 保持正常直线行驶和转向自动回正

汽车在平直路面直线行驶时,如果不附加转向操纵力矩,汽车应能自动地保持直线行驶状态。当汽车转向结束,将施加在转向盘上的转向力矩释放之后,转向轮应能自动回正。汽车的这一特性是由前轮定位各参数所决定的(主要是转向节主销内倾和主销后倾),动力转向系统不应破坏上述特性。事实上,由于助力介质阻尼作用,动力转向系统的车轮自动回正作用要稍差些。

4. 保持路感

路面阻力的变化以及转向阻力通过转向机构反映给驾驶员的感觉称为"路感"。一般机械式转向系统可将道路情况和转向阻力变化情况直接反映给驾驶员,也就是说,机械式转向机构"路感"较强。这样可以使驾驶员根据情况控制车速,达到行驶平稳的目的。动力转向系统由于有了转向助力,如不附加某些装置,"路感"就会较差。因此,在动力转向系统中必须加装"路感"装置。

5. 随动作用

任何助力系统都应是只起助力作用,而不改变原有机构的任何特性,动力转向系统也不例外。即助力作用的大小和方向完全按比例跟随转向盘转向操作力的大小和方向,一旦转向操作停止,助力作用就随之停止,这种特性称之为随动性。

(二)动力转向系统的工作原理

大型客车一般采用整体式液压助力动力转向系统。所谓整体式动力转向系统,是指液压助力系统的控制机构及执行机构(液压助力缸)与转向器组合为一个整体。也就是说,实现转向的机械部分和液压助力部分设置在一个机构内。因此,这种动力转向系统的外部机构十分简单,结构紧凑,管路较短,易于布置。但转向器的结构却非常复杂,拆装困难,对转向器的密封要求高。整体式动力转向器用于轿车、客车和前桥对地面负荷 15t 以下的货车,如图 4-27 所示。整体式动力转向系统由转向机械部分与液压助力两部分组成。当驾驶员操作转向盘时,通过万向节控制转向器,从而使转向垂臂摆动,通过横、直拉杆控制转向节,实现前轮转向,这是转向系统的机械部分。动力转向泵、储油罐以及转向器内部的控制阀、齿形活塞组成了转向的液压助力系统。

1. 动力转向泵

动力转向泵由发动机驱动,向动力转向系统提供高压油液,一般压力为 6~10MPa 或更高,有的可达 18MPa。其结构形式有齿轮泵、叶片泵、转子泵、滚子泵,大型客车常用转子叶片动力转向泵。转子叶片泵主要由泵壳、叶片、转子及转子外圈组成。为了确保转子油泵的输出排量基本稳定(不随转速变化而变化),以及限定输出压力的最大值,在泵的输出端还安装有流量控制阀和安全阀,如图4-28所示。

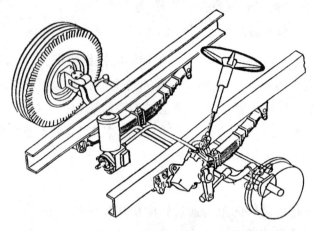

图4-27 液压助力转向系统

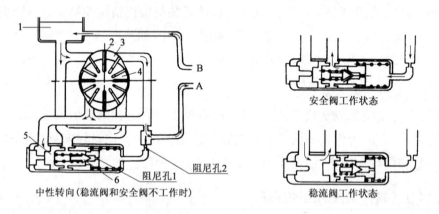

图4-28 叶片式转向泵
1-储油罐;2-叶片;3-定子;4-转子;5-流量控制阀;6-安全阀;A-进入转向器;B-回储油罐

2. 整体式动力转向器

当汽车左转向时,来自转向盘上的扭转力矩使输入轴左旋,通过扭杆带动螺杆左旋,经循环球的作用使齿条活塞产生向右轴向运动趋势。由于地面阻力的作用,迫使扭杆产生扭曲弹性变形,使输入轴与阀套产生相对位置变化,控制阀起作用,输入轴上的油槽将齿条活塞的左腔室与进油口接通、右腔室与出油口接通,高压油进入油缸左腔与机械力共同推动齿条活塞右移,带动扇形齿轮使摇臂轴转动,经横、直拉杆使前轮左转向。汽车右转向时与左转向同样的道理,控制阀把高压油与右腔室接通进行助力。此外,液压动力转向器还有限位卸荷和减缓地面冲击负荷的作用,如图4-29、图4-30所示。

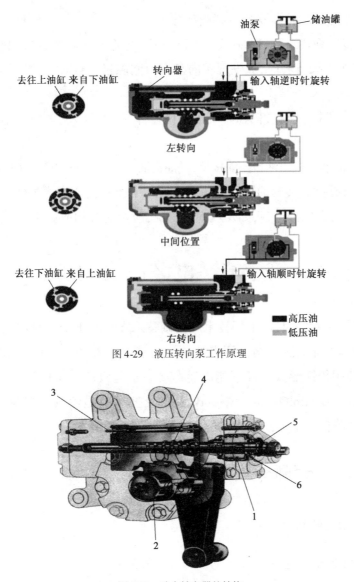

图4-29 液压转向泵工作原理

图4-30 动力转向器的结构

1-控制阀(转阀);2-滚柱轴承;3-限位卸荷阀;4-循环球或传动机构;5-防尘密封圈;6-扭杆

(三) 使用、维护要点

(1) 整体式动力转向器属常流式结构,依靠汽车发动机驱动油泵而工作,因此,不允许汽车熄火滑行,以防止驾驶员因不能适应发动机熄火带来的转向沉重而造成行车事故。

(2) 动力转向系统如因油泵或油路出现故障时,转向器可当作机械转向器,强制转向使汽车继续行驶到达修理点,但不允许长时间地强制转向。

(3) 动力转向系统内部必须保持清洁,加油时不得用不清洁的容器盛油。拆检时零部件不得随意堆放。装配时不允许任何杂物进入系统内。系统中的工作油面高度应符合规定标准。

(4)不得随意拆卸转向器的控制阀部分。

(5)装配转向垂臂时,应保证车轮摆正,垂臂上的刻线对准摇臂轴输出端端面上的刻线。当汽车直线行驶时,如发现转向盘自由间隙过大或过小,应检查转向万向节及转向拉杆系统。

(6)转向过程中,允许转向盘转至极限位置,但时间不要过长,以免影响油泵的使用寿命。

(7)动力转向器的进出油口不能接反,进油为油泵的高压油,出油为回油罐的低压油。

(8)按规定更换油液及油罐中的滤芯。使用中经常检查油罐中的油量是否缺少,油液有无变质,杂质是否过多,如发现不良状况,应及时添加或更换。

第三节 电气技术

当前汽车技术发展很快,电子技术和控制技术在汽车上的大量应用,汽车上的电子设备通过汽车内部的总线网由原来的几块发展到现在的几十块,需要传输的设备逐渐增加,传统的传输形式已经不能满足需要。于是汽车上采用了一种新型的传输网络——局域网(Controller Area Network,CAN),其目的是使汽车控制系统之间的网络传输高速化,降低车辆制造成本,提高车辆可靠性、经济性。

一、车载网络控制系统

(一)车载网络的基本知识

1. 车载网络的发展过程

汽车未来的发展趋势向着机电一体化、信息化迈进,数据之间的交换要求逐渐增多,工作环境恶劣使得网络的运行可靠性显得尤为重要。这不但体现在网络结构自身的容错能力和抗干扰能力上,而且也体现在信号的编码方式和传输方式上。众多国际知名汽车公司早在20世纪80年代就积极致力于汽车网络技术的研究及应用。北美汽车制造商和汽车工程师协会(SAE)开发了J1850,这是一个汽车网络专用协议,并很快成了车内联网的标准,取代了UART串行通信。

欧洲的汽车制造商支持控制器局域网络(CAN)。CAN最早是德国博世公司开发的,是一种最高数据速率可达到1Mb/s的实时控制总线。当多个节点同时发送数据时,优先级低的节点重新再发,优先级最高的信息则继续传送至其目的地。

汽车总线技术在国外已成功运用到一些名牌高档汽车上,如奔驰、宝马、保时捷、劳斯莱斯等。

2. 车载网络化的优点

采用网络式结构,只需一根通信电缆连接,减少了线束连接,减轻了车体质量;无须配电柜,部件数量减少,可靠性能提高;可实现实时诊断、测试和报警,实现集中显示、历史查询和自诊断等功能,使汽车具有准黑匣子功能;电气信号传递性质发生了变化,由功率型转变为逻辑型。此外,系统的扩展性也较强。

3. 车载网络系统专业用语

(1) 控制局域网:局域网是指在一个较小的空间范围内的各种计算机网络设备互联在一起的通信网络,如图 4-31 所示。

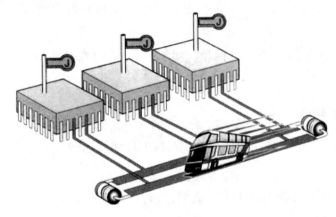

图 4-31 总线

(2) 多路传输:多路传输是在同一通道或线路上同时传输多条信息。在实际应用中,数据信息实际上是分时间依次传输的,但由于数据传输速度很快,根本感觉不到时间差,似乎是同时传送的。

(3) 模块:模块是一种电子装置,就像是一个简单的传感器。

(4) 数据总线:数据总线是模块间数据运行的一条公共通道。每一个模块单元都把信息传送到总线上,并从总线上接收信息。这种布置的优点是抗干扰小,传输信息量大。

(5) 网关:由于不同区域的总线传输速率和识别代码不同,因此,一个信号从一个总线区域进入到另一个总线区域时,必须改变它的识别信号和传输速率使另一个系统能得到识别完成这一个任务的单元,称为网关。

(6) 通信接口:两个系统的设备或部件之间连接服务的数据流穿越的界面叫接口。

(7) 通信协议:指两个物体信息交换的规则,借此能够实现互相配合。即通信方法、通信时间、通信内容相互遵守的一个协议。

4. 逻辑电路

在汽车电控电路中,逻辑电路的应用是基础。所谓逻辑电路,就是用电路来反映日常工作中的逻辑关系。

逻辑电路由三个基本的门电路组成，即与门、非门、或门。三个基本的门电路组成更多的复杂门电路。

(1) 与门：与门电路表示的逻辑关系是如果某一事件的所有条件都成立，这个事件就发生，否则这个事件就不发生。

(2) 或门：或门表示的逻辑关系是如果某一事件的条件中，只要有一个或一个以上成立，这事件就发生，否则就不发生。

(3) 非门：非门表示的逻辑关系是某件事情的发生取决于某个条件的否定，即该条件成立，这件事不发生，而该条件不成立，这件事反而会发生，因此非门也可成为反向器。

(4) 与非门：与非门是与门与和非门的组合，因此只有两个输入端子。简单地说，就是对与门的结果进行否定。

(5) 或非门：或非门就是或门和非门的组合，也可以简单理解为对或门的结果进行否定。

(二) CAN 的组成

CAN 由控制器、收发器、数据传输终端、数据传输线组成。

1. 控制器

控制器用来接收微处理器传来的数据，进行处理后传给收发器。同样，收发器也将接收到总线的数据处理后传给微处理器。

2. 收发器

收发器是一个接收器和发送器的组合，负责总线和控制器之间的数据传送。

3. 数据传输终端

数据终端实际上是一个阻止器，防止数据被反射回来影响数据的传输。

4. 数据传输线

数据传输线是用来传输数据的双向数据线，分高位和低位两种。两条线缠绕在一起，一条为 5V，另一条为 0V，这样始终保持为常数，可防止干扰且没有辐射，如图 4-32 所示。

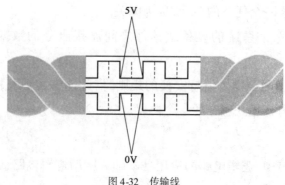

图 4-32　传输线

(三) CAN 数据总线的传输原理和过程

1. 传输原理

CAN 数据总线传输原理就好像是开一个电话会议,一部电话向网络中(说出)语音数据,其他用户同时收听,收听到语音数据有用就对其进行分析应用。对自己没用的语音数据(听众)也不会理睬这些数据。所以,总线中的数据没有指定的(听众)接收者,而是被所有的(听众)接收。

2. 传输过程

控制单元向控制器传输数据,收发器收到数据后将其转化成电信号,总线和接收的控制单元将数据进行分析,有用的留下进行处理,其余的将被忽略。

例如,发动机控制单元向某个电脑发出数据,电脑接收发动机传来的数据后进行分析、处理后应用。其他电脑也同样接收到数据,但对其不重要,所以忽略不计。

二、照明设备的电子控制技术

(一) 自动发光控制系统

自动发光控制系统可以检测环境的亮度水平,其功用是汽车在行驶中,当车前的自然光的强度减低到一定程度时,电控单元将传感器收集的信息,根据环境亮度状态向灯光控制装置发出一个指令,先打开车辆尾灯,再打开前照灯。该系统还有一种功能是当环境亮度忽明忽暗时打开车辆尾灯,但不打开前照灯,以防路面忽明忽暗。例如,在桥下行驶或者沿林荫道路行驶时,若是经过一定时间后环境亮度仍低于规定值,前照灯将点亮。

1. 自动发光控制系统组成

自动发光控制系统主要由光传感器和控制元件、控制单元和继电器、执行元件三部分组成。

2. 自动发光控制系统工作过程

当自动灯光控制传感器检测环境的照明水平时,它向灯光控制装置的端子输出一个脉冲信号,当灯光控制装置判断出环境照明下降时,触发尾灯和前照灯继电器,打开尾灯和前照灯,当灯光控制装置判断环境照明提高时,关闭灯光系统。

3. 自动发光控制系统控制过程

灯光控制开关位于 AUTO(自动)位置时,灯光自动控制系统检测环境亮度水平,控制前照灯和尾灯(驻车灯、尾灯和牌照灯),可将两者一点亮。由集成于空调系统光照传感器中的灯光控制传感器检测环境亮度水平。

当驾驶员在前照灯、雾灯、驻车灯、尾灯或牌照灯未关的情况下离开车时,灯光自动控制关闭这些灯。满足下列所有条件时,车外灯熄灭:电源从点火开关 ON 状态转到 OFF 或 ACC;灯光控制开关位于 OFF 以外的位置;雾灯开关位于 ON 位置(仅适用于带有雾灯的车型);关闭驾驶员侧车门后再次将其打开。

(二)前照灯光束水平控制系统

1. 手动水平调节

通过该系统使用前照灯光束水平控制开关,驾驶员可以手动将前照灯光束水平(5 步)调整至相应水平。可以使用集成于前照灯单元中的执行器调整前照灯光束水平。

照明距离人工调整由驾驶员进行。由于乘客数量(变化)和行驶等状态改变时,驾驶员可用手动开关控制调节开关的位置。该开关必须有止机构的标准设定位置,同标准设定位置可作为设置光束基本位置的基准点。无论是不断变动,还是新近控制,所有控制单元都必须与近处的手动开关相配合。必须在手动开关附近有明显的标记,该标记与不同载荷条件下设置的修正标记相对应,适应车辆的装载情况,以进行所需的垂直对光调节,所有结构变形均使用一个调节机构对前照灯反射镜(壳体结构)或对整个前照灯单元进行垂直调节。

2. 自动水平调节

自动水平调节(自动前光水准)控制系统分为静态系统和动态系统两大类。静态系统补偿行李舱和乘员室中载荷的变化;动态系统能改变前照灯的校准,包括起步和行进中及制动时发生的变动。

(1)典型自动水平调整系统组成

车轴上的传感器能精确测出车辆的倾角。电控单元(ECU)能利用传感信号算出车辆的姿态数据,与规定值进行比较,将差值作为控制信号传给前照灯伺服电机。执行器能将前照灯调整到正确角度。该系统的主要原理是利用测定车内两个基准点(前、后轴位置)到地面的距离差,得到车辆的倾斜角度信号,从而进行水平调节。车轴传感器把车身高度的变化(悬架变形量变化)变换成传感器轴的旋转,将检测出的旋转角度信号转变为电压信号输入 ECU,在左前轮和左后轮内侧各装一个车身高度传感器。

(2)静态系统

除接收悬挂装置传感器来的信号外,静态系统还收到 ABS 控制单元电子测速电路送来的速度信号。根据这些信号,控制器即可判定车辆是静止不动或速度有变化,还是在恒速行驶。以静态原理为基础的自动系统,总有非常大的响应惯性,因此只对长时记录的倾角做修正。

每当车辆开动,系统就开始修正前照灯角度,以补偿载荷的任何变化。当车辆进入稳态工作,第二轮修正就开始。静态系统使用手动系统时,采用手动的伺服电机补偿前照灯的纵向角度与规定值之间的偏差。

(3)动态系统

动态系统有截然不同的两种工作模式,能在所有的模式下保证前照灯的定向。其速度信号辅助功能,准确分析静态系统无法感知加速或制动信号。车辆在恒定的速度下动态系统和静态系统工作状态相同。但控制器一旦收到加速或制动信号后,系统立即转变到动态系统。动态系统的信号分析处理快、电机调整速度快,能在很短的时间内调整完毕,保证驾驶员具有清晰的视野,保证行车安全。加速或制动完成后自动回到延迟工作状态。

第四节　汽车电子控制技术发展趋势

现代客车工业涉及诸多领域的科学与技术问题,由于科技的进步而不断变化。全球客车制造业也随着社会对安全、节能和环保的要求,不断采用先进的科学与技术来解决各种难题。

一、客车技术发展

(一) 总体趋势

客车技术是产业及制造商竞争力的重要来源之一。虽然我国已成为全球最大的客车制造中心,客车在国际市场上也具有一定的竞争力,但却不是客车技术的强国。欧洲仍然是全球客车制造业的中心。我国具有庞大的客车生产能力,但客车市场对车辆技术配置的要求还较低,主要依靠传统技术和我国少有的几个面向未来的客车产品。在国家财政补贴政策驱动下发展起来的电动客车,虽然数量已经相当可观,但主要核心技术和关键部件大多依靠国外公司。因此,要全面提升我国客车制造技术的能力,不仅要依靠制造企业,而且也要依靠广大的用户共同努力,全面系统地了解和掌握世界客车技术发展趋势。行车安全、舒适、节能、降低排放等始终是客车的发展方向。

驱动系统的电力化是全球公交系统、客车制造业发展的主要趋势。因为电力驱动能使效率最大化,而传统内燃机驱动效率只有15%～30%。目前世界各国都在积极开发电力驱动的装置。将内燃机与电动机结合在一起的混合动力技术,在节能和环保方面效果明显。因此,混合动力技术得到快速发展并已进入商业化应用阶段。虽然动力电池系统在功率密度、安全性与可靠性、寿命与成本等方面取得了进步,但仍然没有得到革命性的突破。欧洲在驱动电机和整车控制系统方面已经取得重大进步，已有客车制造商将轮毂电机作为电动客车的标准配置，实现了产业化，并根据市场需求从混合动力到氢燃料电池，再进一步发展到电池电动客车，同时也在发展或更新无轨电车技术。

客车的安全性能始终是一个重要的指标。常规的安全控制系统已经成为客车的生产标准配置。随着信息技术和传感技术的发展，以事故预防为主的智能化安全控制技术应运而生。这类技术通过自动感知交通环境，对车辆行驶安全状态进行判断，主动辅助驾驶员实现对车辆状态的有效控制，提高车辆行驶安全。驾驶辅助系统通过摄像机、车载雷达等传感器感知交通环境，再由中央控制器计算危险程度以及符合的行驶状态，并通过对车辆制动、动力传动及转向的控制实现辅助驾驶。

各种类型的电子控制系统都需要与发动机联合控制转矩输出，整车电控系统需以完备的控制系统通信(CAN)协议的欧洲主流客车制造厂商倡导制定的车队管理系统标准，已成为行业通信体系的基本框架标准。底盘各单元电控产品可根据需要从通信网络中获取所需信息，进行系统控制集成。随着车载通信系统的完备及广域无线通信技术的发展，将客车与整个交通系统联系起来，为驾驶员提供更完善的服务和辅助，提高车辆运行效率，节省运行时间、降低交通拥堵和解决城市交通问题，已成为一个新的应用领域(车队管理系统或智慧城市公共交通系统)。其目标就是确保在不同制造厂商的支持和引领下，使客车的车载通信应用到包括车辆定位、机械诊断、驾驶人行为和车队管理软件等方面，以及城市公交运输、车队的调度分派、运输作业中。

汽车整备减轻对节约能源效果明显，同时可降低排放。城市客车轻量化技术更具有现实意义。模块轻量化层板客车技术包括结构优化方法、轻量化材料和先进的制造工艺。进行集成来实现更容易地拆装、维修、回收并缩短生产周期。

(二) 客车总成的发展

1. 整车

对客车整车的要求具体如下：

车辆总质量：包括装载质量和整备质量，减轻质量就是提高效率。

车身刚度：要求车身结构满足法规要求。

稳定性：通常需要通过法规所要求的倾翻试验。

外廓尺寸：满足法规对车长、车宽和车高的限制。

燃料效率：满足法规对燃料消耗标准的要求。

排放标准：满足法规对污染排放物及噪声的限制。

可达性：满足乘客出行方便的要求。

客车发展的另一个趋势是增加多媒体、乘客信息系统、闭路电视系统。

2. 底盘

随着客车底盘技术的发展和人们对乘坐舒适性要求的不断提高,客车底盘在动力性方面越来越多地应用大功率、大转矩发动机。由于城市公交客车长时间处于超载和低速状态下运行,发动机必须有足够动力才能保证在频繁起步和加速过程中保持良好的加速性能;而高档公交客车为了保证空调系统始终处于良好运行状态,也对发动机的低转速和大转矩提出了更高要求。客车底盘比功率已从20世纪90年代的8kWA提高到10~14kWA。目前,高档客车上普遍采用国际品牌发动机。在引进客车产品的同时,国内制造商自主研发了各种客车专用底盘,在品种、数量、质量和技术水平等方面已基本满足市场需求。通过产品的技术引进,并经过自身消化吸收,促使我国客车及底盘产品更新换代速度加快,总体制造水平有了较大提高。

动力系统为了适应日益严格的环保要求,采用清洁燃料、混合燃料或双燃料发动机已成为必然趋势。但由于环保型发动机的研制开发成本较高,目前尚未形成大批量的应用,柴油发动机仍然是国内客车底盘的首选动力。

传动系统包括离合器、变速器、传动轴以及主减速器和半轴等,由于其工作时频繁承受交变、冲击载荷,因而加速了相关部件的磨损。使用液力自动变速器可以使整个动力系统实现柔性连接,大大减少传动冲击,提高传动系统的可靠性和寿命。在起步过程中,自动变速器能根据外界阻力变化,自动满足减速、停车、起步、加速等操作的需要,极大地提高了公共汽车的平均行驶速度。在此过程中,驾驶人操作频率降低,只需要控制节气门和制动器,就可以对行驶速度进行控制,既提高了车辆加速时的平顺性,又减轻了驾驶人的劳动强度。自动变速器的经济性分析表明,使用液力自动变速器,可以吸收并大大减少来自各方面对传动系统部件的振动和冲击,延长发动机寿命和保修间隔周期,提高整车使用寿命,降低使用和维修费用。

悬架系统直接影响客车的乘坐舒适性,钢板弹簧悬架不能满足舒适性要求,空气弹簧悬架通过压缩气体对载荷和道路条件变化所引起的振动和冲击进行自动调节,在消除振动、提高车辆行驶平顺性和乘坐舒适性方面具有重要的作用。

车架系统对城市公共汽车来讲,要求车架低,以降低一级踏步高度。同时,车架低可降低底盘高度,提高行驶稳定性。目前,国内大型客车多采用格桁架式底架或无车架式的全承载式结构。

润滑系统采用集中润滑系统可使底盘上的各种传动机构、球头关节、支架及弹簧支承等得到较好的润滑,从而大大延长客车的使用寿命和大修周期,充分提高使用效率,并减少驾驶及维修人员日常繁杂的维护工作。采用由液力耦合器、交矩器与行星齿轮组成的自动交速器(AT),或采用电控集成式自动变速器(AMT)以减轻驾驶人劳动强度,增强起动和变速时的平顺性。但这些装备增加了车辆的整备质量,会加大燃料消耗，特别是近10年，随着燃油价格的不断上涨，运营商越来越关心客车的减重问题。

3. 车身

客车车身通常在底盘框架的基础上，将地板支架、左右侧围骨架、前后围骨架及顶盖骨架等六部分经焊接成框架后再焊接蒙皮而成。

城市客车为方便乘客短距离出行，通常采用低地板、多且宽大的车门；长途客车要为乘客长时间和长距离出行提供舒适的座椅及放置行李的空间，通常采用底部为行李舱上部为客舱的高地板布置形式；客舱内设有行李架，以及电视和卫生间等生活设施。

自20世纪90年代起，部分城市客车制造商开始在公共汽车的内饰上采用部分轿车元素，以鼓励和吸引公共交通客流量。旅游客车的内饰除关注乘坐舒适性指标外，越来越注重装饰效果和新颖的艺术风格。不同车身和底盘制造商可能采用四个客车识别特征——底盘制造商和型号、车身制造商和型号，而运营商则会在车身上涂贴不同的标识，以致一般情况下人们很难区分客车品牌。

二、公共交通车辆技术

(一)城市公交车导航装置

公交车导航装置是一种在驾驶员控制车辆之外，借助外部设备进行导向的行驶系统。

应用先进的导航电子技术形成虚拟的行驶轨迹，引导车辆在专用的车道内行驶，摆脱对驾驶员的依赖。这种驾驶模式可以提高公交车辆的运输效率，提高平均行驶速度和乘坐舒适度，同时降低了运输成本。

1. 光学导航

这种导航系统通过安装在车头的摄像机和预先铺装在路面的特殊涂料，准确地引导车辆行驶。车上没有驾驶员但可以准确引导车辆倒车、狭窄路面通行。光学导航系统可以更精准地停靠车辆，使车辆侧向停车控制在严格的范围内，以方便乘客和轮椅上下车辆。

2. 磁感应导航

磁感应导航系统是在车上预先安装一台电脑，根据公交车预先编制的程序来进行导航行驶。在建设线路时预先在路面里埋设磁标，安装在车上的传感器搜索路面磁标的信息，修正车辆的行驶轨迹，确保车辆在正确的道路上行驶。这种系统在雪天和其他物体覆盖路面的情况下仍能获取信息，但安装成本较高。

3. 机械导向系统

机械导向系统主要提供侧向运动的导向控制,例如停靠车站等,而电磁导向则提供车辆的纵向行驶状态控制,如前方遇到障碍物时车辆的减速、停止等。

(二) 车队管理系统

车队管理系统狭义上是指商用车的车载数据标准接口。从广义上讲,是指运输公司各车队运营管理系统。车载数据接口由欧洲车企指定。运行管理系统主要包括车辆定位、驾驶人行为、故障诊断和车队管理软件等。它向运营商提供车辆的运行信息和驾驶员的行为,为车辆管理者提供安全运行的监督信息,为乘客提供车辆的动态运行信息,因此,车队管理系统对提高公交运输效率和行车安全有重要意义。

1. 车载无线系统

车载无线是一种使用最广的高频无线电信号,一种可将个人电脑手持设备等终端以无线方式连接在一起的一项技术,所谓无线网络的范畴是指无线的相容性认证,实质上是一种商业认证。以前是通过网线连接电脑,而无线则通过无线电波来联网,通常在无线路由器电波覆盖的有效范围内,都可以采用无线连接方式进行联网。

车载无线系统由数据中心、网络传输、设备中转及显示终端等组成。

2. 射频识别

射频识别也称无线电射频识别,是一种通信技术。该技术可以通过无线电识别特定目标并读取相关数据。不用目标与系统建立机械或光学联系,可广泛用于车辆的监控的资源共享。

3. 电子安全装置

目前欧盟广泛提出电子稳定程序,采用电子控制系统的目的是提高车辆动态稳定性。该系统通过传感器提供的车辆行驶状态和制动信息,经电脑分析后控制执行器纠正车辆行驶动态,即在各种状态下达到最佳稳定性。

第五章

柴油机发动机电控技术

第一节　电控柴油机概述

一、柴油机电控技术的发展

电控技术是在解决能源危机和排放污染两大难题的背景下，在飞速发展的电子控制技术平台上发展起来的。汽油机电控技术的发展为柴油机电控技术的发展提供了宝贵经验。

柴油机电控系统的开发研究从20世纪70年代开始，经历了3代，即位置控制、时间控制和时间-压力控制（压力控制）。

1. 第一代柴油机电控技术（位置控制方式）

第一代电控喷油系统是位置控制式。位置控制系统的特点是不仅保留了传统的喷油泵—高压油管—喷油嘴系统，而且还保留了喷油泵中齿条、齿圈、滑套、柱塞上控油螺旋槽等控制油量的机械传动机构，只是对齿条或滑套的运动位置，由原来的机械调速器控制改为电子控制，增加了传感器、ECU、执行器等组成的控制系统，使控制精度和响应速度得以提高。

优点：柴油机的结构几乎不需改动，便于对现有柴油机进行升级换代。

缺点：控制自由度小，控制精度差，喷油率和喷射压力难以控制，而且不能改变传统喷射系统固有的喷射特性，也很难大幅度地提高喷射压力，响应慢。位置控制式喷油主要是在直列泵和分配泵上进行改进。

2. 第二代柴油机电控技术（时间控制方式）

第二代电控喷油系统是时间控制式，所谓时间控制，就是用高速电磁阀直接控制高压燃油的适时喷射。这种系统可以保留原来的喷油泵—高压油管—喷油嘴系统，也可以采用新型的产生高压的燃油系统。用高速电磁阀直接控制高压燃油的喷射，一般情况下，电磁阀关闭，执行喷油；电磁阀打开，喷油结束。喷油始点取决于电磁阀关闭时刻，喷油量则取决于电磁阀关闭时间的长短。因此，既可实现喷油量控制又可实现喷油定时的控制。

优点：控制自由度更大，供油加压与供油调节在结构上相互独立，使喷油泵结构得以简化，强度得到提高。高压喷油能力大大加强。

缺点：这种喷油系统喷油压力依旧利用脉动柱塞供油，因此其对转速的依赖性很大。在低速、低负荷时,其喷油压力不高,而且难以实现多次喷射,极不利于降低柴油机的噪声和振动。

3. 第三代柴油机电控技术(时间—压力方式)

这是于20世纪90年代中期研制的一种新型柴油机电控技术,基本改变了传统燃油供给系统的组成和结构,主要以电控共轨(各缸喷油器共用一个高压油管)式喷油系统为特征,直接对喷油器的喷油量、喷油正时、喷油速率和喷油规律、喷油压力等进行时间—压力控制。油压油泵并不直接控制喷油,而仅仅向共轨供油,以维持所需的共轨压力,并通过连续调节共轨压力来控制喷射压力。

优点:可实现高压喷射,喷射压力可比一般直列泵系统高出一倍,最高可达200MPa;喷射压力独立于发动机转速,可以改善发动机低速、低负荷性能;可以实现预喷射,调节喷油速率形状,实现理想喷油规律;喷油定时和喷油量可自由选定;具有良好的喷射特性,可优化燃烧过程,使发动机油耗、烟度、噪声及排放等性能指标得到明显改善,并有利于改进发动机转矩特性;结构简单,可靠性好,适应性强,可在所有新老发动机上应用。共轨喷射系统是柴油机燃油系统的一个发展方向,目前在卡车、轿车以及大客车柴油机上已得到广泛应用,发展速度十分惊人。

二、柴油机电控燃油喷射系统的优点

(1)改善低温起动性。电子控制系统能够以最佳的程序替代驾驶员进行这种麻烦的起动操作,使柴油机低温起动更容易。

(2)降低氮氧化物和烟度的排放。采用柴油机电控技术,可精确地将喷油量控制在不超过冒烟界限的适当范围内,同时根据发动机工况调节喷油时刻,从而有效地抑制排烟。

(3)提高发动机运转稳定性。采用柴油机电控系统,无论负荷怎样增减,都能保证发动机怠速工况下以最低的转速稳定运转,有利于提高其经济性。

(4)提高发动机的动力性和经济性。柴油机电控系统中,ECU根据传感器信号精确计算喷油量和喷油正时,从而提高发动机的动力性和经济性。

(5)控制涡轮增压。柴油机电子控制技术可以对增压装置进行精确的控制。

(6)适应性广。只要改变ECU的控制程序和数据,一种喷油泵就能广泛用在各种柴油机上,而且柴油机燃油喷射控制可与变速器控制、怠速控制等各种控制系统进行组合,实现集中控制,有利于缩短柴油机电控系统开发周期,并降低成本,从而扩大柴油机电控系统的应用范围。

(7)采用柴油机电控技术,可以根据需要实现柴油的多次喷射,从而使柴油机运行更稳定、排放更环保,如图5-1所示。

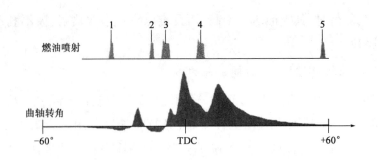

图 5-1　柴油发动机电控技术的多次喷射

1-前导喷射(预先加热加压使后期燃烧更平稳);2-预喷射(降低燃烧噪声,降低排放);3-主喷射;4-后喷射(产生二次燃烧,使燃烧充分,降低污染物排放);5-延迟喷射(强制完全燃烧,降低污染物排放)

三、柴油机电控系统所完成的控制

(1)燃油喷射控制:主要包括供(喷)油量控制、供(喷)油正时控制、供(喷)油速率控制和喷油压力控制等。

(2)怠速控制:主要包括怠速转速控制和怠速时各缸均匀性的控制。

(3)进气控制:主要包括进气节流控制、可变进气涡流控制和可变配气正时控制。

(4)增压控制:根据柴油机转速信号、负荷信号、增压压力信号等,通过各种措施,实现对废气涡增压器工作状态和增压压力的控制。

(5)排放控制:主要是废气再循环(EGR)控制。

(6)起动控制:主要包括供(喷)油量控制、供(喷)油正时控制和预热装置控制。

(7)巡航控制:ECU 根据车速信号等自动维持汽车以一定车速行驶。

(8)故障自诊断:包含故障自诊断和失效保护两个子系统。

(9)柴油机与自动变速器的综合控制。

四、柴油机电控系统的组成

柴油机电控系统由传感器、ECU 和执行元件三部分组成,如图 5-2 所示。

1. 传感器

传感器是柴油机实现电控的关键技术之一,其作用是感知和检测发动机与车辆的运行状态,并将检测结果转换成电信号输送给 ECU。柴油机电控燃油喷射系统所用的传感器多数与汽油机电控系统相同。在柴油机电控系统中常用的传感器有压力传感器、温度传感器、位置传感器、转速传感器、空气流量传感器及氧传感器等。此外,在电控系统中还有开关量采集电路,用于检测空调、离合器、挡位、制动、巡航控制等开关量的状态信息。所有的信息经过电控单元的信号采集模块处理后送到发动机电控单元,作为发动机控制的依据。

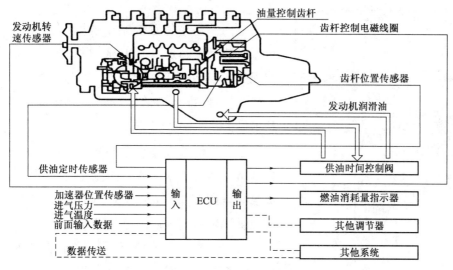

图 5-2　柴油机电控系统的组成

2. ECU

根据各传感器输入信号和内存程序,计算出供(喷)油量和供(喷)油开始时刻,并向执行元件发出执行令信号。

3. 执行元件

执行器主要是接收 ECU 传来的指令,并完成所需调控任务。不同柴油机电控燃油喷射系统的执行元件有很大差异,如电控共轨系统中的 PCV 阀和喷油器电磁阀,以及空气系统控制中的各种阀门控制器等。执行器的水平决定了最终柴油机能够达到的性能。

第二节　常规压力电控燃料喷射系统的控制原理

采用位置控制和时间控制的柴油机电控系统,其供(喷)油压力与传统柴油机相同,因此称为常规压力电控系统,主要以电控泵为代表。

一、位置控制的柴油机电控系统

位置控制的柴油机电控系统是用电子调速器取代原有的机械调速器,以实现对喷油量的控制;用正时控制器取代原有的机械离心式供油提前角自动调节器,对喷油正时进行控制;设有油量调节拉杆(或齿条)位置传感器和正时传感器,对喷油量和喷油正时的控制均采用闭环控制方式。位置控制的柴油机电控系统主要有直列柱塞泵和转子分配泵两种。

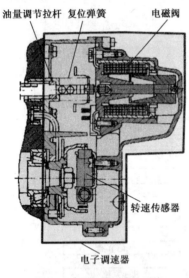

图 5-3　直列柱塞泵电控系统

(一)直列柱塞泵位置控制系统

直列柱塞泵位置控制系统的结构如图 5-3 所示。供油量控制是由 ECU 通过控制电子调速器来实现的。柴油机工作时,ECU 根据加速踏板位置传感器信号(即负荷信号)和柴油机转速信号确定基本供油量,并参考冷却液温度、进气流量等传感器信号对供油量进行修正。然后通过 ECU 中的伺服电路控制电子调速器工作,以改变或保持直列柱塞泵油量调节拉杆(或齿条)的位置,使直列柱塞泵的供油量达到预期的控制目标。

直列柱塞泵位置控制系统供油量控制原理如图 5-4 所示。为提高直列柱塞泵供油量的控制精度,在电子调速器内装有油量调节拉杆(或齿条)位置传感器,用来检测直列柱塞泵油量调节拉杆(或齿条)的实际位置,检测结果反馈给 ECU 中的伺服电路,再对输送给电子调速器的控制信号进行修正。

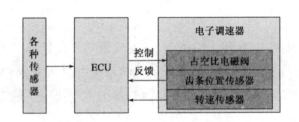

图 5-4　直列柱塞泵供油量控制系统

在直列柱塞泵位置控制系统中:
(1)执行元件:占空比控制型电磁阀。
(2)反馈元件:齿条位置传感器。
(3)ECU 控制电磁阀线圈的占空比→铁芯产生电磁力→铁芯推动供油齿条移动至与回位弹簧平衡→改变供油量。

(二)转子分配泵位置控制方式

转子分配泵位置控制方系统如图 5-5 所示。在转子分配泵位置控制的电控系统中,取消了转子分配泵中的调速器和加速踏板拉索,由 ECU 通过电子调速器来控制油量、控制滑套的位置,以实现对喷油泵供油量的控制,滑套控制电磁阀为占空比控制型电磁阀,电感式滑套位置传感器中的铁芯与滑套控制电磁阀铁芯连成一体,通过检测滑套控制电磁阀铁芯的位置来确定滑套的位置。传感器实时检测柴油机运行状态以及驾驶者的操作等信息并传输至控制器。基本的传感器有正时传感器、转速传感器、油门位置传感器、进气压力/温度传感器以及各种温度传感器等。控制器的核心部分是单片机,它负责处理所有数据,执行程序并将运行结果作为控制指令输出到驱动装置;驱动装置根据控制器送达的执行指令驱动调节喷油量,其工作原理如图5-6所示。

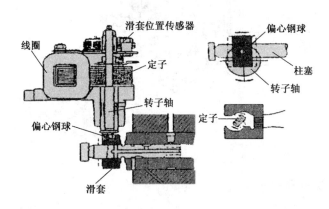

图5-5　转子分配式电控系统

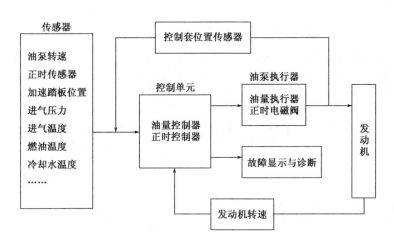

图5-6　转子分配式电控系统供油量的调节原理

二、时间控制的柴油机电控系统

时间控制的柴油机电控系统如图5-7所示。在此系统中,可以保留原来的喷油泵—高压油管—喷油器系统,也可以采用新型高压燃油系统。其喷油量和喷油正时由电脑控制的强力高速电磁阀的开闭时刻所决定。电磁阀关闭,执行喷油;电磁阀打开,喷油结束。即喷油始点取决于电磁阀关闭时刻,喷油量取决于电磁阀关闭时间的长短，因此可以同时控制喷油量和喷油定时。在时间控制系统中，传统喷油泵中的齿条、滑套、柱塞上的斜槽和提前机构等全部取消，使系统对喷油定时和喷油量控制的自由度更大。时间控制式的径向柱塞分配泵，其明显特征是泵上装有油泵控制单元、控制喷油量的喷油控制电磁阀和控制喷油提前角的正时控制电磁阀。

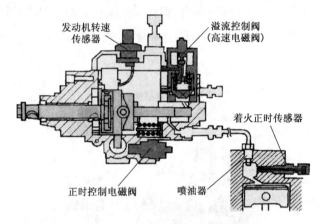

图 5-7 时间控制的柴油机电控系统

时间控制的柴油机电控系统的特点：

（1）在回油通道中安装一个由 ECU 控制的高速强力电磁阀来取代滑套控制回油通道的开闭。

（2）一般情况下，电磁阀关闭，开始喷油；电磁阀打开，喷油结束。

（3）喷油始点取决于电磁阀关闭时刻，喷油量取决于电磁阀关闭的持续时间。

（4）可取消油量控制滑套，还可取消泵油柱塞上的回油槽。

第三节　柴油共轨喷射系统控制原理

一、高压共轨的概述

高压共轨燃油喷射技术是通过高压油泵压缩燃油至共轨管内形成高压，再由高压油管分配到每个喷油器，并通过控制喷油器上的高速电磁阀的开启与关闭定时定量地将高压燃油喷射至柴油机燃烧室内，以保证最佳的雾化和燃烧效果，从而使发动机获得最佳的性能。

高压共轨的含义是几个喷油器共用一个高压轨，轨内的压力由高压泵建立，在此喷油系统中，消除了传统供油系统中压力的产生与燃油喷射彼此间的相互影响，喷油压力的产生不完全依赖于发动机转速与喷油量，燃油在压力下储存在高压油轨中，随时准备喷油。高压共轨电控柴油机的工作完全由 ECU 控制，ECU 根据当前发动机的转速、水温、大气压力及加速踏板位置(即驾驶员的要求)等情况来确定发动机的运行工况。由于高压共轨电控系统为发动机提供了理想的空气/燃油混合,因此使得该柴油机排放满足更高的排放法规要求。与传统柴油机相比,它使得整车的噪声、驾乘舒适感受、动力性、排放等都得到大幅度的提高。

自从1991年日本电装公司发表ECD-U2高压共轨系统论文以来,国外燃油系统制造商纷纷投入巨额资金和人力开发共轨系统。博世公司于1995年发明了用于轿车的高压共轨系统,采用径向柱塞转子式供油泵,喷油器电磁阀采用球阀结构,如德国戴姆勒-奔驰公司C系列轿车、意大利AlfaRemeo156轿车、德国大众的奥迪3.3L型V8涡轮增压柴油机、美国通用公司与日本五十铃公司合资生产的Duramax6600柴油机及美国康明斯公司的ISBe3.9L和5.9L全电控柴油机等。德尔福与西门子分别在1998年和2000年推出了轿车MultecDCR1400共轨系统,采用径向柱塞转子式供油泵,德尔福公司的喷油器电磁阀设计在喷油器内,使得喷油器体积更小巧;西门子喷油器采用压电执行器,响应时间更短;而日本电装公司在1991年研究开发出的ECD-U2第一代产品,并于1995年匹配Hino的J08C柴油机、五十铃的6HK1柴油机,经过多年的改进与完善,最新产品已用于轿车的ECD-U2P系统,目前,共轨燃油喷射系统应用十分普遍。

二、电控高压共轨技术发展

柴油机共轨技术从研发到现在经历了三代,有的公司还在开发新的共轨技术。

1. 第一代共轨系统

第一代共轨高压泵总是保持在最高压力,导致燃油的浪费和很高的燃油温度。第一代共轨技术是为商用车设计的,最高喷射压力为140MPa,乘用车压力为135MPa。

2. 第二代共轨技术

第二代共轨技术可根据发动机需求来改变输出压力,并具有预喷射和后喷射功能,带有控制油量的油泵,压力达到160MPa。即使在压力较低情况下,该系统也可根据实际的状况提供适量的喷油压力。不仅有助于燃油的消耗,还可以降低燃油的温度,从而省去燃油冷却装置。预喷射降低了发动机噪声。在主喷射前的百万分之一秒内少量的燃油被喷入汽缸压燃,预热燃烧室。预热后的汽缸使主喷射压燃更容易,缸内的压力和温度不再突然增加,有利于降低燃烧噪声。在膨胀过程中产生后喷射,产生二次喷射,缸内温度增加到200~250℃,降低了排气中的碳氢化合物。

3. 第三代共轨技术

2003年第三代共轨技术面世,压电式直列式共轨技术代替了电磁阀,实现了更加精确的喷射控制。省去了回油管,结构上更加简单。压力从20~200MPa弹性调制,最小喷射量控制在 0.5mm³,减小了烟度和 NO_x 的排放,最高喷射压力达到 180MPa。第三代共轨技术带有压电式高压共轨技术,使带预喷射和后喷射喷油率的曲线更加自由。

三、电控高压共轨的特点及优缺点

众所周知,提高柴油机动力性、经济性和降低排放的中心任务是改善柴油机的燃烧过程,而只有通过灵活的燃油喷射控制才能实现最佳的缸内燃烧。电控高压共轨系统是柴油机电控技术发展过程中的一个重大飞跃,是迄今为止针对柴油机的最佳解决方案。因为它改变了传统的机械式喷油系统的组成结构,使喷射压力的产生完全独立于发动机的转速和喷射过程,真正地实现了喷油压力、喷油时刻、喷油量和多次喷射的独立及柔性控制,从而实现了与发动机的完美匹配,大大提升了柴油机的动力性、经济性、排放及噪声方面的综合性能。电控共轨系统的特点可以概括如下:

(1)自由调节喷油压力(共轨压力):利用共轨压力传感器测量共轨内的燃油压力,从而调整供油泵的供油量。

(2)自由调节喷油量:以发动机的转速及加速踏板开度信息等为基础,由计算机计算出最佳喷油量,通过控制喷油器电磁阀的通电、断电时刻及通电时间长短,直接控制喷油参数。

(3)自由调节喷油率形状:根据发动机用途的需要,设置并控制喷油率形状(预喷射、后喷射、多段喷射等)。

(4)自由调节喷油时间:根据发动机的转速和负荷等参数,计算出最佳喷油时间,并控制电控喷油器在适当的时刻开启,在适当的时刻关闭等,从而准确控制喷油时间。

(5)在电控共轨系统中,由各种传感器——发动机转速传感器、加速踏板开度传感器、温度传感器等,实时检测出发动机的实际运行状态,由 ECU 根据预先设计的计算程序进行计算后,定出适合于该运行状态的喷油量、喷油时间、喷油率等参数,使发动机始终都能在最佳状态下工作。

德国博世公司和日本电装公司的研究结果均表明,在直喷式柴油机中,采用电控共轨式燃油系统与采用普通凸轮驱动的泵管嘴系统相比,电控共轨系统与发动机匹配时更加方便灵活。其突出优点可以归纳如下:

(1)广阔的应用领域(用于轿车和轻型载货车,每缸功率可达 30kW;用于重型载货车以及机车和船舶用柴油机,每缸功率约达 200kW)。

(2)更高的喷油压力,目前可达 140MPa,不久的将来计划达到 180MPa。

(3)喷油始点、喷油终点可以很方便地进行改变。

(4)可以实现预喷射、主喷射和后喷射,可以根据排放等要求实现多段喷射。

(5)喷油压力与实际使用工况相适应。在电控共轨式燃油系统中,喷油压力的建立与燃油喷射之间无相互依存关系,喷油压力不取决于发动机转速和喷油量。在高压燃油存储器即"共轨"中,始终充满喷射用的具有一定压力的燃油。喷油量由计算机通过计算决定,受到的其他制约条件很少。

(6)喷油正时和喷油压力在 ECU 中由存储的特性曲线谱(MAP)算出。然后,电磁阀控制装在每个发动机汽缸上的喷油器(喷油单元)予以实现。

高压共轨技术的缺点:价格较高、国内无供应商、匹配时间和供货受供应商制约、要求燃油品质非常严格。

四、电控高压共轨的构成及工作原理

(一)电控高压共轨的构成

电控高压共轨主要由高压和低压两大部分组成,如图5-8所示。

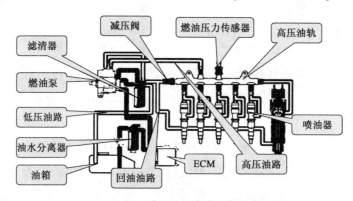

图 5-8　高压共轨系统的组成

低压部分主要由油箱、油水分离器、低压油泵、滤清器等部件组成;高压部分主要由高压泵、高压油轨、喷油器等部件组成。

(1)共轨(Common-rail)。各汽缸喷油器所喷射出的燃油都来自共轨,其上有高压溢流阀(共轨安全阀)、溢流缓冲阀和燃油压力传感器,如图5-9所示。

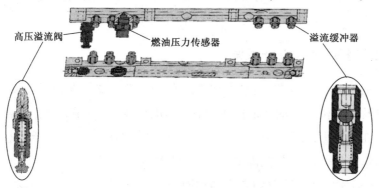

图 5-9　共轨

(2)高压溢流阀常闭,当共轨内油压超过设定值时,阀门打开泄压。

(3)燃油压力传感器检测共轨内的燃油压力。

(4)溢流缓冲器通过高压油管与喷油器相连,可使共轨内和高压油管内的油压波动减小,且一旦流出油量过多时,切断燃油通道,停止供油。

(5)喷油器。喷油器由电磁阀和针阀两部分组成。针阀受电磁阀控制,电磁阀为二位三通阀,受 ECU 控制,其结构如图 5-10 所示。

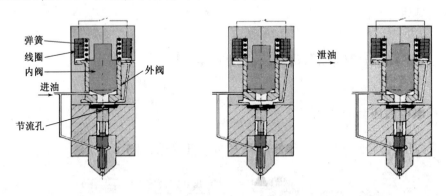

图 5-10 喷油器的结构及工作原理

①不喷油状态。电磁线圈处于不通电的状态,外阀在弹簧力和高压油压力的作用下压向下方而关闭。控制腔内是共轨的高压燃油的压力,所以,喷油嘴的针阀关闭,不喷油。

②油开始状态。电磁阀开始通电,由于电磁力的作用,外阀被向上拉起,外阀开启,但这时内阀是关闭的;通过固定的节流孔燃油流出,针阀尾部的压力降低,针阀开始上升,喷射开始。如果持续通电,则针阀上升到最大升程,达到最大喷油率的状态。

③油结束状态。通向三通阀的电流一旦切断,在弹簧力和燃油压力的作用下,外阀下降而关闭。这时,共轨内的高压燃油一下子就流入喷油器的控制腔内,针阀快速关闭,喷油迅速结束。喷油始点和喷油延续时间由指令脉冲决定,与转速及负荷无关;因此,可以自由控制喷油时间。在主脉冲之前,有一个脉宽相当小的预喷射脉冲。根据发动机的实际需要,预喷射形状可以有多种形式。电磁阀断电,外阀落座,关闭泄油口,打开进油口,液压活塞下移,将针阀关闭,喷油结束。

(二)电控高压共轨的工作原理

ECU 根据驾驶员的需求,即电子加速踏板的位置(输入到 ECU 里的加速踏板电压信号),以及发动机和车辆当前的工况(发动机转速、冷却液温度、当前负载等),在 ECU 内计算出驾驶员需要的喷油量、喷油时刻、喷油次数和喷油压力(喷油时的轨压),并发出指令使轨压控制在需要值、让喷油器按计算结果喷油。

(1)低压部分。低压油路中有进油和回油两部分。

进油:燃油从油箱内通过粗滤到燃油滤清器再到齿轮式输油泵。

回油:喷油器回油、油轨和电控高压泵回油接到一起回到油箱。

(2)高压部分。通过电控高压泵的持续工作,将燃油输送到高压轨中,在轨内蓄压。ECU通过油泵上的油泵执行器(内压控制阀)来控制在高压轨中的燃油压力,高压轨上的轨压传感器反馈轨压信息给ECU,形成一个闭环控制,高压轨中在任何时刻都蓄有一定压力的高压燃油。在ECU根据内部的标定数据计算出需要某缸喷油的时候,由ECU通过控制喷油器的磁电电磁阀的工作,来使喷油器在计算的时刻喷出计算出的燃油量。

(三)典型的电控高压共轨燃油系统(依维柯的燃油系统)

依维柯共轨系统如图5-11所示,其特点是采用专用泵,该泵始终将燃油供油的压力保持在十分高的压力;高压燃油聚集在管道中供所有电子喷油器共用(共用导轨)。电子喷油器进油口的燃油供油压力始终保持在电子控制装置决定的喷油压力。当控制装置接通电子喷油器之一的电磁阀时,来自共用导轨的燃油被喷入相应的汽缸。

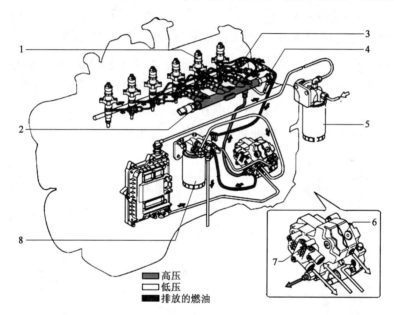

图5-11 依维柯的共轨燃油系统

1-电子喷油器;2-共用导轨;3-燃油回油限压器;4-共用导轨安全阀;5-预滤清器(安装在底盘);6-高压泵;7-机械转子泵;8-燃油滤清器

(1)低压油路:燃油箱—燃油预滤清器—ECM散热板—机械转子泵—燃油滤清器—高压泵燃油入口。

(2)高压油路:高压泵—高压油管—共用导轨—高压油管—连接器—喷油器—汽缸。

(3)回油路:整个燃油系统一共有3处回油,一是喷油器的回油喷油器—回油限压阀—燃油箱;二是共用导轨的回油共用导轨—导轨安全阀—燃油箱;三是燃油泵的回油燃油泵—燃油滤清器—燃油箱。

第四节 柴油共轨系统结构与工作原理

电控共轨燃油系统主要由电控喷油器、供油泵、各种传感器和电控单元 ECU 等组成。

一、电控喷油器

在电控共轨系统中,设计、工艺难度最大的部件首推电控喷油器。到目前为止,电控共轨系统中品种最多的部件也是电控喷油器。各种电控喷油器的基本原理相同,结构相似,但外形相差较大。

(一) 电控喷油器的结构

喷油器的结构如图 5-12 所示。其主要零件有喷油嘴、控制喷油率的量孔、控制阀和三通阀。电控喷油器中由电磁阀直接控制喷油始点、喷油间隔和喷油终点,从而直接控制喷油量、喷油时间和喷油率。电控喷油器实际上完成了传统喷油装置中的喷油器、调速器和提前器的功能。与直喷式柴油机中的机械式喷油器相似,喷油器可用压板等安装在汽缸盖内。设计良好的电控喷油器和传统的机械式喷油器结构相近。因此,共轨式喷油器在直喷式柴油机中的安装不需要显著改变汽缸盖结构。

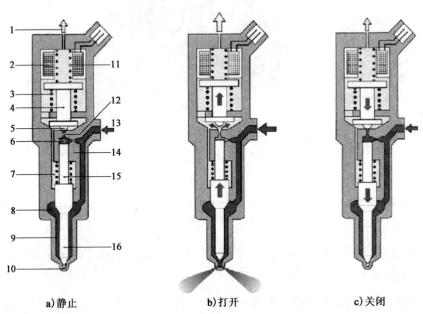

图 5-12 喷油器的结构和工作原理

1-回油孔;2-电磁线圈;3-弹簧;4-内阀;5-球形阀门;6-控制室;7-弹簧;8-压力室;9-喷油通道;10-喷嘴;11-弹簧;12-控制通道;13-进油孔;14-喷油器壳体;15-压力杆;16-喷针

(二) 喷油器的工作原理

喷油器的工作原理如图 5-13 所示。在三通阀式喷油器的共轨系统中,共轨中总是高压,压力范围为 15～130MPa。三通阀有两个阀体,即内阀(固定)和外阀(可动)。两阀同轴地、密密地配合在一起。内阀和外阀分别具有各自的密封座面。

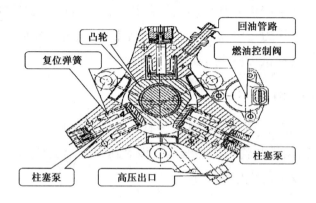

图 5-13 高压泵的结构

三通阀电控喷油器的工作过程如下。

1. 不喷油状态

电磁线圈处于不通电的状态,外阀在弹簧力和高压油压力的作用下压向下方而关闭。控制腔内是共轨的高压燃油的压力,所以,喷油嘴的针阀关闭,不喷油。

2. 喷油开始状态

电磁阀开始通电,由于电磁力的作用,外阀被向上拉起,外阀开启,但这时内阀是关闭的;通过固定的节流孔燃油流出,针阀尾部的压力降低,针阀开始上升,喷射开始。如果持续通电,则针阀上升到最大升程,达到最大喷油率的状态。

3. 喷油结束状态

通向三通阀的电流一旦切断,在弹簧力和燃油压力的作用下,外阀下降而关闭。这时,共轨内的高压燃油一下子就流入喷油器的控制腔内,针阀快速关闭,喷油迅速结束。喷油始点和喷油延续时间由指令脉冲决定,与转速及负荷无关;因此,可以自由控制喷油时间。在主脉冲之前,有一个脉宽相当小的预喷射脉冲。根据发动机的实际需要,预喷射形状可以有多种形式。

决定预喷射形状的参数有预喷油量大小及预喷油与主喷油之间的时间间隔。但是,实现该理想的喷油速率图形的具体方法主要是准确而细致地调节脉冲始点、脉冲宽度和脉冲间隔。

二、高压泵

高压泵的主要作用是将低压燃油加压成高压燃油,储存在共轨内,等待 ECU 的喷射指令。供油压力可以通过压力限制器进行设定。所以,在共轨系统中可以自由地控制喷油压力。供油泵产生的高压燃油经共轨分配到各个汽缸的喷油器中;燃油压力由设置在共轨内的压力传感器检出,反馈到控制系统,并使实际压力值和事先设定的与发动机转速和发动机负荷相适应的压力值始终一致。

(一)高压泵的结构

高压泵的结构如图 5-13 所示。高压泵有 3 个径向柱塞,由定时齿轮驱动,3 个泵元件凸轮与泵元件接触,凸轮由燃油润滑。该高压泵不需要定时。在高压泵的后部配备了由高压泵轴驱动的机械供油泵。

(二)高压泵的运行原理

高压泵的运行原理如图 5-14 所示。柱塞 3 倚靠在安装于泵轴的凸轮上。在吸入口,柱塞通过供油通道 5 获得燃油。供应给柱塞的燃油量取决于调压器 7。调压器根据从控制装置接收的 PWM 命令调节去柱塞的燃油流量。在柱塞压缩期间,燃油达到足够的压力,打开共用导轨供油阀 2,并在压力下通过出口 1 达到共用导轨。

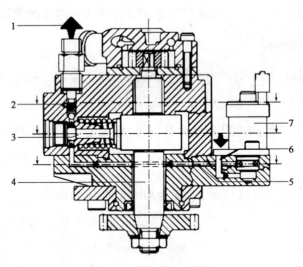

图 5-14 高压泵的运行原理

1-高压燃油出口;2-出油阀;3-一组柱塞泵;4-轴;5-至柱塞泵的燃油通道;6-至调节器的燃油通道;7-调节器

图 5-15 示出了高压泵内部的低压燃油通道,有主柱塞供油通道 4;独立的柱塞供油通道 1、3、6,用于润滑泵轴的通道 2;5bar 限压阀的燃油出口通道 7。调压器 5 决定供应给柱塞的燃油量,多余的燃油则通过通道 9 流出。5bar 限压阀除了用于出油口通道,还设计用于将调压器的油压保持稳定。

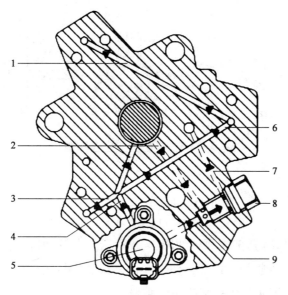

图 5-15 高压泵内部的低压燃油通道

1、3、6-柱塞进入口;2-泵润滑通道;4-主柱塞供油通道;5-调压器;7-限压阀出油通道;8-5bar 限压阀;9-来自调压器进入口燃油出口

三、低压泵

低压泵是 18 个齿的齿轮泵,我们通常叫它输油泵,输油泵将燃油加压至 6～9bar。机械供油泵是安装在高压泵后部的齿轮泵,由机械高压泵轴驱动。在正常运行条件下,低压泵内的燃油流动如图 5-16 所示。

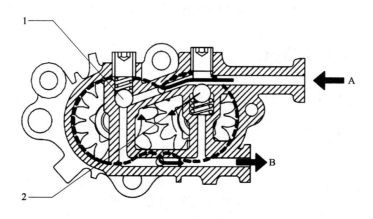

图 5-16 低压泵内燃油的流动

1-限压旁通阀;2-进油旁通阀;A-进油口;B-出油口

出口压力过高时其工作原理如图 5-17 所示。当泵出口 B 出现过压条件时旁通阀 1 打开。这时,燃油压力克服了弹簧 1 施加的压力,从而使泵出口通过通道 2 连接进入口,使出油压力限制在一定范围内。

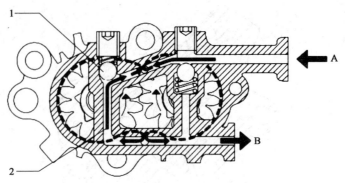

图 5-17 低压泵出口过压时的工作情况
1-限压旁通阀;2-进油旁通阀;A-进油口;B-出油口

手工加注泵工作时其工作原理如图 5-18 所示。在发动机停机状态用人工加注泵给燃油系统加油时,旁通阀 2 打开,这时,在进入口燃油压力的作用,旁通阀 2 打开,燃油从进油口 A 流出出油口 B 送至高压油泵。

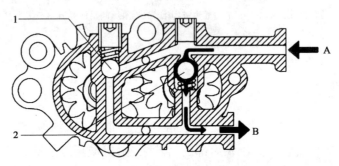

图 5-18 低压泵旁通的工作情况
1-限压旁通阀;2-进油旁通阀;A-进油口;B-出油口

四、燃油压力调节阀

燃油压力调节阀也叫 EFC 阀,如图 5-19 所示,它是位于高压泵进入口的调压器,可根据发动机控制装置发送的指令调节供应给高压泵的燃油量。调压器通常由提升阀、内芯(控制件)、预载弹簧、线圈等构成。

如果有控制信号,则调压器正常打开,这样,高压泵在最大流量条件下运行。发动机控制装置将 PWM 信号发送给调压器,从而增大或减小高压泵进油口横截面积。

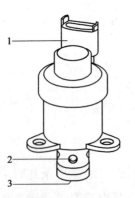

图 5-19 燃油压力调节阀
1-电气连接器;2-出油口;3-进油口

五、5bar 限压阀

5bar 限压阀与调压器并联安装,用于使调压器进油口保持稳定的压力,这是系统正确运行需要的前提条件,如图 5-20 所示。

当 PWM 控制信号使出油口调压器部分关闭时,进油口的压力则会上升。当调压器进油口压力超过 5bar 时,油压克服弹簧提供的阻力使汽缸向上行进,使得调压器进油口与排放口相连,所以,燃油能够流向排放口侧,从而降低调压器进油口压力,则汽缸恢复其关闭位置。根据发动机负荷需求,在调压器部分关闭时,汽缸采取动平衡位置,从而保证在调压器进入口有稳定的 5bar 压力。

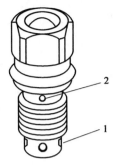

图 5-20　5bar 限压阀
1-进油口;2-排放口

六、回油限压器

回油限压器在汽缸头后部,它将来自喷油器的回油压力调节至 1.3 ~ 2bar 范围内,如图 5-21 所示。

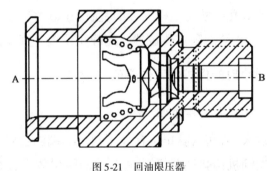

图 5-21　回油限压器
A-出油口;B-进油口

七、流量限制器

在博世电控共轨系统中装有流量限制器,流量限制器的作用是防止喷油器可能出现的持续喷油现象。为此,由共轨流出的油量超过最大流量时,流量限制器将自动关闭流向相应喷油器的进油口,停止继续喷油。

流量限制器有一个金属外壳,外壳有外螺纹,以便拧在共轨上,另一端的外螺纹用来拧入喷油器的进油管。外壳两端有孔,以便与共轨或喷油器进油管建立液压联系。流量限制器内部有一个活塞,一根弹簧将此活塞向共轨方向压紧。活塞对外壳壁部密封。活塞上的纵向孔连接进油孔和出油孔。纵向孔直径在末端是缩小的,这种缩小的作用就像流量精确规定的节流孔效果一样。流量限制器的工作原理如图 5-22 所示。

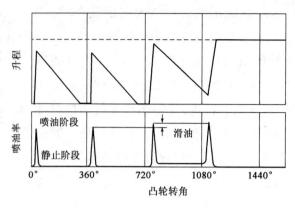

图 5-22　流量限制器的工作原理

(一) 流量限制器的正常工作状态

活塞处在静止位置,即靠在共轨端的限位体上。一次喷油后,喷油器端的压力略有下降,从而活塞向喷油器方向运动。活塞压出的容积补偿了喷油器喷出的容积。在喷油终了时,活塞停止运动,不关闭密封座面,弹簧将活塞压回到静止位置,燃油经节流孔流出。弹簧和节流孔尺寸是这样设计的:使得在最大喷油量(包括一个安全储备量)时活塞仍能抵达共轨端的限位体位置。此静止位置一直保持到下一次喷油。

(二) 泄油量过大过小时的保护性工作原理

1. 泄油量过大时的保护性工作原理

由于喷出的油量过大,活塞从静止位置被压到出油端的密封座面上。然后,活塞在此位置一直保持到发动机停机时靠在喷油器端的限位体上,从而关闭通往喷油器的进油口。

2. 泄油量过小时的保护性工作原理

由于产生泄油,活塞不再能达到静止位置。经过几次喷油后,活塞移动到出油端的密封座面上。即在此处,活塞停留到发动机停机时靠在喷油器端的限位体上,从而将通往喷油器的进油口关闭。

八、共轨安全阀

共轨安全阀相当于安全阀(但是不控制压力),它的基本作用是限制共轨中的压力过高或过低。因为某种原因,当共轨中的压力达到设定压力时,则压力限制器开启,打开卸油孔卸压。当压力下降到一定压力时,球阀复位,从而始终维持共轨内的压力,不致过高或过低。

共轨安全阀的结构和工作原理如图 5-23 所示。在正常状态下,球阀处于落座位置,共轨内维持正常压力;如果共轨内产生了高压,则球阀被顶开,图中配合部分脱开,高压燃油从共轨端流向油箱,开始卸压,从而限制共轨内压力不超过一定的压力值。

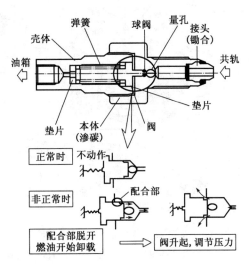

图 5-23 共轨安全阀的结构与工作原理

九、电子控制单元 ECU

ECU 的基本功能是结合实时工况和外界条件,始终使发动机控制在最佳燃烧状态。ECU 广泛用于各种电控系统中,例如:电控共轨系统、TICS 系统、电子调速器、电控分配泵、电控泵喷嘴等。

ECU 按照预先设计的程序计算各种传感器送来的信息,经过处理后,把各个参数限制在允许的电压电平上,再发送给各相关的执行机构,执行各种预定的控制功能。

微处理机根据输入数据和存储在 MAP 中的数据,计算喷油时间、喷油量、喷油率和喷油定时等,并将这些参数转换为与发动机运行匹配的随时间变化的电量。由于发动机的工作是高速变化的,而且要求计算精度高,处理速度快,因此 ECU 的性能应当随发动机技术的发展而发展,使微处理器的内存越来越大,信息处理能力越来越高。

十、依维柯 EDC7 系统主要电气和电子元件

依维柯 EDC7 系统主要电气和电子元件如图 5-24 所示。

1. 共轨压力传感器

共轨压力传感器的作用是以足够的精度,在相应较短的时间内,测定共轨中的实时压力,并向 ECU 提供电信号,如图 5-25 所示。

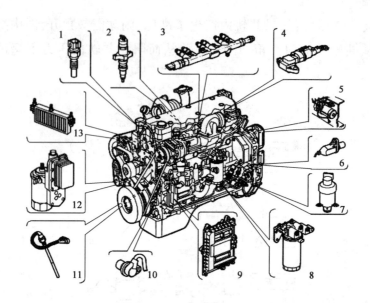

图 5-24　依维柯 EDC7 系统主要电气和电子元件

1-冷却剂温度传感器；2-电子喷油器；3-导轨压力传感器；4-空气温度—压力传感器；5-起动机；6-定时传感器；7-调压器电磁阀；8-燃油温度传感器；9-电子控制装置；10-曲轴传感器；11-发动机油位变送器；12-发动机油压—温度传感器；13-进气加热器

共轨压力传感器由下列构件组成：压力敏感元件（焊接在压力接头上），带求值电路的电路板和带电气插头的传感器外壳。

燃油经一个小孔流向共轨压力传感器，传感器的膜片将孔的末端封住。高压燃油经压力室的小孔流向膜片。膜片上装有半导体型敏感元件，可将压力转换为电信号。通过连接导线将产生的电信号传送到一个向 ECU 提供测量信号的求值电路。

共轨压力传感器的工作原理是：当膜片形状改变时，膜片上涂层的电阻发生变化。这样，由系统压力引起膜片形状变化（150MPa 时变化量约为 1mm），促使电阻值改变，并在用 5V 供电的电阻电桥中产生电压变化。电压在 0~70mV 之间变化（具体数值由压力而定），经求值电路放大到 0.5~4.5V。精确测量共轨中的压力是电控共轨系统正常工作的必要条件。为此，压力传感器在测量压力时允许偏差很小。在主要工作范围内，测量精度约为最大值的 2%。共轨压力传感器失效时，具有应急行驶功能的调压阀以固定的预定值进行控制。

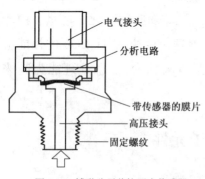

图 5-25　博世公司共轨压力传感器

2. 曲轴转角传感器和汽缸识别传感器

曲轴转角传感器是一个感应传感器，位于发动机左边正面，如图 5-26 所示。曲轴转角传感器通过曲轴上安装的音轮孔获得发动机转速。在飞轮上每 7.5° 设置一个信息孔,但是,总共缺少3个孔。也就是说,在飞轮圆周上共有45个孔。发动机每旋转2转,将会产生90个脉冲信号。曲轴转角传感器接收到信息后,则通过传感器线圈的磁力线发生变化,在线圈内产生交流电压。根据这些信号,可以检测出发动机的转速和7.5°的曲轴转角间隔。

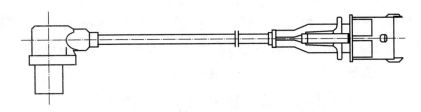

图 5-26　曲轴转角传感器

和曲轴转角传感器相似,汽缸识别传感器也是利用通过线圈的磁力线变化产生交流电压的特性制成的。在供油泵凸轮轴中间设置了一个圆盘状的齿轮,且每120°缺一个齿(凹形切槽),但在某一处多了1个齿。因此,发动机每转2转则发出7个脉冲信号。

根据曲轴转角传感器和汽缸识别传感器的信息,可以判断出第一汽缸为基准脉冲。汽缸判别传感器的外形如图5-27所示。

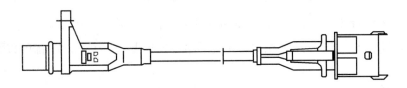

图 5-27　汽缸判别传感器

3. 空气温度—压力传感器

该传感器包括温度传感器和压力传感器,它在进气歧管上,测量提供的空气的最大流率,其目的是精确地计算在每个周期应该喷射的燃油量。传感器输出电压与探测到的压力或温度成正比。

4. 发动机油温—压力传感器

该传感器类似于空气温度—压力传感器,它安装在采用立式位置的发动机油滤清器支架上,用于测量发动机油温和压力,并将探测到的信号发送给 EDC 控制装置,该控制装置反过来控制仪表盘上的有关设备(仪表+压力警告灯等)。任何仪表都不显示油温,油温仅供控制装置使用。

5. 水温传感器

检测发动机冷却液的温度,并将探测到的信号发送给 EDC 控制装置,以修正喷油量。

6. 燃油温度传感器

检测燃油的温度,并将探测到的信号发送给 EDC 控制装置修正喷油量。EDC 可根据燃油温度传感器的信号,控制燃油加热器的工作。

7. 加速踏板位置传感器

加速踏板位置传感器如图 5-28 所示。它用于将驾驶员的操作意图反馈给 EDC,检测加速踏板的位置和加速踏板变化的速度;它类似于传统柴油机的供油尺杆提供发动机是否处于怠速工况;将检测的信号输送给 ECM。

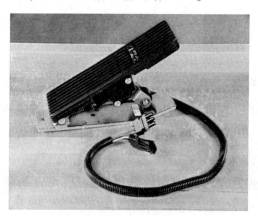

图 5-28 加速踏板位置传感器

加速踏板位置传感器的工作原理如图 5-29 所示。触点在电阻体上滑动,利用电阻值的变化输出与节气门开度相对应的电压值,根据此电压值 ECM 就可以知道节气门的开度。

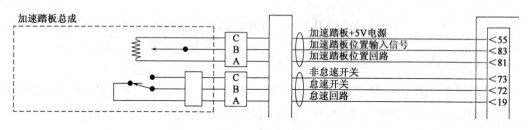

图 5-29 加速踏板位置传感器的工作原理

8. 机油温度传感器

机油温度传感器用于监测发动机机油的温度。当发动机机油温度过高时,EDC 就会启用发动机保护特性,使发动机功率下降,且可能导致停机。

9. 燃油含水传感器

燃油含水传感器的作用是将油水分离器中所含有的水信号输送给 ECM。ECM 根据该信号控制仪表盘上的指示灯,提醒驾驶员及时排除分离器中的水。燃油含水传感器装在油水分离器上。

10. 进气加热器

当进气温度较低时,EDC便接通进气加热器给进气进行加热,用于在低温环境中改善起动性能和白烟控制。

进气加热器的工作原理如图5-30所示。当发动机起动时,EDC通过空气温度传感器检测空气的温度,低于设定值时,EDC便通过继电器接通进气加热器的电路,电流流过进气加热器,加热器将电能转变成热能,给空气进行加热。当空气的温度被预热后,ECU通过继电器切断加热器的电路,加热器停止对空气的加热,这时可以起动发动机。当加热器工作时,EDC同时点亮加热等待指示灯,当加热结束后,加热等待指示灯熄灭,驾驶员可根据加热等待指示灯的工作情况判别加热器的工作情况。

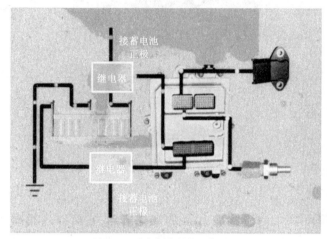

图5-30 进气加热器的工作原理

11. 燃油加热器

EDC可根据燃油温度控制燃油加热器的工作,以改善发动机的冷起动性能和发动机保护。燃油加热器上使用12V或24V电源。燃油加热器的工作由ECM根据燃油温度传感器的信号控制,其工作原理如图5-31所示。

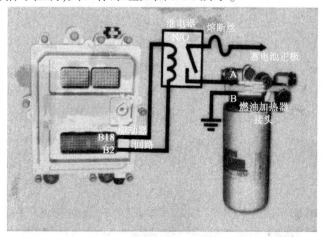

图5-31 燃油加热器的工作原理

十一、依维柯 EDC7 燃油系统的主要机械元件

1. 油水分离器（柴油粗滤清器）

油水分离器如图 5-32 所示，其作用是将柴油中所含的水分分离出去；过滤掉燃油中的较大杂质（300μm）。在分离器上安装有燃油含水传感器。应每日对油水分离器进行排污。

图 5-32　油水分离器

2. 燃油滤清器

如图 5-33 所示，燃油滤清器是 7μm 的细滤清器，它可以过滤掉燃油中超过 7μm 的杂质，确保燃油泵和喷油器的正常工作；滤清器座结构复杂，其上安装有燃油加热器、进出油管和回油管、燃油温度传感器等。

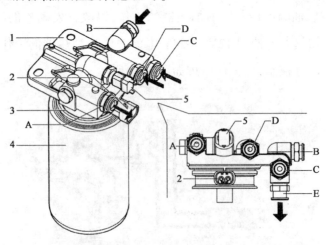

图 5-33　燃油滤清器

1-燃油滤清器支架；2-加热器连接器；3-电子燃油加热器；4-燃油滤清器；5-燃油温度传感器；A-高压泵的出口接头；B-共用导轨和汽缸头（喷油器）排放管道进入口接头；C-高压泵排放管道接头；D-供油泵的进入接头；E-燃油箱的出口接头

十二、电控柴油机起动时的注意事项

(1)起动时,应将变速器置于空挡。

(2)起动时,不要脚踩加速踏板。

(3)将钥匙转动到"ON"接通位置,等待"WAIT-TO-START"指示灯熄灭再起动发动机。

(4)电动机起动时间不得超过30s,两次起动之间应间隔2min。

(5)若有现行故障时,应先解决问题后起动发动机。

(6)若3次起动不能着车,应检查电控及燃油系统。

(7)着车15s仍无机油压力,应熄火,检查润滑系统。

(8)起动后,至少怠速3~5min后再起步,确保润滑正常。

(9)发动机的最低起动转速为150r/min。

(10)在蓄电池电压不足时,应及时更换蓄电池,需跨接蓄电池起动时,应将蓄电池并联,并确保接触良好。

(11)避免发动机运转后,起动机仍处于工作状态。

第五节　柴油机的废气净化装置与控制

一、柴油机的有害排放

在理想燃烧条件下,柴油机燃烧产物中的成分是二氧化碳(CO_2)、水蒸气(H_2O)、氮气(N_2)和过量的氧气(O_2),这些成分基本上都是无害的。但是,由于实际燃烧过程受到诸如柴油品质与雾化质量、燃烧室内换气条件、可燃混合气形成速度及燃烧室势力状态等因素的制约,柴油机燃烧产物中除含有上述无害的主要成分外,还会含有少量的一氧化碳(CO)、未燃碳氢(HC)、氢(H)氮氧化物(NO_x)及碳烟等有害成分。柴油机的这些有害排放对人们的呼吸器官、神经系统等有较强的毒害作用,同时也会恶化生态环境。因此,如同其他以煤炭、石油作燃料的热能动力机械一样,对柴油机也应采取有效措施,减少其有害排放。

(一)氮氧化合物

(1)氮氧化合物的组成和生成条件

氮氧化合物NO_x主要包括NO和NO_2,其中NO是无色气体,NO_2是黄褐色气体。

氮氧化合物是由氮气与氧气在一定条件下反应生成（例如燃烧）。产生条件是高温（18000℃）、富氧和足够的反应时间，因此，主要产生于柴油机高负荷工况下。在阳光下氮氧化合物与碳氢化合物反应而形成光化学烟雾。

(2) 氮氧化合物的危害

氮氧化合物对人体肺脏有刺激，可引起支气管炎、肺炎及降低呼吸系统的抵抗力。就全球来看，空气中的氮氧化物主要来源于天然源，但城市大气中的氮氧化物大多来自燃料燃烧，即人为源，如汽车等流动源，工业窑炉等固定源。据计算，各种燃料燃烧产生的氮氧化物量为1t天然气,6.35kg;1t石油;9.1~12.3kg;1t煤，8~9kg。而以汽油、柴油为燃料的汽车，尾气中氮氧化物的浓度相当高。在非采暖期,北京市一半以上的氮氧化物来自机动车排放。氮氧化物与空气中的水结合，最终会转化成硝酸和硝酸盐，随着降水和降尘从空气中去除。硝酸是酸雨的原因之一；它与其他污染物在一定条件下能产生光化学烟雾污染。北京市目前从防止机动车尾气污染入手，防治措施有强制安装机外净化器、严格控制新车污染、推广使用清洁燃料，等等。

(二) 碳氢化合物

(1) 碳氢化合物的组成和生成条件

碳氢化合物包括100多种由碳(C)和氢(H)组成的不同化合物，它是燃料不完全燃烧或完全不燃烧的产物，主要产生于柴油机低负荷、冷态及起动工况；从活塞环及气门导管窜入燃烧室的润滑油也会生成碳氢排放出去。

(2) 碳氢化合物的危害

碳氢化合物在阳光作用下会与氮氧化物产生反应，生成光化学雾，它是一种淡蓝色的化学烟雾，是由汽车、工厂等污染源排入大气的碳氢化合物(HC)和氮氧化物(NO_x)等一次污染物，在阳光的作用下发生化学反应，生成臭氧(O_3)、醛、酮、酸、过氧乙酰硝酸酯(PAN)等二次污染物，参与光化学反应过程的一次污染物和二次污染物的混合物所形成的烟雾污染现象叫作光化学烟雾。臭氧是烟雾的主要成分，也是城市空气污染治理的最主要难题之一，它刺激性强烈，可引起窒息、咳嗽及眼睛刺激，损伤肺组织，加重呼吸系统疾病，并使呼吸系统易受感染，污染严重可抑制植物生长，并可造成农作物及森林的广泛伤害。另外，有些碳氢化合物也会对人的呼吸系统造成危害，长期接触碳氢化合物有可能会使人致癌。

(三) 一氧化碳 CO

1. 生成条件

一氧化碳是无色无味气体，是由于空气量不足引起不完全燃烧的产物，形成于碳氢化合物的中间燃烧阶段，当燃烧趋于完全，CO 被氧化为 CO_2，温度低，反应时间短及空燃比低等均可造成不完全燃烧,进而产生CO。由于空燃比较高,柴油机的一氧化碳排放较低,虽然法规规定了限值,但对柴油机而言不是问题。

2. 一氧化碳的危害

一氧化碳可降低血液向身体组织器官输送氧气的能力;一氧化碳含量较高可造成视觉损伤,肢体灵活性、学习能力及完成复杂工作能力降低,从而导致中毒。

(四)氧化硫

1. 生成条件

当燃油中含有硫时,燃油中的硫参与燃烧过程,硫和氧发生化学反应,从而会生成氧化物。

2. 氧化硫的危害

氧化硫与空气中的水反应生成硫酸,可使土壤及水变为酸性,损害树木及农作物的枝叶,过高的浓度会影响呼吸,并可使呼吸及心血管疾病患者加重病情。燃油中的硫可以导致催化器失效,控制方法是限制燃油中硫的含量。

(五)黑烟和白烟

柴油中没有参与燃烧反应的,可遮挡光的碳粒称之为黑烟,黑烟一般是在加速及高负荷时排出。白烟是由未燃烧的碳氢和水蒸气等无色液体颗粒反射或折射光形成,白烟只在冷态及低负荷时产生。

(六)颗粒物PM(Particulate Matter,微粒子状物质)

1. 生成条件

PM是柴油发动机排放的微粒子状物质的总称,主要由黑烟、被称为SOF(可溶有机成分)的燃烧残留下来的燃料及润滑油的成分、被称为氧化硫的由柴油中的硫生成的成分等构成。碳颗粒(soot)是因空气不足或燃烧温度低致使自由碳不能完全燃烧而形成,它是一种复杂的混合物,包括固体、液体及其他多种尺寸的化学颗粒。柴油机产生的颗粒物都是PM 2.5,即直径为2.5μm的颗粒,可通过提高喷射压力来控制PM的排放量。

2. 颗粒物的危害

细小颗粒可进入肺的最深部位,并沉积较长时间,可能引起伤害;细小颗粒可加重呼吸系统病症(哮喘、支气管炎),降低肺功能及免疫力,导致肺组织器质性病变与泡状巨噬细胞损伤。

如图 5-34 所示,11μm 及以上颗粒不会进入人体;7~11μm 颗粒只能进入鼻腔;4.7~7μm 颗粒可到达咽部;3.3~4.7μm 颗粒可进入气管及浅层支气管;2.1~3.3μm 颗粒可进入深层支气管;1.1~2.1μm 颗粒可达到支气管末梢;0.65~1.1μm 颗粒可进入细支气管;0.43~0.65μm 颗粒可进入肺泡。

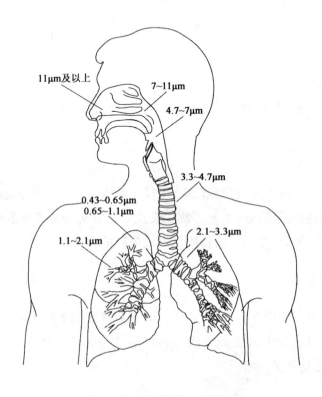

图 5-34 颗粒物对人体的危害

(七)二氧化碳 CO_2

1. 二氧化碳的生成条件

二氧化碳是柴油在燃烧过程中的必然产物,是柴油机排放中的主要成分之一。

2. 二氧化碳的危害

二氧化碳是无毒气体,但它与全球变暖有关,是温室气体。大气中二氧化碳排放量增加是造成地球气候变暖的根源。国际能源机构的一项调查结果表明,美国、中国、俄罗斯和日本的二氧化碳排放量几乎占全球总量的一半。调查表明,美国二氧化碳排放量居世界首位,年人均二氧化碳排放量约20t,排放的二氧化碳占全球总量的23.7%。中国年人均二氧化碳排放量约为2.51t,约占全球总量的13.6%。

二、降低柴油机有害排放物的控制技术

(一) 采用高压共轨喷射系统

柴油机降低排放的对策主要是改善燃烧,而喷射系统性能是影响柴油机燃烧过程的关键因素,可要改进传统的柱塞泵分缸脉动喷射系统难度较大。高压共轨喷射系统正是顺应上述需求而诞生,且得到了很大发展。它被世界内燃机行业公认为20世纪三大突破之一(另外两项是汽油直喷技术和DME代用燃料)。由电子控制单元和各种传感器组成的高压共轨系统,不再采用柱塞泵分缸脉动供油原理,而是通过一个设置在喷油泵和喷油器之间的具有较大容积的共轨管,把高压油泵输出的燃油蓄积起来并平抑压力波,再通过各高压油管输送到喷油器上,由喷油器上的电磁阀控制喷油的开始和终止。电磁阀作用的时刻决定着喷油定时,作用的持续时间和共轨压力共同决定着喷油量。由于这种系统采用压力时间式燃油计量原理,因此又可称为压力时间控制式喷射系统。高压共轨喷射系统的特点是喷油压力的建立与喷油过程无关;喷油压力、喷油过程和喷油持续期不受负荷和转速的影响;喷油定时与喷油计量完全分开,可以自由调整每缸的喷油量和喷油始点;能实现预喷射、快速停喷和多段喷射。因此,高压共轨喷射系统通过对喷油要素的优化控制,使柴油机燃烧更充分,从而减少燃烧中有害物的形成;使柴油机的有害排放、噪声排放和冷起动性能都得到很大改善。

(二) 采用废气再循环系统

废气再循环系统是将柴油机产生的废气的一小部分再送回汽缸。由于柴油机中富余的氧气较多,当送回汽缸的废气与新鲜空气混合后,导致汽缸内氧气浓度降低,使燃烧速度减慢,燃烧温度下降,从而减少有害成分氮氧化物(NO_x)的形成,如图5-35 所示。

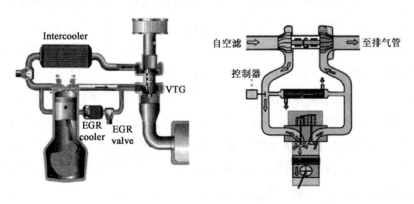

图 5-35 废气再循环系统

目前,采用和研究的废气再循环系统有多种类型,例如,日野汽车公司开发的脉

冲式废气再循环系统在柴油机进气过程中,排气门稍有提升,使部分高压废气回流到汽缸内。排气门的这个作用是通过修改排气门凸轮的形状和将废气再循环系统微升来实现的。在脉冲式废气再循环系统中,废气被重新送回汽缸内,因此废气的压力应高到足以使气流反向。要达到这样高的压力只有通过优化气门微升和定时,从而利用废气的压力波才能实现。在该废气再循环系统中,废气压力"脉冲"被有效利用。

(三) 采用增压中冷技术

所谓增压,就是增加进入柴油机汽缸内的空气密度,增压器如图 5-36 所示。中冷则是将压缩后的空气的温度降低,中冷器如图 5-37 所示。因此,柴油机采用增压中冷系统后,滞燃期缩短,在稀烯火焰熄灭区内积压的燃油量较少,从而减少排气中有害成分碳氢化合物(HC)和氮氧化物(NO_x)的生成。

图 5-36　增压器　　　　　　　　图 5-37　中冷器

目前,增压方法主要有三种方式。其中,废气涡轮增压器主要是由涡轮和压气机组成。它与柴油机没有机械传动联系,柴油机排出的废气经排气管进入涡轮做功。涡轮叶轮与压气机叶轮同轴,从而带动压气机吸入外界空气并压缩后送至柴油机进气管。增压中冷柴油机在压气机出口和柴油机进气管入口之间增设中间冷却器(简称中冷器),使压缩后的空气温度下降,密度增大。增压中冷可以在柴油机的热负荷不增加甚至降低以及机械负荷增加不多的前提下,大幅度地提高柴油机的功率,降低有害物的排放。增压中冷柴油机实现废气再循环还有另外两种方式:一种是将涡轮前的排气引入中冷器之后,称为高压废气反向。其采用可变截面涡轮增压器,可以扩大废气再循环有效工作范围,降低氮氧化物(NO_x)和微粒(PT),油耗也不升高。这可能是将高压废气再循环系统用于增压中冷柴油机的最好方法。另一种是将涡轮后的排气引入压气机之前,称为低压废气再循环系统。它可有效降低氮氧化物(NO_x),而废气循环工作范围较大,与柴油机匹配能有效地发挥其功能。

废气涡轮增压方式与机械增压和气波增压方式比较,结构简单、工作可靠,因此在柴油机上得到普遍采用,而其他两种增压方式基本不被采用。

(四) 采用微粒捕集器

给柴油机配备微粒捕集器,可将排气中微粒捕捉,不使其排出机外,再利用催化剂、氧化器、燃烧器等进行分解、燃烧。这种装置可将柴油机排气中有害物微粒减少70%~90%。用来捕集微粒的过滤器的材料和结构有许多种,常用的有整体式陶瓷、金属丝网、纺织纤维圈、陶瓷纤维、泡沫陶瓷等。这些过滤材料的捕集原理一般认为有以下几种。

1. 碰撞机理

柴油机废气流经捕集单元时,其流线发生了多次拐弯,在流线拐弯处,较大的微粒由于运动惯性大多脱离原来的流线与捕集单元相碰,并吸附或沉积于其上。

2. 截流机理

柴油机废气流经捕集单元时会发生两种情况:一是粒径比过滤材料孔隙大的微粒被挡住并被黏附住,即发生筛滤效应;二是粒径比过滤材料孔隙小的微粒由于黏着与聚合作用而部分被截流。

3. 扩散原理

柴油机废气中的微粒物由于气体分子热运动的碰撞而产生布朗运动,越小的微粒越显著,并会造成扩散效应。当废气流经捕集单元时,纤维状的捕集单元对微粒的运动起到了汇合作用,从而有可能将微粒捕集。

4. 重力沉降机理

当缓慢运行的柴油机废气流经捕集器时,废气逗留时间比较长,较大的粒子可能在重力作用下发生脱离流线的位移而沉淀在捕集单元上。排气系统中安装微粒捕集器后,将会使柴油机的排气背压提高,功率下降。捕集材料上沉积的微粒越多,排气背压越高。因此,必须定期清除沉积在过滤材料上的微粒。清除沉积在过滤材料上的微粒的过程为捕集器的再生。在柴油机正常工作的转速和负荷下,排气温度一般在250~500℃,而微粒的燃点一般为550~600℃,仅依靠柴油机的排气很难使捕集器再生。要使捕集器再生,必须降低微粒的燃点或提高排气温度。通过在燃油中加入添加剂或在过滤材料表面涂催化层,可以降低微粒的燃点,使微粒能在较低的温度下燃烧掉,一般称主动再生。另一种是利用外部能源提高排气温度,如电热器加热补燃和燃烧器加热补燃,将捕集器材料上的微粒燃烧掉,一般称为被动再生。被动再生是一种定期再生,需要复杂的检测和控制技术以决定再生时间。当前,捕集器再生将主动再生和被动再生技术结合起来,效果显著。

(五) 采用催化净化装置

催化净化装置是一种内部装有催化剂的装置,装在发动机的排气管中。催化剂能使发动机排气中的有害成分加速转变成无害成分。催化净化方法有两种:一种是催化氧化法,它以铂、钯、黄金、钴、镍等金属及其氧化物作为催化剂,使有害成分一氧化碳(CO)和碳氢化合物(HC)氧化成无害成分二氧化碳(CO_2)和水蒸气(H_2O)。另一种是催化还原法,它以碱金属、钴铬合金作为催化剂,使有害成分氮氧化合物(NO_x)还原为氮气(N_2)和氧气(O_2)。

目前,催化净化装置有氧化催化反应装置和三元催化反应装置。氧化催化反应装置仅依靠氧化反应降低有害成分一氧化碳(CO)和碳氢化合物(HC),柴油机和汽油机都适用。三元催化反应装置能同时进行氧化与还原反应,能使一氧化碳(CO)、碳氢化合物(HC)和氮氧化物(NO_x)三种有害成分同时得到净化处理。它要求发动机的空燃比精确地控制在理论空燃比附近的最佳范围内,以保证同时对三种有害成分高效率净化。因此,三元催化反应装置一般与燃油电子喷射发动机一起使用,用氧传感器检测排气中的氧浓度,反馈控制发动机的空燃比范围。由于柴油机排气中残留的氧量较多,使氧传感器的控制不灵敏,故三元催化反应装置一般不用于柴油机,而只用于汽油机。

(六)采用后处理系统

后处理系统即为选择性催化转换器 SCR,用以将氮氧化物转化为惰性化合物 N_2 和 H_2O。选择催化转化过程是基于一系列化学反应的基础上,通过氨气同废气中氧的反应,降低排气中氮氧化物的含量。

1. 后处理系统的组成

后处理系统的组成和工作原理,如图5-38所示。

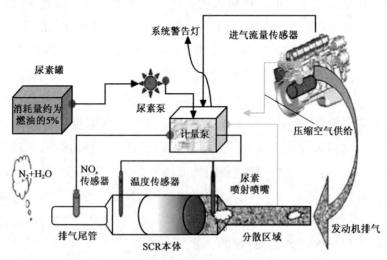

图5-38 SCR系统的组成和工作原理

(1)尿素加料装置(尿素泵)

尿素泵集成了后处理系统电脑与泵体及压力开关、空气电磁阀、空气阀、调节阀、促动阀等于一体,是一个总成部件。尿素加料泵接收发动机 ECM 发送的 CAN 信息,根据信息的内容准确适量喷射尿素。尿素加料系统利用系统供应的空气,将一定剂量的尿素输送到喷射喷嘴。尿素泵有一个内置的加热装置,允许系统在室外温度低于 -40℃ 的情况下工作。尿素泵具有自我诊断的步骤,尿素泵通知系统有关它通过 J1939 总线接口发送 OBD 报文的状态的信息。尿素泵可以匹配 12VDC 和 24VDC 供电电压。数字式电子加料器控制使得尿素加料系统可以极快地达到所需的流量,在稳态标准条件下,即泵标定为 20℃ 环境和液体温度,所需数量的误差为 1%。吸入流量呈波动状态,最大峰值流量约为 25L/h。

(2) SCR 本体

SCR 本体是当前排气消音器尺寸的 2 倍。催化器包括消音和催化反应砖两部分。

(3) 尿素喷射喷嘴

尿素喷射喷嘴的尖端有 4 个小孔,可以使尿素和空气雾化,然后将其直接喷射到尾气中和 EGP 上。喷嘴由不锈钢制成,带有陶瓷内核。维修喷嘴时应小心,不要使它掉落,否则可能损坏陶瓷涂层。

(4) 传感器(组合液位和温度)

液位(电磁浮子)传感器有 14 个电阻阶段,由簧片开关操控,标定时,必须参照第一个和最后一个的电阻段。每电阻阶段之间的最大间隔为 21mm;温度(热敏电阻)传感器用于检查尿素的温度。

(5) 空气电磁阀

空气电磁阀与尿素加料装置(泵)集成一体,无法单独更换。

(6) 温度传感器

在 SCR 本体上有两个温度传感器,一个是进口热敏电阻,另一个出口热敏电阻。它们都用于监测催化器温度。

(7) 串联式机油和空气滤清器

空气/机油滤清器,用于清洁进入后处理系统的空气。

(8) 尿素

尿素(NO_xCare)是一种高纯度(32.5%,按重量)的液态尿素溶液,使用时应用软化水对纯尿素进行稀释。

(9) 加料器管路

进气管路、尿素回流尿管路、尿素入口管路是尼龙管,从加料器到喷油器的尿素/空气供应管为 PIFE 管,可以承受 EGP 产生的高温。

2. 后处理系统的工作原理

后处理系统利用一个非常精确的加料泵,将液体尿素喷射到催化器上游的排气系统中。泵喷出的尿素量由发动机 ECM 控制。在正常工作情况下,加料泵有三个控制阶段,即预注、加料和排空阶段。

(1) 预注阶段

尿素溶液通过尿液入口、单向阀、尿素泵、单向阀、压力开关、空气促动阀与回液口循环并流回到尿素罐中,以便排空系统中的空气。排空阶段运行时将会听到加料器电机全速运转 30s,空气电磁阀将在本阶段末工作(当电磁阀吸合时会有一声清脆的响声)。此时空气促动阀切断预注阶段尿素回液路径,如果压力开关检测到系统压力达到 300kPa,预注阶段成功,如果预注阶段第一次不成功,空气电磁阀将断电,电机将再全速运转 30s。这一顺序可以最多重复 20 次,然后显示出加料泵故障。

(2) 加料阶段

在预注阶段末,空气电磁阀打开,泵电机停止。气罐中的空气通过接口进入空气阀,空气阀在空气电磁阀的控制下改变阀芯位置,将空气引入空气压力调节器,经过调压后的空气被输送至空气促动阀与空气量孔,再经过单向阀进入混合室,经过尿素泵与喷嘴接口将空气源源不断地从喷嘴内喷入催化反应器。尿素泵现在准备好进行加料。加料阶段由发动机 ECM 根据发动机产生的氮氧化物和排气温度进行控制。当满足以下几个条件时尿素泵开始工作:在排气进口和出口上达到 200℃;没有后处理系统相关的故障代码;尿素罐液位高于 12%;空气压力高于约 400kPa,尿素压力约 300kPa,尿素温度超过 -5℃,符合柴油机的氮氧化物算法。尿素在泵的压力作用下通过单向阀进入混合室与空气混合后,在空气的带动下一起进入催化反应器。

(3) 排空阶段

当钥匙开关转到 OFF(断开)位置,系统进入排空阶段,尿素泵电机停止工作不再提供尿素,而压缩空气继续从气罐引入并流经尿素泵,通过接口 B 进入喷嘴继续喷射。空气将任何残留的尿素从系统中排出,否则这些液滴将会形成结晶可能堵塞泵阀门、喷嘴、管路等。此阶段将延续 30s,然后系统关闭。每次钥匙进行打开与关闭循环,都会进行排空工作。这一阶段非常重要,如该阶段长时间无法正常运行,将导致整个系统因结晶堵塞无法工作。

(七) 采用代用燃料

当前,世界石油制品的消耗量逐年上升,石油资源日益枯竭,国际油价居高不下,积极寻找并研究代用燃料,成为降低有害物排放的另一个方向。二甲醚(DME)就是一种很有前途的代用燃料,其化学分子式为 CH_3—O—CH_3,原用于喷雾工业。通过 Danish 公司的革新,其工业生产成本明显降低,基本上达到与柴油机同等价格水平,并且 DME 可由煤、天然气甚至生物来制取,用二甲醚时的 NO_x 值较用柴油时可降低 50% 以上。

采用二甲醚,由于其喷射压力低,所以当最高喷射压力为 25~35MPa 时,就可获得满意的功率、油耗和排放指标。其前提条件是喷射系统应设计成共轨式，并且需要特殊的防护措施。

随着柴油机的广泛使用，柴油机的环境污染、噪声污染、冷起动性能及振动，已经成为衡量柴油机技术水平的重要指标，同时也是决定柴油机能否继续扩大其市场占有率的主要因素之一，因此必须降低有害物质 CO、HC、NO_x 和微粒的排放，即通过采取各种技术措施对其进行控制，从而获得良好的动力性、经济性和达到低排放的目标。

第六章

天然气发动机技术

第一节　天然气发动机概述

一、天然气的特点

天然气以其资源丰富、排放污染低、价格低廉等优点，日益受到人们的重视，被认为是一种非常具有发展前景的燃料。大部分人都将天然气作为继煤、石油之后的世界上第三大能源，其发挥着越来越重要的角色。天然气的主要成分是甲烷，甲烷是一种气态燃料，能够与空气充分混合，因此其燃烧后基本没有微粒排放，燃烧后的 CO 生成量也很少；与其他化石类燃料相比，在开采、生产、储藏、运输、使用等全生命周期内产生的污染物排放量最少，因此天然气又被人们称之为"清洁燃料"。

二、发展及应用前景

自 20 世纪 30 年代初第一台天然气发动机诞生至今，先后经历了 3 次大发展。首次大发展出现在第二次世界大战后，石油燃料十分匮乏，大都应用于战争中，为了解决燃料应用问题，人们想到了天然气燃料，因此固定式内燃机上大量使用天然气燃料，并且一部分车用内燃机也是用天然气，但是由于天然气储存和携带不方便，限制了其发展，在随后的三四十年内发展缓慢。

第二次大发展是在 20 世纪的 70 年代中期，中东战争和石油危机爆发，使得石油价格暴涨，因此美国、西欧各国及日本等石油进口大国的用油成本急剧增加，另外世界上主要的石油输出国联合起来控制石油的生产、价格，使得这些国家认识到能源不能过分依赖石油，能源的多元化战略开始付诸实施。天然气此时再次被重视起来，由于其燃烧后基本不排放黑烟，所以又被称为"绿色能源"，人们初步认识到其环保价值，天然气发动机获得了再次发展的机会。

第三次快速发展是在 20 世纪末和 21 世纪初，全球石油价格持续上涨，加上发展中国家逐步开始工业化进程，因此对能源的需求量急剧增加，从而导致国际上能源的供需矛盾日益突出，因此世界上主要发达国家的政府都大幅度地增加了对发动机代用燃料的开发和扶持力度，发动机的代用燃料技术取得了显著的进步。

近年来，世界上众多国家，例如美国、德国、日本、韩国、泰国等都相继制定了天然气动力应用的发展规划。我国相继实行了"清洁汽车""十城千辆"等政策，大力推广新能源汽车,使得天然气发动机在城市公交、出租车上得到广泛应用。我国对天然气发动机的研发工作起步较晚,从20世纪80年代开始,但发展迅速,尤其是全国开展"清洁汽车"行动后。天然气发动机未来仍将保持高速发展的态势。

三、天然气发动机研究现状

自20世纪30年代初期天然气发动机问世以来,经过多年的发展,天然气发动机技术已日趋成熟。目前来看,大部分天然气发动机都是由现有的柴油机或者汽油机机型基础上改型而来的,另外由于目前天然气发动机应用领域广泛,技术水平上差距较大。

虽然我国天然气发动机的发展较快,但在总体技术上与国外先进水平仍有不小的差距,这阻碍了我国天然气发动机的自主研发和更广泛的推广。

近年来,各发动机知名生产厂家、咨询公司及研究机构都针对天然气发动机的燃烧和排放特性、供给系统及控制、稀薄燃烧技术、天然气喷射技术以及天然气柴油双燃料发动机技术等展开了大量的理论和试验研究。

四、天然气发动机的分类

(一)折叠点燃式

点燃式天然气发动机技术类似汽油机的工作方式,即用火花塞引燃天然气混合气,其供气方式可以分为进气道内供给天然气和燃烧室内直接供给天然气。进气道供气还可分为单点供给天然气和多点供给天然气。多点供气就是在每缸的进气道单独供给,单点供气就是在进气总管供给天然气。单点供气类似于汽油机的进气道单点喷射,各缸会出现抢气导致的工作不均匀现象,因此在大型多缸天然气发动机上,多采用多点供气方式。

(二)折叠非均质压燃式

压燃式天然气发动机的燃料供给方式是向缸内直喷高压天然气,喷射时刻一般在上止点前,在压缩上止点前自行着火,实现扩散燃烧。由于甲烷是天然气的主要成分,其着火温度比柴油高,因此为了使其可靠着火,直喷式天然气发动机一般需要助燃措施,常用的为电热塞辅助着火。使用中电热塞易于发生氧化,因此通常选用具有陶瓷外壳的内热式热面管形式的电热塞,由发电机提供能量,并且根据发动机的运转条件调节电热塞的外加电压。

压燃式高压缸内直喷的天然气发动机像柴油机一样,没有节气门,因此其不存在节流损失和容积效率损失。高压天然气在压缩上止点前喷入燃烧室内,与柴油机的混合气形成方式一样,边混合边燃烧,属于扩散燃烧的范畴,因此该类型的天然气发动机可以采用相对较高的压缩比,能够获得与柴油机相当的热效率,另外,还可以通过控制燃料的供应量来控制发动机负荷,因此,进气道供气的天然气发动机普遍存在的小负荷性能差的缺点能够得到有效改善。

(三)折叠均质压燃式

在混合气着火之前,低浓度的均质混合气在燃烧室内形成,当缸内温度压缩到天然气的自燃温度以上时,均质混合气开始着火,即实现均质压燃燃烧。均质压燃燃烧的天然气发动机在工作方式上融合了点火燃烧和压燃燃烧两种燃烧方式的工作特点,混合气形成采用预混形式,燃烧采用压燃燃烧方式,并且采用质调节的方式控制负荷,将节气门去掉。由研究结果可知,均质压燃的燃烧方式适合于多种燃料,包括汽油、柴油、天然气等;天然气是气体燃料,比起汽油和柴油等液体燃料,能够更容易地形成均质混合气,再加上天然气的高辛烷值,有很好的抗爆性能,因此,天然气发动机可以采用相对高的压缩比,从而更容易实现压缩着火的燃烧方式。

(四)折叠双燃料

这类发动机大都是由柴油机改装设计,形式上会保留原柴油机上的所有装置和功能,在此基础形式上加装燃气供给装置,气、油控制和切换装置。这种发动机以天然气作为主要燃料,由压缩柴油着火引燃天然气混合气。这种发动机既可以作为纯柴油发动机使用,也可以作为天然气柴油双燃料使用,并可自主控制替代率。

第二节 公交车用潍柴天然气发动机

一、潍柴天然气发动机结构特点

潍柴天然气发动机是在相应型号潍柴柴油机基础上改制,增加燃气电控系统而成。目前潍柴LNG发动机采用美国WOODWARD 2.0燃气电控系统,如图6-1所示。其结构特点如下:

(1)取消了柴油机的燃油系统(高压油泵、喷油器、高压油管等部件),增加了燃气供给系统(气瓶、高压切断阀、减压器、燃气热交换器和节温器、喷射阀等部件)。

(2)采用点燃式燃烧方式(汽缸盖上的喷油器安装孔改为火花塞安装孔),增加了点火控制系统(点火控制器、点火线圈、高压线、火花塞)。

(3)压缩比比柴油机的小,燃烧室形式(活塞)与柴油机不同。

(4)增加了信号发生器,用于判缸和测量发动机转速。

(5)增加了混合器和节气门,使燃气和空气在混合器中充分混合。

(6)排气温度高,增压器采用水冷中间壳,进、排气门座采用耐磨、耐高温材料,采用带隔热材料的排气管。

(7)WOODWARD系统单点喷射,稀薄燃烧。

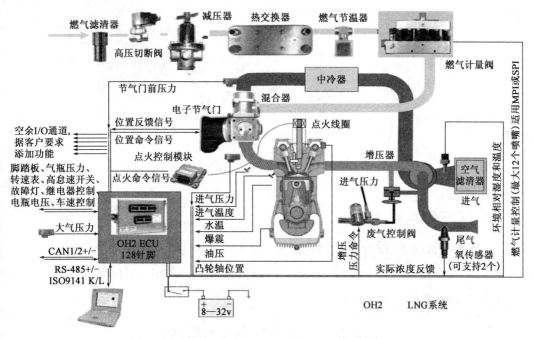

图6-1 潍柴燃气电控系统WOODWARD 2.0系统结构示意图

二、潍柴天然气发动机的工作原理

液化天然气从储气瓶流出,经过水浴式汽化器加热后汽化,经过滤清器过滤杂质后,到达高压切断阀,高压切断阀的开合由ECU控制。减压器的作用是进一步调整汽化后的天然气压力,调整至7~8bar。经调压后的天然气进入热交换器,热交换器通给天然气加热,以控制燃气温度,然后经过节温器流入燃料计量阀。燃料计量阀的作用是根据发动机运行工况精确控制天然气喷射量。天然气与空气在混合器内充分混合,进入发动机缸内,经火花塞点燃进行燃烧,火花塞的点火时刻由ECU控制,氧传感器即时监控燃烧后的尾气的氧浓度,推算出空燃比,ECU根据氧传感器的反馈信号及时修正天然气喷射量。

三、燃气供给系统

燃气供给系统包括:

(1)压力管理:气罐压力混合器前极低压力,如图6-2所示。

(2)温度控制:极低温度的燃气将冻结管路和部件,系统件有效加热并控制燃气温度在合理范围内。

(3)传感器:提供稀燃燃烧需要的燃气温度信息,精确控制喷嘴喷射量。

(4)安全性:燃气需要电磁阀控制燃气的开断。

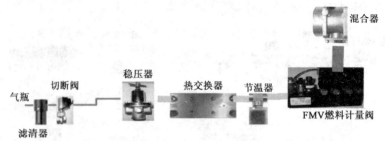

图6-2 燃气供给系统图

四、空气控制系统

(一)电子脚踏板

电子脚踏板踩下,ECU接受加速踏板位置信号并计算转换成节气门开度信号,节气门从ECU处接受开度命令信号,并将实际开度反馈给ECU。对稀燃而言,信号的传递非常关键,如图6-3所示。

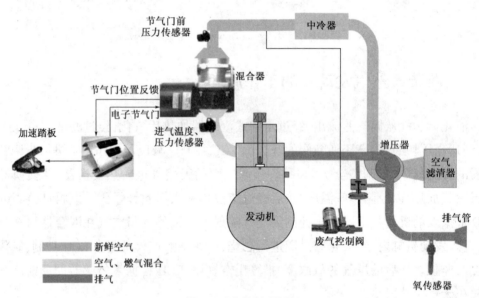

图6-3 空气控制系统图

(二)电子节气门

电子节气门集成有执行器、位置传感器、节气阀门等。接收PWM信号,由ECU控制其开度大小,节气阀门开度大小控制混合气进气量,从而改变发动机的输出功率。

(三)氧传感器

氧传感器是实现稀薄燃烧闭环空燃比控制的关键传感器,它把排气含氧浓度信号传给 ECU，ECU 判断混合气的实际空燃比相对于设定值是稀还是浓，并相应控制喷气量的增减，从而使空燃比保持为设定值。

五、点火系统

(一)转速传感器(凸轮轴信号传感器)

1. 转速传感器的作用

发动机控制模块(ECM)需利用发动机转速来控制众多参数，包括进气量、燃料量、点火提前角等。这些参数的控制要求发动机控制模块(ECM)精确地知道发动机的凸轮轴位置(如应知道哪一缸发火)和发动机转速。

2. 转速传感器的安装

转速传感器和信号轮之间的间隙应足够小，以保证发动机在最低转速时能产生波幅大于 1V 的电压信号。安装时，盘车至一缸压缩上止点，传感器齿盘上的 TDC 标志对准 CAM 传感器的中心(使齿盘上的刻线竖直)，齿盘的信号齿与传感器之间的间隙为 (1 ± 0.5) mm。

信号盘应可靠固定，以保证信号盘和发动机的相位关系不会改变。信号盘通常有一个标记齿(和其他齿不均匀分布)，用来确定发动机旋转的绝对位置。

3. 转速传感器的调整

准确的点火提前角度需用点火正时灯测量，如图 6-4 所示。

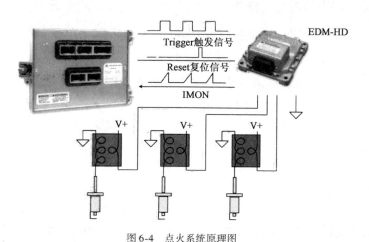

图 6-4　点火系统原理图

(二)ECU 电控单元(点火控制)

电控单元对点火时刻控制为开环控制，无反馈。点火提前角从程序中查表，此表坐标为 RPM/MAP。水温(ECT)对查表所得数值有一定补偿。

(三)点火模块(ICM)

点火模块＝电子分配器,仅仅是个驱动模块,它从电控单元收到指令,何时给点火线圈提供 dwell 电流及何时点火。点火模块也提供电控单元 IMON 的反馈信号。IMON＝点火监控,其反馈给电控单元:线圈状态每次点火,每个线圈维持6.5A 电流所需要的 Dwell 调整。

点火产生的过程:当触发信号上升沿传递给电控单元时,点火模块打开点火驱动以选作对应点火线圈;初级电流上升,一直达到6.5A;初级电流将保持电流在6.5 A,直到触发信号下降沿出现;当触发信号下降时,点火模块关闭初级线圈电路的电流,从而产生火花点火,重置脉冲信号触发时,电控单元指示点火模块选择第一缸工作。

第三节 公交车用天然气发动机的日常使用及维护

一、日常操作

(1)起动前检查防冻液、机油、燃气管路是否漏气、燃料是否充足、蓄电池电压是否足够等情况。

(2)起动发动机时,先打开钥匙开关,等2~3s 后,方可起动。起动时不必踏脚踏板。

(3)行驶过程中缓踩加速踏板。过积水路面时,应减速慢行,防止水溅到电器元件上。发现发动机故障时,应停车检查,防止故障扩大化。故障灯亮时,若发动机机械部分无异常时,可继续行驶,到合适区域报修。

(4)车辆运行后,发动机温度很高,此时,不要立即停熄发动机,需怠速运转3~5min,待各部分正常冷却后,再停熄发动机。

二、维护

(一)进气系统

(1)保持空滤器的良好性能,特别是矿区,建议使用油浴式空滤器或沙漠空滤器。绝不允许不带空气滤清器情况下开动发动机。进气空气必须滤清以防止灰尘、垃圾进入发动机,造成发动机早期磨损。

(2)检查进气管、出水管是否老化有裂缝或穿孔,夹箍是否松动,如有发现,应予以拧紧或更换,确保进气管、出水管密封良好,防止泄漏。

(二)燃气系统

(1)LNG滤清器:每3000km左右松开底部螺帽放水;每12000km左右检查或更换滤芯。

(2)燃料计量阀:应保持喷射阀各喷嘴清洁,喷射阀的清洗或更换周期与所使用的天然气质量、车辆运行的环境等都有很大关系,卡车每行驶6万km、矿用车每行驶3万km左右时进行清洗。

(3)混合器喉管:保持混合器喉管各气孔及十字叉气孔畅通,卡车每行驶6万km、矿用车每行驶3万km左右时检查清洗。

(三)电控系统

(1)经常检查电器系统各部件是否连接可靠、牢固。

(2)火花塞:每3万km左右检查或调整火花塞间隙。检查时注意保持火花塞的清洁度。

(3)高压线:每3万km左右时,应做到:

①目视检查高压线是否有腐蚀生锈、断裂痕迹、磨损裸露或烧灼现象,用万用表检查高压线是否通断,若有,则更换。

②用压缩空气将高压线表面及接头端内外面的灰尘吹净。注意:拆高压线时,要抓高压线底部,不要拉动线路,防止拆坏。

(4)注意事项:

①严禁带电拔插电器元件,以免烧坏电控系统元件。

②保持电控系统清洁、干燥。严禁用水冲洗发动机。如果意外进水,切记马上断开电源总开关,通知维修人员,不要自行运行发动机。

③进行电焊作业时,切记关掉总电源,同时拔下ECU上的接插件,以免烧坏ECU等电控元件。

④使用专用机油,并定期更换机油和机滤。

第四节 城市公共交通车辆燃气系统技术特点与管理

一、环境污染与能源危机

汽车是人类文明的产物,它的出现极大地促进着人类在社会、经济、文化等方面的发展。到 21 世纪初,全世界汽车保有量约 8 亿辆,并以每年 3000 万辆的速度递增。汽车几乎无处不在,它与社会进步、经济发展、人民生活息息相关。

如同任何事物都具有两面性一样,汽车在给人类带来巨大利益的同时,也带来了环境污染和能源短缺这两个世界性难题。

随着汽车数量的急剧增加,其尾气排放对大气环境造成了日益严重的污染。一氧化碳(CO)、碳氢化合物(CH)、氮氧化合物(NO_x)、碳颗粒等排放物恶化着大气质量,威胁着人们的身体健康。其排出的二氧化碳(CO_2)曾经作为完全燃烧产生的无害物质,而现在已被证实是导致"温室效应"的主要物质。在我国,环境形势更是不容乐观,北京、上海、广州等大城市,NO_x 浓度严重超标,有的城市已发生光化学烟雾现象。鉴于我国严峻的环境状况和汽车尾气排放对环境的严重影响,国家多次修订了汽车排放法规和标准。出于环境压力和首都形象的考虑,特别是举办奥运会的需要,北京市制订了更加严格的汽车尾气排放政策,多次率先实行新的尾气排放国家标准,到 2011 年公交车辆已开始更新购置符合国 V 排放标准的压缩天然气车辆。

传统汽车使用石油产品作为燃料,而地球上的石油资源是有限的,20 世纪 70 年代发生的世界石油危机使人们对此有了更深刻的认识。据预测,全世界石油储量仅能维持 40 余年,到 21 世纪中叶,将会再度发生全球性的石油危机。我国现已成为世界第二大能源消费国,从 1993 年起,我国已从过去的石油出口国变为石油进口国,目前对石油进口的依赖程度已经超过 50%。随着国内汽车保有量的快速增长,石油资源短缺的问题更加突出,燃油价格迅猛攀升。与日益枯竭的石油储量相比,天然气资源相对丰富,加快利用包括天然气在内的代用燃料能源,对调整我国的能源结构、保障国民经济可持续发展具有非常重要的战略意义。

二、代用燃料与汽车

用于汽车的代用燃料主要有天然气、液化石油气、醇类燃料以及氢燃料。出于环境保护、能源结构及经济利益等方面的考虑,意大利、荷兰、俄罗斯、美国、加拿大、阿根廷、日本、澳大利亚等发达国家早已在研究使用代用燃料作为汽车能源,并取得了可喜的成果。近年来,我国在使用代用燃料作为汽车能源工作中,也做了大量研究开发工作,目前已经得到广泛的应用。

从能量密度看,各种代用燃料尚难与汽油、柴油燃料相比,故其在输出动力性能、使用方便性、燃料携带性、续驶里程等方面都不如汽油、柴油。但代用燃料在资源配置、排放性能、燃料经济性等方面一般较汽油、柴油要好。

(一)天然气及天然气汽车

天然气(Natural Gas,NG)是一种天然资源,产自油气田(伴生气)或气田(气田气)。初步探明全世界可开采天然气的储量约为 140 万亿 m³,我国天然气气层资源蕴藏量约为 38 万亿 m³。世界大多数发达国家的天然气消耗占一次能源的比例为 20%~30%,而我国不足 5%。随着陕气进京、西气东输等工程项目的完成和进口液化天然气数量的不断增加,国内使用天然气的城市覆盖面已达 260 余个,为发展天然气车辆提供了有利的条件。

天然气以甲烷(CH_4)为主要成分,是碳含量较少的碳氢化合物。随产地不同,天然气中甲烷的含量约为 83%~99%(体积分数)。天然气、液化石油气理化性能与汽油的比较,见表 6-1。

表 6-1 天然气、液化石油气理化性能与汽油比较

理化性能		天然气	液化石油气		汽油(90 号)
			丙烷	丁烷	
H/C 原子比		4	2.67	2.5	2~2.3
密度	液相(kg/m³)	424	528	602	700~780
	气相(kg/m³)(0℃,0.1MPa)	0.715	2.02	2.60	5.09
理论空燃比	质量比	17.25	15.65	15.43	14.80
	体积比	9.52	23.81	30.95	59.50
高热值(MJ/kg)		55.54	50.38	49.56	46.60
低热值(MJ/kg)		50.05	45.77	46.39	43.90
理论混合气热值(MJ/m³)		3.39	3.49	3.52	3.75
理论混合气热值(MJ/kg)		2.75	2.79	2.79	2.99
辛烷值(RON)		130	111.5	95	92
十六烷值		0	—	—	27
沸点(℃,0.1MPa)		-161.5	-42.1	-0.5	30~90
汽化潜热(KJ/kg)		510	426	385	285
着火温度(℃,0.1MPa)		537	466	430	390~420
着火界限(%)		5~15	2.2~9.5	1.9~8.5	1.3~7.6

天然气与汽油比,质量低、热值高,但因其密度小,故理论混合气热值比汽油低。天然气的辛烷值为 130,具有很强的抗爆性能,天然气专用型发动机的合理压缩比为 12,允许压缩比可达 15。提高压缩比可大幅度提高天然气汽车的动力性和燃料经济性。由于天然气在常温常压下呈气态,易于形成混合气,且其着火界限也较宽,这就为实现稀薄燃烧创造了条件,从而使 CO、HC 排放量减少,混合气燃烧柔和、充分,温度较低,NO_x 生成较少,并可延长发动机寿命,降低噪声。因天然气密度低于汽油,使吸入发动机的新鲜空气质量减少,输出功率会比使用汽油下降 10%~15%。天然气着火温度比汽油高,因此需要较高的点火能量。天然气气相密度比空气低,泄漏后可以迅速扩散升空,不易起火,作为汽车燃料很安全。

天然气是应用最早并被广泛使用的一种代用燃料。使用天然气作为燃料的汽车

称为天然气汽车,它从20世纪30年代就已开始在意大利使用,现全世界使用天然气汽车超过百万辆,主要集中在阿根廷、意大利和俄罗斯3个国家。而天然气加气站密度最大的国家是美国,大约平均60辆天然气汽车就拥有一个加气站。我国在20世纪50年代就开始应用常压天然气汽车,而天然气汽车工业的规模发展始于1988年。近年来在地方政府政策导向和财政支持下,许多大中城市使用压缩天然气和液化天然气的出租车和公交车,得到了较大规模和较快速度的发展。我国天然气汽车保有量已超过60万辆,压缩天然气CNG加气站超过1400座,已超过意大利,居世界第六位,全国地级以上城市282个,其中202个城市有CNG汽车,9个城市有液化天然气LNG汽车,北京市使用的压缩天然气公交车最多时达到4300余辆。

天然气汽车按燃料储存方式可分为以下几种:
(1)常压天然气汽车(NG汽车或NGV)。
(2)压缩天然气汽车(CNG汽车或CNGV)。
(3)液化天然气汽车(LNG汽车或LNGV)。
(4)吸附天然气汽车(ANG汽车或ANGV)。

常压天然气汽车利用特制的胶囊储存常压天然气,因存在较多缺陷,现已很少使用。压缩天然气汽车利用高压储气瓶储存天然气燃料,其压力一般达到20MPa,由于是气体状态储存,能量密度较低,故CNG汽车燃料携带不便,续驶里程较短。另外,CNG加气站建设费用较高,也是制约其发展的一个因素。液化天然气汽车利用在低压下深冷液化的天然气作为燃料,储存在绝热储气瓶内。LNG的密度比CNG高出近3倍,可以弥补CNG燃料能量密度低、续驶里程短的缺点,目前技术日趋成熟,在我国也得到广泛应用。吸附天然气汽车是利用活性炭等吸附剂将天然气吸附在高压容器内储存,使用时再脱附。由于吸附剂的限制,使其储存量难以有大的突破,存在着吸附与脱附速度较慢等不足,使得目前ANG汽车仍处在研究开发阶段。

CNG燃料的质量对燃气系统性能影响很大。为保证CNG汽车燃气系统正常工作,各国大都制定了标准,对车用CNG燃料质量进行控制。

(二)液化石油气及液化石油气汽车

液化石油气(Liquefied Petroleum Gas,LPG)是石油加工过程中的副产品,我国LPG资源有油田和石油炼厂两个来源。油田的LPG是在伴生气处理过程中的轻烃产品,不含烯烃,适合作车用燃料;而石油炼厂的LPG是在石油催化裂化和延迟焦化炼油过程中产生的,含烯烃较多。由于烯烃类(特别是丁二烯)为不饱和烃,燃烧后易结胶,积炭比较严重,如果用作汽车燃料,对发动机气门、活塞环、火花塞等零件有较大的损伤作用,且燃气系统易发生堵塞、腐蚀,影响其使用性能与寿命,故不宜用作车用燃料。1995年全国LPG总产量约为460万,其中不宜用作车用LPG燃料的炼油厂LPG产量占到89%。从20世纪90年代开始,我国LPG进口量迅速增加,主要来源为沙特阿拉伯、科威特、菲律宾、韩国、日本等国。

汽车用 LPG 燃料的主要成分是丙烷(C_3H_8)和丁烷(C_4H_{10}),常压时为气态,在一定压力下转变为液态,使其体积大幅度缩小,便于储存、运输和使用。LPG 的理化性能与汽油比较见表 6-1。

LPG 的特点与天然气相似,比汽油质量低热值高,但理论混合气热值低于汽油;抗爆性能好,发动机压缩比可以进一步提高;排放性能较好;需要的点火能量比汽油略高;发动机输出功率有所下降。由于 LPG 气相密度比空气大,所以一旦泄漏,会迅速蒸发为气体形态并在地表聚集,成为安全隐患。因此,防止 LPG 燃气系统泄漏是保证其安全使用的关键。

(三) 醇类燃料及醇类汽车

醇类燃料主要指甲醇(CH_3OH)和乙醇(C_2H_5OH),它们的相对分子质量较小,其物理形态为液态,燃烧产物中基本没有碳烟,NO_x 的排放浓度也较低,属于低污染性燃料。甲醇可从天然气、煤、重质燃料、垃圾等物质中提取;乙醇的原料主要是含糖、含淀粉的农作物,如甜菜、甘蔗、玉米、草秆等,它们有着丰富的原料来源。

醇类燃料在 20 世纪 40 年代就曾被用作内燃机燃料。由于其良好的环保性能和稳定的能源供给,从 20 世纪 70 年代开始,醇类燃料的开发利用又重新引起人们的关注。醇类燃料的理化性能见表 6-2。

醇类燃料理化性能 表 6-2

种类	相对分子质量	密度(kg/L)	理论空燃比(体积比)	低热值(MJ/kg)	辛烷值(RON)	十六烷值	沸点(℃,常压)	汽化潜热(kJ/kg)	着火温度(℃,常压)	着火极限(%)
甲醇	32	0.791	6.45	19.8	112	3	64.5	1102	470	6~36.5
乙醇	46	0.789	9.0	26.7	111	8	78.3	845	420	4.5~16

醇类燃料与汽油、柴油等碳氢燃料相比,其特点是热值较低,汽化潜热大,着火温度较高,着火界限宽。它用于汽油机没有什么特殊问题,但因醇类燃料十六烷值低,汽化潜热大,着火非常困难,必须采取相应的技术措施后,才能在柴油机上应用。目前,世界上醇类汽车已进入实用阶段,1995 年美国加利福尼亚州已有 12700 辆甲醇汽车投入运行,巴西汽车中 30% 以上是乙醇汽车。我国已进行了少量醇类汽车的试验研究工作,并且取得了较好的效果。

(四) 氢燃料及氢气汽车

氢气(H_2)可以通过物理、化学、生物等多种方式制取,氢气发动机燃烧产物既无 HC、CO、碳烟,也没有产生温室效应的主要物质 CO_2,它唯一的有害排放物是 NO_x。氢气燃料的主要理化性能见表。

氢气汽车的研究工作从 20 世纪 30 年代就已开始,其间经历了曲折前进的发展过程。20世纪70年代、90年代分别由于石油危机和温室效应而两度引起人们的重视，但直到目前，氢气汽车远未达到实用化阶段，主要有三个方面的技术问题尚待解决。第一是最关键的氢储存问题，目前主要有三种方式：金属氢化物、高压储罐和液氢。以储存相当于30L汽油的热值为标准，金属氢化物与高压储罐方式的质量分别为773kg和763kg，而液氢方式的质量约为73kg，其能量密度很大，是比较合适的一种储存方式，但要解决低温储存技术和蒸发泄漏问题。第二是理论氢气混合气热值比汽油混合气热值低，因此使用氢气比使用汽油会降低发动机输出功率约15%。第三是氢气可在非常小的点火能量下被点燃，其着火界限也很宽，但因其自燃温度较高，所以氢气发动机难以压燃。尽管氢气燃料在无公害方面非常优秀，但在短期内使其实用化是比较困难的。

代用燃料汽车发展到今天，许多技术已有突破性进展，但与传统燃油汽车相比，代用燃料汽车不足0.5%。这说明代用燃料汽车在某些方面（如能量密度、混合气热值等）还无法同传统的汽油、柴油车抗衡。但代用燃料汽车在环保功效、能源配置及燃料费用等方面已显示出很强的竞争能力。

代用燃料汽车的发展是一项复杂的系统工程，受到各种相关因素（如资源、加气站、制造与安装、配件、安全、交通、环保、计量等）的影响和制约。在其发展过程中，应当用全局和整体的观念考虑问题，避免片面性和形而上学，使代用燃料汽车工程能够安全、健康、有序、稳步地向前推进。在代用燃料汽车中，目前发展最为成熟的当属CNG、LNG和LPG汽车。这三种燃气汽车尤其适合车辆比较集中、车型比较统一、线路相对固定、使用频率很高、年行驶里程较长的公共交通车辆，便于统筹车辆的更新、改造、使用、维修以及燃料、配件的供应与管理。目前全国各地的燃气汽车工程推进工作多是从公共交通车辆入手的。

三、常用燃气公共汽车燃气系统

燃气汽车是在传统意义的汽车基础上加装燃气系统，使其动力装置使用气体燃料工作。它一般由燃料储存装置、控制装置、混合或喷射装置组成，如图6-5所示。

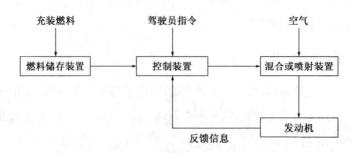

图6-5 燃气公共汽车燃气系统

燃料储存装置用来充装、储存不同形态的气体燃料;控制装置自动调整供气压力,并根据驾驶员的指令及控制参数调节供气量;混合或喷射装置用来把气体燃料与空气混合成一定配比的可燃混合气供发动机使用。

如果没有发动机的反馈信息,称为开环控制系统;如果把发动机输出的参数反馈给控制装置,对其进行动态调整,则称为闭环控制系统。

(一)燃气公共汽车分类

1. 按燃料种类

按燃料种类可分为 CNG、LNG 与 LPG 公共汽车,其中又可分为以下几类。

(1) CNG、LNG、LPG 单一燃料车。其发动机结构可按燃料特性专门设计,以最大限度地发挥气体燃料的潜力,具有较高的使用性能和排放性能,一般用于新车制造。也可对在用发动机进行改造,改进燃烧室、进气道、点火系统结构,使之适合单一燃料的要求。

(2) CNG、LNG、LPG 与汽油两用燃料车。通常用于在用发动机改造,使之既可用 CNG 或 LNG、LPG 工作,也可使用汽油工作。改装比较简单,只需在在用车辆上加装一套匹配好的燃气系统。由于两种燃料对发动机结构、调整要求不尽相同,故很难同时达到良好的使用和排放性能。

(3) CNG、LNG、LPG 柴油混合燃料汽车(双燃料汽车)。由于 CNG、LNG、LPG 自燃性能较差,不能采取压燃的发火方式,因此用于柴油机时,只能用 CNG 或 LNG、LPG 替代部分柴油,其替代率为 15%~90%。剩余柴油用于引燃混合气并共同燃烧做功。做法是在柴油车上增加一套燃气系统,并对喷油泵进行限油控制。根据需要,也可用 100% 的柴油燃料工作。掺入气体燃料后,可明显减少排放烟度和 NO_x,降低发动机噪声,在发动机低转速时也可获得较大的转矩。气体燃料的替代率越高,其效果越明显。目前存在的问题是为保证足够的续驶里程,气体燃料的储存量就要增大,增加了汽车携带燃料的困难。因此要进行匹配试验,找出较合理的替代率和系统配置,优化其性能。

2. 按其技术水平的发展阶段

按其技术水平的发展阶段一般分为四代产品。

第一代产品对应于汽车化油器时代,在不改变汽车原有供油系统的前提下,加装一套燃气系统,利用机械控制方式进行控制调节,可基本满足发动机正常工作的需要。但由于系统比较简单,控制要素较少,故很难同时满足燃气车动力性、经济性、排放等多方面的要求。

第二代产品是在第一代产品的基础上,采用电子控制化油器的调节技术,在混合器前安装步进电机控制的节流阀,在排气管上安装氧传感器及以此为中心的空燃比反馈控制系统,根据混合气空燃比的变化,自动调整供气量,保持混合气浓度在理论空燃比附近,使燃气车性能得到改善。

第三代产品采用电子控制单点喷射技术,利用电子控制模块,根据发动机转速、负荷、空燃比等信息的变化,通过节气门前的喷嘴向发动机进气管自动喷入适量的燃气,形成混合气供发动机使用。这种发动机的动力性、经济性可达到较高的水平。安装催化转化器后,其污染物排放较同等水平的燃油发动机有较大程度的降低。

第四代产品结合汽车技术的最新发展,针对气体燃料的特性,优化发动机结构设计和燃烧理念,采用闭环控制燃气、多点喷射等新技术,根据发动机多种参数反馈控制燃气供给量,并在各缸进气门前喷射或在缸内直接喷射。动力性达到或超过同等级燃油发动机的水平,经济性更好。配用燃气车专用催化转化器,使污染物排放大幅度下降,可以达到非常严格的欧洲5号和美国加利福尼亚州超低排放标准的要求,解决了前几代发动机混合气分配不均匀、存在回火危险性、动力性下降、排放难以稳定控制等问题,是燃气汽车的发展方向。

随着我国汽车工业近年来的快速发展,我国燃气汽车水平也得到了快速发展,目前我国燃气公共汽车已经属于第三、四代水平,与世界发达国家燃气汽车水平相当。

此外,燃气公共汽车按点火方式可分为电火花点火与柴油压缩引燃;按供气方式可分为缸外(进气管)预混合供气与缸内直接喷射;按燃烧方式可分为预混合燃烧与扩散燃烧;按控制方式可分为机械控制与电子控制等方式。

(二)天然气单燃料发动机的基本结构

天然气单燃料发动机是在原汽油机或柴油机的基础上,针对燃用天然气的特点而改进结构设计的,以保证有效利用天然气燃料。天然气单燃料发动机一般分为两类:一类是基于汽油机而改进设计,结构改动比较少;另一类是基于柴油机而改进设计。与第一类相比,改动较大,需要去掉原有喷油系统,增加点火系统,而且发动机的压缩比等参数需要进行调整,对缸盖、活塞、进排气系统需要进行改动,增压系统也需要重新匹配。

1.基于汽油机原型的天然气单燃料发动机

天然气发动机是点燃式发动机,与汽油机相同,因此改动较少,主要改动如下:

(1)提高压缩比。虽然天然气发动机与汽油发动机相比,其容积效率低,但由于天然气的辛烷值比汽油高,所以可以适当提高压缩比,从而使天然气发动机输出功率达到汽油机水平,并降低燃料消耗。

(2)改进进气歧管。扩大进气歧管的内径和减少阻力,提高充气效率。

(3)提高进排气阀和阀座的耐高温、耐磨性。由于天然气燃烧温度比汽油机燃烧温度高,天然气又没有润滑作用,因此阀与阀座应选用更耐热、耐磨材料。

（4）调整点火提前角及点火电压。由于天然气的辛烷值比汽油高，混合气又比较稀，所以要适当调整点火提前角和提高点火电压。

（5）电控加闭环控制。为了充分发挥天然气的优势，达到更好地排放，可采用电控手段，精确控制空燃比及点火提前角，实现闭环自动调节。

（6）强化改进缸内零件。以适应提高压缩比而引起的缸压升高。

（7）多点喷射系统的改进。对多点电喷发动机的喷射系统要进行改进，因为用天然气的喷射器既要保证比汽油喷射器高的流量，还要解决润滑问题，因此设计喷射器时重点要解决内部材料选用、压力损失的减少以及保证高效的磁路等问题。

2. 基于柴油机原型的天然气单燃料发动机

柴油机燃用天然气若采用单燃料的方案，则必须改用火花点火，因天然气自燃点很高，即使在很高的压缩压力下也不易着火燃烧。将柴油机改装为火花点燃式天然气单燃料发动机，对原有结构改动较大，除了基于汽油机原型改为天然气单燃料发动机的主要 7 处改动外，还有以下几个方面的改动。

（1）降低压缩比。根据国外的研究，天然气单燃料非增压型发动机，合理的压缩比为 12 左右，最高允许达 15，增压机还要低一些。降低压缩比可以通过改进设计活塞顶部燃烧室的形状实现。

（2）喷油器位置安装火花塞。考虑到火花塞周围的冷却，应改进水套结构。

（3）去掉喷油系统，增加调节器和混合器（或电控混合器、燃气喷射系统），改装点火系统，把压燃式改成点燃式。

（4）气门重叠角适当减小。采用预混合供气方式，可燃混合气是在进气管或进气道内完成，扫气过程是用混合气进行，使天然气消耗增大而且增加 HC 排放，故气门重叠角应减小。

（5）重新匹配增压器。需要考虑增压器的选择（低增压比、排气温度高对涡轮的影响）及布置、可燃混合气的形成方式、进气中冷及防爆等问题。国外天然气单燃料发动机基本都是基于柴油机原型改造的，其功率大，排放低，取得了很好的效果。天然气发动机主要有两种应用方式：一种是采用稀薄燃烧技术，空燃比可以很大，如康明斯天然气发动机空燃比达到 26∶1；另一种采是用化学计量配比方式，通过电控系统精确控制空燃比，再加入三元催化后处理、电控点火系统及增压技术，可以有效提高发动机功率，实现发动机超低排放。依维柯天然气发动机即采用这种技术，其排放可以达到欧洲 EEV 标准。下面以依维柯 NEF 天然气发动机为例进行简单介绍。

①NEF 天然气发动机排放量与排放标准对比，如图 6-6 所示。
②NEF 天然气发动机系统的组成，如图 6-7 所示。
③NEF 天然气发动机多点喷射系统，如图 6-8 所示。

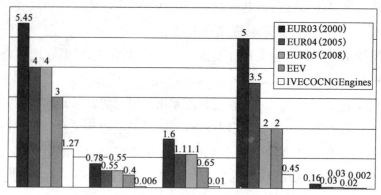

图 6-6 NEF 天然气发动机排放量与排放标准对比

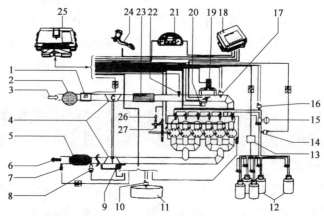

图 6-7 NEF 天然气发动机系统的组成

1-空气流量传感器；2-空气滤清器；3-新鲜空气；4-涡轮增压器；5-催化剂；6-废气；7-废气温度传感器；8-氧传感器；9-废气门阀；10-油温压力传感器；11-机油盘；12-甲烷气储罐；13-继电器；14-气瓶压力传感器；15-减压器；16-管路温度压力传感器；17-空气温度压力传感器；18-VDO EGAS II 控制单元；19-最小旁路阀；20-节气门电位计；21-仪表盘；22-压力传感器；23-中间冷却器；24-加速踏板；25-发动机控制单元；26-凸轮轴回转传感器；27-曲轴回转传感器

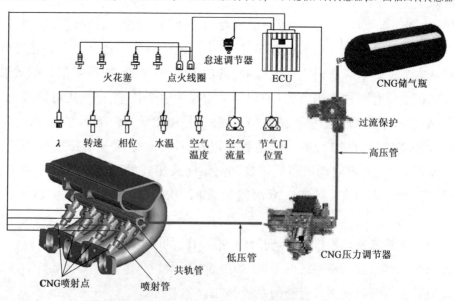

图 6-8 NEF 天然气发动机多点喷射系统

④三元催化转化器。

a. 三元催化转换器和氧传感器构成的闭环控制为发动机的点火燃烧、尾气处理提供了非常有效的保证。

b. 当发动机工作完全正常,即空气过量系数 $\lambda = 1$ 时,三元催化转换器可同时减少 NO_x、CO、HC 等污染物含量。

c. 三元催化转化器是安装在排气管上进行二次燃烧的装置,可将 95% 的有毒气体转化成对人体无害的物质(N_2、CO_2、H_2O)。

d. 催化器由贵金属铂(Pt)、钯(Pd)为主要原料,其功能是在一定的条件下与 NO_x、CO、HC 等有害物质进行反应。铂的作用是把发动机废气中的 CO 和 HC 转化成 CO_2 和 H_2O;钯的作用是将废气中的 NO_x 转化成无害的 N_2,如图 6-9 所示。

图 6-9 三元催化转化器

(三)点燃式 CNG 燃气系统与装置

1. CNG/汽油两用燃料车辆燃气系统

(1) CNG 储存与充气过程

CNG 燃料储存于 CNG 储气瓶内,根据车型、续驶里程要求、储气瓶容量大小来决定储气瓶数量。气瓶组与连接充气阀的高压管路并联连接,储气瓶瓶阀位于常开位置。充气时,将 CNG 加气机的加气枪接在单向充气阀上,打开高压截止阀,CNG 燃料通过截止阀充入气瓶,压力达到 20MPa 时停止充气。然后关闭高压截止阀,分离加气枪,如图 6-10 所示。

(2) 工作过程

CNG 电磁截止阀打开,CNG 燃料通过高压输气管路经过电磁阀、滤清器进入减压调节器,通过逐级减压变为低压燃料,并根据发动机负荷自动控制供气量,然后经低压管路在混合器内与空气混合,形成可燃混合气供发动机使用。CNG 减压过程中要膨胀对外吸热,故设置利用发动机循环热水的加温装置防止管路或器件产生冷凝冻结,如图 6-11 所示。

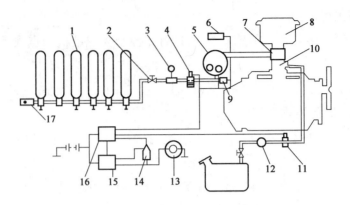

图 6-10　CNG/汽油两用燃料车辆燃气系统

1-储气瓶;2-高压截止阀;3-压力表(高压);4-CNG 电磁截止阀;5-减压调节器;6-气量显示灯;7-混合器;8-空滤器;9-压力传感器;10-化油器;11-汽油电磁截止阀;12-汽油泵;13-断电器;14-点火线圈;15-点火时间转换器;16-燃料转换开关;17-充气阀

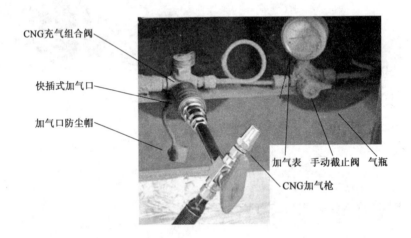

图 6-11　CNG 燃料通过高压输气管路

2. CNG 单一燃料发动机燃气系统

CNG 单一燃料发动机的燃气系统通常比 CNG/汽油两用燃料车辆所用的燃气系统复杂,应用了过流保护、多参数检测监控、分级过滤等新技术,使充气过程与工作过程各环节的安全性、可靠性、操控性和节能、环保等性能均有大幅度提高,如图 6-12 所示。

3. CNG 燃气系统主要装置

(1) 储气瓶

CNG 储气瓶用来储存 CNG 燃料。目前国际上 CNG 储气瓶分四种类型。

① Ⅰ 型气瓶:金属气瓶(钢瓶或铝合金瓶)。

② Ⅱ 型气瓶:金属内胆纤维(玻璃纤维或碳纤维),环向缠绕气瓶。

③ Ⅲ 型气瓶:金属内胆纤维全缠绕气瓶。

④Ⅳ型气瓶:塑料内胆纤维全缠绕气瓶,也称为全复合材料气瓶。CNG 储气瓶属高压容器,最大工作压力达到 20MPa,其设计、材料、加工制造有着严格的标准和工艺要求,还要进行一系列的资质认证试验,以确保气瓶使用安全。

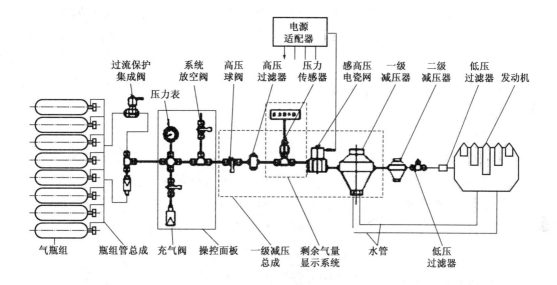

图 6-12 CNG 单一燃料发动机燃气系统

目前国内主要使用的是Ⅰ型和Ⅱ型气瓶,Ⅲ型气瓶也有少量的使用。钢瓶采用合金钢材料,生产技术成熟,价格便宜,工作可靠,疲劳寿命高,密封性好。但最大的缺点是质量大、容重比(单位质量的容积)小,如水容积 70L 的钢瓶,其质量约为 90kg,而钢胆内衬、纤维环向缠绕的复合材料瓶的水容积为 90L,质量约为 70kg。复合材料瓶的缺点是外层纤维(尤其碳纤维)易磕碰损伤,因此,气瓶安装在车顶时通常选用复合材料瓶,而安装在底盘下部时多选用钢瓶,如图 6-13 所示。

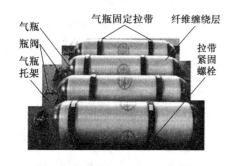 

图 6-13 CNG 燃气系统主要装置

Ⅳ型气瓶除了价格偏高和缠绕层易磕碰损伤外,还存在塑料内胆易泄漏、易产生静电等问题,现已很少被选用。

储气瓶一般由国内有资质的厂家生产。为保证车用 CNG 储气瓶的安全使用,在设计上采取了相应的措施。首先储气瓶的设计安全系数一般在3以上；其次储气瓶瓶口设有手动截止阀，便于高压输气管路意外泄漏时能及时切断储气瓶的供气。在储气瓶瓶阀设有熔化温度为110℃±10℃的易熔合金和爆破压力为1.2~1.6倍于气瓶最大工作压力（24~32MPa）的膜片，当车辆发生火灾事故时能将储气瓶内超压的CNG释放燃烧，防止气瓶爆炸，它们起作用后是不能自动恢复的。储气瓶安装好后，为防止首次充气时发生意外，要求抽出瓶内空气，并充入一定压力（0.4~0.5MPa）的氮气。

国家法规和相关标准规定，储气瓶应由法定检验机构进行定期检验，检验周期一般定为3年。

（2）减压调节器

汽车用压缩天然气减压调节器以前执行《汽车用压缩天然气减压调节器》（QC/T 671—2000）标准；随着天然气汽车技术的不断发展和进步，目前已形成国家标准《汽车用压缩天然气减压调节器》（GB/T 20735—2006）。

减压调节器是CNG燃气系统的重要组件，它的主要作用是将来自储气瓶的高压CNG燃料减压并调节至符合发动机各种工况要求的压力和流量。减压调节器主要有三级或高低压组合减压两种，按结构可分为一体式和分体式，分体结构由高压减压阀和低压减压阀组成。目前国内较多使用三级减压调节器，其一、二级起减压作用。第三级出口压力随发动机负荷即汽缸内真空度的变化而变化，从而调节天然气的供给量，满足发动机各种工况的需求。

如图6-14所示，为三级一体式减压调节器的结构原理图。高压CNG从接头1经过滤器2进入减压调节器，阀门3为常开状态，CNG进入一级减压室4。随着压力的升高，作用在膜片5上的力压缩弹簧6，通过杠杆关闭阀门3，CNG不再进入腔4，显然，弹簧6预紧力越小，或膜片5面积越大，其一级减压压降就越大。腔4中CNG经孔7进入二级减压室8，此时电磁阀14处于断电常闭状态，气体经标定孔9和孔10进入二级减压上腔11，膜片12上下气压相等，在弹簧16作用下封闭了通向三级低压室18的通道17，此时腔4、8、11气体保持静态，气压相同。当启动发动机后，电磁阀14通电，气体经孔9、13通过电磁阀14到阀门15。由于发动机工作，进气道内产生一定的真空度，通过接头20反映给三级低压室18，膜片19在大气压力作用下压缩弹簧21，打开常闭阀门15。气体的流动使孔9产生阻尼作用，在腔8与腔11之间产生压差，而压缩弹簧16打开通道17，大量天然气流入腔18，并通过接头20供发动机使用。如果供气量多了，其压力就会升高，关闭阀门15，使腔8与腔11压差消失，在弹簧16作用下重新关闭通道17，以减少供气量。如此反复调节，对应发动机不同的负荷（进气道真空度），提供不同的天然气供给量。转动调整螺钉22，可调节弹簧21的预紧力，从而调整腔18的供气压力。

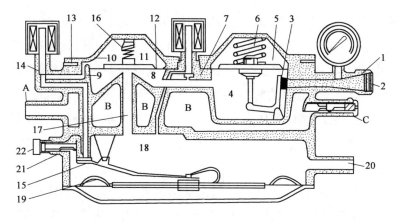

图 6-14 减压调节器结构原理图

1、20-接头；2-过滤器；3、15-阀门；4、8、11、18-减压室；5、12-膜片；6-压缩弹簧；7-孔；9、10、13-标定孔；12、19-膜片；14-电磁阀；16、21-弹簧；17-通道；22-螺钉CNG减压阀；A、C-接头；B-热水套

气体减压是膨胀吸热过程。高压CNG在减压过程中，会吸收大量热量，因而可能使天然气中含有的水分结霜、结冰，阻塞气道，影响系统的正常工作。为了避免发生这种情况，减压调节器还设置了加热防冻装置。图6-14中减压器具有预热水套B，通过接头A和C与发动机冷却系循环热水相连，提供减压过程中所需热量。接头C内装有一个特殊的恒温器，使减压调节器工作温度保持在50℃左右。

（3）混合器

混合器是将减压调节器输出的天然气与来自空气滤清器的新鲜空气混合的装置。常用的有文丘里管混合器与比例调节混合器两种结构形式。

文丘里管混合器主要由壳体、芯子和接头组成，结构简单，可靠性好。芯子内腔形成喉管，在内径最小处均匀分布一圈小孔。发动机工作时，喉管处流速增加，压力降低，天然气从小孔吸入，与空气混合，并沿进气道继续混合，最终进入汽缸被点燃做功。当节气门开大时，喉管处真空度增大，减压调节器提供更多的天然气，以满足发动机负荷增大的需要。比例调节混合器由壳体、膜片、弹簧、CNG阀及空气阀片等组成。与文丘里管混合器相比，结构复杂，但功能较完善。能够随发动机负荷变化自动调节天然气的供给量，因此与之匹配的减压调节器结构可以相对简化，但要求减压器输出的天然气具有一定的正压力（0.3～1kPa）。发动机工作时，汽缸内真空度通过真空通孔使真空腔具有相同的真空度，在空气腔大气压力作用下，膜片带动CNG阀及空气阀片压缩弹簧而上移，CNG阀打开天然气通道，空气阀片上移，使空气环形通道打开，空气与天然气进入混合气腔混合，形成混合气。如果真空度变大或者变小，CNG阀与空气阀片随之开大或关小，从而调节混合气的供给量和浓度，满足发动机的需要。当发动机熄火时，膜片在弹簧作用下带动CNG阀与空气阀片关闭燃料与空气通道，避免了燃气泄漏。

(4)滤清器

CNG燃气系统通常设置有高压滤清器和低压滤清器。

高压滤清器滤芯由多层不锈钢烧结毡制成,具有渗透性好、强度高、抗腐蚀、易清洗和重复使用等特点,过滤精度约为3μm,安装在储气瓶与一级减压调节器之间的高压管线上。低压滤清器(也称精滤)安装在二级减压调节器与发动机进气口之间。滤清器的作用主要是过滤CNG气体中的杂质,以保护减压器、电磁阀、发动机燃气喷嘴等重要部件,所以滤清器滤芯应定期清洗或更换。

(5)过流保护(紧急切断)阀

过流保护阀有手动复位、电动复位和无复位功能三种类型,串接在靠近气瓶端的高压主管线上。正常工作时过流保护阀为常开状态,当管内燃气流量超过设定的最大流量允许值时,阀立即关闭,起到紧急切断作用。国际上CNG车辆燃气系统的过流保护多采用在每个气瓶阀上安装电磁阀的方式,当CNG系统出现较大泄漏时可立即切断电源,从而切断气瓶CNG气体供给。我国标准规定在储气瓶和高压减压器之间设置过流保护阀,其主要作用是当过流保护阀到发动机之间的CNG管路或零部件发生故障,CNG气体大量泄漏时自动切断CNG气体供给,此结构既经济,又可保障车辆安全。

(6)操控面板

操控面板安装有单向充气阀、CNG压力表、手动截止阀、防静电夹端子等装置,通常安装在车身侧面加气小门内,如图6-15所示。

图6-15 操控面板

1-压力表;2-NGV1充气阀;3-K1充气截止阀;4-K2系统排空阀;5-限位柱;6-充气阀保护套

充气阀上设有单向阀、充气截止阀和充气口,充气口内径规格统一,与加气机的加气枪接口配套。

《汽车用压缩天然气加气口》(GB/T 18363—2017)中规定充气阀充气口内应安装一只仅由压力差开启的单向阀,接口内的气路通径应不小于6mm。目前在我国普遍采用的充气口有快插式和插销式两种,使用中要注意充气口应与加气站的加气枪相配套。

操控面板通常设置两个手动截止阀,K1 为充气截止阀,加气人员操作时使用;K2 为系统排空阀,用于气瓶检验或车辆维修前排空燃气管路中的剩余燃气。

位于高压管路到减压器之间的高压截止阀,应设置在易于人员操控的部位。截止阀正常使用时位于常开位置,在需要手动切断 CNG 燃料供给或应急处置减压器到发动机之间的燃气泄漏时予以关闭。

(7) 高压电磁阀

CNG 高压电磁阀应安装在高压滤清器与减压调节器之间,用以切断或接通高压供气管路;双燃料车汽油电磁阀布置在汽油泵与化油器之间,用以切断或接通汽油管路。电磁截止阀均是常闭阀,由转换开关控制其开启或关闭。

(8) 高压管线、管接头与卡套连接

由于 CNG 压力高达 20MPa,因此,对高压管的材质要求很高。高压刚性管必须采用不锈钢无缝钢管,根据需要,有不同的规格。管接头采用单锥面卡套或双卡套式结构。材质大多采用不锈钢,国际上一般采用双卡套结构,该结构密封性能更出色,如图 6-16 所示。

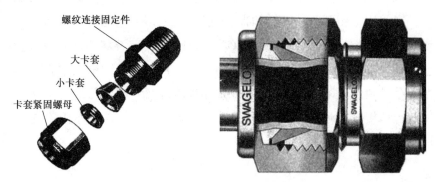

图 6-16 高压管线、管接头与卡套

双卡套连接密封原理:大卡套的前锥面与接头体内孔锥面的角度一致,大卡套的后锥面与小卡套前锥面的角度一致,且大卡套的前锥面角度小于小卡套前锥面的角度。当紧固螺母旋拧到位后,在紧固力的作用下,紧固螺母、小卡套、大卡套、接头体之间各接触面紧密接触,同时大、小卡套前端内径弹性变形收缩挤压并嵌入 CNG 钢管外表面,由于 CNG 钢管、接头体、紧固螺母的硬度均低于卡套而发生塑性变形,各接触面形成过盈配合,保证良好的密封效果。大、小卡套配合使用,一方面使所嵌入部位的 CNG 钢管外表面发生双波浪塑性变形,另一方面又可起到调整减少紧固螺母内端面与轴线垂直度因制造偏差所产生的影响,因此,密封效果远高于单卡套连接方式。

双卡套连接结构对零件制造精度和装配工艺要求较高,CNG 管材和连接的接头体(如阀或传感器)均为不锈钢,大卡套和小卡套材料为高碳钢或高硬度合金钢。连接时,先将紧固螺母、小卡套、大卡套按顺序穿套在 CNG 钢管上,再将 CNG 钢管插入待连接的接头体连接端内孔。使用扳手旋紧螺母进行预紧,当紧固螺母与接头体连接感觉旋拧吃劲时,表明各部件端面已紧密接触,预紧过程结束,此时扳手手柄位置为初始方位。然后开始正式紧固操作,用力旋紧螺母,每转动 1/4 圈(90°)变换一次扳手卡夹螺母的位置(不允许连续转动扳手),使扳手手柄恢复到初始方位。正式紧固操作阶段按此方式旋紧螺母 5 次,总旋转角度为 450°。

双卡套连接结构与传统密封结构有本质的区别,除零件制造精度要求高外,装配和使用同样很重要,应注意以下几点:

①双卡套连接不应使用密封胶等任何填充材料。

②旋紧螺母不应以转矩值为标准,应预紧后每次旋拧 90°倒换一次扳手,旋拧操作 5 次,总旋转角度 450°,既不要少也不要多,否则,或密封效果不好,或无法拆卸更换。

③卡套连接的零部件不应频繁拆卸,一旦需要拆卸,重新连接时必须更换新卡套,重复拆卸 3 次。应将原管接口长度裁截掉 5~10mm(若总长度不够可接长),尽量避免重复使用 CNG 管的原接触面。

④CNG 管材的裁截,应保证端面与轴线的垂直度要求,还要对切割后的管口进行钝角处理。应使用专用截管器和钝角器,不能使用钢锯或其他切割工具。

⑤当 CNG 管材需要接长或在用 CNG 管出现磨损、破裂需要修复时,应裁截有缺陷的管段,然后采用卡套连接方式接长到需要的长度,尽量不用焊接方法。焊接除了管材因温变会导致强度降低外,还易发生残存焊渣、内径变窄、孔缝裂隙等缺陷。

采用截短再接方式还可使用不同管径或壁厚的管材,方便连接不同零部件,如图 6-17 所示。

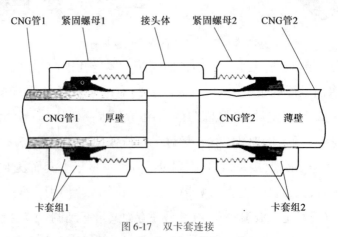

图 6-17 双卡套连接

四、燃气公共汽车的技术使用与维护

(一)燃气公共汽车的技术使用

燃气公共汽车因其特殊性,在使用上与一般公共汽车有所不同。除应严格执行通常的使用规范外,还应根据其特殊性制订相应的使用要求,以保证燃气公共汽车安全、正常、可靠地使用。

1. 日常管理

(1) 车用气瓶使用登记

用户应当按照《气瓶使用登记管理规则》(TSG R5001—2005)的规定,携带车用气瓶出厂资料、安装合格证明、安装监检证书等资料,到所在地设区的市质量技术监督部门办理使用登记,领取车用气瓶使用登记证。

(2) 车用气瓶定期检验

用户应在气瓶出厂合格证或气瓶定期检验合格证有效期届满前一个月内,向法定气瓶检验机构提出定期检验申请,并按其安排的检验日期进行气瓶定期检验,检验合格的气瓶涂写下次检验日期并发放检验合格证书。

(3) 车用气瓶合格标识

经政府主管部门或法定气瓶检验机构认可,车用气瓶使用单位可印制车用气瓶合格标识,标识有检验机构名称、下次检验日期、车辆编号、气瓶编号等信息,随车固定在易于查验的部位,如图6-18所示。

图6-18 车用气瓶合格标识

(4) 燃气公共汽车管理台账和技术档案

为确保燃气公共汽车安全使用,运营单位必须加强基础管理工作,逐车建立管理台账和技术档案。台账应详细录入燃气车辆相关信息,主要包括车型、牌照号、自编号、使用单位、运营线路、生产日期(在用车辆改装日期)、燃气装置产地、生产厂家、气瓶编号、气瓶检验合格证书编号、下次检验日期等。技术档案应有气瓶出厂合格证、气瓶安装合格证、气瓶使用登记证、气瓶定期检验合格证、交通事故气瓶检验鉴定意见、气瓶日常检查记录和车辆维护修理检查记录等。

(5) CNG 的计量与统计

CNG 量的使用、统计与结算采用的计量单位通常有两种,质量单位千克(kg)或体积量单位标准立方米(m^3)。气体作为流体进行量的测量通常使用流量计,采用体积量计量单位时,考虑气体的可压缩性,通常以标准状态(20℃,0.1MPa)下的体积量作为计量单位,称为标准立方米(m^3)。由气体状态方程可知,气体的体积变化受压力和温度的变化影响很大,而气体压力和温度的测量通常难度大、准确性差,因此容积式流量计(如孔板、叶轮等)常限用于环境条件变化不大(压力和温度)的低压气体(如家用燃气)测量和计量误差要求不高的场所。当测量高压气体特别是使用环境偏离标准状态条件较大时,尽管可以采用多种测量技术或修正方法进行误差补偿,但体积量的测量结果仍难免存在误差大、重复性和可靠性差的问题。

物质的质量测量与压力、温度无关(如秤),其测量结果准确性必然优于体积量的测量。在贸易结算发生计量纠纷时,通常以质量测量结果作为仲裁结论。科里奥利质量流量计(也称科氏力流量计)是一种利用流体在振动管中流动而产生与质量流量成正比的科里奥利力的原理来直接测量质量流量的仪表。使用科里奥利质量流量计测量高密度介质(液体或高压气体)流体的质量,计量准确性和可靠性必然高得多,目前所有 CNG 加气机制造商均采用质量流量计作为 CNG 加气机的计量装置。

现在大多数 CNG 供应商均采用体积量计量单位(m^3)进行结算、统计,必然要引入密度进行量的换算[体积量 m^3 = 质量(kg)/密度(kg/m^3)]。然而确定天然气的密度较为复杂和困难,通常是计算得出而不是测量得到。国家标准规定天然气的密度应在标准状况下,采用色谱分析法对抽样气体组分进行测量,再按照 GB/T 11062—1998 计算得出密度值。天然气中甲烷(CH_4)含量越高,计算出的密度值通常越小。一般产自气田的天然气甲烷(CH_4)含量约达 90% 以上,而产自油田的天然气甲烷(CH_4)含量约在 70% ~ 80%。若 CNG 母站管道天然气来自不同的气源,其气体组分必然会不同,密度值也不相同,加上测量组分的误差和计算方法的差别,各地 CNG 加气机设置的密度差异很大,有的不到 $0.69kg/m^3$,有的超过 $0.72kg/m^3$,较为混乱。目前所有国产 CNG 加气机均有设置密度转换显示 m^3 的功能,且以 m^3 进行结算的 CNG 加气站占绝大多数(密度值通常由供方确定),这对在知情权和专业领域处于弱势地位的广大消费者是极为不利的。为了保证 CNG 量的准确、可靠,减少计量纠纷,应尽量(或立法强制)采用质量单位千克(kg)进行车用压缩天然气的结算、统计与管理,消除引入密度所附加的不必要的误差。

(6)车辆充气调度

燃气车辆通常续驶里程较短,充装燃料的频度较大。同时加气站建设受许多条件制约,数量不是很多,分布也不可能十分合理,难以满足大批量燃气公共交通车辆快捷、方便的充气需求。但在现有条件下,如果把燃气车的运行、充气安排调配合理,就有可能缩短车辆充气空驶里程和总体充气时间,从而提高行程利用率和运输生产率。另外,利用夜间车辆停驶时间组织专人对车辆集中充气,也不失为一种行之有效的解决充气难问题的方法。

(7)技术培训与安全教育

要组织对职工进行经常性的技术培训和安全教育,不断深化驾驶员对燃气车的认识,提高其技术水平和业务能力;增强全员的安全意识和责任心,培养处置各种意外事故的能力,保证燃气车安全、正常地使用。

2.使用操作规程

(1)出车前例检

除一般车辆例检内容外,还要进行以下检查。

①检查燃气量,若天然气不足,应及时补充。

②发现燃气消耗异常增加或嗅到气味,应采用涂液法或使用测漏仪检查、判断燃气系统有无泄漏,检查储气瓶、铰接盘高压胶管等重点部位的技术状况,发现问题,及时通知有关部门解决。

(2)发动机起动

确认燃气系统手动截止阀已完全打开,将燃料控制开关拨到"打开"位置,按操作程序起动发动机。

对两用燃料发动机,按以下操作程序进行:

①用燃油启动时,将燃料转换开关拨到"汽油"位置,按一般操作程序起动。

②用燃气起动时,如果化油器浮子室中没有汽油,可将转换开关拨到"燃气"位置直接启动。如果化油器内有汽油,应先把转换开关拨到"中间"位置,起动发动机并保持中速运转,待发动机转速开始下降时,迅速将转换开关拨到"燃气"位置。

在冬季起动燃气发动机时,要注意采取必要的预热措施。两用燃料车可先使用汽油启动,待发动机温度升至 30～40℃ 以上时,再转换为燃气工作。

(3)使用燃气行驶

为安全使用燃气公共汽车,严禁在行驶中熄火滑行。行驶时要注意观察气量指示器及水温表,水温以 80～90℃ 为宜。如果临时停车超过 10min,应关断控制开关,以关闭各电磁阀,防止燃气泄漏。

(4)行驶中的燃料转换

对于两用燃料公共汽车,存在燃料转换问题。燃料转换应在发动机中、高速工况下进行。由燃气转换到燃油状态时,可将转换开关直接由"燃气"位置拨到"汽油"位置。由燃油转换到燃气状态时,首先将转换开关从"汽油"位置拨到"中间"位置,待化油器浮子室内的汽油燃尽,发动机转速开始下降时,迅速将转换开关从"中间"位置拨到"燃气"位置,从而完成燃料的转换。

如果在行驶中进行燃料转换,应注意转换时机,避免在交通条件差、上下坡道、弯道及视线不好的情况下进行转换。

(5) 充装燃料

当确认燃料不足时,应根据车队调度安排,及时到加气站充气。车辆驶入充气车位停好后,应拉紧驻车制动器,关闭电源总开关及燃料控制开关,以防充气时车辆意外起动,造成不必要的伤害事故和损失。

打开加气舱门及充气阀盖,由加气工按操作规程充气。燃气充满后,确认加气枪已取下,关好充气阀盖及加气舱门,检查燃气系统有无泄漏等异常现象。确认无误后,驾驶员在加气站办理加气手续,然后才可起动车辆驶离加气站。

为提高充气效率,也可采用前面提到过的集中充气方式(如利用夜间车辆停驶时间集中充气)。集中充气时,驾驶员与加气工应密切配合,严格执行燃气车充气操作规程,确保安全,避免发生机电、人身安全事故。

(6) 停驶

燃气公共汽车停止运行时,应将车辆停放在阴凉处,避免日光直接曝晒。然后将燃料控制开关关闭,并切断电源总开关。

若车辆短期内不使用,应将储气瓶手动截止阀关闭。

3. 意外事件及交通事故的处置

燃气公共汽车在使用中如发生意外事故,驾驶员一定要冷静处置,在保证乘客和自身安全的前提下,力争把危害和损失降至最小。

(1) 行驶中发生燃气泄漏

发现燃气泄漏后,应立即靠边停车,疏散乘客,关闭电源总开关并检查燃气系统,根据泄漏的严重程度,采取相应的措施。

①发动机至一级减压阀之间燃气泄漏。立即关断位于一级减压阀前高压管路上的手动截止阀,及时报修解决。对两用燃料车,待泄漏燃气挥发后,可转换为燃油继续行驶,到站后报修。

②高压管线破裂、脱落或一级减压阀前手动截止阀至气瓶组之间燃气泄漏。立即关闭全部储气瓶手动截止阀,严格控制并隔离火源,及时报修解决。

③储气瓶瓶阀易熔合金、爆破片破裂造成大量气体泄漏。应立即报警、疏散周边人员与车辆,并设置隔离带,准备好灭火器材,协同交管、消防人员封闭事故现场。

(2) 行驶中发生火灾

驾驶人员应立即靠边停车、打开车门、疏散乘客、切断电源、使用消防器材灭火并报警,关闭储气瓶手动截止阀,协同交管、消防人员封闭事故现场。

(3) 发生撞车事故

立即关闭电源总开关和储气瓶手动截止阀,配合交管、消防人员处理事故,并按规定程序报主管部门,由法定气瓶检验机构对车用气瓶进行鉴定检验,鉴定合格的气瓶方可继续使用。

(二)燃气系统的技术维护

燃气系统的定期维护制度是保证燃气系统处于良好的技术状况,使燃气公共汽车能够安全、正常运行的有力手段。它包括维护分级、里程间隔、作业项目等内容。

维护分级、里程间隔主要根据车型及车辆性能,燃气装置的技术性能、故障规律及其生产厂家的有关规定,车辆使用条件(路况、气候、燃料质量)等因素制订,并在实践中不断总结、完善。

1. 燃气系统主要维护内容

(1)检查储气瓶外观质量和瓶阀、附件的安装情况,储气瓶固定装置有无开焊、裂损、严重锈蚀、松动等现象。对 LPG 储气瓶,应检查其安装角度是否正确。

(2)检查并测试蒸发调压器、减压调节器的技术性能,有无泄漏,进行排污作业。

(3)检查燃气管路、加气面板各类阀件的安装情况及技术性能。

(4)检查、清理燃气系统滤清器及空气滤清器。

(5)检查各类管线的安装、固定情况,与其他构件有无干涉、摩擦。橡胶软管有无老化,各管线、接头有无泄漏,必要时进行管路疏通。

(6)检查燃料控制开关、各电磁阀是否有效,线束固定是否可靠,有无磨损短路现象,线尾连接或插接有无松动。

(7)检查燃气系统的整体密封性。

(8)进行汽车尾气排放检测及必要的调试。

燃气系统的定期维护应由维修单位负责。其维修人员必须经过专业培训,具有燃气车维修资质,并经常接受安全教育,具备应有的专业知识、维修技能、安全素质和处理问题的能力。维护作业应有独立的作业场地和必要的工装、通风设备。维修单位还应对燃气公共汽车建立维修档案,对主要总成要编号建档,其维修、更换、报废应及时准确记录在案。车辆使用部门应按维护制度制订维护计划,并按计划组织燃气车辆的定期维护,保证燃气公共汽车良好的技术状况。

2. 燃气系统维护注意事项

(1)由于气体燃料的特殊性,确保安全是维修作业的根本原则。在作业中,必须严格遵守各项安全制度和操作规范,以保证维修质量。

(2)如需在燃气车上进行焊接作业,必须把储气瓶拆下并妥善保管。恢复安装时应原车、原瓶位原装,必须更换时要有档案记录。

(3)禁止在燃气车维修场地内进行焊接作业和排放燃料作业。

(4)各管路接头拆开后,应有防尘保护措施,避免杂质、异物进入管内。

(5)储气瓶属于压力容器,应按有关标准的规定,定期进行安全检测。报废的储气瓶要销毁处理。

在燃气车维修过程中,维修配件的正常供应也是保证燃气车维修质量和进度的重要方面。要保证配件进货的正常渠道畅通,并严把进货质量关,为维修单位及时提供合格配件。同时,在保证配件质量的前提下,加快进口配件的国产化步伐,以降低维修成本,提高燃气配件的性能价格比。但对一些关键配件一定要慎重,不要盲目追求国产化,以免影响其安全性能,或者造成过大的投入。

燃气系统维修作业质量检验可参照前述"燃气系统质量检验"进行。

另外需要指出的是,要想使燃气公共汽车长期、稳定地保持良好的综合技术性能和排放性能,对在用车辆坚持贯彻执行"定期检测、强制维护、视情修理"的维修制度是非常重要的。现行维护基本作业项目中与汽车尾气排放控制有关的项目占有很大比例,严格执行作业规范和要求,可以有效控制尾气排放污染。一些发达国家相继提出了对在用车辆排放控制的检查/维护(I/M)制度,即通过对在用汽车的检查,确定其排放污染严重的原因,然后有针对性地采取维修措施,使在用汽车最大限度地降低排放污染。这与我国现行维修制度有许多共同点和相似处。在贯彻"定期检测、强制维护、视情修理"工作方针的前提下,建立汽车排放控制监控评价、技术保障、法规管理等体系,逐步推行I/M制度,是控制汽车尾气排放污染的一个重要途径,也是使燃气汽车正常、健康发展的重要保证。

五、车用气瓶的安全管理

(一)车用气瓶基本管理要求

(1)在用燃气车辆必须有车用气瓶出厂检验合格证、车用气瓶安装监检合格证、车用气瓶使用登记证和车用气瓶历次定期检验合格证。车用气瓶编号、瓶位、类别、实测容积、投入使用日期、使用登记编号、下次检验日期等基础信息对应车辆自编号、牌照号纳入车辆基础档案管理。

(2)车用气瓶使用年限或充气次数不许超过制造厂规定的设计寿命期限(通常为15年或充装15000次),可参照气瓶使用说明书。

(3)气瓶第一次充气前应抽真空或进行氮气置换处理,防止气瓶内混入空气。在用气瓶瓶内天然气不应耗尽,瓶内压力不应低于2MPa。

使用燃气车辆的车队、维护燃气车辆的车间,应配备燃气测漏仪器、用具。测漏仪须每6个月进行测试、校准,便携式催化燃烧式传感器的测漏仪须每年更换传感器。

(4)下列情况应进行燃气瓶泄漏测试检验:
①燃气车辆维护及与燃气系统有关的修理。
②燃气车辆进入无防爆设施的车间、车库。

③燃气车辆进行电气焊作业。

④检查、更换、保存燃气瓶。

⑤车用气瓶有疑似泄漏(异味、异响、异色、燃耗异常增加)。

(5)判定燃气泄漏的气瓶,立即关闭气瓶阀门,到规定地点进行气瓶更换。

(6)车用气瓶排空作业,应使用燃气回收装置或专用排气设备进行。无专用燃气回收或排气装置需自然排放燃气时,要在30m内无点火源的空旷地点缓慢开启气瓶阀门,控制排放气体流速,防止高流速气体产生静电引燃排放的燃气。

(7)空燃气瓶充装燃气前须进行氮气置换。

(8)CNG车辆更换空瓶后加气,应使用专用设施串气充装到2MPa燃气后,方可到加气站加气。

(9)车用气瓶的储存:

①具备燃气回收置换条件时,车用气瓶应排空储存。

②充气气瓶不得与排空气瓶混放储存,充气气瓶应有明显的区别标记。

③充气气瓶须存放在符合《建筑设计防火规范》(2018年版)(GB 50016—2014)的气瓶仓库,或符合安全防火距离,有防护栏围挡、遮阳防晒的专用场地。

(10)车用气瓶尽量排空后实施运输。对充气气瓶的运输,必须严格遵守国家危险化学品运输管理的有关规定。运输和装卸车用纤维缠绕气瓶时,应防止吊、铲、夹等机具设备对气瓶表面纤维层造成磕碰、划割损伤。人工进行气瓶搬运装卸时禁止野蛮操作,不准搬抬瓶阀和在地面拖拽、滚动,瓶阀和瓶底不得撞击受力。

(二)车用气瓶定期检验

(1)车用气瓶应按法定周期和要求进行定期检验,新车气瓶使用初始日期按车辆初领牌照日期或办理气瓶使用登记日期计算。车用气瓶定期检验可以按照法规、标准规定的周期提前实施而不能拖后,不允许车用气瓶超周期使用。

(2)CNG纤维全缠绕气瓶不解体检验时,送检车辆到达检验地点应加满气(20MPa)后静置12h以上再实施检验,尽量消除、减少夹层空气对气密试验的影响。

(3)CNG气瓶解体检验,送检车辆到达检验站时燃气压力应不高于7MPa,减少燃气回收置换时间,提高检验效率。

(4)为了提高车辆使用效率,CNG车辆可以采用总成互换方式进行车用气瓶定期检验。检验机构采用总成互换方式对检验合格的气瓶组合装车时应注意以下几点:

①保证同一辆车上所装的气瓶为同一厂家、同一型号、同一年月投入使用。

②保证气瓶的投入使用时间与车辆的投入使用时间相符合,力求车辆与气瓶等寿命使用。

③气瓶下次检验日期应按上车日期计算,气瓶喷涂的下次检验日期、车辆粘贴的

气瓶合格标识、档案中记录的下次检验日期应保持一致。

④对于提前进行气瓶检验的 CNG 车辆,确定下次检验日期仍按初次使用日期加上规定的周期间隔计算。

⑤当上车气瓶的下次检验日期超过使用年限,则不许继续使用。

⑥检验合格作为备用周转的车用气瓶,应按型号、投入年份分类存放,便于装车选用。

(三) 车用气瓶的定期检查

CNG 车辆使用或保修单位,应对车用气瓶进行定期检查。

(1) 气瓶定期检查内容:气瓶表面检查、固定装置检查、保护装置检查、安全泄放装置检查、通风状况检查和泄漏检查。

(2) 气瓶定期检查周期:气瓶累计充气次数少于 7500 次时,每 180d 或充气次数每累计 360 次(取时间较短者)应进行一次定期检查。气瓶累计充气次数大于 7500 次时,每 120d 或充气次数每累计 240 次(取时间较短者)应进行一次定期检查。

(3) 气瓶定期检查可结合车辆维护同步实施。

(四) 车用气瓶的拆装更换

(1) 车用气瓶在日常使用、车辆维护或不解体检验需要拆卸更换时,应由法定气瓶检验机构实施。

(2) CNG 车辆在维护时如需拆卸、安装车用气瓶,应由取得气瓶安装许可资质的单位实施气瓶拆装作业。

(五) 不合格气瓶的处理

(1) 超过规定使用年限的气瓶不允许继续使用,须报废处理。

(2) 经检验不合格的气瓶不准继续使用,判为报废的气瓶原则上按规定方式进行损毁破坏处理。

(3) 有试验研究价值的、有可能修复的或属产品质量问题需向厂家索赔的不合格气瓶可以留存。存放不合格的气瓶及位置须有明显标志,防止与合格气瓶混用。

(4) 解体检验发现瓶身标识不清(型号、编号、出厂日期等)的气瓶,须通过档案资料(或制造厂)核查确认,经检验合格重新标识后准予使用。

六、燃气充装设备简介与加气站管理

发展高性能、规模化的燃气车辆,应同期建设数量与规模相当、布局合理的加气站。加气站建设应根据城市规划和区域道路交通规划、燃气公共汽车线路及车辆分布、燃气车数量、燃气种类、建设成本、地理位置及气候条件等,尽可能减少车辆充气空驶里程等多方面因素统筹规划配置。加气站设备选配应能满足安全防火、环境保护、供气能力、充气速度、可靠性及维修性等要求。

(一) 车用 CNG 加气母站与常规站

CNG 加气母站和常规站的气源,均由天然气中压输送管线直接引入站内管道。站用设施由过滤、脱硫脱水、调压、进站计量、压缩、脱水干燥、储存、控制系统、计量充装、燃气泄漏监测等主要生产工艺系统及循环冷却水、废润滑油回收、供电、供水等辅助生产工艺系统组成。CNG 加气母站是一个加气枢纽,多建在城市边缘地带,其压缩机排气量、储气装置容积和充气速度通常远大于常规站。加气母站的充装设施可同时为长管拖车和 CNG 车辆充气,如图 6-19 所示。

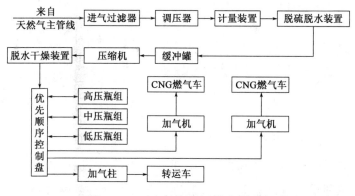

图 6-19 CNG 加气母站的工作流程框图

CNG 常规站通常分布在天然气中压输送管线附近,工艺设施主要有压缩机组、站用容器和加气机,仅为 CNG 车辆充气。由于 CNG 常规站运行成本比 CNG 子站方式低,是建设 CNG 加气站的首选方式。

CNG 加气母站及常规站,从天然气主管线取气,经过滤、调压、计量、脱硫、脱水等装置进入缓冲罐,以减轻天然气进气压力脉动给机组带来的振动,然后进入压缩机组,经多级压缩把天然气压力提高到 25MPa,在脱水干燥处理后,进入优先/顺序控制盘,自动控制按高、中、低压选择站用储气瓶组顺序充气,亦可直接供加气柱和加气机用气。在给转运车或汽车充气时,优先/顺序控制盘自动控制站用储气瓶组按低、中、高压顺序向外供气,以满足快速充装和提高取气率的要求。加气机在工作时会自动计量、计价,通过加气枪为燃气车充气。长管拖车与 CNG 车辆加满气时的燃气压力为 20MPa。

常规加气站的工作流程与加气母站基本相同,只是没有为长管拖车输气的加气柱等相关设备。常规加气站(包括加气母站)还有一种三线进气的工艺方案。

在三线进气工艺方案中,高、中、低压瓶组压力相对固定,充气与供气管线是独立的,并由优先/顺序控制盘控制其各自的供气管线分别到加气机。

在给车辆充气时,储气瓶组按低、中、高压气瓶顺序向加气机供气,能始终保持瓶组以较高压力给燃气车充气,使充气速度大大提高。

(二)加气子站

加气子站是一种灵活的加气方式,特别适合布置在那些没有合适压力及流量的天然气气源而又需要设置加气站点的地方。CNG长管拖车在母站充气后运至子站作为供气源,如图6-20所示。

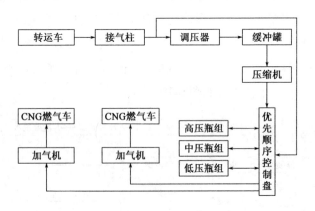

图6-20 CNG加气子站的工作流程框图

1.机械活塞式气体压缩机CNG子站

机械活塞式气体压缩机是目前CNG加气子站常见的增压设施。机械活塞式气体压缩机工作原理是经电机驱动,带动曲轴连杆机构推动活塞在汽缸内往复运动,活塞下行程时,低压气体进入汽缸,活塞上行程时,被压缩的高压气体排出汽缸,多级压缩时各级汽缸的排气压力与高一级汽缸的进气压力相等。机械活塞式气体压缩机由于进气压力要求基本恒定、各级压缩比较小,适用于管道燃气为气源的CNG母站和常规站。而CNG子站的气源是长管拖车,拖车瓶组满气时的压力为20MPa,站用瓶组需要增压到25MPa方能以较快的加气速度对CNG车辆加满气。当拖车瓶组CNG压力高于压缩机组设定的进气压力值时,只能通过调压器降到设定值。若压缩机组进气口压力设定较低,一方面压缩机组的增压级别必然增多,在需要大排气量工况下,压缩机组的总压缩比、体积、功率均要大幅度增加;另一方面,由拖车瓶组输出的高压燃气经先降压再增压的过程必然导致无功能耗增加,压缩机组效率降低。若压缩机组进气口压力设定较高,长管拖车剩余的燃气量必然要多,长管拖车的运气效率将降低。有的厂家针对CNG子站运行特点,对压缩机组内部结构或外部管路控制系统进行了改进,力求减少先降压再增压的无功能耗,但限于机械活塞式气体压缩机工作原理的制约而效果有限,如图6-21所示。

图 6-21　机械活塞式气体压缩机 CNG 子站

2. 液压直推式 CNG 子站

液压直推式 CNG 子站是近年来发展较快的一种 CNG 加气子站方式。其工作原理如下：大功率电机驱动液压油泵，将储油装置内的专用液压油通过高压软管不断注入液压直推式长管拖车，作业时拖车气瓶与水平面约有 30°的倾斜角，注入拖车瓶内底部的高压油直接推压瓶内的天然气，从瓶组上方的排气管排出，经液压站油气分离装置、过滤装置净化后送往地面储气瓶组或直接加注 CNG 车辆。当位于瓶组上部的限位传感器检测到瓶内油面到达规定液位时，进油电磁阀关闭，卸油电磁阀开启，瓶内液压油在剩余燃气压力作用下流回储油装置。与相同排气量的机械活塞式气体压缩机 CNG 子站相比，具有设备占地面积小、能耗低、噪声小、加气速度快、长管拖车剩余燃气少等优点。然而，需要定购专用液压直推式长管拖车或对普通长管拖车进行改造。普通长管拖车瓶组通常工作压力定为 20MPa，而专用液压直推式长管拖车瓶组的额定工作压力约为 22～25MPa，投资较大，如图 6-22 所示。

图　6-22

图 6-22　液压直推式 CNG 子站

3. 液压活塞式压缩机 CNG 子站

液压活塞式压缩机是第三代 CNG 子站增压装置,如图 6-23 所示。缸筒由上缸筒与下缸筒组成,工字形活塞将上缸筒分隔成气腔 A 和油腔 B,将下缸筒分隔成油腔 C 和气腔 D。工字形活塞可以在上下缸筒内往复运动。油箱、油泵、换向组合阀通过油管与 B 和 C 油腔连接形成液压循环回路。当油泵输出的高压油进入 C 腔,B 腔的油回到油箱,活塞杆向下运动,A 腔排气单向阀关闭、进气单向阀打开,来自长管拖车瓶组的压缩天然气进入 A 腔;D 腔进气单向阀关闭,排气单向阀打开,D 腔经压缩的气体排出、冷却,完成一级压缩过程,此时 D 腔输出的燃气压力等于 A 腔的气压 + C 腔的油压。当活塞运行到止点,控制系统接到换向信号,操作液压换向组合阀换向,油泵输出的高压油进入 B 腔,C 腔的油回到油箱,活塞杆向上运动,D 腔排气单向阀关闭、进气单向阀打开,拖车瓶组的压缩天然气进入 D 腔;A 腔进气单向阀关闭,排气单向阀打开,A 腔经压缩的气体排出、冷却,完成一级压缩过程。当两个液压活塞汽缸体串联时,就构成两级压缩。

图 6-23　液压活塞式压缩机 CNG 子站

液压活塞式压缩机 CNG 子站与前述两种方式的 CNG 子站相比,工作原理有革命

性突破,其优点如下:

(1)液压活塞式压缩机与机械活塞式气体压缩机相比,由于无须对进气先降压再增压,消除了无法避免的无用功耗,同时液压活塞一次往复行程进、排气两次,效率提高一倍,因此,同样排气量的压缩机用电消耗量相差约50%。

(2)由于液压直推式油泵输出的油压需高于排气压力且恒定,而液压活塞输出的排气压力=油压+拖车瓶组气压,液压活塞式压缩机选用的油泵工作压力和功率比液压直推式油泵小得多,且由于使用普通长管拖车,液压活塞式压缩机CNG子站建站费用和运行成本均比机械活塞式压缩机子站和液压直推式子站低。

(3)由于液压活塞式压缩比远大于机械活塞式气体压缩机,两级压缩的液压活塞式压缩机CNG子站可使拖车剩余燃气压力比机械活塞式气体压缩机CNG子站的拖车剩余燃气压力低2~3MPa,提高了长管拖车的运气效率。

(4)液压活塞式压缩机结构简单、耗材少、故障低、维修方便、可靠性高。液压活塞式压缩机虽然面世不久、在用量不多,但其迅猛发展的势头已充分显现。

(三)加气站的管理

加气站的建设与管理是燃气汽车系统工程中的重要一环。由于LPG、CNG燃料易燃、易爆的特点,加气站管理要重点围绕"确保安全、防止事故"这个中心内容进行。在确保安全的前提下,努力提高服务质量、工作效率,以满足燃气公共汽车正常运营的需求。

(1)加气站应取得气瓶充装许可资质

加气站应按照《气瓶充装许可规则》(TSG R4001—2006)的规定,建立气瓶充装质量保证体系,取得气瓶充装许可证后,方可开展燃气车辆加气业务。发证机关受理气瓶充装许可申请后,由气瓶充装鉴定评审机构进行鉴定评审并出具鉴定报告,发证机关审查、批准后颁发气瓶充装许可证,气瓶充装许可证有效期为4年。气瓶充装单位在有效期满前6个月应提出换证申请,对能够办理车用气瓶使用登记并且年度监督检查均合格的气瓶充装单位,经发证机关同意可直接换发新证。

(2)加气站管理、作业人员应培训、考核、持证上岗

①加气站管理人员应按照《危险化学品安全管理条例》的规定,经培训、考核合格,取得安监部门发放的资格证书。

②加气作业人员应按照有关规定,经培训、考核,取得质量技术监督部门发放的《特种设备作业人员证》(气瓶充装许可),方可从事车用气瓶的充装作业。

加气站要对职工进行经常性的业务培训、安全教育和职业道德教育,提高各级人员的业务能力、安全素质和服务意识。相关专业中级以上技术职称的管理人员和技术人员、各级操作人员均应熟悉加气站设备及燃气特性,掌握本工种专业技能和安全防范知识,具有紧急情况下正确的处置能力,严格按照操作规程进行各种操作,认真

做好统计报表,及时上报。对燃气质量应有必要的监控措施,努力避免因气体质量问题造成燃气车无法正常工作或损害,以致影响运营生产。设备要经常检查维护,保持其良好的工作性能。

(3)加气站应建立健全各项规章制度

加气站应建立健全各种管理制度,包括安全生产、防火管理制度;各级人员的岗位责任制;交接班制度和巡查制度;紧急情况下的处置措施和应急预案;加气、运输、排污、维护等作业项目的操作规程;各类管理记录表格及服务规范等。

(4)对加气站各种设备、安全设施及检漏报警装置,必须按规定进行定期的维护、检验检测,保证其完好、有效、灵敏、可靠。

(5)加气作业人员对加气车辆充装前应进行检查并记录,禁止对具有下列情况的CNG车辆进行加气作业:

①车用气瓶未经使用登记或与使用登记证不一致的。

②车用气瓶超过检验期限的。

③车用气瓶定期检验不合格的或者报废的。

④新瓶或者定期检验后的气瓶首次充装,未经置换或抽真空处理的。

⑤对气瓶及其燃气系统安全性有怀疑的。

⑥燃气车辆驾乘人员尚未离开车辆或存在其他危及安全情况的。

第五节 常见故障

一、燃气供给装置故障

燃气供给装置包括储气瓶、汽化器、低压切断阀、气滤器、计量阀等,其中发动机正常运行时最容易造成自动熄火的是气化器。气化器是将液态气体在气化器中加热直到汽化的设备。需要经气化器升温膨胀后汽化成气态天然气,才能供给发动机燃烧,在汽化过程中会吸收较多的热量,气化器利用发动机冷却液提供热量,促使低温液态的天然气变成气态的天然气,如果气化器出现结霜,将会导致发动机动力不足、熄火、气化器爆裂等故障现象。因此,作为发动机燃气供给系统中的一个构件,其作用不可小视。

二、空气供给装置故障

空气供给装置和燃气供给装置同等重要,它的畅通也是保证燃气和空气混合气体、比例正常的关键,在这一系统中,空气经空气滤清器、空气流量计、增压器、中冷器、节气门体、进气总管、进气歧管,最终进入汽缸。

空气供给装置中,节气门无疑是最重要的部件,同时也是最容易发生问题的部件。在大多数的修理过程中,遇到熄火故障后的最先检查对象便是处于进气咽喉位置的节气门。

节气门的作用是通过调整开度的大小,控制进入汽缸的可燃混合气的数量,形象的比喻就是发动机的咽喉。由于节气门开启的缝隙空气流量最大、空间小,气体温度也低,这部分最容易凝结杂质,因此,需要根据一定的周期对其进行清理。如果节气门因杂质造成堵塞,将导致进气量不足造成熄火及怠速不稳。

进气歧管存在泄漏时也会导致怠速不稳甚至熄火,发生此类故障时车辆会有强烈地抖动,在可燃混合气体进入汽缸前,还要经过进气歧管,当进气管存在泄漏时,将导致发动机运转无力,起动困难,怠速不稳、排放不达标,甚至熄火。当出现泄漏,的表现为行车中抖动强烈,因此这类故障比较容易判断。

此外,空气供给装置中还存在其他可能会导致熄火的问题,比如空气滤芯过脏而导致发动机进气不畅等,这就要求我们平时要定期维护,以此来解决这类问题的发生。

三、点火系统故障

当混合气体正常进入汽缸内时仍出现熄火现象,就有可能是点火系统出现了故障。点火系统的功用是按照汽缸的工作顺序定时地在火花塞两电极间产生足够能量的电火花。当然,这其中最核心的部分就是火花塞了,由于工作在高温高压的汽缸中,火花塞也是点火系统中最易发生故障的地方。

在电子点火系统中,电子控制单元起着控制点火时间的作用,由于其在发动机的重要程度和应用的广泛程度,这里对将直接导致无法点火的火花塞故障进行分析。

一般车辆行驶6万km左右时需更换一次火花塞。我们知道在压缩接近上止点时可燃混合气是由火花塞点燃的,因此,当火花塞不点火时,自然会导致车辆熄火。常见的火花塞故障有漏电、跳火不正常以及电极烧断等。一般情况下,在由于火花塞导致熄火的现象中,最好是通过更换火花塞来彻底解决;当不方便更换时,也可以通过清洗电极,调整中央电极长度的应急措施来临时解决。

另外,除了火花塞的故障,发电机的损坏、线路的虚接或短路以及蓄电池的漏电也将会导致因没有电力产生的点火不良最终导致熄火。出现这种情况时,可以按喇叭确定是否有电,并查看是否有皮带过松或者断裂的情况。点火系统中点火线圈的故障也会导致熄火。

四、电子控制系统故障

电子控制系统导致熄火的根本原因是传感器导致 ECU 自动保护,所以应检查各传感器和执行器是否正常工作。

在电喷发动机中,电子系统越来越重要。其电子控制系统是由传感器、电子控制单元和执行器组成,核心部件是电子控制单元。主要的传感器有节气门位置传感器、氧传感器、曲轴位置传感器等,它们将信号反馈至 ECU,再由 ECU 向中央喷射器等执行件发出工作指令。

当 EUC 越来越多地负担着掌管监控车辆状态的工作时,也同时带来了一些问题:当某一传感器故障时,ECU 将无法正确地对当前状况进行判断,进而采取停止点火等保护措施,导致熄火情况的发生。在传感器方面,最主要也是故障发生时最容易导致熄火的部件有空气流量传感器、节气门位置传感器、氧传感器等。通常情况下这些部件发生故障时,驾驶员很难发现和自行处理,一般会有行车电脑记录故障代码,然后由维护人员进行故障的排查和维修。

空气流量计用于感知当前的空气流量,并把数据发送给 ECU 处理。当出现故障时,空气流量计没有感知或错误地感知当前空气流量,导致 ECU 不能做当前进气状况进行正确的估计,出于对发动机的保护,ECU 会停止燃气供给系统给发动机供燃气,这就不难解释当空气流量计工作不正常时,发动机为什么会熄火了。与之类似的还有氧传感器,也是由于故障导致 ECU 停止供燃气或不正常供给燃气,引起熄火等现象。

节气门位置传感器的作用是把节气门的位置或开度转换成电信号,传输给电控单元,作为电控单元判定发动机运行工况的依据,实现不同节气门开度下的燃气量控制。由于其本身是一个摩擦件也是易损件,在故障或者线路不良时会产生发动机怠速不稳或怠速熄火等问题。

此外,电子控制系统中其他传感器等也可能会导致起动困难或容易熄火、怠速不稳或加速不良等。导致熄火的原因还有连接线路短路或者断路,程序设计错误等。

五、熄火的危害及处理

知道了哪些原因会引起发动机故障而导致自动熄火后,那么熄火会带来什么危害?在突遇故障时我们该采取什么方式来避免危险事故呢?

(一)熄火的危害

车辆熄火时除了失去动力外,大部分车型的转向助力也无法发挥作用,这就意味着车辆的转向盘失去助力,具体表现为车辆转向很重(甚至会误解为已经锁死)以及车辆制动效能大幅下降。

如果是车辆怠速时发生熄火,后果不会非常严重,因为此时车速较低,熄火后车辆停止,重新启动即可。但如果在行驶过程中或紧急制动时发生熄火,那么后果可能会很严重,此时制动和转向效能大幅下降,加之驾驶者突然一时惊慌失措,一场严重的事故将难以避免。

(二) 熄火的处理

1. 怠速熄火

车辆在怠速状态下速度不是很快,熄火后只需要重新启动即可。

注意事项:自动挡车型需要先挂停车挡(P)或空挡(N)再起动发动机。

2. 行驶时熄火

首先不要惊慌,稳住方向的同时略带一些制动,此时手动挡车型可以踩下离合器挂入相应挡位,然后松离合器靠车速带起发动机;自动挡车型需要挂入空挡(N)然后重新起动发动机。很多自动挡车型只有在 P 挡时才能点火,所以视道路情况也可以打开双闪后将车辆在路边停稳后再重新点火起动。

注意事项:不要因紧张挂错挡位。

3. 制动过程中熄火

首先不要惊慌,稳住方向增加制动力度,视道路情况尽量避开前方障碍,在安全地带停稳后再起动发动机。

注意事项:由于熄火会失去转向和制动助力,需要增加力量控制,不要因转向盘锁死而不知所措。

第七章

车辆电气与电子技术

第一节　公交车电子技术概述

一、安全、环保和节能推动了汽车技术的发展

汽车的安全性非常重要,车辆的制动安全性、驱动安全性与行驶安全性是道路交通安全事故的三大主要根源。全世界每年因交通事故死亡数量约50万人,排在人类死亡原因的第10位;目前我国每年因交通事故死亡数量占全国总死亡数量人数的1.5%,约每年10万人。为此,科技人员从汽车的主动安全性和被动安全性两个方面着手,设计了防滑控制系统、车辆姿态控制系统、智能防撞预警与应急保护系统、碰撞后的保护系统等一系列电子控制装置。

二、汽车电子技术应用的优越性

(一)减少汽车修复时间

汽车电气设备故障约占汽车总故障的1/3。由于汽车构造比较复杂,零部件比较多,工作环境不可控(如道路条件,环境的温度、湿度),加上人为的因素,所以汽车的可靠性差、无故障间隔时间短。

(二)节油

汽车发动机采用电子综合优化控制,与传统的化油器式发动机相比,可以节约燃油消耗10%～15%左右。汽车是一个较复杂的多参数控制的机械,而且行驶条件随机变化,对其采用优化控制后,计算机可以对控制对象的有关参数(如温度、气体压力、转速、排气成分)进行适当采样,然后进行数据处理。

(三)减少空气污染

用传感器控制的发动机空燃比闭环控制系统,可以保证发动机处于理论空燃比附近工作。若加装废气再循环和三元催化净化等装置,不但可以节约燃油,而且废气中碳氢化合物(HC)的体积分数可降低40%,氮氧化合物(NO_x)的体积分数可降低60%左右。

(四)减少交通事故

电子技术在汽车安全方面得到应用后,使整车的安全性能提高。交通事故主要由人的主观因素和客观因素所造成,减少人的主观因素造成事故的电子装置有防止酒后驾车和驾驶员瞌睡的电子装置、检查人的心理状态和反应时间的电子装置等。

第二节　公交车电子控制系统的一般组成

一、电子控制系统的一般组成

(一)检测反馈单元

检测反馈单元的功用在于通过各种传感器检测受控参数或其他中间变量,经放大、转换后用以显示或作为反馈信号。

(二)指令及信号处理单元

指令及信号处理单元接受人机对话随机指令或定值、程序指令,并接受反馈信号,一般具有信号比较、变换、运算、逻辑等处理功能。传统的指令及信号处理单元多采用模拟电路,随着微电子技术和计算机技术的发展,为工程控制系统提供了采用数字计算机指令和信号处理单元的可能性。汽车上所用的指令及信号处理单元多为微处理机。

(三)转换放大单元

转换放大单元的作用是将指令信号按不同方式进行相互转换和线性放大,使放大后的功率足以控制执行器并驱动受控对象。

(四)执行器

执行器直接驱动受控对象的部件,可以是电磁元件,如电磁铁、电动机等;也可以是液压或气动元件,如液压或气压工作缸及电动机。为了使驱动特性与受控对象的负荷特性相互匹配,还可附加变速机构,如液压电动机和行星齿轮传动的组合。

(五)动力源

动力源为各单元提供能源,通常包括电气动力源和流体动力源两类,如图7-1所示。

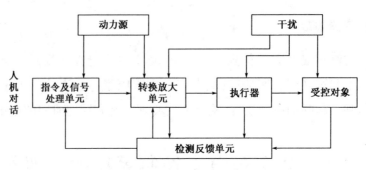

图 7-1 动力源控制系统原理

二、自动控制系统的分类

(一)按控制系统有无反馈环节分类

1. 开环控制系统

若系统的输出量对系统的控制作用不产生影响(即无检测反馈单元),则称为开环控制系统。

2. 闭环控制系统

系统的输出通过检测反馈单元返回来作用于控制部分,形成闭合回路,这种控制系统就称为闭环控制系统,又称为反馈控制系统。

(二)按输入量变化的规律来分类

1. 恒值控制系统

恒值控制系统的特点是系统的输入量是恒值,并要求系统的输出量相应地保持恒定值。

2. 随动控制系统

随动控制系统的特点是输入量是变化的(有时是随机的),并且要求系统的输出量能跟随输入量的变化而作出相应的变化,故随动系统又称为伺服系统或跟踪系统。

3. 过程控制系统

过程控制系统的输出量是按给定的时间函数实现控制的。

(三)按系统传输信号对时间的关系分类

1. 连续控制系统

连续控制系统的特点是控制作用的信号是连续量或模拟量。

2. 离散控制系统

离散控制系统又称采样控制系统。

(四) 按系统输出量和输入量的关系分类

1. 线性系统

线性系统的特点是系统的输出量和输入量的关系是线性的,它的各个环节或系统都可以用线性微分方程来描述,可以应用叠加原理和拉氏变换解决线性系统中的问题。

2. 非线性系统

非线性系统的特点是其中的一些环节具有非线性性质(例如出现饱和死区、滞环等)。

(五) 简化的汽车电子控制系统模型

简化的汽车电子控制系统模型如图7-2所示。

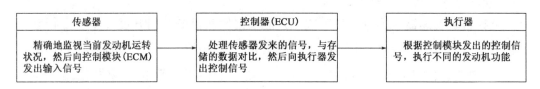

图7-2 简化的汽车电子控制系统模型

三、汽车电子控制系统简介

(一) 发动机控制部分

1. 电控点火装置(ESA)

电控点火装置系统可使发动机在不同转速、进气量等因素下,在最佳点火提前角工况下工作,使发动机输出最大的功率和转矩,而将油耗和排放降低到最低限度。该系统分为开环和闭环两种控制。电控点火装置闭环控制系统通过爆燃传感器进行反馈控制,其点火时刻的控制精度比开环高,但排气净化差些。

2. 电控汽油喷射(EFI)

电控汽油喷射系统根据各传感器输送来的信号,能有效控制混合气空燃比,使发动机在各种工况下空燃比达到较佳值,从而实现提高功率、降低油耗、减少排气污染等功效。该系统可分为开环和闭环两种控制。闭环控制是在开环控制的基础上,在一定条件下,由计算机根据氧传感器输出的含氧浓度信号修正燃油供给量,使混合气空燃比保持在理想状态下。

3. 废气再循环控制(EGR)

废气再循环控制系统是将一部分排气中的废气引入进气侧的新鲜混合气中再次燃烧,以抑制发动机有害气体氮氧化合物的生成。该系统能根据发动机的工况适时地调节参与废气再循环的废气循环率,以减少排气中的有害气体氮氧化合物。它是一种排气净化的有效手段。

4. 怠速控制(ISC)

怠速控制系统能根据发动机冷却液温度及其他有关参数,如空调开关信号、动力转向开关信号等,使发动机的怠速处于最佳状态。

除以上控制装置外,发动机部分的控制内容还包括发动机输出、冷却风扇、发动机排量、气门正时、二次空气喷射、发动机增压、油气蒸发控制及系统自诊断等。

(二)底盘控制部分

1. 电控自动变速器(ECT)

电控自动变速器装置有多种形式。它能根据发动机节气门开度和车速等行驶条件,按照换挡特性精确地控制变速比,使汽车处于最佳挡位。该装置具有提高传动效率、降低油耗、改善换挡舒适性、提高汽车行驶平稳性以及延长变速器使用寿命等优点。

2. 防滑控制系统

防滑控制包括防抱死制动(ABS)、牵引控制(TCS)、驱动防滑(ASR)和车辆横向稳定性控制系统(VSC)。该系统可以提高制动效能,防止汽车在制动、起步、驱动和转弯时产生侧滑,是保证行车安全和防止事故发生的重要措施。

3. 电子控制动力转向

电子控制动力转向的形式较多,目前汽车动力转向的发展趋势为四轮转向系统。它们分别显示出不同的优越性,如有的可获得最优化的转向作用力特性、最优化的转向回正特性,起到改善行驶的稳定性以及节能和降低成本的作用;有的主要是为了提高转向能力和转向响应性;有的主要用来改善高速行驶时的稳定性。目前电控前轮动力转向较普及,通过控制转向力,保证汽车原地或低速行驶时转向轻便,而高速行驶时又确保安全。

4. 电控悬架(TEMS)

电控悬架系统能根据不同的路面状况,控制车辆高度,调整悬架的阻尼特性及弹性刚度,改善车辆行驶的稳定性、操纵性和乘坐舒适性。

5. 巡航控制系统(CCS)

巡航控制系统又称恒速行驶系统。汽车在高速公路上长时间行驶时,打开该系统的自动操纵开关后,恒速行驶装置将根据行驶阻力自动增减节气门开度,使汽车行驶速度保持一定。该系统可以减轻驾驶员长途驾驶之疲劳。

(三) 行驶安全系统

1. 安全气囊(SRS)

安全气囊是国外汽车上一种常见的被动安全装置。在车辆相撞时,由电控元件用电流引爆安置在转向盘中央(有的在仪表盘杂务箱后边也安装)等处气囊中的渗氮物,迅速燃烧产生氮气,瞬间充满气囊。气囊的作用是在驾驶员与转向盘之间、前座乘员与仪表盘间形成一个缓冲软垫,避免硬性撞击而受伤。此装置一定要与安全带配合使用,否则效果大为降低。

2. 雷达防撞系统

雷达防撞系统有多种形式。有的在汽车行驶中,当两车的距离小到安全距离时,即自动报警,若继续行驶,则会在即将相撞的瞬间,自动控制汽车制动器将汽车停住;有的是在汽车倒车时,显示车后障碍物的距离,有效地防止倒车事故发生。

3. 驱动防滑控制系统(ASR)

驱动防滑控制系统是在防抱死制动系统的基础上开发的,两系统有许多共同组件。该系统装置利用驱动轮上的转速传感器,当感受到驱动轮打滑时,控制元件便通过制动或通过加速踏板降低转速,使之不再打滑。它实质上是一种速度调节器,可以在起步和弯道中速度发生急剧变化时,改善车轮与地面间的附着力,提高其安全性。该系统装置在雪地或湿滑路面上较能发挥其特性。

4. 安全带控制系统

安全带控制系统在汽车发生任何撞击的情况下,可瞬间束紧安全带。有的汽车上只有当计算机确认驾驶员和乘客安全带使用正确无误时,发动机才能被起动。

5. 前照灯控制系统

前照灯控制系统可在前照灯照明范围内,随着转向盘的转动而转动,并能在会车时自动启闭和防眩。

(四) 信息系统

1. 信息显示与报警系统

信息显示与报警系统可将发动机的工况和其他信息参数,通过微处理机处理后,输出对驾驶员更有用的信息,并用数字显示、线条显示或声光报警。

显示的信息除冷却液温度、油压、车速、发动机转速等常见的内容外,还有瞬时耗油量、平均耗油量、平均车速、行驶里程、车外温度等。根据驾驶员的需要,可随时调出显示这些信息。

监视和报警的信息主要有燃油温度、冷却液温度、油压、充电、尾灯、前照灯、排气温度、制动液量、驻车制动、车门未关严等。当出现不正常现象或自诊断系统测出有故障时,立即由声光报警。

2. 语言信息系统

过去一般信息显示都是靠驾驶员查看仪表,用视觉感知,这样容易造成遗漏。现在出现了语言信息,包括语音报警和语音控制两类。

语音报警是在汽车出现不正常情况,如冷却液温度、水位、油位不正常,制动液不足和蓄电池充电值偏低等情况时,计算机经过逻辑判断,输出信息至扬声器,发出模拟人的声音向驾驶员报警,如"水位不正常""请加油"等,多数情况还同时用灯光报警。

语音控制是用驾驶员的声音来指挥和控制汽车的某个部件、设备进行动作。

3. 车用导航系统与定位系统

车用导航系统与定位系统是近几年研究的新课题。它可在城市或公路网范围内,定向选择最佳行驶路线,并能在屏幕上显示地图,表示汽车行驶中的位置,以及到达目的地的方向和距离。这实质上是汽车行驶向智能化发展的方向,再进一步发展就可成为无人驾驶汽车。

4. 通信系统

通信方面真正使用且采用最多的是汽车电话,在美国、日本、欧洲等发达国家较普及。目前其水平还在不断地提高,除车与路之间、车与车之间、车与飞机等交通工具之间的通话外,还可通过卫星与国际电话网相联,实现行驶过程中的国际间电话通信,实现网络信息交换、图像传输等。

(五) 附属装置

1. 全自动空调(EA/C)

全自动空调装置突破单一的空气温度调节功能,根据设计在车内的各种温度传感器(车内温度、大气温度、日照强度、蒸发器温度、发动机冷却液温度等)输入的信号,由计算机进行平衡温度演算,对进气转换风门、混合风门、水阀、加热断电器、压缩机、鼓风机等进行控制;根据乘客要求,保持车内的温度等小气候处于最佳值(人体感觉最舒适的状态)。

2. 自动座椅

自动座椅该装置是人体工程技术与电子控制技术相结合的产物,它能使座椅适应乘客的不同体形,满足乘客的舒适性要求。

3. 音响/音像

车内装有立体音响、CD 等。放音系统可实现立体声补偿、立体声音响自动选台,显示器实现数码选台。

四、电子控制单元(ECU)的功能与组成

(一)ECU 的功能

(1)接受传感器或其他装置输入的信息,给传感器提供参考(基准)电压:2V、5V、9V、12V,将输入的信息转变为微机所能接受的信号,如图7-3 所示。

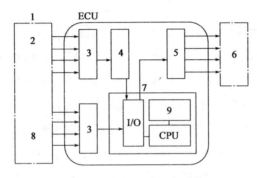

图 7-3　电子控制单元(ECU)的功能与组成

1-传感器;2-模拟信号;3-输入回路;4-A/D 转换器;5-输出回路;6-执行元件;7-微机;8-数字信号;9-ROM/RAM 记忆装置

(2)存储、计算、分析处理信息,计算出输出值所用的程序,存储该车型的特点参数,存储运算中的数据(随存随取),存储故障信息。

(3)运算分析。

(4)输出执行命令。

(5)自我修正功能(自适应功能)。

(二)ECU 的组成

1. 输入回路

输入 ECU 的传感器信号有两种:一种是模拟信号,如热线式空气流量计的输出信号和冷却液温度传感器的输出信号等;另一种是数字信号,如卡门旋涡式空气流量计的输出信号和转速传感器的输出信号等。

2. A/D 转换器

由传感器输入的模拟信号,微机不能直接处理,故要用 A/D 转换器将模拟信号转

换成数字信号,再输入微机。

3.微机

微机的功用是根据发动机工作的需要,把各种传感器送来的信号用内存的程序(微机处理的顺序)和数据进行运算处理,并把处理结果如汽油喷射控制信号、点火控制信号等送往输出回路。

第三节　公交车常用传感器

一、公交车常用传感器概述

现代汽车技术发展特征之一就是越来越多的部件采用电子控制。根据传感器的作用,可以分类为测量温度、压力、流量、位置、气体浓度、速度、光亮度、干湿度、距离等功能的传感器,它们各司其职,一旦某个传感器失灵,对应的装置工作就会不正常甚至不工作。因此,传感器在汽车上的作用是很重要的。

汽车传感器过去单纯用于发动机上,现在已扩展应用到底盘、车身和灯光电气系统上。这些系统采用的传感器有100多种。在种类繁多的传感器中,常见的有以下几种:

(1)进气压力传感器。反映进气歧管内的绝对压力大小的变化,是向ECU(发动机电控单元)提供计算喷油持续时间的基准信号。

(2)空气流量传感器。测量发动机吸入的空气量,提供给ECU作为喷油时间的基准信号。

(3)节气门位置传感器。测量节气门打开的角度,提供给ECU作为断油、控制燃油/空气比、点火提前角修正的基准信号。

(4)曲轴位置传感器。检测曲轴及发动机转速,提供给ECU作为确定点火正时及工作顺序的基准信号。

(5)氧传感器。检测排气中的氧浓度,提供给ECU作为控制燃油/空气比在最佳值(理论值)附近的基准信号。

(6)进气温度传感器。检测进气温度,提供给ECU作为计算空气密度的依据。

(7)冷却液温度传感器。检测冷却液的温度,向ECU提供发动机温度信息。

(8)爆震传感器。安装在缸体上专门检测发动机的爆燃状况,提供给ECU根据信号调整点火提前角。

这些传感器主要应用在变速器有车速传感器、温度传感器、轴转速传感器、压力传感器等、方向器有转角传感器、转矩传感器、液压传感器、悬架有车速传感器、加速度传感器、车身高度传感器、侧倾角传感器、转角传感器和ABS上。

有了形式各样的传感器,车载控制模块才能监控整个电气系统的工作状况,获得它想要得到的信息,并对系统的工作状况进一步作出有必要的调整。

传感器可以用来监测不同的物理属性值,比如:位置、速度、压力、温度等。这些属性值最终均以电信号的形式与其他数据流一起,传送至控制网络。

(一)信号的模型

按照信号的波形图特征,传感器信号可以分为数字信号(Digital Signal)和模拟信号(Analog Signal)。

1. 数字信号

由于车载控制单元的基础是单片机,所有能接受的数字信号也是二进制信号,如图7-4所示。二进制信号是电压信号,也叫方波信号,其最大的特点是随着时间的变化,电压值只在两个域值之间瞬间切换,并不存在过渡区,每一个电压值代表着一种状态。(例如:V_{max}表示开,V_{min}表示关)。虽然开关并不属于传感器,但开关信号是最简单的数字信号的例子,开关的状态无非有两种,即打开和关闭;对应的电压信号值就是12V(或5V)和0V。

2. 模拟信号

模拟信号与电压信号最大的不同在于,随着时间的变化,输入的电压值是连续变化的,如图7-5所示。在某一时刻的电压值,具体指的是什么状态,控制单元无法识别出来。最简单的例子就是温度传感器,测量的时间不同,物体不同,那么测量的结果就是电压值在0~5V之间的任意值,如图7-5所示。

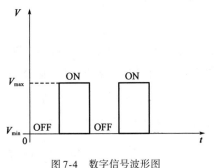

图7-4 数字信号波形图

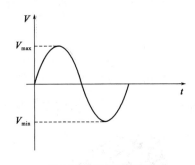

图7-5 模拟信号波形图

按照传感器类型的不同,传感器信号可以分为电阻信号(Resistive Signal)、开关信号(Switches Signal)和感应电压信号(Voltage Generating)。

(1)电阻信号

随着机械位置发生改变,电阻值也跟着变化,这类传感器称为电阻传感器。传感器的阻值发生变化,传感器上的电压也会随之变化。控制模块通过监测传感器上的电压值变化,并与参考标志电压相比较,就可以知道测量值所代表的状态。

(2)开关信号

开关本身不是传感器,但其可以用作信号输入,最简单的例子就是制动踏板开关。

(3)感应电压信号

正如字面意义所透露的,该类型的传感器可以产生感应电压信号。不同的信号电压值表示不同的机械状况,控制模块通过感应电压信号值,就可以知道其对应的机械状况。

(二)信号的利用

车载控制模块的基础是只能识别二进制信号的单片机,所以能够直接使用数字信号,因为数字信号只有两个阈值信号(0V 或 5V),要么有,要么没有,但不能识别模拟信号。所以模拟信号必须要经过转换,才能被控制模块所识别,理解其所包含的信号含义。

二、传感器的类型

按照核心元件工作原理不同,传感器可以分为电阻型、感应电压型和开关型传感器。

(一)电阻型传感器

电阻型传感器是一类传感器,根据电阻元件物理特性的不同,分为电位计(Potentiometer)、热敏电阻(Thermistors)传感器、压敏电阻(Piezo resistive)传感器三种类型。

1. 电位计

电位计本质上是一个用作信号输入的滑片电阻器。一般有3个端子,即供电极、接地以及可变电压反馈端子。可变电压反馈端子一般与机械臂相连,随着机械臂位置或角度的变化,对外输出的电压也随之变化,如图7-6所示。

图7-6 典型的电位计示意图

电位计通常用于以下部件中:

(1)自动空调系统(HVAC)空气分配风门。

(2)节气门体。

(3)电子加速踏板。

(4)车身高度传感器。

2. 热敏电阻

热敏电阻传感器的典型特点是对温度敏感,不同的温度下表现出不同的电阻值。热敏电阻分为正温度系数电阻(Positive Temperature Coefficient,PTC)和负温度系数电阻(Negative Temperature Coefficient,NTC)。如图7-7所示,PTC热敏电阻传感器在温度越高时电阻值越大,NTC热敏电阻传感器在温度越高时电阻值越低,它们同属于半导体器件,如图7-7所示。

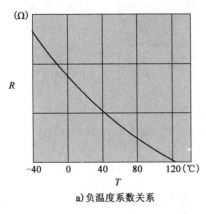
a) 负温度系数关系

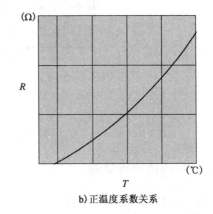
b) 正温度系数关系

图7-7 温敏电阻的阻值与温度的关系

如图7-8所示,热敏电阻传感器有两个接线端子:一个端子接地,通常是进入控制模块,在控制模块内部接地;另一个端子是参考电压端,与控制模块内部的一个分压电阻相接,形成两个串联电阻。控制模块监测参考电压端,也就是热敏电阻与分压电阻的连接段的输出电压值 V_{out} 的变化。

外界温度发生变化,R_2 阻值就会改变,由下列公式可知,输出电压值 V_{out} 也会随之发生变化。

$$V_{out} = R_2/(R_1+R_2) \times V_{in}$$

热敏电阻传感器一般用于测量以下参数:
(1) 发动机冷却液温度。
(2) 进气温度。
(3) 变速箱油温。
(4) 空调出风口温度。

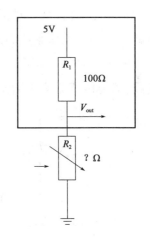

图7-8 热敏电阻传感器接线示意图

3. 压敏电阻传感器

压敏电阻传感器的核心部分是一个薄膜弹性硅片。薄膜弹性硅片最大的特点是,遇到压力不仅会发生形变,而且内阻阻值也会发生变化。所以,这种类型的传感器一般用来测量外界压力的变化,比如进气歧管绝对压力传感器(Manifold Absolute Pressure Sensor,MAP),如图7-9所示。

在MAP传感器内,进气歧管内的真空度的改变,会引起薄膜以及与薄膜相连的硅晶片发生形变。发生形变的硅晶片的内阻也会相应地发生变化。最后通过惠斯通电桥(Wheatstone Bridge)回路,将这种电阻波动转化为电压信号,如图7-9所示。压力传感器有3个端子,即供电、接地及反馈电压端子。

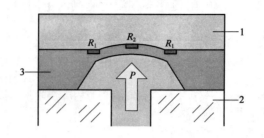

图7-9　压敏电阻传感器

1-真空;2-支架;3-硅晶片;P-薄膜压力 R_1-压敏电阻(压缩);R_2-压敏电阻(伸长)

(二) 感应电压型传感器

按照感应电压产生的方式不同,感应电压型传感器分为压电式(Piezo Electric)、二氧化锆(Zirconia Dioxide)式氧传感器和电磁效应式(Magnetic Inductance)三种类型。

1. 压电式

在某种晶体(比如石英晶体)上,施加压力,就会在晶体两端产生电势差。爆震传感器就是根据此原理制造而成的,在传感器内的石英晶片发生扭曲或振动时,就会产生交流电压,如图7-10所示。爆震传感器产生的信号用来推出点火时间以阻止发动机爆震,爆震传感器接线端如图7-10所示。

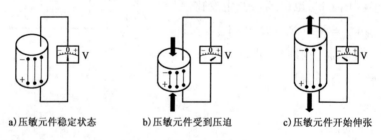

a)压敏元件稳定状态　　b)压敏元件受到压迫　　c)压敏元件开始伸张

图7-10　压敏元件工作原理图

2. 二氧化锆式氧传感器

二氧化锆式氧传感器用来监测尾气中氧气的含量,其结构如图7-11所示。

二氧化锆式氧传感器有一个二氧化锆球茎,内外壁皆包裹有铂金膜。球茎的内侧与外界大气接触,球茎的外侧表面暴露在排气管内,与废气接触,如图7-12所示。

在外界温度上升到300℃时,开始在二氧化锆球茎外层的铂金薄膜上富集游离的氧离子,氧传感器才开始进入工作状态。如果外层铂金薄膜上的氧离子达到一定数量,那么就会在内外两层薄膜之间产生电势差。废气中含有的氧分子越少,产生的电势差越大;废气中含有的氧分子越多,产生的电势差越小。也就是说,混合气越稀,空燃比越大,产生的电压越大;混合气越浓,空燃比越小,产生的电压越小。

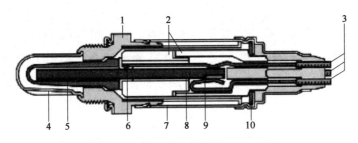

图 7-11 二氧化锆式氧传感器结构示意图

1-外部支架;2-陶瓷管;3-导线;4-带插槽的引导管;5-主动陶瓷;6-传感器层;7-触片保护罩;8-加热丝;9-加热丝接口;10-弹簧垫片

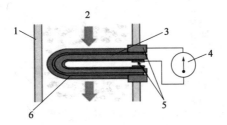

图 7-12 二氧化锆式氧传感器工作原理图

1-排气管;2-废气;3-带自加热的陶瓷传感器;4-传感器输出电压;5-传感器接触面;6-多孔陶瓷外套

3. 电磁效应式

当感应型传感器在做切割磁力线运动时,就会在内部产生感应电压,如图 7-13 所示。

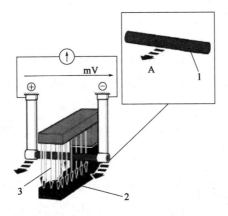

图 7-13 感应电压产生原理图

1-导体;2-永久磁铁;3-磁场;A-移动方向

在带有铁芯的永久磁铁外围用导线缠绕,形成带有永久磁铁的螺旋线圈,就是电磁效应式传感器的核心部分。永久磁铁可以静止不动,也可以发生移动。

当磁铁发生移动时,在磁铁周围的磁力线也跟着移动,在磁力线经过螺旋线圈而被切割时,感应电压就产生了。磁力线是有方向的,永远只会从南极出发,进入磁铁的北极。在磁铁运动过程中(绕螺旋线圈做旋转运动),南极和北极在不停地互换,所以,在螺旋线圈内产生的电压就是交流电压。磁铁旋转的速度越快,那么信号电压的频率也越高。

当磁铁静止时,磁铁一般位于螺旋线圈的内部。如图 7-14 所示,如果一个转子与磁铁保持很小的距离不停地旋转,那么转子外圈的齿就会切割磁力线,在螺旋线圈上的磁场就会时弱时强。由于有了这种磁场周期性的强弱变化,那么在螺旋线圈内,就产生了感应电压。

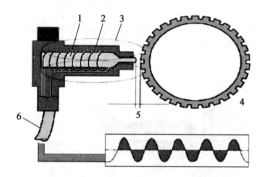

图 7-14 电磁式传感器工作原理图

1-永久磁铁;2-螺旋线圈;3-磁场;4-外层有齿转子;5-空气间隙;6-传感器线束

这种类型的传感器通常用于 ABS 系统与发动机曲轴位置传感器,来确定转动的角速度。

(三) 开关型传感器

开关型传感器主要有光敏晶体管、弹簧片开关、开关等几种类型。

1. 光敏晶体管

光敏晶体管或光电管是通过光激发而工作的传感器,如果再加上一个边缘多孔的圆盘及一个 LED 光源,光电传感器就可以用来给控制模块监测旋转速度,如图 7-15 所示。

LED 光束垂直照射在多孔圆盘上,光束被打断的次数与圆盘转动的快慢直接关联。每次光柱透过小孔,照射在多孔圆盘下方的光信号接收器上,接收器就打开,相当于开关闭合。光信号接收器打开,控制与控制模块相连的线束接地,这样控制模块接收到的就是 0V 电压信号。控制模块计算单位时间内 0V 信号脉冲次数,并将它转换成转动的角速度值。这种类型的传感器用于转向柱转向角度传感器、

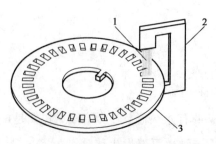

图 7-15 光电传感器示意图

1-LED 光束;2-光信号收发器;3-多孔圆盘

行驶高度监测和行驶速度信号。

2. 弹簧片开关

弹簧片开关普遍用于液位高度的监测。在这种开关里面有一个永久磁铁,磁铁向弹簧片方向移动,弹簧片开关就会因为磁铁的吸力而结合。如图7-16所示,弹簧片被密封在一个小管内部,磁铁与弹簧片本身并不接触。

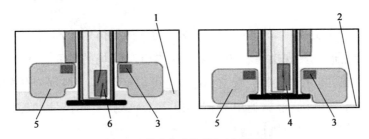

图7-16 液位高度传感器工作原理图

1-液位正常;2-液位低于正常值;3-环形磁铁;4-簧片开关闭合;5-浮子;6-簧片开关打开

当液位下降到正常值以下时,浮子也跟着下降,在浮子里面有一块磁铁,在磁铁的吸力下,簧片开关闭合,形成一个完整的回路。

这种类型的开关同样也可以用于转速传感器。当磁铁旋转时,磁铁的南极与北极不停地变化,簧片也会跟着打开与关闭。簧片开关的一个端子与控制模块相连,每次簧片闭合,控制模块就收到一个0V电压,通过计算脉冲次数,控制模块就可以换算出转动速度。

3. 开关

开关虽然不是传感器,但同样可以给控制模块提供信息。比如:转向柱组合开关、制动开关、变速器换挡杆及空调控制面板等。

以转向盘组合开关为例,如图7-17所示,该组合开关具有5个挡位的开关,却只有3条线。那么,控制模块是如何知道我们按下的是哪个开关呢?

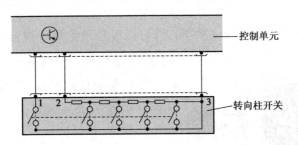

图7-17 转向柱开关接线示意图

1-5V供电线;2-接地线;3-开关信号线

当按下不同开关时,接入回路中的电阻数量就不同,那么在这一段电阻上产生的电压降也不相同。控制模块通过监测到的电压降,就可以识别出操作的是哪个开关。

第四节　公交车用执行器

一、概述

1819年,丹麦的克里斯蒂安·奥斯特发现给一根导体通上电后,可以改变附近的罗盘的指针方向,这一发现指引着科学家们探索电和磁场的关系。不久,科学家们发现,通电导体周围可以产生磁场,反之,磁场也可以产生电。根据变化的磁场可以产生电,人类发明了发电机;根据通电导体可以产生磁场、不同极性的磁场可以相互作用,人类发明了各种类型的执行器。

(一)执行器的类型

传感器给控制模块提供信号,但控制模块控制车辆系统必须通过各种类型的执行器。每一个执行器都是一个机电设备,有以下几种类型:

(1)电磁线圈。
(2)电动机。
(3)继电器。

(二)执行器的用途

执行器的形式多种多样,应用于各种需要调节与控制的系统。例如,车身高度控制系统、压缩机离合器系统、发动机怠速控制系统、燃油表系统和新鲜空气风门系统等。

二、电磁线圈

许多执行器的类型都是电磁线圈,也可以说是一种数字执行器,如图7-18所示。电磁线圈一般有两个端子:电源供电端子及接地端子。供电电压一般是蓄电池电压,而接地也是通过控制模块内部来控制。控制模块控制接地端子接通时,电磁线圈通常会推出一个柱塞,阻止液体或气体的流动。比如,喷油嘴或者是真空开关的核心元件使用的均是电磁阀。

图7-18　电磁线圈实物图

(一)电磁线圈的控制方法(接通/断开控制)

电磁线圈有两种控制方法:脉冲(Pulse Width Modulated, PWM)与占空比(duty

cycle)控制,两者均是通过控制电磁线圈的接通与断开来产生磁场吸力或推力;两者的区别是一个有固定的频率,一个没有固定的工作频率。电磁线圈通电工作的波形图如图7-19所示。

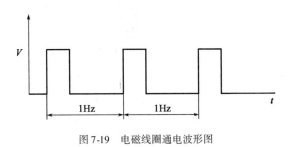

图7-19　电磁线圈通电波形图

1. 脉冲控制

脉冲控制没有固定的工作频率,根据控制模块的信号来决定进入工作时间的长短。比较典型的事例是喷油嘴喷油脉宽的控制,喷油器的构造如图7-20所示。喷油嘴电磁线圈工作的时间不固定,由发动机的负荷信号决定,如图7-21所示。

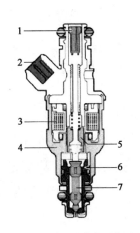 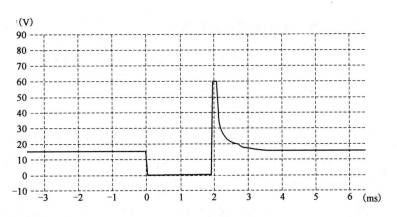

图7-20　喷油器结构示意图
1-筛网滤清;2-接线端子;3-电磁线圈;4-阀体座;5-电枢;6-阀体座;7-阀针

图7-21　喷油器喷油脉宽工作原理图

2. 占空比控制

占空比控制与脉冲控制不同,它有固定的工作频率。占空比电磁线圈接通/断开的时间总长度固定,不同时刻接通和关闭的时间比例不同。比如:接通/断开时间长度为1s,开启时间为20%,关闭时间为80%,如图7-22a)所示。

电磁线圈在汽车上的应用非常广泛,例如,可应用于ABS制动系统、行驶高度控制、行驶舒适性控制、变速器挡位控制、换挡杆挡位锁止、行李舱盖释放机构、喷油嘴工作控制、阀体正时控制和空调压缩机控制等。

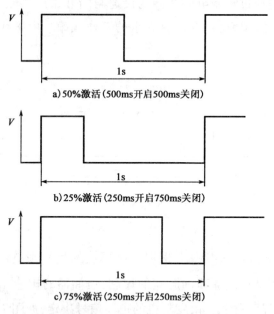

图 7-22　占空比控制原理图

（二）电磁线圈的测试与检修

电磁线圈的核心部件是绕组线圈，所以一定程度上可以通过万用表（Digital Multi-Meter，DMM）来进行测试。

可以通过导通性测试，测试绕组线圈是否有断路或短路现象；如果已知绕组线圈的标准阻值，也可以测量绕组线圈的阻值。绕组线圈的阻值相对来说较小，这样才能运行较大的电流通过，产生较强的磁场。如果绕组线圈之间有短路发生话，可以通过测量电阻来确定。这种情况下，可以利用大众专用诊断设备 VAS505X 的激活功能；当然也可以使用单独的电源，比如，一个小型的 9V 电池，来驱动电磁线圈。

三、电动机

电动机是把电能转换成机械能的一种设备。它主要是利用通电线圈产生磁场，由磁场间的相互作用产生的力或力矩来产生运动。

（一）电动机的组成

电动机一般由转子（旋转部分）和定子（静止部分）组成。电刷和接线端子位于壳体的后盖上，在电动机转动时，也能提供电源。

一般来说，定子由永久磁铁和壳体组成。在有刷电动机中，定子一般由一个或多个永久磁铁组成，如图 7-23 所示。

转子一般由一个绕组线圈电枢（armature）和一个支承轴组成，如图 7-24 所示。支撑轴通过轴承固定在壳体后盖上。电枢可以向前后移动,这与发电机或起动机等电动机的电枢类似。电枢可以是永久磁铁,也可以是绕组线圈,其取决于电动机的类型。

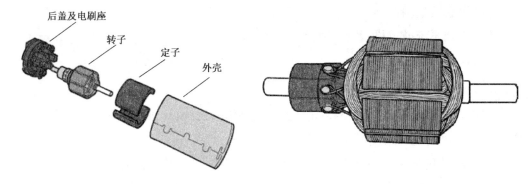

图7-23　电动机结构示意图　　　　　　图7-24　转子

电刷(一般由石墨制作而成)结合换向器,一般用来在电枢转动时,为它提供电源,如图7-25所示。如果转子是永磁磁铁,而定子是通电后可以产生磁场的绕组线圈,那么就不需要电刷,这种类型的电动机叫作无刷电动机。

如果电动机超出了工作负荷,那么就需要热保护开关(thermo switch)来保护超负荷的电动机。热保护开关一般串联在电源与电动机之间的回路上。电动机一旦超负荷运转,回路上的工作电流就会增大,造成热保护开关瞬间产生大量热量,发热的热保护开关断开,切断了电动机的工作回路。当热保护开关足够冷却后,会再次闭合,接通工作回路。

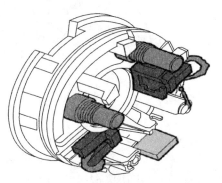

图7-25　电刷架

(二)电动机的类型

电动机根据其工作原理及应用环境有不同的类型。在汽车上除了起动机,执行器电动机占了绝大部分。执行器电动机又分为直流电动机和步进电动机。

执行器电动机通常与一套机械装置相连,执行改变角度或调节位置任务。比如,调节阀门的角度或是移动连杆的位置。最常见的机械装置是齿轮组机构。

利用反馈控制也可以监测位置的改变,比如,监控工作电流,如果工作电流瞬间增大,就可以认为移动物体到达了上止点。控制模块也可以利用位置传感器(电位计就是其中的一种)或是微开关来获得位移的反馈信号。

执行电动机应用的系统广泛,比如,车窗玻璃升降器的一键控制、玻璃升降器或是天窗的防夹手功能以及HVAC系统的各种空气风门等。

1.直流电动机

直流电动机的转子有换向器线圈,定子可以是一个永磁磁铁,也可以是绕组线

圈。小型电动机通常是永磁磁铁,大型电动机采用的是绕组线圈。直流电动机不需要移动位置反馈,所以通常用于以下控制系统:

(1)风窗玻璃雨刮器。

(2)空调系统鼓风机。

(3)电动玻璃升级器。

2. 步进电动机

步进电动机通常用于需要精确控制角度位移的机构,比如,发动机怠速控制以及空调系统各风门打开角度的调节。

步进电动机最大的特点是转子是由一个没有明显南极/北极之分的磁性物体组成;定子由多个绕组线圈组成,每个绕组线圈称为一相,比较常见的是三相,如图7-26a)所示。通电后可以产生多个磁极,每个磁极外层会套有上、下两个锯齿套,来切割磁场,如图7-26b)所示。

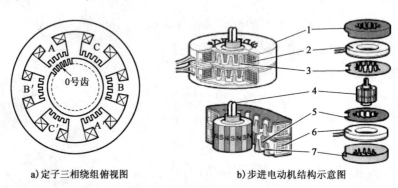

a)定子三相绕组俯视图　　b)步进电动机结构示意图

图7-26　步进电动机结构示意图

1-上锯齿套(上绕组线圈);2-上绕组线圈总成;3-下锯齿套(上绕组线圈);4-转子(被极化);5-上锯齿套(下绕组线圈);6-下绕组线圈总成;7-下锯齿套(下绕组线圈)

定子一般有多个绕组线圈,某一个线圈有电流流通,就能产生磁场,如果转子和定子的齿不对齐,那么,在磁场扭矩作用下,转子就会转动一个齿的角度。在转子转动一个齿的同时,电流控制器接通下一个定子绕组线圈,新产生的磁场又会推动转子转动一个齿的角度。

如果有3个绕组线圈,每个磁极的锯齿套上有12个齿,那么整个定子就有72个齿。也就是说,步进电动机每转动一圈,可以分72步。

(三)电动机的测试与测量

电动机可以通过万用表来进行测试。比如进行导通性测试,绕组线圈如果有断路或短路现象,就可以很快被发现。如果已知绕组线圈的标准阻值,也可以测量绕组线圈的阻值,绕组线圈的阻值相对来说较小,这样才能运行较大的电流通过,产生较强的磁场。如果绕组线圈之间有短路发生,可以通过测量电阻来确定。

也可以使用外部电压来测试电动机。但需要注意的是,电动机的工作电压通常比我们预计得要小。如果使用的是蓄电池电压,那么只能在极短的时间来给电动机供电,比如,只能给门锁止装置通电 1s。如果通电时间过长,又没有热保护开关,蓄电池电动机很快就会因为过热而烧坏。

第五节 汽车网络基础知识

一、汽车网络 CAN 总线简介

(一) CAN 总线的发展历史

20 世纪 80 年代初期,欧洲汽车工业蓬勃发展,车辆电子信息化程度也不断提高。当时,由于消费者对汽车功能的要求越来越多,而这些功能的实现大多是基于电子操作的,这就使得电子装置之间的通信越来越复杂,同时意味着需要更多的连接信号线,但是传统的线束式汽车电子系统已经不能满足车辆电子信息功能发展的需求。为了解决这一制约现代汽车电子信息化发展的瓶颈,德国 Bosch 公司设计了一个单一的网络总线,所有的外围器件可以被挂接在该总线上。经过试验,这一总线能够有效解决现代汽车中庞大的电子控制装置之间的通信,并且能够减少不断增加的信号线。所以在 1986 年 Bosch 公司正式公布了这一总线,且命名为 CAN 总线。

CAN 控制器局部网属于现场总线的范畴,它是一种有效支持分布式控制或实时控制的串行通信网络,具有很高的网络安全性、通信可靠性和实时性,简单实用,网络成本低,特别适用于汽车计算机控制系统和环境恶劣、电磁辐射强和振动大的工业环境,因此,CAN 总线在诸多现场总线中独占鳌头,成为汽车总线的代名词,CAN 总线开始进入快速发展时期。

1987 年 Intel 公司生产出了首枚 CAN 控制器(82526)。不久,Philips 公司也推出了 CAN 控制器 82C200。

1991 年,Bosch 颁布 CAN 2.0 技术规范,CAN2.0 包括 A 和 B 两个部分。

为促进 CAN 及 CAN 协议的发展,1992 在欧洲成立了国际用户和厂商协会(CAN in Automation,CiA),在德国 Erlangen 注册,CiA 总部位于 Erlangen。CiA 提供的服务包括发布 CAN 的各类技术规范,免费下载 CAN 文献资料,提供 CANopen 规范、DeviceNet 规范;发布 CAN 产品数据库,CANopen 产品指南;提供 CANopen 验证工具执行 CANopen 认证测试;开发 CAN 规范并发布为 CiA 标准。

1993 年,CAN 成为国际标准 ISO11898(高速应用)和 ISO11519(低速应用)。

1993 年,ISO 颁布 CAN 国际标准 ISO-11898。

1994年，SAE颁布基于CAN的J1939标准。

2003年，Maybach发布带76个ECU的新车型（CAN,LIN,MOST）。

2003年，VW发布带35个ECU的新型Golf。

根据CiA组织统计，截至2002年底，约有500多家公司加入了这个协会，协作开发和支持各类CAN高层协议；生产CAN控制器（独立或内嵌）厂家，包括世界上主要半导体生产厂家在内，已有20多家，CAN控制器产品的品种已达110多种，CAN控制器的数量已达210000000枚。CAN接口已经被公认为微控制器（Microcontroller）的标准串行接口，应用在各种分布式内嵌系统。该协会已经成为全球应用CAN技术的权威。

（二）CAN总线的特点

CAN总线与一般的通信总线相比，它的数据通信具有突出的可靠性、实时性和灵活性。其主要特性如下：

（1）具有较高的性价比。它结构简单，器件容易购置，每个节点的价格较低，而且开发过程中能充分利用现在的单片机开发工具。

（2）是目前为止唯一有国际标准的现场总线。

（3）为多主方式工作，网络上任一节点均可在任意时刻主动向网络上其他节点发送信息而不分主从，通信方式灵活，且无须站地址等节点信息。

（4）网络上的节点信息分成不同的优先级，可满足不同的实时要求，高优先级的数据最多可在134μs内得到传输。

（5）采用非破坏性总线仲裁技术，当多个节点同时向总线发送信息时，优先级较低的节点会主动地退出发送，而最高优先级的节点不受影响地继续传输数据，从而大大节省了总线冲突仲裁时间。尤其是在网络负载很重的情况下也不会出现网络瘫痪情况。

（6）只需通过报文滤波即可实现点对点、一点对多点及全局广播等几种方式传送接收数据，无须专门的"调度"。

（7）直接通信距离最远可达10km（速率5kb/s以下），通信速率最高可达1Mkb/s（此时通信距离最长为40m）。

（8）节点数主要取决于总线驱动电路，目前可达成110个。

（9）采用短帧结构，传输时间短，受干扰概率低，具有极好的检错效果。

（10）每帧信息都有CRC校验及其他检错措施，保证了数据出错率低。

（11）通信介质可为双绞线、同轴电缆或光纤，选择灵活。

（12）节点在错误严重的情况下具有自动关闭输出功能，以使总线上其他节点的操作不受影响。

自CAN总线问世以来，为满足CAN总线协议的多种应用需求，相继出现了几种高层协议。目前大多数基于CAN总线的网络都采用CAN总线的高层协议。CANopen、DeviceNet 和 SDS 是通常采用的高层协议,适用于任何类型的工业控制局域网应用场合,而 CAL 则应用于基于标准应用层通信协议的优化控制场合,SAEJ1939 则应用于卡车和重型汽车计算机控制系统。其总线规范已被 ISO 国际标准化组织制定为国际标准,并被公认为是最有前途的现场总线之一。CAN 总线的应用范围遍及从高速网络到低成本的多线路网络,广泛应用于控制系统中的各检测和执行机构之间的数据通信。随着控制、计算机、通信、网络等技术的发展,信息交换沟通的领域正在迅速覆盖从现场设备到控制、管理的各个层次。信息技术的发展引起自动化系统结构的变革,逐步形成以网络集成自动化系统为基础的企业信息系统。现场总线(Fieldbus)就是顺应这一形势发展起来的新技术,成为当今自动化领域技术发展的热点,被誉为自动化领域的计算机局域网。它的出现,标志着自动化领域的又一个新时代的开始,并对该领域的发展产生重要影响。

二、CAN 总线基本原理

(一) CAN 标准

1. CAN 总线的分层结构

OSI(Open System Interconnection)开放系统互连参考模型将网络协议分为七层,由上至下分别为应用层、表示层、会话层、传输层、网络层、链路层和物理层。国际电工技术委员会定义现场总线模型分为三层:应用层、数据链路层和物理层。CAN 的分层定义与 OSI 模型一致,使用了七层模型中的应用层、数据链路层和物理层。CAN 技术规范定义了模型最下面的两层,即数据链路层和物理层,如图 7-27 所示。

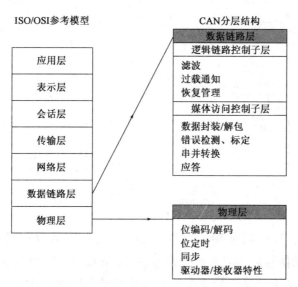

图 7-27 CAN 总线分层结构

2. CAN 协议标准

CAN 总线协议现有 CAN1.0、CAN1.2、CAN2.0A 和 CAN2.0B 四个版本。CAN2.0A 及以下版本使用标准格式信息帧(11 位),CAN2.0B 使用扩展格式信息帧(29 位)。CAN2.0A 及以下版本在接收到扩展帧信息格式时认为出错;CAN2.0B 被动版本接收时忽略 29 位扩展信息帧,不认为出错;CAN2.0B 主动版本能够接收和发送标准格式信息帧和扩展格式信息帧。

3. CAN 总线网络基本结构

一般而言,CAN 总线网络由若干个具有 CAN 通信功能的控制单元(又称节点)通过 CAN_H 和 CAN_L 两条数据线并联组成,CAN_H 和 CAN_L 两条数据线的两端各安装一个 120Ω 电阻,构成数据保护器,避免数据传输到终端被反射回来而产生反射波,影响数据的传送,如图 7-28 所示。

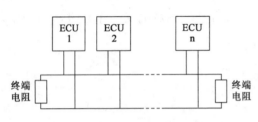

图 7-28　CAN 总线网络基本结构

4. CAN 总线节点硬件电路框图

一个完整的 CAN 总线节点应该包含微控制器、CAN 控制器和 CAN 收发器三部分。其中微控制器负责完成 CAN 控制器的初始化,与 CAN 控制器进行数据传递;CAN 控制器负责将数据以 CAN 报文的形式传递,实现 CAN 协议数据链路层的功能;CAN 收发器是 CAN 控制器与 CAN 物理总线的接口,为总线提供差动发送功能,也为控制器提供差动接收功能。CAN 节点的基本结构框图如图 7-29 所示。部分微控制器集成有 CAN 控制器,节点方案有两种,如图 7-29 所示。

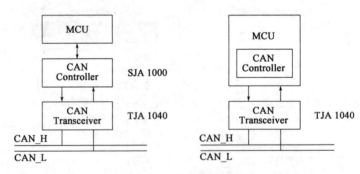

图 7-29　CAN 节点基本结构框图

5. CAN 差分通信

CAN 总线的信号传输采用差分通信信号,差分通信具有较强的抗干扰能力。CAN 收发器的差动信号放大器在处理信号时,会用 CAN_H 数据线的电压减去 CAN_L 数据上的电压,这两个数据线的电位差可对应两种不同逻辑状态进行编码。

在静止状态时,这两条导线上作用有相同预先设定值,该值称为静电平。对于

CAN 驱动数据总线来说,这个值大约为 2.5V。静电平也称为隐性状态,因为连接的所有控制单元均可修改它。在显性状态时,CAN_H 线上的电压值会升高一个预定值(对 CAN 驱动数据总线来说,这个值至少为 1V)。而 CAN_L 线上的电压值会降低一个同样值(对 CAN 驱动数据总线来说,这个值至少为 1V)。于是在 CAN 驱动数据总线上,CAN_H 线就处于激活状态,其电压不低于 3.5V(2.5V + 1V = 3.5V),而 CAN_L 线上的电压值最多可降至 1.5V(2.5V - 1V = 1.5V)。因此在隐性状态时,CAN_H 线与 CAN_L 线上的电压差为 0V,在显性状态时该差值最低为 2V,如图 7-30 所示。如果 CAN_H - CAN_L > 2,那么比特为 0,为显性;如果 CAN_H - CAN_L = 0,那么比特为 1,为隐性。

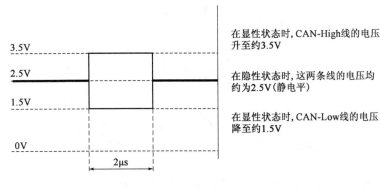

图 7-30 CAN 数据线的电平

(二) CAN 总线通信原理

当 CAN 总线上的一个节点(站)发送数据时,它以报文形式广播给网络中所有节点。对每个节点来说,无论数据是否是发给自己的,都对其进行接收。每组报文开头的 11 位字符为标识符,定义了报文的优先级,这种报文格式称为面向内容的编址方案。在同一系统中标识符是唯一的,不可能有两个站发送具有相同标识符的报文。当一个站要向其他站发送数据时,该站 CPU 将要发送的数据和自己的标识符传送给本站的 CAN 控制器芯片,并处于准备状态;当它收到总线分配时,转为发送报文状态。CAN 控制器芯片将数据根据协议组织成一定的报文格式发出,这时网上的其他站处于接收状态。每个处于接收状态的站对接收到的报文进行检测,判断这些报文是否是发给自己的,以确定是否接收它。

当多个站点同时发送消息时,需要进行总线仲裁,每个控制单元在发送信息时通过发送标识符来识别。所有的控制单元都是通过各自的 RX 线来跟踪总线上的一举一动,并获知总线的状态。每个发射器将 TX 线和 RX 线的状态一位一位地进行比较,采用"线与"机制,"显性"位可以覆盖"隐性"位;只有所有节点都发送"隐性"位,总线才处于"隐性"状态。CAN 是这样来进行调整的:TX 信号上加有一个"0"的控制单元的控制单元必须退出总线。用标识符中位于前部的"0"的个数就可调整信息的重要程度,从而可以保证按重要程度的顺序来发送信息。标识符中的号码越小,表示该信息越重要,优先级越高。发送低优先级报文的节点退出仲裁后,在下次总线空闲时重发报文。三个节点总线仲裁示意图如图7-31所示。

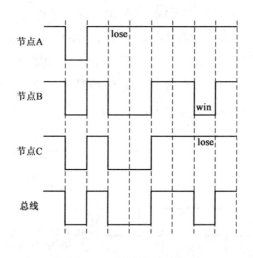

图7-31 总线仲裁示意图

(三) CAN 报文帧结构

CAN 总线报文传输由以下4个不同的帧类型所表示和控制:

(1)数据帧:数据帧携带数据从发送器至接收器。

(2)远程帧:总线单元发出远程帧,请求发送具有同一识别符的数据帧。

(3)错误帧:任何单元检测到一总线错误,就发出错误帧。

(4)过载帧:过载帧用以在先行的和后续的数据帧(或远程帧)之间提供一附加的延时。

数据帧(或远程帧)通过帧间空间与前述的各帧分开。

(1)数据帧由7个不同的位场组成,即帧起始、仲裁场、控制场、数据场、CRC 场、应答场、帧结尾。数据场的长度可以为0。

(2)远程帧由6个不同的位场组成,即帧起始、仲裁场、控制场、CRC 场、应答场、帧结尾。通过发送远程帧,作为某数据接收器的站通过其资源节点对不同的数据传送进行初始化设置。与数据帧相反,远程帧的 RTR 位是隐性的。它没有数据场,数据长度代码的数值是不受制约的(可以标注为容许范围内0~8的任何数值)。此数值是相应于数据帧的数据长度代码。

(3)错误帧由两个不同的场组成。第一个场用作为不同站提供的错误标志(ERROR FLAG)的叠加。第二个场是错误界定符。

(4)过载帧包括过载标志和过载界定符两个位场。

(四) 错误检测

不同于其他总线，CAN 协议不能使用应答信息。事实上，它可以将发生的任何错误用信号发出。CAN 协议可使用以下五种检查错误的方法，其中前三种为基于报文内容检查。

1. 循环冗余检查(CRC)

CR 序列包括发送器的 CRC 计算结果。接收器计算 CRC 的方法与发送器相同。如果计算结果与接收到 CRC 序列的结果不相符，则检测到一个 CRC 错误。

2. 帧检查

这种方法通过位场检查帧的格式和大小来确定报文的正确性，用于检查格式上的错误。

3. 应答错误

被接收到的帧由接收站通过明确的应答来确认。如果发送站未收到应答，即表明接收站发现帧中有错误，也就是说，ACK 场已损坏或网络中的报文无站接收。

4. 总线检测

CAN 中的一个节点可监测自己发出的信号。因此，发送报文的站可以观测总线电平并探测发送位和接收位的差异。

5. 位填充

一帧报文中的每一位都由不归零码表示，可保证位编码的最大效率。然而，如果在一帧报文中有太多相同电平的位，就有可能失去同步。为保证同步，在 5 个连续相等位后，发送站自动插入一个与之互补的补码位。接收时，这个填充位被自动丢掉。例如，5 个连续的低电平位后，CAN 自动插入一个高电平位。CAN 通过这种编码规则检查错误，如果在一帧报文中有 6 个相同位，CAN 就知道发生了错误。

三、车辆 CAN 总线及关键技术国内外发展现状

(一) 车辆 CAN 总线国内外发展现状

如今，CAN 总线现已成为汽车电子控制装置之间通信的标准总线，在汽车分布式控制系统中得到了广泛的应用。同时，CAN 总线得到 Motorola、Intel、Philips 等著名半导体器件生产厂家的广泛支持，他们纷纷推出了 CAN 接口芯片与直接带有 CAN 接口的微控制器(MCU)芯片，如 Intel 公司的 82527，Philips 公司的 SJA1000、82C250 等。因此，在接口芯片技术方面，CAN 已遥遥领先于其他的现场总线，正逐步形成系列。

到目前为止，世界上已拥有20多家CAN总线控制器芯片生产商，110多种CAN总线协议控制器芯片和集成CAN总线协议控制器的微控制器芯片。

总线系统对于汽车行业，特别是对于我国的汽车行业来说还是一个新生事物，总线系统和传统汽车电器有着本质的不同。从研发、应用和维护出发，为整车提供一个安全可靠的总线系统，但若要达到以"X~BY~WIRE"的目标还需要业界付出长期的努力。为了加速我国汽车总线技术的标准化进程，在"十五"期间，科技部连续5年支持电动汽车总线通信协议方面的研究工作，国家汽车标准化组织也成立了《商用车控制系统局域网络（CAN总线）通信协议》起草小组。其中电动汽车总线通信协议以J1939为基础，并针对电动汽车的特点进行了补充。根据目前得到的信息，《商用车控制系统局域网络（CAN总线）通信协议》是完全基于J1939的，同时国内一些单位也研发出符合J1939的汽车智能零部件。2002年中国首辆CAN网络系统混合动力轿车（HEV）在奇瑞公司试装成功，并进行了初步试运行，这标志着中国在混合动力轿车项目上取得突破性进展；2008年深圳航盛公司推出了第一款带CAN总线的车载CD/MP3播放器，该产品具有AM/FM收音功能、CD/MP3播放功能、带CAN BUS总线、蓝牙免提接口、中文显示及数字信号处理芯片，音质优美动听。该产品结构设计独特，获得国家发明专利。我国的CAN总线时代也正在来临。目前，支持CAN协议的有英特尔、摩托罗拉、惠普、西门子、MICROCHIP、NEC、SILION I等著名公司。欧洲大部分汽车制造商，如宝马、保时捷、劳斯莱斯、大众、沃尔沃、雷诺等都已经使用了CAN总线。奔驰公司生产的大部分轿车和载货汽车都使用基于CAN的发动机管理系统，它的传送速度为500kb/s。国产的很多汽车上也引入了CAN总线技术，如大众途安、帕萨特、东风雪铁龙赛纳、东风标致307、苏州金龙、一汽大众宝来、斯太尔王系列等车型。

国内较早研究CAN总线的有北京航空航天大学、清华大学、中国汽车技术研究中心等单位，不过目前的研究还处于起步阶段。研制生产CAN元器件的厂家很少，具有自主知识产权的专用芯片更少。目前国内主要从事CAN总线部分研发生产的企业见表7-1。

CAN总线部分研发生产的企业 表7-1

企业名称	企业特点	产品应用	现状
厦门汉纳森	一线模块	配装陕汽失败	核心技术人员流失
哈尔滨威帝	研发能力较强，三级CAN总线系统（即全车总线系统）获得科技部专项资金支持	北京公交	在客车市场占有一定份额，但竞争激烈，产品并不能很好的实现量产

续上表

企业名称	企业特点	产品应用	现状
浙江中科正方	研发实力雄厚	北京奥运会纯电动车,北京公交双源无轨电动车,清华大学"清能1号"混合动力客车	可靠性是其瓶颈,企业现已经向汽车仪表生产过渡
北京恒润	CAN/LIN总线技术在国内较领先		培训业务发展迅速,生产研发现境窘迫
济南优耐特	国内第一家自主研发、生产,并完成大批量产业化装车的智能汽车车身电子控制/数字化仪表系统的供应商	中国重汽:斯太尔王和HOWO、苏州金龙	产品不良率太高,企业遭受重创

(二) 车辆CAN总线关键技术及发展现状

CAN总线关键技术主要包括硬件和软件两方面。硬件主要是微控制器、CAN控制器和CAN收发器。软件主要是节点控制程序和CAN总线网络应用层协议。

微控制器依功能性能分为4位、8位、16位、32位和64位。然而,目前主力的市场集中在8位、16位和32位,这三种等级正好适用低、中、高端三种车用电子应用。CAN控制器分为独立的CAN控制器和集成CAN控制器,它能够实现协议中的实体层及数据链接层的功能,达成位同步、优先权仲裁和故障诊断等要求。CAN收发器是CAN协议控制器与物理总线之间的接口。它可以为总线提供差动的发送功能,为控制器提供差动的接收功能,是CAN系统中的必须设备。到目前为止,微控制器技术比较成熟,可供选择的种类也较多。而对于CAN控制器和收发器,世界上已拥有20多家CAN总线控制器芯片生产商,110多种CAN总线协议控制器芯片和集成CAN总线协议控制器的微控制器芯片。主要生产厂家有英特尔、摩托罗拉、惠普、西门子、飞利浦、MICROCHIP、NEC、SLICON、飞思卡尔、英飞凌(西门子)、瑞萨、ST、TI、安森美、科动、富士通、Atmel、Altera、CAST等。CAN控制器主要有四类:独立CAN控制器、单片机集成CAN控制器、DSP集成CAN控制器和ARM集成CAN控制器,如飞利浦公司的SJA1000独立CAN控制器、NXP公司的单片机P87C591集成CAN控制器、TI公司S2000系列的集成CAN控制器功能的TMS320C28X系列DSP和TI公司S2000系列的集成CAN控制器功能的ARM芯片等。所以,CAN总线系统硬件设计主要是根据节点功能需求,选择合适的控制芯片。

CAN总线软件设计除了节点控制程序设计之外,更主要的是应用层协议开发。许多系统中,可以特别制定一个适合的应用层,但对于许多行业来说,这种方法是不经济的。一些组织已经研究并开放了应用层标准，一些可以使用的 CAN 应用层协议有 CiACAL、CiACANOpen、ODVA DeviceNet、Honeywell SDS、Kvaser CANKingdom、SAE J1939。

因此，汽车 CAN 总线的研究重点是针对具体的车型开发 ECU 的硬件和应用层的软件，并构建车内网络。利用 CAN 总线构建一个车内网络，需要解决的关键技术问题有：

（1）总线传输信息的速率、容量、优先等级、节点容量等技术问题。

（2）高电磁干扰环境下的可靠数据传输。

（3）确定最大传输时的延时大小。

（4）网络的容错技术。

（5）网络的监控和故障诊断功能。

（6）实时控制网络的时间特性。

（7）安装与维护中的布线。

（8）网络节点的增加与软硬件更新（可扩展性）。

（三）CAN 总线在车辆上应用的前景展望

尽管 CAN 协议已有近 15 年的历史，但它一直处在改进中。从 2000 年开始，一个由数家公司组成的 ISO 任务组织定义了一种时间触发 CAN 报文传输的协议。Bernd Mueller 博士、Thomas Fuehrer、Bosch 公司人员和半导体工业专家、学术研究专家将此定义为"时间触发通信的 CAN（TTCAN）"，计划在将来标准化为 ISO11898-4。这个 CAN 的扩展已在硅片上实现，不仅可实现闭环控制下支持报文的时间触发传输，而且可以实现 CAN 的 X~by~wire 应用。因为 CAN 协议并未改变，所以，在同一个物理层上，既可以实现传输时间触发的报文，也可以传输事件触发的报文。

TTCAN 将为 CAN 延长 5~10 年的生命期。现在，CAN 在全球市场上仍然处于起始点，当得到重视，谁也无法预料 CAN 总线系统下一个 10~15 年内的发展趋势。

现如今在车内，还有许多 ECU 的控制并不需要 CAN 这样高速率和高安全的通信，本地互联网络（LIN）就是为适应这类应用而设计的低成本解决方案。LIN 是一个公开的协议，它基于 SCI（UART）串行通信的格式，结合了汽车应用的特点。LIN 是单一主机系统，不但降低了硬件成本，而且在软件和系统设计上也能更容易地兼容其他网络协议，比如 CAN。LIN 的传输速率最高可到 20Kbps，主要是受到 EMI 和时钟同步的限制。

由于 LIN 器件容易得到，几乎所有的 IC 都带有 SCI（UART）接口，LIN 很快就在车内低端控制器领域取得领先地位。典型的 LIN 应用有车门、后视镜、导向轮、起动机、照明以及其他智能传感器。LIN 不但定义了物理层和数据层，还定义了相关的应用软件层。这些都为 LIN 方案提供商解决了设备兼容的问题，并且很好地解决了 CAN 总线在中低档车辆上使用成本过高的问题，有利于汽车工业的规模生产和中低档车辆的电子化、信息化。相信 LIN 协议会是汽车低端控制网络的未来标准。

车内除了嵌入式控制系统以外,还有诸如媒体播放器、导航系统、无线通信系统以及其他多种信息娱乐设备,这些设备之间的互联需要更高速的通信协议。媒体导向系统传输协议(MOST)是目前车载信息娱乐系统普遍接受的高速通信协议。MOST 网络是由德国 Oasis Silicon System 公司开发的。MOST 技术针对塑料光纤媒体而优化,采用环形拓扑结构,在器件层提供高度可靠性和可扩展性。它可以传送同步数据(音频信号、视频信号等流动型数据)、非同步数据(访问网络及访问数据库等的数据包)和控制数据(控制报文及控制整个网络的数据)。MOST 基于 ISO/OSI 七层网络模型设计,物理层由光纤通信组件构成,具有很好的抗干扰性,设计传输速率可达 150Mbps(目前产品可达 25Mbps)。除了控制数据外,MOST 数据可分为同步传输数据和异步传输数据,具有很大的灵活性。同步数据可直接用于音视频设备,异步数据可用于传输其他数据块,如导航地图数据等,甚至也可用于支持 TCP/IP 数据包的传输。MOST 还定义了应用层,包括 MOST 设备、功能块、功能函数及参数格式等,这些协议可以确保各个厂家生产的设备具有 MOST 互联性,也有利于车内信息娱乐设备的及时更新换代。MOST 得到包括 BMW、Daimler Chrysler、Harman/Becker 和 Oasis 公司的支持,已应用在多款车型上,如 BMW7 系列、Audi A8、Mercedes E 系列等。

FlexRay 是 BMW、Daimler Chrysler、Motorola 和 Philips 等公司制定的功能强大的通信网络协议。它是基于 FTDMA 的确定性访问方式,具有容错功能及确定的通信消息传输时间,同时支持事件触发与时间触发通信,具备高速率通信能力。FlexRay 采用冗余备份的办法,对高速设备可以采用点对点方式与 FlexRay 总线控制器连接,构成星形结构,对低速网络可以采用类似 CAN 总线的方式连接。

综上所述,车辆总线未来的发展会是以 CAN 总线为主,在低速网络中有 LIN 支持,在高速车载多媒体系统中,有 MOST 的精彩表现。甚至在将来形成更为先进的以 FlexRay 为主的车辆总线系统。走一条多种总线总和集成的道路,这不仅可以解决使用单一的高端总线带来的高成本、高门槛的弊端,更可以促进汽车行业的整体发展。

四、CAN 总线电磁兼容设计

由于 CAN 总线应用环境比较恶劣,汽车内的点火系统等都会产生较大的干扰。因此除了完善 CAN 总线的功能外,还应该有较强的抗干扰能力。硬件抗干扰主要措施有滤波技术、去耦电路、屏蔽技术隔离技术和接地技术等。

(一)光电隔离电路

CAN 控制器与 CAN 收发器之间的信号传输用光电耦合器进行隔离。光电隔离电路虽然能增强系统的抗干扰能力,但也会增加 CAN 总线有效回路信号的传输延迟时间,导致通信速率或距离减少。因此,如果现场传输距离近、电磁干扰小,可以不采用光电隔离,以使系统达到最大的通信速率或距离,并且可以简化接口电路。如果现场环境需要光电隔离,应选用高速光电隔离器件,以减少 CAN 总线有效回路信号的传输延迟时间,如高速光电耦合器 6N137,传输延迟时间短,典型值仅为 48ns,已接近 TTL 电路传输延迟时间的水平。

(二) 电源隔离

光电隔离器件两侧所用电源 VDD 与 VCC 必须完全隔离,否则,光电隔离将失去应有的作用,电源的隔离可通过小功率 DC/DC 电源隔离模块实现。

(三) 上拉电阻

CAN 收发器的发送数据输入端 TXD 与光电耦合器的输出端 OUT 相连,注意 TXD 必须同时接上拉电阻。一方面,R3 保证光耦中的光敏三极管导通时输出低电平,截止时输出高电平;另一方面,这也是 CAN 总线的要求。

(四) 总线阻抗匹配

CAN 总线的末端必须连接 2 个 120Ω 的电阻,它们对总线阻抗匹配有着重要的作用,不可省略。否则,将大大降低总线数据通信时的可靠性和抗干扰性,甚至有可能导致无法通信。

(五) 其他抗干扰措施

为提高接口电路的抗干扰能力,还可考虑以下措施:

(1) 在 CAN 收发器的 CAN_H、CAN_L 端与地之间并联 2 个 30pF 的小电容,以滤除总线上的高频干扰,防止电磁辐射。

(2) 在 CAN 收发器的 CAN_H、CAN_L 端与 CAN 总线之间各串联 1 个 5Ω 的电阻,以限制电流,保护 CAN 收发器免受过流冲击。

(3) 在 CAN 收发器、光耦等集成电路的电源端与地之间加入 1 个 100nF 的去耦合电容,以降低干扰。

第六节 汽车电控系统的故障检测与分析

(一) 电控系统诊断的注意事项

电子控制单元会根据发动机各种传感器发送回的信号对比数据库中的工作数据,对工况作出判断,实时控制并调整发动机的工作。因此,发动机的异常工作情况或故障大多是因为传感器的故障与失灵,导致电子控制系统出现判断失误或无法进行调整。这些产品对工作环境的要求较高,如不注意就容易对系统造成破坏,有时还会引发严重的后果,所以检修时应注意以下事项:

(1)电子控制单元是一种非常精密的装置。虽然许多汽车电控系统故障的发生都与电子控制单元有关,但是电子控制单元本身却不容易发生故障。

(2)在检修前,维修人员应当明确车辆的电子控制系统核心的位置,对该部位进行一定程度的保护,防止维修过程中对电子元器件进行误拆和误卸等操作,导致不必要的损坏或者浪费维修时间。

(3)连接导线断路或导线端子间接触不良都是有可能导致汽车常见的电控系统故障的原因。除了一些明显的故障现象,如电线脱落、断开、接头松动等可以通过肉眼直观看到外,一般来说,需要使用一个高阻抗的万用表,用于检测测量点的电压和电阻,以便进一步作出判断。绝不可以使用刮火法来检查电路是否遭到损坏,因为在进行刮火的瞬间,对电路造成的瞬间高压导致的短路可能会造成电路中电感线圈的自感电动势过高,从而击穿电子元件。

(4)在点火开关接通、发动机高速运转时,不能断开汽车各电子设备的电路,以免电路中的瞬时电压击穿电子元件或对各传感器造成损坏。

(5)当汽车电子控制系统出现故障需要进行维修时,在维修过程中不能随意将蓄电池断开或取下。电子控制单元具有记忆功能,一旦断电,其中存储的故障码会自动清除,导致无法读取到故障码。当故障码及有关信息被读取或调出后,才能将蓄电池从电路中断开或取出。

(6)蓄电池的正负两极不能接反,也不能通过外接电源起动发动机,避免电压过高对起动机造成损坏。

(7)在焊接和修理车辆时,必须断开电子控制单元和蓄电池的电路才可进行维修或焊接。

(8)在检修汽车电子控制单元的过程中,要减少或者尽量避免人体的静电对计算机芯片的影响。

(9)不能使用万能测试笔表直接与接线端子接触,防止接线端子变形,造成接触不良。

(10)电控系统检修时,周围应避免存在各类信号发生和接收装置,信号发生和接收装置会对汽车的电控系统工作造成不良影响。

(二)电控系统故障诊断与检修的常用工具和常用仪器

在维修发动机电控系统的故障中,我们需要使用到很多测量和诊断工具,下面介绍一些常用的维修工具及其作用。

1. 跨接线

跨接线是一种特殊的连接线,不同类型的跨接线的区别在于长度和接头类型的不同。跨接线主要用于电路故障的诊断,如图 7-32 所示。

2. 测试灯

维修中可以使用 12V 测试灯(图 7-33)。对电源进行检测,检查电源是否对电路进行供电。

自带内部电源的 12V 测试灯本身就有电源,它能像电阻表一样,用于检测电路的断路或者短路故障。

使用 12V 测试灯时,应注意握持测试灯绝缘部位且按规范要求对测试对象进行检测。

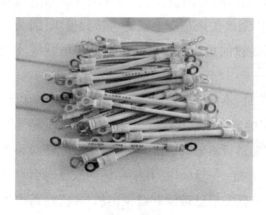 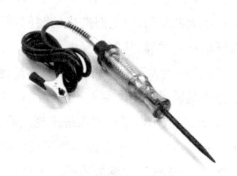

图 7-32　跨接线　　　　　　　　　　图 7-33　12V 测试灯

3. 数字式万用表

数字式万用表如图 7-34 所示。在维修中主要用来测量电阻、电压、电流等汽车基本参数,它具有精度高、范围广的特点,在读数上也比其他工具更容易。维修人员可以通过测得的数据来判断电路的通断和电控元件的工作情况。数字式万用表还能够测量发动机转速、发动机工作温度、发动机电路电容、发动机闭合角、空燃比等数据。有些高级的数字式万用表还可以通过联网自动检测该数据是否正常。

4. 手动真空泵

手动真空泵如图 7-35 所示,其全称为手持式真空测量仪,发动机电控系统中,在真空状态下进行工作或驱动的元件有很多,而手动真空泵是唯一一种可以抽真空的工具。它自带有真空表和软管等零部件,可以适应不同的车型和不同的元件。

5. 燃油压力表

燃油压力表如图 7-36 所示,是用来测量燃油压力的专用测量工具,在使用时要注意选择燃油压力表的量程与被测系统压力范围。

    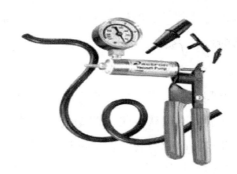

图 7-34　数字式万用表　　　　　　　图 7-35　手动真空泵

6. 故障诊断仪

常见的故障诊断仪如图 7-37 所示。故障诊断仪分为专用型和通用型两大类。专用型故障诊断仪是指一些大型的汽车制造公司针对本公司生产的某类汽车特别设计制造的,目的是为顾客提供良好的售后服务与维修,一般只在该公司售后服务部门的专业维修站配备。它能充分地发挥专用型汽车故障诊断仪的功能,通过测试卡里储存的该车型各类精确数据,对特定的车型进行全方位的故障诊断和检测,一般来说精确度较高。而通用型的故障诊断仪则是汽车保修公司为诊断检测多种车型而设计制造的通用诊断仪器,这些通用故障诊断仪的测试卡里存储了来自不同的公司、不同车型的汽车电控系统的检测数据和常见的故障码等资料,适合综合性维修企业使用。

图 7-36　燃油压力表　　　　　　　图 7-37　故障诊断仪

(三)电控系统故障诊断与检修一般程序

1. 向车主询问

向车主询问车辆信息时应准确并且全面,询问内容要包括车主送检维修车辆的车型、车辆的具体生产年份、发生故障的具体时间、故障的具体表现状况,发生故障时发动机的工作环境,车主本人在故障发生以后进行了哪些操作,发动机在之前是否进行过检修,检修中动过哪些部位等。同时还应询问该车的历史维修情况、改装情况以及维修或改装过的部位,了解故障发生的原因及故障发展的过程,通过这些相关的基础诊断信息,为进一步诊断打好基础。

2. 外部检查

询问之后还需要进一步确认,因为驾驶员提供的信息在一定程度上不够准确,这就需要我们来确认症状。首先就是通过维修人员的直观检查来快速找到故障原因,排除非电控故障引起的发动机故障。

其内容包括:

(1)观察发动机内部是否有缺件,供电电线是否脱落,各电子元件间的接线是否完好并牢固连接,各端子间的线束是否按要求正常连接,有无端子之间线束接错的情况,发动机内各种软管是否连接完好,软管接头处的橡胶垫圈是否正常无泄漏现象。

(2)听发动机起动的声音,判断声音是否正常无杂音,发动机内部是否存在漏气等现象,车主所描述的故障部位是否存在杂音或不正常工作的声音。

(3)通过触摸进一步判断某些部件的工作情况及接线的牢固程度。

3. 解码诊断

按该车的车辆维修手册要求的步骤进入电控发动机自诊断系统,使用之前所述的几类工具,根据车况调取发动机的故障码,并对照车况确认该故障是否存在,是否与车主描述的故障有关。

4. 数据读取

读取故障码以后还需要进行手动检测才能确定故障发生的部位及发生故障的具体原因,手动检测的内容包括各传感器的信号检测、各项压力检测等。该步骤需要维修人员正确选择和使用检测仪器,并谨慎、准确地与电控系统各连接端子进行连接。

5. 试验

通过以上步骤的检查,找到发动机电控系统故障根源后,就需要采取相应的措施和方法对故障发生部位进行具体分析并具体判断对其进行维修或是进行更换。在发动机各项常规检查维修步骤流程结束后,维修人员还需要进行维修竣工检验。竣工检验与确认症状时的步骤基本相同,通过现象确认故障是否已经排除,并检查修理后的效果等。

(四)电控系统故障诊断的基本方法

按诊断故障的方法类型,可大体上根据使用工具和诊断方法的不同分为直观诊断、汽车故障自诊断系统诊断、简单仪表诊断和专用诊断仪器诊断四种诊断类型。

直观诊断就是通过维修人员对汽车使用人体的感觉器官的方法检测,对车辆的外部和内部尤其是故障可能产生部位进行诊断信息的有效采集,再结合维修人员的专业知识在人脑进行进一步的分析和判断并最终得出主观结论的诊断方法。

自诊断是以车载电气控制系统自身所带的自检系统为主要诊断手段的一种诊断方法检测。目前,所有的发动机电控系统都具有基本的故障自诊断功能,为维修人员进行故障检测和诊断提供了极大的方便。自诊断系统通常只提供电气设备或线路故障产生的故障信息,对机械原因产生的故障无能为力,这种方法只用于进行对汽车电路的初步诊断。故障的原因是特殊的,它也需要通过维修人员的观察及其他的仪器的检测数据进行进一步的分析。

简单仪表诊断是指维修人员利用万用表等通用仪器对车辆的电气系统进行故障诊断。这种诊断方法主要用于对故障的进一步诊断。

在汽车电子化的过程中,各种汽车专用诊断仪器也不断被维修厂商开发出来。这些特殊的诊断仪器大多可以通过自身对汽车电子控制系统的故障进行高效的诊断与检测。维修人员利用汽车的专用诊断仪对发动机电控系统进行故障诊断,可以大大提高诊断效率,节约维修时间与成本。然而,由于特殊诊断仪器成本高且局限性比较大,仅用于一些特殊的诊断环境,所以特殊诊断仪器一般仅存在于专门的故障诊断和维护机构。

1. 故障码的调取方法

(1)使用仪表盘上"故障指示灯"的闪烁读取故障代码。

(2)利用指针式万用表的指针摆动规律或自制二极管灯的闪烁规律可以简单读取汽车的故障码。

(3)利用汽车电控系统电控单元上本身自带的红色和绿色发光二极管灯的闪烁规律也可以读取到故障码。

(4)利用汽车显示器读取故障码。

2. 间歇性故障诊断方法

在汽车的故障诊断中,最难判断的情况是汽车有故障但是却没有与之相匹配的明显的故障现象,或是汽车的故障只在特定的工作环境下出现而一般情况下并无任何异常,这样产生的汽车故障就被称之为汽车的间歇性故障。

汽车间歇性故障只能在汽车出现故障的时候才能对其进行有效诊断,所以我们要对汽车发动机的一些工作环境进行模拟,进而找到诱发故障的原因,排除故障。对汽车的间歇性故障进行判别的方法主要有以下几种。

(1)振动法

当故障原因可能是由于振动引起时,可以使用振动法进行试验。

连接线:左右摆动各连接线和接头处,尤其是发动机舱盖内部支架等部位的连接线应仔细检查。

零部件和传感器:可以用手轻轻拍打装有传感器的零部件,检查传感器是否失灵，不可以用力拍打汽车继电器，否则，容易造成继电器断路或损伤。

(2) 加热法

有些故障是在汽车发动机工作过程中才产生的，可能是因为发动机工作时有关零件和传感器受热才导致的故障，可以使用加热工具对汽车可能引起故障的零件或部位进行间接加热，检查在加热情况下是否出现与报修时类似的故障。但是加热温度不能超过电子元件最高承受温度且不可以对零件直接加热。

(3) 水淋法

有些故障是因为汽车发动机在雨天或者高湿度等较为极端的环境下工作才产生的，所以我们可以使用花洒等工具将水缓慢并均匀地喷洒在车辆上，以此来模拟雨天或高湿度环境，检查车辆发动机是否在此工况下发生与报修时类似的故障或产生与之对应的故障征兆。但应注意，不能将水直接喷洒在发动机零部件上，只能喷洒在发动机罩盖上，也不可以将水喷洒在电子元器件上，以免发生短路损伤电子控制单元。

(4) 电器全接通法

当故障是由于电路负载过大产生时，可以将车辆上所有电器设备全部打开，检查车辆是否发生故障。

(5) 道路试验法

有些故障是由于车辆在道路上行驶产生的，而道路上路况复杂，工况多变，所以在维修前可以驾驶车辆在道路上行驶，模拟复杂的路况和工况，再次诱发故障或故障征兆检查是否出现故障并找出故障原因。

3. 无故障码故障诊断方法

当发动机没有产生故障码时，我们可以根据汽车电子控制系统的原理和结构进行分析，根据读取到的相关的参数，分析不同工况下的工作数据是否正常，并以此来判断是否产生故障或故障产生的部位和具体故障。

(五) 电控发动机故障诊断的基本原则

1. 先外后内

在发动机出现故障时，先对电子控制系统以外的可能故障部位予以检查。这样可避免本来是一个与电子控制系统无关的故障，却对系统的传感器、电脑、执行器及线路等进行复杂且又费时费力的检查，即真正的故障可能是较容易查找到却未能找到。比较简单的方法是：发动机发生故障，首先观察系统的故障指示灯，如果指示灯没有显示，则基本可以作为机械故障来进行处理；如果指示灯有显示，我们就可以通过闪码来确定故障位置，进而进行相应处理。

2. 先简后繁

实际上发动机故障绝大多数都是比较简单的故障，电气系统的故障也是如此。

我们可以首先对电气系统进行初步的检查,比如,检查电控系统线束的连接状况:传感器或执行器的电连接器是否良好,线束间的连接器是否松动或断开,电线是否有磨破或线间短路现象,电连接器的插头和插座有无腐蚀现象等;检查每个传感器和执行器有无明显的损伤。

直观检查未找出故障,需借助仪器仪表或其他专用工具来进行检查时,也应对较容易检查的或最有可能产生故障的地方先予以检查。

3. 闪码先行

电子控制系统一般都有故障自诊断功能。当电子控制系统出现某种故障时,故障自诊断系统就会立刻监测到故障并通过检测发动机警告灯向驾驶员报警,与此同时以代码的方式储存该故障的信息。这时我们应该按下发动机诊断开关,这时发动机故障指示灯会按顺序闪出闪码,我们可根据对应的手册查出闪码指示的故障,从而解决故障。

4. 代码综合

如果前面所做的检查都解决不了问题,我们就需要利用专门的诊断仪对电控系统做一个全面的检测。先确认代码故障,然后可利用诊断仪的各项功能对发动机进行具体诊断,比如,发现发动机喷油器某一缸喷油量为零,则可初步判断这一缸喷油器或者线束有问题,再进行下一步的排除就比较简单了。

5. 换件排除

电控发动机的电气系统中线路发生的故障通常是配线和连接器接触不良造成的,这时想要具体查出故障原因可能要耗费比较多的时间。在实际的维修过程中,为了能快速解决问题,排除故障,最便捷的方法莫过于在诊断出故障部件后采用新件替换,这样能够以最快速的方法解决问题。

第七节　电子故障诊断设备

一、汽车万用表

汽车万用表也是一种数字式万用表,在汽车检测中用途广泛,它除了具有数字式万用表的功能外,还具有一些汽车专用测试功能。在发动机电控系统故障的检测与诊断中,除经常需要检测电压、电阻和电流等参数外,还需要检测转速、闭合角、频宽比(占空比)、频率、压力、时间、电容、电感、温度、半导体元件等。这些参数对于发动机电控系统的故障检测与诊断具有重要意义。但是这些参数用一般数字式万用表是无法检测的,需用专用仪表,即汽车万用表。汽车专用万用表基本工作原理是:通过测试探针采集外部电信号后,输入万用表专用集成电路进行预处理,在通过CPU处理完成后送入显示屏进行显示,如图7-38所示。

图7-38 汽车万用表

(一)汽车万用表的基本结构

汽车万用表主要由数字及模拟量显示屏、功能按钮、测试项目选择开关、温度测量座孔、公用座孔(用于测量电压、电阻、频率、闭合角、频宽比和转速等)、搭铁用的座孔、用于电流测量用的座孔等构成。

(二)汽车万用表的功能要求

使用汽车专用万用表测量电流、电压和电阻同普通万用表类似,在测量前要正确选择挡位和量程。不同的万用表操作方法可能有所不同,具体操作方法参考随机使用说明书。

(三)汽车万用表的功能

(1)测量交、直流电压。考虑到电压的允许变动范围及可能产生的过载,汽车万用表应能测量大于40V的电压值,但测量范围也不能过大,否则,读数的精度将会下降。

(2)测量电阻。汽车万用表应能测量1MΩ的电阻,测量范围大一些使用起来较方便。

(3)测量电流。汽车万用表应能测量大于10A的电流,测量范围再小则使用不方便。

(4)记忆最大值和最小值。该功能用于检查某电路的瞬间故障。

(5)模拟条显示。该功能用于观测连续变化的数据。

(6)测量脉冲波形的频宽比和点火线圈一次侧电流的闭合角。该功能用于检测喷油器、急速稳定控制阀、EGR电磁阀及点火系统等的工作状况。测试项目选择开关置于频宽比(Duty cycle)挡或闭合角(Dwell)挡,黑线搭铁,红线接电路信号或点火线圈负接线柱,发动机运转,显示屏即显示脉冲信号的频宽比或点火线圈一次侧电路闭合角。

(7) 测量转速。测试项目选择开关置于转速(RPM)挡,转速测量专用插头插入搭铁座孔与公用座孔中,感应式转速传感器(汽车万用表附件)夹在某一缸高压点火线上,在发动机工作时,显示屏即显示发动机转速。

(8) 输出脉冲信号。该功能用于检测无分电器点火系统的故障。

(9) 测量传感器输出的电信号频率。测试项目选择开关置于频率(Freq)挡,黑线(自汽车万用表搭铁座孔引出)搭铁,红线(自汽车万用表公用座孔引出)接被测信号线,显示屏即显示被测频率。

(10) 测量大电流。配置电流传感器(霍尔式电流传感夹)后,可以测量大电流。

(11) 测量温度。配置温度传感器后可以检测冷却液温度、尾气温度和进气温度等。测试项目选择开关置于温度(Temp)挡,按下功能按钮(C/F),将黑线搭铁,探针线插头端插入汽车万用表温度测量座孔,探针端接触被测物体,显示屏即显示被测温度。

(12) 测量二极管的性能。

目前国内生产的汽车万用表,如"胜利-98"、笛威 TWAY9206、TWAY9406A 和 EDA-230 等,都具有上述功能。有些汽车万用表,除了具有上述基本功能外,还有一些扩展功能。例如,EDA-230 型汽车万用表在配用真空/压力转换器(附件)时可以测量压力和真空度,并且它还具有背光显示功能(使显示数据在光线较暗时也能看清楚)。

二、汽车专用示波器

广义上说,示波器是描述任何一种用来观察、测量或记录瞬间物理现象并以图形形式给出结果的电子仪器。显示和记录随时间变化的电量(如电压、电流等)的仪器称为示波器。示波器的普及来自它利用了视觉与理解之间的关系,它是技术人员能够作出各种各样调整的重要工具。原始的示波器产生二维图形,垂直坐标对应着输入端电压,而水平坐标对应着时间,示波器工作时波形图如图 7-39 所示。

(一) 示波器的结构、原理与分类

1. 示波器的结构与原理

示波器的结构主要包括三个部分:电子枪、偏转系统和荧光系统。结构示意图如图 7-39 所示。

2. 汽车专用示波器的分类

汽车专用示波器按工作原理可以分为磁电式和阴极射线式两类。磁电式示波器

是由类似达松伐耳电流计的机构驱动画笔在匀速旋转的圆筒上做垂直运动画出波形曲线,而阴极射线式示波器是利用聚焦的电子束在荧光屏上显示出两个或更多变量之间的关系,具体在前文已有叙述,现在使用的示波器大多是阴极射线式。按显示器的形式,示波器可分为示波管显示式和液晶显示式;按结构形式不同又可分为台式和便携式。台式示波器采用交、直流两种电源,微机控制,其功能齐全,显示清楚。便携式示波器以干电池为电源,多用液晶显示器,兼有示波器与数字万用表的功能。

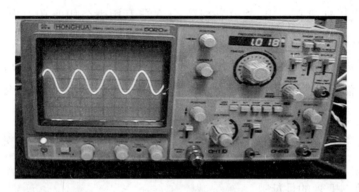

图 7-39　汽车专用示波器

(二)汽车专用示波器在汽车故障诊断中的应用

随着电控系统在汽车上的普遍使用,电子设备在汽车上所占的比例越来越高,因此,在汽车维修过程中,电子设备的修理工作就变得越来越重要。汽车示波器的诞生为汽车修理技术人员快速判断汽车电子设备故障提供了有力的工具。用示波器不仅可以测量计算机系统的工作状况,而且通过示波器可以观察到汽车电子系统是如何工作的。此外,汽车示波器能够使我们确认故障是否真正被排除,这可以通过修理前后从示波器中观看氧传感器的信号波形来加以判断。汽车示波器在汽车电子控制故障诊断中,主要用于汽车传感器、点火波形、执行器及 ECU 输入/输出控制信号波形的检测和电路分析。

三、发动机综合分析仪

(一)发动机综合分析仪的组成

发动机综合分析仪,主要是在检测线上或汽车调试站内就车辆对发动机各系统的工作状态,如点火、喷油、电控系统和传感元件,以及进排气系统和机械工作状态等的静态和动态参数进行分析,为发动机技术状态判断和故障诊断提供科学依据。该分析仪还具有故障自动判断功能、排气分析软件、能测定汽车排放指标,是当代传感技术、动态数据采集技术和信号处理技术在发动机检测领域应用的高科技机电一体化产品。可对不同结构的汽油、柴油机的常规和电控汽车的点火、燃油、冷却、润滑、进排气、电控系统、传感器元件、排放和动力等特性进行动态检测和故障分析,无须被检车辆的任何专用资料和数据,从而使分析仪成为汽车检测站、维修企业、设计制造和教学培训部门的必备设备。

(二)发动机综合分析仪的基本功能

(1)无外载测功功能即加速测功。

(2)点火系统检测,包括初级与次级点火波形的采集与处理,平列波、并列波与重叠和重叠角的处理与显示,断电器闭合角和开启角,点火提前角的测定等。

(3)机械和电控喷油过程参数(压力、波形、喷油、脉宽、喷油提前角等)的测定。

(4)进气歧管真空度波形测定与分析。

(5)各缸工作均匀性测定。

(6)起动过程参数(电压、电流、转速)测定。

(7)各缸压缩压力判断。

(8)电控供油系统各传感器的参数测定。

(9)万用表功能。

(10)排气分析功能。

第八节 城市公共交通车辆电气设备技术特点与管理

一、车辆电气设备的特点

(一)车辆电气设备的一般特点

(1)一般设有电源总开关,常见为电磁式和手动式。

(2)车辆线路中,常装有易熔线(不是熔断丝)以保护导线,而不是保护某个特定的电器。易熔线与熔断丝的区别在于其熔断电流较大、熔断反应较慢,并且是导线的形式。

(3)车辆线路采用单线制连接,线路负极以车身金属结构作为公共导线,俗称"搭铁",车辆电器设备的负极回路均与搭铁连接,部分电控系统有特定要求的除外。

(4)车辆常用电器设备多采用低电压、大电流器件;车辆电子设备虽然自身工作是低电压、小电流状态,但其部分驱动电路却控制着电流比较大的用电设备。

(二)影响电子设备使用的因素

1. 温度与湿度的影响

温度的变化包括两个方面:一是外界环境温度,主要指气候变化和地区变化引起的环境温度变化(如城市与郊区的差异);二是工作温升,它与车辆运行时间的长短、电子线路布置的位置及其自身发热、散热条件等有密切关联。

湿度的增加则会增加水分子对电子元器件的浸润作用,会使电子元器件的绝缘性能下降,加速元器件老化。

2. 电压波动的影响

电压的波动来自两个方面,即电源电压和瞬时过电压。

(1)电源电压

在正常情况下,汽车电源是波动的,发动机未起动时由蓄电池供电;发电机正常运转后由发电机供电。由于发电机调节器是以通、断的方式来控制发电机励磁电流的,因此,输出电压将在标准电压附近上下波动。

(2)瞬时过电压

瞬时过电压产生的因素很多,主要是由于电器工作时的开/关过程、触点的断/合、点火脉冲等引起的。瞬时过电压的峰值虽然很高,但持续时间很短,对强电设备(如起动机、电喇叭等)危害不大,但对微电子设备及其元件危害较大。因此,在使用有电子控制装置的车辆时,需特别关注瞬时过电压的产生及预防。

3. 电磁干扰

(1)电气设备的电磁兼容性

通常将所有汽车电器在车上共同工作过程中,不干扰其他电器的正常工作,又能抵抗其他电器干扰的能力称之为汽车电器的电磁兼容性。电磁干扰通常由点火电压、开关电路、感性负载等因素产生,任何能激发出电路中电磁振荡的因素,都会产生电磁干扰。事实上,由于汽车电器间的相互干扰不可避免,因此,对汽车电气设备来说,还要提高设备本身的抗干扰能力。

(2)电磁干扰

①车内干扰。电控系统在工作中,各种传感器信号及执行器工作,尤其是电感元件、点火信号均会产生电磁干扰信号。

②环境干扰。来自车外的无线电设备、雷达、广播电台等发射的无线电波、无轨电车线网等产生的干扰也会影响汽车上的电子仪器、设备正常工作。

4. 其他因素

振动和冲击是汽车行驶的特征,对电子设备的破坏是机械性的,会造成导线脱落、脱焊、虚接,触点振动接触不良等。

除此之外,还会受到水、灰尘、沙、融雪剂、油及其他化学物质的危害,另外,汽车上的电子元器件不能因机油、各种添加剂、汽油和防冻液等油料、润料的影响而使其功能下降或功能失效。

(三)一般电气设备的组成及特征

汽车电气设备总线路是将供电系统、起动系统、点火系统、仪表、报警系统、照明、信号系统及辅助装置等,按照它们各自的工作特性和相互的内在联系,通过开关、导线、熔断器等连接起来,构成一个整体。

1. 车辆电气设备总线路的连接规则

汽车上的各种电器装置繁多,电路密集纵横交错,尤其是现代汽车功能的不断提升,汽车电器设备的数量日趋增多,电路复杂程度因电路元器件的配置不同存在极大的差异,然而在线路的连接上一般遵循以下几个规则。

(1)双电源

蓄电池与发电机并联向全车负载供电。当发电机不发电时,由蓄电池向全车用电设备供电。当发动机转速较低,发电机发电不能满足用电需求时,由发电机和蓄电池共同为全车用电设备供电。当发电机电压超过蓄电池电压时,发电机向全车用电设备供电,同时向蓄电池充电。

(2)并联连接、负极搭铁、单线制

公交车辆各用电设备与电源均采用并联连接方式,电气设备的负极通过车身金属结构连接电源负极,而电器设备的正极常用导线通过开关、熔断器连接电源正极。现代汽车由于电控系统的应用,为保证电器设备的工作可靠性,也会采用局部双线连接方式。

2. 车辆电气设备连接线束

为了使车辆上繁多的导线整体美观不凌乱、接线安装方便、导线保护绝缘层不被损坏,将同路的导线捆扎成束,称为"线束",并将线束按照各用电设备的用途,固定安装在车辆相应的位置上。

汽车线束一般由导线、线束连接器、导线标识及线束保护套组成。按照线束的用途及安装位置,线束可分为仪表线束、发动机线束、变速器线束、底盘线束、车顶线束及灯光线束等。

(1)导线

汽车导线分为低压导线和高压导线两种。

①低压导线。国内公交车辆低压导线的选择通常以用电设备工作电流的大小来确定导线截面积的大小。为了保证导线的正常使用,导线还必须具有耐温性、阻燃性。为了便于维修,车用低压导线常采用不同颜色用以识别、区分,现代车用低压导

线还广泛采用线号等其他导线标记的形式。起动机所需的启动电流是由蓄电池提供的,起动电流一般在数百安培。因此,连接蓄电池与起动机的导线和蓄电池的搭铁线所用的导线截面积要足够大。

②高压导线。高压导线多数用在发动机点火系统,高压导线一般采用高压阻尼线。高压阻尼线的最大特点就是其产生的电磁干扰性较低。

(2)线束连接器

线束连接器是将线束与电器元件连接的部件,连接器的选择不仅要满足尺寸要求、载流要求、接触电阻要求、工作温度要求,根据安装位置需要,还要具有较好的防水功能。

(3)线束保护套

线束保护套采用具有一定的柔韧性、耐磨性、耐腐蚀性和阻燃性的材料,将导线包扎成束,以保护导线及便于线束铺设安装。

二、公交车辆电路控制

汽车电路设计因不同生产厂家,不同发动机、变速器机型,不同电器设备设置而不同,现代公交车辆电器设备的控制广泛采用继电器控制方式。

继电器控制的突出特点是可实现汽车电路的远程控制和电器设备的小电流对大电流的控制等。

(一)继电器控制电路形式

继电器控制电路既可控制继电器线圈的正端,也可控制继电器线圈的负端。下面是继电器的两种控制形式,如图7-40、图7-41所示。

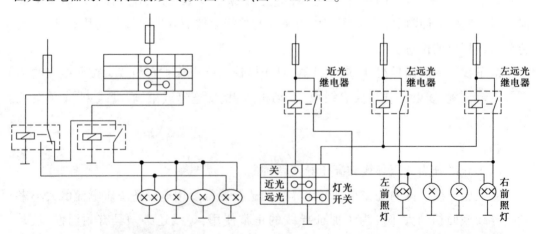

图7-40 继电器线圈正端控制电路　　　　图7-41 继电器线圈负端控制电路

(二)典型电路的控制

(1)供电电路

电控柴油发动机电路如图7-42所示,电控天然气发动机电路如图7-43所示。

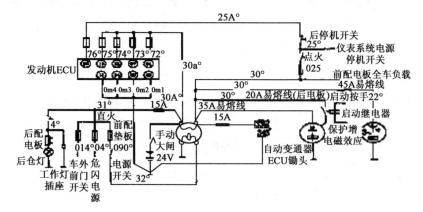

图7-42 电控柴油发动机电路

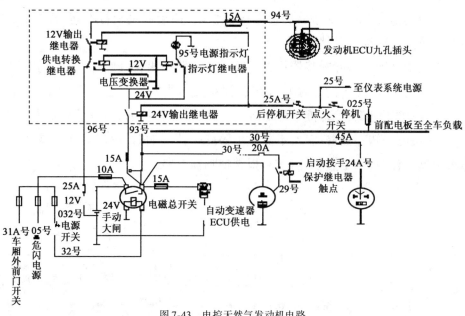

图7-43 电控天然气发动机电路

供电电路特点:

①根据公交车辆使用特点,供电电路的控制采用两个总开关控制,即手动电源总开关和电磁式电源总开关。全车所有用电设备均由手动电源总开关控制,一般情况下,手动电源总开关仅在车辆停驶或特殊情况时使用;电磁式电源总开关是驾驶员控制车辆供电随时使用的开关。手动电源总开关的安装位置如图7-42和图7-43所示。早期车辆手动电源总开关接在蓄电池负极;因电控系统在公交车辆广泛应用,为了减少线路干扰,提高电控系统的工作可靠性,目前,车辆采用手动电源总开关控制蓄电池正极的方式。

②发动机供电。电控天然气车辆采用电子点火技术,发动机点火系统为 12V 电压,供电电源为 24V。供电电路中,采用电压变换器为发动机 ECU 供电,电压变换器除正常供电外,还设有备用电源,即正常供电和备用供电。电路如图 7-43 所示。正常供电时,电压变换器的正电源取自电磁总开关电源输出端,经电压变换器将 24V 电压变为 12V,为发动机 ECU 供电。当电压变换器出现故障无 12V 电压输出时,指示灯继电器和供电转换继电器工作,接通电源故障指示灯电路,提示驾驶员,发动机 ECU 供电已转换为蓄电池 12V 电源输出供电,同时 12V 电压备用供电电路接通。

为了保证发动机 ECU 及后处理装置在电磁式电源总开关断电后的工作需要,如发动机 ECU 数据储存、后处理喷嘴清洁等,其供电电源不受电磁式电源总开关控制。

③部分车型在电源控制线路中,多处使用了易熔线,对导线起保护作用。

(2)点火开关控制电路

点火开关控制电路(图 7-44)的特点:

①ON 挡开关不仅控制着仪表、报警指示灯、蜂鸣器、发动机 ECU 及自动变速器点火电源控制信号、自动变速器缓速继电器供电、前后起动机控制等,而且还控制着电控系统故障码的读取及报警。

②电路中增加了解除蜂鸣器报警电路。此电路由报警蜂鸣器、故障继电器、解除报警开关、各报警电路中的二极管和传感器组成。当发生空滤阻塞、水温过高、气压过低、发动机油压过低、冷却液水位低等故障时,传感器接通报警电路,报警蜂鸣器鸣响,当驾驶员已经知晓报警信号,不需要报警蜂鸣器鸣响时,可将解除报警开关闭合,故障继电器工作,常闭触点断开,切断报警蜂鸣器电路。

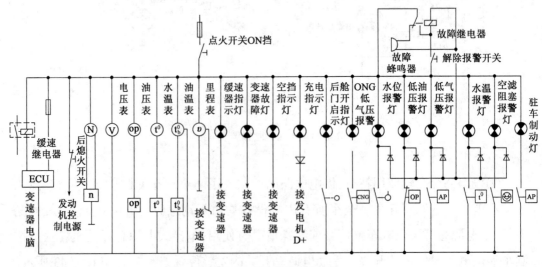

图 7-44 点火开关控制电路

(3)启动控制电路

启动电路的特点:

①在启动控制电路中使用了启动继电器,确保启动系统工作的可靠性。

②由于发动机后置,控制电路中增加了启动保护电路。启动保护电路的作用:

a. 发动机舱门互锁电路。当机修人员从事维修作业或驾驶员对发动机实施检查时,使驾驶室内无法起动发动机,从而杜绝误操作,保证机修操作人员及驾驶员的安全;

b. 空挡互锁电路和发动机非停机互锁电路。当发动机处在非空挡位置或发动机运转时,无法实施启动发动机的操作。

电路控制、保护原理(以 BK6111CNG 型车为例):启动控制采用两个继电器串接方式,分别称为启动继电器和充电继电器(又称保护继电器),接线方式如图 7-45 所示。将后机舱门互锁开关和变速器空挡开关串接在启动继电器线圈的控制回路中,启动继电器线圈的负极回路经充电继电器(保护继电器)常闭触点搭铁。关闭后机舱门,挂上空挡,按下启动按钮(或将钥匙拨到启动挡),接通启动继电器线圈电路,启动继电器工作,为起动机供电。当后机舱门互锁开关或变速器空挡开关任意一个开关断路,都无法使启动继电器工作,从而起到保护作用;当发动机运转,发电机发电,充电继电器(保护继电器)工作,常闭触点断开,切断启动继电器控制电路,启动无法完成,起到保护作用。

采用自动变速器的车辆,在启动控制回路中增加了空挡继电器如图 7-45 所示。启动继电器线圈的负极回路经空挡继电器常开触点搭铁,当变速器处于空挡位置时,由变速器 ECU 输出空挡信息控制电压,使空挡继电器工作,空挡继电器常开触点闭合,接通启动继电器控制回路,如图 7-45 所示。

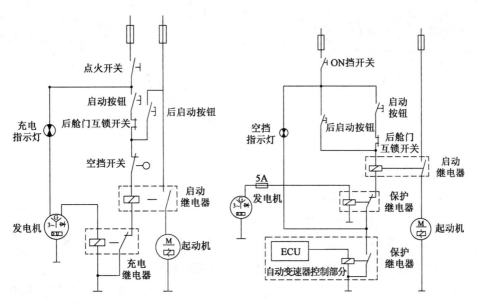

图 7-45 启动控制电路

(4)转向灯及应急闪光灯电路

转向灯及应急闪光灯电路由闪光器,转向灯开关,左、右转向灯继电器;危闪报警开关和各转向灯组成。与传统控制电路相比,增加了两个转向灯继电器,即左转向灯继电器和右转向灯继电器。转向灯和应急闪光灯电路供电电源不同,转向灯的供电电源受电磁总开关控制,应急闪光灯供电电源不受电磁总开关控制。

(5)客车门控制电路

客车门控制电路由车门开关、门泵电磁阀、车门行程开关、踏步灯继电器、踏步灯、车门开启指示灯、加速踏板联锁等组成。

驾驶室内客车门开关采用点动式翘板开关,一个开关同时控制车门的开和关。此电路与传统的客门控制不同,传统的公交车辆车门电磁阀通电开门,断电关门;而新型公交车辆开门和关门由组合一体的两个电磁阀分别控制,电磁阀为非常通电状态。

新型公交车辆增加了车门踏步灯和车门开启指示灯,这两条电路同时由车门行程开关控制,行程开关串接在上述两条电路的负极电路中。车门踏步灯电路中也使用了继电器控制。在图7-46所示客车门控制电路中,还有一条特殊线路,即加速踏板联锁控制电路,此电路的作用是当车门处于开启位置时,加速踏板联锁继电器工作,接通发动机ECU控制线路,电路如图7-46所示,发动机ECU接收这一信号,将转速控制在怠速,实现加速踏板联锁控制。

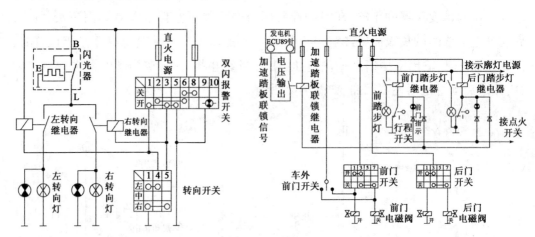

图7-46 客车门控制电路

(6)照明电路

照明电路包括前照灯、示廓灯、前雾灯和后雾灯等电路。

根据车辆对雾灯控制线路的要求,即当打开前雾灯时,示廓灯必须亮;在远光灯、近光灯或前雾灯中任何一路灯光打开时,才允许后雾灯打开,否则后雾灯不应点亮;在示廓灯关断时,后雾灯必须关断;后雾灯可以独立关断。

如图7-47所示,当打开示廓灯时,前雾灯不亮;当打开前雾灯时,串接在继电器控制回路的二极管正向导通,示廓灯继电器线圈负极回路接通,示廓灯继电器触点闭合,示廓灯点亮。

后雾灯控制电路由后雾灯继电器,雾灯自保继电器,后雾灯开关,D_1、D_2、D_3二极管,示廓灯电路,前雾灯开关,远近光灯开关控制电路等组成。

后雾灯控制电路的控制电压由示宽灯继电器供给,只有示廓灯工作时,后雾灯继电器才得到控制电压;后雾灯继电器的负回路控制有4条,即前雾灯开关控制,远光、近光灯开关控制,雾灯自保电路的控制。后雾灯可以独立关断:当后雾灯开关处于关位时,后雾灯开关断开,致使自保继电器线圈控制回路断开,触点断开。同时使后雾灯继电器控制回路也断开,后雾灯继电器触点复位,后雾灯关断。

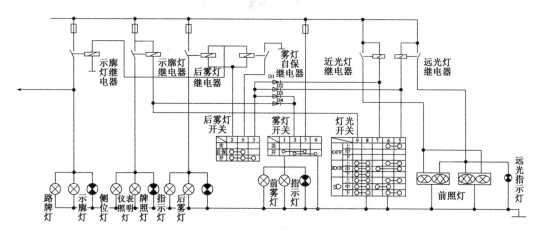

图7-47 照明电路

(7)刮水器电路

刮水器电动机控制电路一般有4个挡位:慢速、快速、复位(关)和间歇。在刮水器电动机控制电路中设置了高速、低速继电器及间歇继电器。

刮水器电路控制的特点:

①刮水器开关控制线路的负极。

②在低速继电器与高速继电器的控制线圈负回路之间串接一个二极管,其作用是当刮水器电机开关置于高速挡时,切断刮水器电机低速被控回路,确保刮水器正常工作,如图7-48所示。

(8)电源适配器电路

电源适配器电路是天然气发动机车型特有的,它的作用是控制一级减压阀前的燃气高压电磁阀的工作电压,确保电磁阀安全可靠地工作。在发动机不能及时起动的情况下,及时地将燃气高压阀关闭,防止燃气的泄漏,如图7-49所示。

电源适配器电路工作过程:当按下起动按钮,电源适配器得到起动的触发信号,同时输出24V电压至脉宽调制器,脉宽调制器输出24V电压至燃气高压电磁阀,一级减压电磁阀开启,供气。如果5s内,发动机未能起动,电源适配器的输出电压为0V,关闭电磁阀;当发动机起动后,电源适配器利用发电机中性点(N)电压作为触发信号,继续输出电压至脉宽调制器,使燃气高压电磁阀工作。输入脉宽调制器的电压为直流电压,脉宽调制器输出的电压为脉冲电压。占空比周期为 20ms,调制频率约为 1666Hz。利用脉宽调制器占空比,降低电磁阀工作期间的电流,从而达到降低电磁阀温升的目的。

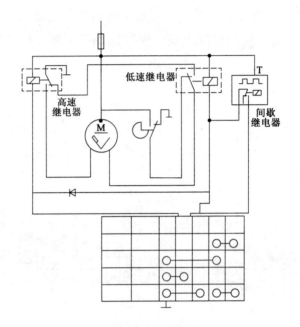

图 7-48　刮水器电路

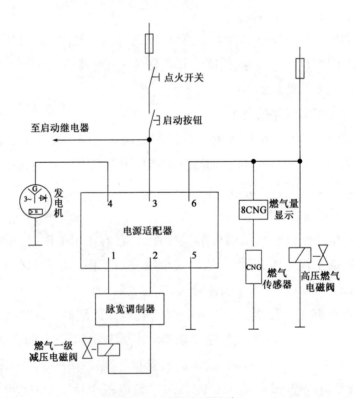

图 7-49　电源适配器电路

三、公共交通车辆的 CAN 技术

随着汽车电控系统在公交车辆上的广泛应用,汽车 CAN 总线技术在公交车辆上得到了普遍应用。

随着公共交通车辆技术的发展,电控发动机、电控自动变速器、电控空气悬挂系统、电控铰接系统和自动注油润滑系统在公交车辆上得到了广泛应用。为了满足车辆的集中控制,现代公交车辆大量采用了 CAN 总线控制系统。

北京公交车辆采用的 CAN 总线系统是专为大型客车设计、开发的功能相对比较完备的一套 CAN-LIN 混合总线系统,如图 7-50 所示。该系统由开关模块、前控模块、后控模块、前灯控模块、后灯控模块、顶控模块、中控模块、总线仪表、胎压模块、总线管理器和桥模块组成。

图 7-50　公交车辆采用的 CAN 总线系统

整个总线系统可完成近 120 个数据量的采集,并能实现对缓速器、车身升降、随动桥、乘客门、灯光、刮水器、排气扇、空调、车内照明、油路、点火器、电视音响、铰接盘、发动机点火、发动机熄火等的控制。桥模块将发动机电控模块 ECU 和自动变速器电控模块 TCU 等高速网络与全车 CAN 总线连接,进行信息传输与数据共享。总线管理模块除管理总线运行外,还含行车记录仪功能;总线仪表模块为纯数字化仪表,可显示近 200 个数据量。CAN-LIN 混合总线系统的另一显著特点是动态资源配置,对于大多数开关型输入信号和输出信号可通过软件设置而实现重新定义。这样不同的车型根据接线方便,对输入信号重新定义,从而实现信号的就近接入。

1. CAN 总线模块的作用

CAN 总线网络中各电控模块的作用是采集数据、提供发送数据、接收检查数据、输出执行数据等。

控制单元首先将采集到的信号输入到微控制器,由微控制器生成 CAN 报文输入到 CAN 收发器,CAN 收发器接收由微控制器传来的报文数据,并转化为电信号发送到 CAN 数据总线上。在 CAN 系统中,各控制单元都接收数据总线上的所有数据,经控制单元的微控制器判断接收的报文数据是否为本单元所需要的数据,如需要,它将接收并进行处理(将编码数据分解成可以使用的数据),输出执行信号,否则给予忽略。

(1)仪表模

仪表模如图7-51所示。

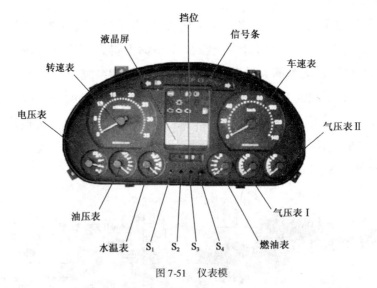

图7-51 仪表模

(2)开关模块

开关模块为LIN总线网络节点,使用开关模块能实现翘板开关功能,简化车上开关布线,如图7-52所示。

图7-52 开关模块

(3)桥模块

桥模块将CAN总线上的控制信息转换成发动机的控制信号,并且控制发动机工作,同时将发动机动力总成的工作参数(如:发动机转速、车速、油量和水温等)送到CAN总线上。

桥模块的作用是将协议相同的两个网络连接在一起,通过桥模块(非对称网桥),将动力网络与CAN总线网络之间的信息连通。非对称网桥可实现高速网(动力系统)和低速网(仪表信息和电器控制系统)的流量不对称桥接,从而保证总线负载的安全和电器的安全。CAN总线网络桥模块有两组信号线:一组网络线(动力J1939网络)连接电控发动机 ECU 和自动变速器 TCU 的通信网络;另一组网络线(CAN 网络)与 CAN 总线网络相接。

(4)管理模块

管理模块具有管理 CAN 总线各种参数信息、记录仪功能、设置总线各模块的参数及行车记录仪参数,通过管理模块与电子服务工具相接进行故障诊断,查看、下载行车数据的作用。

(5)胎压模块

胎压模块通过在每个轮胎内部安装高灵敏的胎压传感器,在行车或静止状态下实时监测轮胎的压力、温度等数据,并在轮胎漏气和压力变化超过设定值时进行报警。通过无线方式发射到接收器,并以蜂鸣等方式提示驾驶员,保障行车安全。

CAN 总线胎压传感器(图7-53)与胎压模块间的有效距离为3m,因为每个轮胎的胎压传感器与胎压模块间都有一个相对应的编码,所以带有 CAN 总线胎压传感器的轮胎在互换位置时要将传感器拆下,装回原位置。

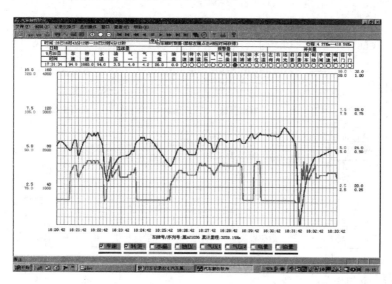

图7-53 CAN 总线胎压传感器

(6)中控模块

中控模块是 CAN 总线上管理汽车中部电器设备的控制模块,一般输出正电源信号对侧位转向灯、燃油传感器、空气悬架等进行控制;接收制动、驻车、气压告警、ABS系统、蹄片报警等输入信号。

(7)顶控模块

顶控模块是管理汽车顶部电器设备的控制模块,完成顶部的示廓灯、驾驶员顶灯、路牌、车厢照明灯、换气扇、电视与高位制动灯等负载的控制工作。

(8)后灯模块

后灯模块是管理汽车后部灯组的控制模块,完成后示廓灯、制动灯、倒车灯、后雾灯、牌照灯等负载的控制工作。

(9)前灯模块

前灯模块是管理汽车前部灯组的控制模块,完成前雾灯、远光灯、近光灯、前示廓灯、前转向灯等负载的控制工作。

(10)后控模块

后控模块是管理发动机怠速控制、总电源开关、巡航系统、前后启动控制、冷却水位信号输入、水温信号输入、油压信号输入、变速器挡位信号输入等功能的控制工作。

(11)前控模块

前控模块是管理点火开关各挡位、缓速器输入控制、喇叭、客门电源、除霜、空调、刮水器、危险信号等功能的控制工作。

2. CAN 总线控制电路

(1)CAN 总线网络连接原理(图 7-54)。

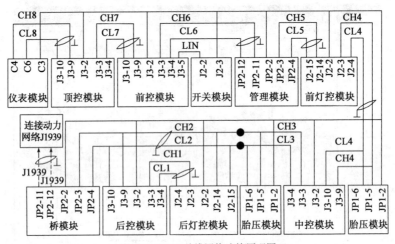

图 7-54　CAN 总线网络连接原理图

(2)电源控制电路

闭合手动电源总开关,接通电源控制回路,电源正极通过易熔线向发动机 ECU、CAN 总线各模块以及点火锁 ACC 挡供电,即发动机 ECU、CAN 总线各模块电源供电不经电磁式电源总开关,如图 7-55 所示。

当点火锁置于 ACC 挡时,向前控模块输入电压信号,经 CAN 总线网络处理后,由后控模块输出控制电压至电磁式电源总开关,电磁式电源总开关工作,向全车负载供电。

当断开点火锁 ACC 挡时,电磁式电源总开关的控制电压将延时 5s 断开,以确保 CAN 总线系统将整车的各种参数记忆后,再将全车电源断开。

(3)点火控制电路

当点火开关置于 ON 挡时,向前控模块输入电压信号,经 CAN 总线网络传输,使点火继电器工作,为自动变速器、发动机及仪表模块提供点火信号,同时,CNG 高压阀继电器、空挡互锁继电器等进入工作状态,如图 7-56 所示。

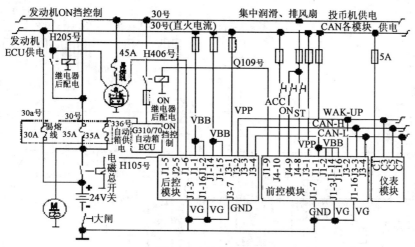

图 7-55 电源控制电路

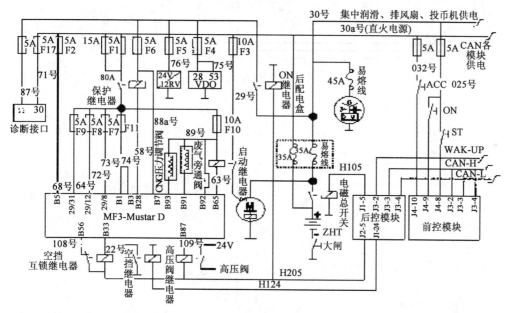

图 7-56 点火控制电路

(4) 发动机检测、控制电路

发动机 ECU 接收到工作信号后,进入到工作状态,发动机 ECU 开始自检,仪表模块开始工作,经过 CAN 总线网络处理后,故障信息传输到仪表模块,此时如果发动机 ECU 检测到存在现行故障码,仪表上的发动机故障指示灯常亮;如果不存在现行故障码,故障灯亮起后熄灭,发动机 ECU 自检完成。

发动机故障码和故障报警是通过按下开关模块上的发动机 ECU 诊断开关读取和监测的。

发动机 ECU 通过 J1939 数据通信网络与桥模块相接,经桥模块把发动机 ECU 的水温、油压、转速等信息传送到车辆 CAN 总线网络系统上，传输至仪表模块并显示，如图 7-57 所示。

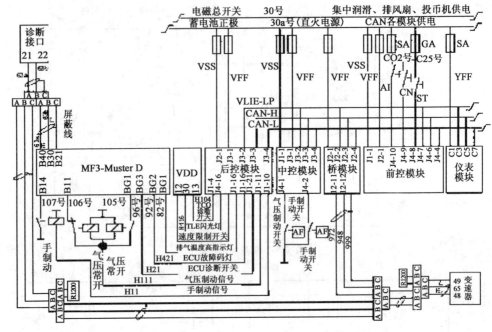

图 7-57 发动机检测、控制电路

(5) 启动控制电路

由于发动机后置，启动电路设置了启动保护电路功能，启动控制电路分为前启动控制和后启动控制，如图 7-58 所示。

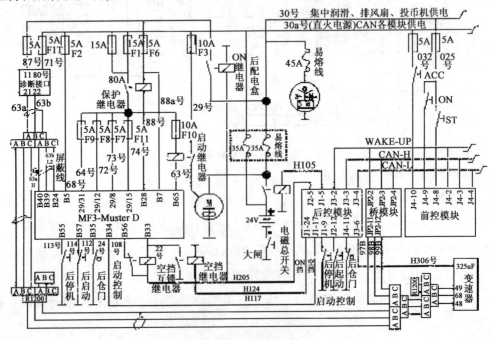

图 7-58 启动控制电路

①发动机前启动控制。点火开关置于 ON 挡,发动机无转速、自动变速器置于空挡、后机舱门关闭,接通启动 ST 挡。发动机转速信号、自动变速器挡位信号来自 J1939 动力网络,通过桥模块与车辆 CAN 总线网络连通。

②发动机后启动控制。点火开关置于 ON 挡,发动机无转速、自动变速器置于空挡、后机舱门开启,接通后启动按钮。

(6)灯光控制电路

在 CAN 总线控制电路中,示廓灯、前照灯一般采用组合开关及开关模块双开关控制方式,即单独使用任意开关均可实现灯光控制。示廓灯控制分直接控制和间接控制,直接控制的灯光包括前小灯、侧位灯、路牌灯、示廓灯、牌照灯、后尾灯等。间接控制的灯光有前、后客门踏步灯。仅在前、后客门处于打开状态时,前、后客门踏步灯亮起,如图 7-59 所示。

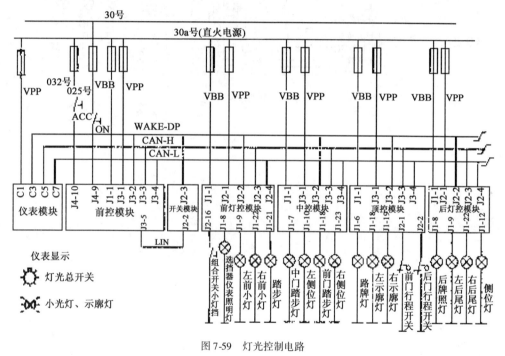

图 7-59 灯光控制电路

(7)制动灯控制电路

由于在制动系统中增加了缓速器,所以制动灯电路分别受缓速器制动控制和气压制动控制,如图 7-60 所示。

①缓速器制动控制。采用艾里逊自动变速器的车辆配置了缓速器功能,缓速器作用的前提条件是闭合缓速器开关、车辆处于行驶状态及加速踏板开度接近于零。当缓速器工作时,车辆制动灯亮起。

②气压制动控制。当车辆采用气压制动时,置于制动管路中的气压开关向 CAN 总线系统输入气压制动信号,制动灯亮起。同时仪表模块也接收到制动信号,制动指示灯亮起。

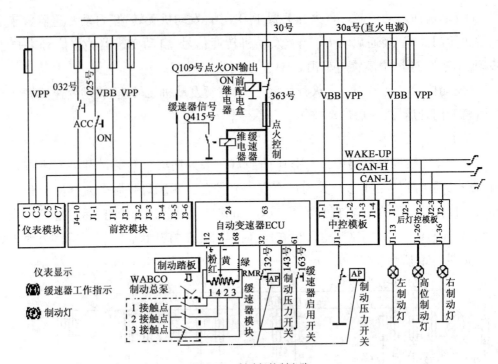

图 7-60 制动灯控制电路

第八章

车用空调系统电控技术

第一节　车用空调制冷循环的热力过程

为了能够更好地理解空调系统的热力学循环过程及其功能,在此介绍一些物理学基本原理。

1. 冷和热

从物理学观点来看,没有冷,而只有不同温度水平的热。处于绝对零度 -273℃ 时不再有热。这意味着人产生冷的感觉时必须从其环境中吸收热量。如果将手放在冰块上,那么热量将从手传递到冰块内。这个过程一直进行,直至手与冰块之间的热量达到平衡状态。从人类的观点来看,此时两个对象一样冷。热量始终从高温处向低温处传递,决不会反过来。

从环境吸收热量的简单例子是使用易挥发性液体。这类易挥发性液体很容易从液态转变为气态,即很容易蒸发。如果将这样的液体(例如花露水)在室温下涂在皮肤上,它就会蒸发并变成气态,人们可以感觉到皮肤的相关部位很冷。很明显,液体变为气态时将从环境中吸收热量,因此,我们感觉到变冷了。根据物理学原理,使易蒸发性液体沸腾并蒸发后即可变冷,冷物体将从环境中吸收热量。

2. 冷凝和蒸发

如果蒸气冷却下来,则其变化情况与上述过程正好相反。例如,沸腾时水蒸气聚集在锅盖上,在此处冷却下来并重新变成液体(水滴);车内潮湿的热空气聚集在较冷的风窗玻璃上,在此处冷却下来并以水雾的形式附在风窗玻璃上。从某一温度起,冷却下来的气态物质重新变为液态。可以通过加热使所有液体蒸发,达到沸点后继续加热时将造成液体加速蒸发。

3. 物质的三态变化

许多物质可以以三种聚集状态存在。以水为例,则为固态—液态—气态。冷却过程按照这个自然法则进行。围绕冷却所做的努力从很早以前就开始了。例如,第一个冷却食品的方法是将食品存放在冰柜内。冰(聚集状态为固态的水)吸收食品的热量,食品冷却下来。冰融化并变成另一种聚集状态,即变为液体。如果水继续加热,则会沸腾并蒸发,从而达到气态聚集状态。气态物质可以通过冷却重新变为液体,继续冷却时重新转化为固态物质。这个原理几乎适用于所有物质。

4. 自然法则

物质从液态变为气态时吸收热量,物质从气态变为液态或固态时释放热量。热量始终从热物质向冷物质传递。物质在某些条件下改变其状态时会发生热交换。空调技术中就采用了这种热交换原理。

5. 压力和沸点

如果改变液体上方的压力,则液体沸点也会随之改变。所有液体的表现都类似。水的沸点是100℃,机油的沸点为380~400℃。我们知道,压力越低,水沸腾(即变成蒸汽)的温度也越低。这个蒸发过程也是车内空调系统所使用的方法。为此空调使用了易沸腾的物质,我们称之为制冷剂。制冷剂 R12 的沸点为 -29.8℃,制冷剂 R134a 的沸点为 -26.5℃。根据两种制冷剂 R134a 和 R12(R12 已不再使用)的蒸汽压力曲线可以确定以下要点:压力保持相同时,通过降低温度使气体变为液体(在空调系统循环回路中这个过程在冷凝器中进行),或者通过降低压力使制冷剂从液态变为气态(在空调系统循环回路中这个过程在蒸发器中进行)。

6. 节流

在流体通路中,通道突然变小,液体压力便下降。如果此时还会产生气体,则总体积还要增大。这种变化只是状态的变化,与外界没有进行能量交换,因此流体的热量不变,我们将这种状态变化称为节流,如图8-1所示。

在空调制冷系统中,制冷剂在膨胀阀中的状态变化就是节流过程。制冷剂被膨胀阀节流后,如果压力下降时比饱和压力还低,部分液体将变成饱和的蒸汽,体积急剧增大。这时的蒸发热是由液体本身供给的,所以液体温度下降较大。

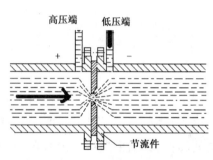

图 8-1 节流的原理

7. 显热与潜热

显热是指任何物质在吸热或放热过程中,只发生温度升高或降低的变化而形态不发生变化的这部分热量。潜热是指当单位质量的物质在吸热过程中,只是发生了形态变化,如液体变成气体,而温度不发生变化的这部分热量。由液体变成气体的潜热又称蒸发潜热,制冷循环中主要是利用制冷剂的蒸发潜热来实现制冷的。

8. 制冷循环(热力学循环)原理

压缩一种气体时,其压力和温度都会提高。如果承受压力的制冷剂气体膨胀,则会蒸发,为此所需的热量从环境空气中吸收。制冷剂循环回路分为四个部分,如图8-2所示。

图 8-2 中各部分的含义为:①压缩机提高气态制冷剂的压力并由此提高其温度;②高温和高压下的气态制冷剂;③冷凝器起散热器或热交换器的作用,流过的空气吸收热量,热制冷剂气体冷却下来并凝结,制冷剂变为液态;④中温和高压下的液态制

冷剂;⑤膨胀阀降低制冷剂压力,同时制冷剂温度急剧下降;⑥低温和低压下的蒸汽形式制冷剂;⑦蒸发器使流过的空气冷却下来并除湿制冷剂吸收热量;⑧低温和低压下的气态制冷剂。

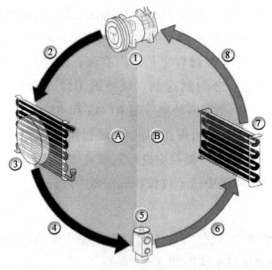

图 8-2 制冷循环过程
A-高压侧;B-低压侧

9. 制冷剂循环说明

空调系统不产生冷气(制冷),而是将热量从车内排到车外。制冷剂循环示意图示出了空调系统的工作原理。制冷剂在封闭的循环回路中循环并不断在液态与气态之间转换,其结果是从车内吸收热量并排到车外。制冷剂循环回路主要由 7 个组件构成,即压缩机、冷凝器、干燥器/集气室、膨胀阀、蒸发器、软管和管路、调节和控制装置。这些组件连接在一起形成封闭的制冷剂循环回路,制冷剂在该回路中循环。

空调系统按照压缩制冷原理工作。循环中的制冷剂在气态下压缩,以散热方式冷凝,在吸收热量的同时通过降低压力重新蒸发。制冷剂循环回路分为高压部分(压力侧)和低压部分(抽吸侧),其分界点是压缩机上的阀盘和膨胀阀。如果使制冷剂循环回路进入运行状态,即发动机运转时打开空调系统,那么压缩机将从蒸发器抽吸低温气态制冷剂,进行压缩以使其加热(最高 120℃)并将其压入冷凝器内。压缩后的热气体在冷凝器内由流过的外部空气(行驶风或辅助风扇)冷却,达到对应压力下的露点时制冷剂开始凝结并变成液态。完全变成液态的制冷剂从冷凝器进入储液罐内并聚集在此处。制冷剂流过干燥器时,会过滤掉可能存在的水分和混杂物。制冷剂从储液罐继续流向膨胀阀,处于高压状态下的液态制冷剂在此喷入蒸发器(低压侧)内。液态制冷剂在蒸发器内降低压力并蒸发,此时从经过蒸发器的空气中吸收为此所需要的蒸发热量,从而使空气冷却下来。压缩机吸入已完全处于气态的制冷剂并再次进行压缩,从而结束制冷剂循环。

第二节 车辆空调取暖与通风系统的调节

供暖装置(有的叫暖风装置)是汽车空调的重要组成部分,其功能是将冷空气送入热交换器,吸收某种热源的热量,提高空气的温度后,再将热空气送入车内,用于取暖及风窗除霜。

一、暖风系统的分类

1. 根据热源不同分类

根据热源不同,暖风系统可分为水暖式、气暖式、独立燃烧式和综合预热式暖风系统。

(1)水暖式暖风系统:利用发动机冷却液的热量,称为水暖式暖风系统。
(2)气暖式暖风系统:利用发动机排气系统的热量,称为气暖式暖风系统。
(3)独立燃烧式暖风系统:装有专门燃烧的机构,称为独立燃烧式暖风系统。
(4)综合预热式暖风系统:既有水暖式暖风系统,又装有独立燃烧式暖风系统,称为综合预热式暖风系统。

2. 根据空气循环方式的不同分类

根据空气循环方式的不同,暖风系统可分为内循环式、外循环式和内外混合式。

二、水暖式暖风系统的结构及工作原理

(一)水暖式暖风系统的分类

水暖式暖风系统是利用发动机冷却循环水的余热作热源,并引入热交换器,由鼓风机将车厢内空气或外部空气,吹过加热器芯而使其温度升高。这种暖气装置结构简单、耗能少、成本低、操作维修方便,因此,在轿车和小型车辆上广泛采用。该暖气装置可使车室内外温差达35~40℃。

加热装置有两种:一种是单独的暖风机结构,另一种是整体空调器。

(二)水暖式暖风系统的结构

水暖式暖风系统结构如图8-3所示。

(三)水暖式暖气装置的工作原理

如图8-4所示,水暖式供暖系统可以看作是发动机冷却系统的组成部分,它又可

分为热水循环回路和通风装置。热水循环回路与发动机的冷却系统连通,借助于发动机的水泵实现热水循环。来自发动机冷却系统的热水从进水管流经热交换器控制阀进入散热器,然后经由出水管回到发动机的冷却系统,实现回路的循环。暖风水阀的开度是由控制面板上的冷暖操纵杆来操纵的,可依驾驶员意愿随意操作。

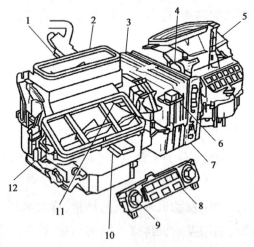

图 8-3　水暖式供暖系统的主要组成部件

1-热水阀;2-热交换器总成;3-暖风风道;4-再循环控制电动机;5-鼓风机总成;6-鼓风机电阻器;7-空调过滤器;8-暖风控制面板;9-鼓风机开关;10-空气混合模式伺服电动机;11-蒸发器温度传感器;12-出风模式伺服电动机

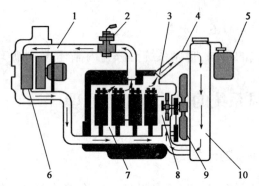

图 8-4　水暖式供暖系统工作原理

1-热交换器软管;2-热水阀;3-节温器;4-散热器软管;5-膨胀水箱;6-热交换器芯;7-发动机;8-水泵;9-风扇;10-散热器

三、气暖式暖气装置

利用发动机排气管中的废气余热或冷却发动机后的热空气作为热源,通过热交换器加热空气,把加热后的空气输送到车厢内取暖,称为气暖式暖气装置。这种暖风装置受车速变化的影响大,对热交换器的密封性、可靠性要求高。

发动机废气余热式取暖装置如图 8-5 所示。在发动机排气管上面安装有热交换器,热交换器其实就是带有翅片的管子,废气通过热交换器时,会加热热交换器与外壳之间的空气。被加热的空气在鼓风机作用下,被送入车室。

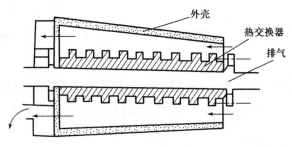

图 8-5 热交换器

发动机废气余热式取暖装置的工作原理如图 8-6 所示,工作时,废气阀门将关闭通往排气消声器的通道,而让排气管中的废气进入热交换器内,用于加热热交换器外的冷空气,冷空气通过热交换器吸收热量后温度升高,被加热的空气在鼓风机作用下,被送入车室。

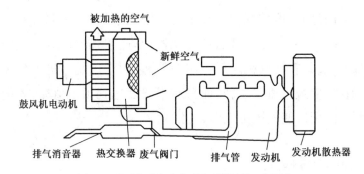

图 8-6 发动机废气余热式取暖装置的工作原理

第三节 车辆空调自动控制系统

一、汽车自动空调的优点和分类

现代汽车空调自动控制系统由于采用了先进的控制理论和先进的计算机技术,在控制方式、控制精度、舒适性及工作可靠性方面,与传统手动控制空调系统相比,有了极大的提高。驾驶员只要设定好所需工作温度,空调系统就会自动检测车内外的温度、太阳辐射的强度以及发动机的工作情况,自动调节鼓风机转速和所送出的空气温度,从而将车内温度保持在设定的范围内,并适度地调节空气质量。有些高级轿车的空调自动控制系统还具有进气控制、气流方式控制、压缩机控制、自诊断控制等。

自动空调在汽车上的加装,大大减小了驾驶员的劳动强度,提高了汽车的舒适性、安全性及经济性。

(一) 自动空调系统的优点

(1) 它利用传感器确定当前的温度,通过冷风或暖风自动调节来获得预先设置的舒适温度。

(2)自动空调装置的操作采用按键或触摸屏控制而不采用旋钮或拨杆控制,操作方便快捷。

(3)通过数字显示,实现电子控制和调节,并可完成故障的自诊断功能。

(4)当自动空调控制系统出现故障时,可通过显示器闪亮报警。

(二)自动空调系统的类型

自动空调系统分为半自动空调系统和全自动空调系统两类。两者的主要区别在于是否有自诊断功能。半自动空调系统没有提供故障码存储器,全自动空调系统具有监控系统,监控系统的随机存取存储器(RAM)存储诊断码。其次是所用的执行机构的形式和传感器数量不同。半自动空调系统中装有的传感器有车内温度传感器、外界温度传感器和日照强度传感器。除半自动空调系统中所用到的传感器之外,全自动空调系统还装有发动机冷却液温度传感器、车速传感器以及节气门位置传感器等。全自动空调系统具有鼓风机滞后控制功能,它的作用是当进入驾驶室的气流温度未达到预定值时,使鼓风机不工作,而只有当温度达到预定值时,才把信号发送到空调系统控制单元,用以使鼓风机工作。

二、全自动空调系统

(一)全自动空调系统的组成

全自动空调电子控制系统由传感器、空调电子控制单元(ECU)及执行器组成。这种控制系统的自动空调器包括温度控制、鼓风机转速控制、气流方式控制等自动控制系统,如图8-7所示。

(二)全自动空调系统的功能

1. 空气量的控制

空调电子控制单元(ECU)根据车内温度与设定温度之间的差值,对送风量进行连续、无级调节。例如,冬季车外温度低,当加热器不能充分供暖时,自动控制机构中断送风;当加热器加热空气,车内温度上升至正常后,又开始送风。

2. 车外新鲜空气与车内循环空气的自动切换控制

在夏季,由于车外温度较高,为迅速降低车内温度,可暂时关闭车外空气通道。当车内温度下降到一定值时,自动控制机构使车外新鲜空气与车内循环空气按一定比例混合输入。当需要除霜时,一般引入车外新鲜空气加热,由除霜风口送出。

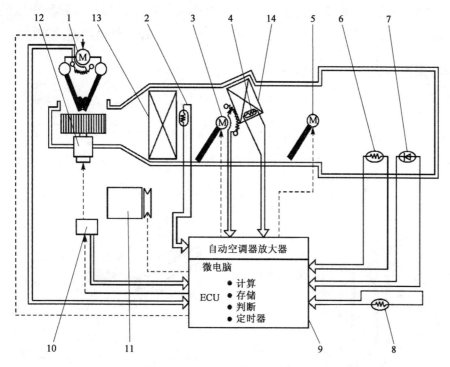

图 8-7 全自动空调电控系统的组成

1-进气方式电机;2-温度传感器;3-空气混合电机;4-冷却液温度传感器;5-气流方式电机;6-车内温度传感器;7-日光传感器;8-环境温度传感器;9-ECU;10-功率晶体管;11-压缩机;12-鼓风机;13-蒸发器;14-加热器

3. 压缩机和热水阀工作的控制

室外温度低至10℃以下时,空调电子控制单元(ECU)自动切断压缩机工作,引进外界空气到车内进行温度调节。当夏季室外温度高于30℃时,电脑会关闭热水阀,让风机高速运行,增加送风量。当室外温度高于35℃时,便会切断车外空气,定时切换一次外气。

4. 空气混合风门的控制

对于使用容积可调式压缩机制冷系统,当压缩机节能输出会引起蒸发器温度上升时,电脑会自动调节空气混合风门的位置,保持输出空气温度不变。

5. 故障、安全报警

故障、安全报警包括制冷剂不足报警、制冷压力过高或过低报警、离合器打滑报警、各种控制器件的故障判断报警等,这些报警直到修复为止。

(三)全自动空调系统的工作原理

全自动空调利用传感器随时检测车内温度及车外环境温度的变化,并把检测到的信号输送给空调的电控单元(ECU),ECU则按预先编制的程序对信号进行处理,并通过伺服电动机等执行元件,不断地对鼓风机转速、出风温度、送风模式及压缩机工作情况等进行调节,从而使车内空气温度及流动状况始终保持在驾驶员设定的水平上。电控自动空调系统还具备自诊断功能,以利于对电控元件及线路故障进行检测。

(四)全自动空调系统的传感器

1. 车内温度传感器

车内温度传感器安装在仪表盘的下端,多采用电动机吸入空气型,内有一个具有负温度系数的热敏电阻。当车内温度发生变化时,热敏电阻的阻值改变,从而向空调ECU输送车内温度信号,如图8-8所示。

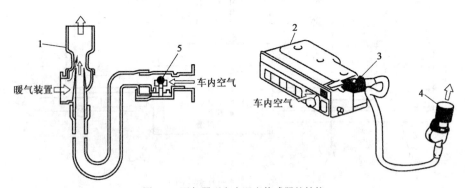

图8-8 吸气器型车内温度传感器的结构

1、4-吸气器;2-暖风装置控制板;3-传感器;5-热敏电阻

2. 车外环境温度传感器

车外环境温度传感器安装在前保险杠右下端,它也是一个热敏电阻,向空调ECU输送车外温度信号,如图8-9所示。由于车外传感器一般都是安装在前保险杠内或散热器前,极易受到环境(水箱温度、前面车辆的排气等)影响,因此,车外传感器一般包在一个注塑树脂壳内,以免对温度的突然变化作出反应,保证其能准确地检测到车外的温度。除此之外,有些车型在空调ECU内部还设有防假输入电路,不同车型的防假输入电路是不同的。

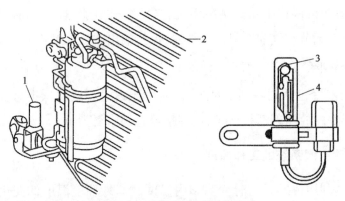

图8-9 车外温度传感器的结构

1-车外温度传感器;2-冷凝器;3-热敏电阻;4-树脂壳

3. 蒸发器温度传感器

蒸发器温度传感器安装在蒸发器表面,用以检测表面的温度变化,防止结霜。当蒸发器周围温度发生变化时,传感器电阻的阻值也随之改变,并向空调 ECU 输出电信号,如图 8-10 所示。

4. 光照传感器

光照传感器也称阳光强度传感器,安装在汽车前风窗玻璃下面。该传感器将阳光辐射程度转变成电信号,并输送给空调 ECU,如图 8-11 所示。

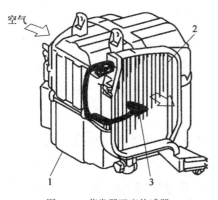

图 8-10 蒸发器温度传感器

1-冷气装置;2-蒸发器;3-蒸发器传感器

图 8-11 光照传感器

5. 冷却液温度传感器

冷却液温度传感器安装在发动机冷却循环的水路上,如图 8-12 所示。其作用如下:

(1)测量热交换器芯温度,修正混合门的位置。有些车型采用发动机冷却液温度传感器代替。

(2)保护功能,防止发动机尚在高温状态时压缩机工作。有些车型采用发动机冷却液温度传感器代替,有些车型采用冷却液温度开关代替。

(3)控制鼓风机,在冷却液温度过低时,起动鼓风机的预热控制。

(4)检测冷却液温度,其产生的冷却液温度信号输送给空调 ECU,用于低温时的冷却风扇转速控制。有些自动空调器没有冷却液温度传感器。

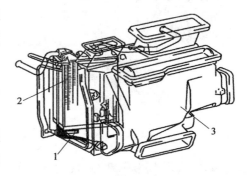

图 8-12 冷却液温度传感器安装位置

1-冷却液温度传感器;2-暖风芯;3-暖风装置

6. 压缩机锁止传感器

压缩机锁止传感器是一种磁电式传感器,安装在空调装置的压缩机内,检测压缩机的转速。压缩机每转一圈,该传感器线圈产生4个脉冲信号输送给空调ECU。

7. 空调压力高低压开关F129

低压保护:当制冷系统压力低于200kPa时,F129的低压开关断开,从而切断压缩机电磁离合器电路,当压力升到210kPa时,压缩机重新接通工作。

高压保护:当系统压力高于3200kPa时,F129的高压开关断开,从而切断压缩机,当压力低于2100kPa时,F129接通,压缩机重新工作。

(五)全自动空调系统的执行器

1. 鼓风机控制单元和新鲜空气鼓风机电动机(图8-13)

空调控制及显示单元向鼓风机控制单元J126输出2~5V的电压,J126向鼓风机电动机V2输出不同的工作电压,以控制鼓风机以不同的转速运转。鼓风机的转速控制是无级的。

2. 新鲜空气风门伺服电动机

新鲜空气风门伺服电动机V71通过带两个导向槽的驱动盘同时控制风滞压力风门和新鲜空气/空气再循环风门。自动空调控制及显示单元根据汽车行驶速度、鼓风机转速和内部温度来控制和调整伺服电动机V71,通过风滞压力风门改变吸入管道流动截面积,保证新鲜空气流量的恒定。

3. 温度风门伺服电动机(图8-14)

温度风门伺服电动机V68置于空调器总成下部。温度风门用于改变冷热空气的混合,保证车内温度在所有运行状态下保持大致的恒定。

图8-13 鼓风机控制单元和新鲜空气鼓风机电动机

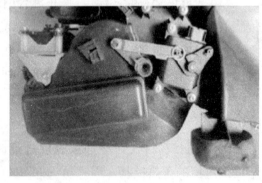

图8-14 温度风门伺服电动机

4. 中央风门伺服电动机(图8-15)

中央风门伺服电动机V70的安装在空调器总成下部。中央风门用于控制流至仪表盘、侧面或脚部/除霜出风口的空气分配。

5. 脚部空间/除霜风门伺服电动机(图8-16)

脚部空间/除霜风门伺服电动机V85安装在空调器总成左侧。脚部空间/除霜风门用于脚部空间或风窗玻璃出风口除霜喷口的空气分配。

图 8-15 中央风门伺服电动机

图 8-16 脚部空间/除霜风门伺服电动机

第四节 空调系统的保护和控制装置

一、常用保护与控制装置

1. 电磁离合器

电磁离合器有定圈式和动圈式两种,其工作原理基本相同。当线圈通电时,产生磁场,吸引吸铁与主动轮、压缩机相连,这样主动轮的转动就带动了压缩机的工作,如图 8-17 所示。

2. 恒温器

恒温器又称为温度控制器或温度开关。它感受的温度有蒸发器表面温度、车内温度、大气温度等。恒温器有以下类型。

（1）波纹管式恒温器

波纹管式恒温器主要由感温系统、调温机构和触头开闭机构组成,如图 8-18 所示。

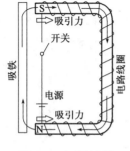
图 8-17 电磁离合器

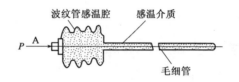
图 8-18 波纹管式恒温器

（2）双金属片式恒温器

双金属片式恒温器没有毛细管,它是直接靠空气通过表面进行工作的。其人工温度调整方法与波纹管式恒温器相同。双金属片式恒温器工作原理如图 8-19 所示。

（3）热敏电阻式恒温器

热敏电阻式恒温器是一种电气结构的恒温器，有一个小片形的热敏电阻，与毛细管一样，插在蒸发器芯中间（或其他需要感温的部位），热敏电阻的导线与晶体管电路系统相连。由于温度变化使热敏电阻的电阻值发生变化，从而控制电路的接通与断开。

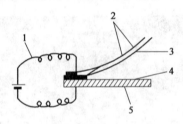

图 8-19 双金属片式恒温器
1-导线；2-双金属片；3-动触点；4-定触点；5-壳体

3. 高压开关

高压开关一般安装在制冷系统高压管路上或储液干燥器上，用来防止系统压力过高，压缩机过载或系统管路被损坏。高压开关有触点动断型和触点动合型两种类型。

4. 低压开关

低压开关也称制冷剂泄漏检测开关，当制冷剂泄漏致使制冷剂压力低时，低压开关自动切断电磁离合器电路，压缩机停止工作，以保护不会损坏。

5. 高低压组合开关

高低压组合开关将高压开关和低压开关的结构和功能组合成一体，起双重保护作用。

6. 过热过压保护装置

（1）过热开关与热力熔断器

过热开关是一种温度压力感应开关，一般安装在压缩机缸体内，如图 8-20 所示。

（2）易熔塞

在一些早期采用 R12 制冷剂空调系统的汽车上，储液干燥器顶端上安装有一易熔塞，如图 8-21 所示。

（3）高压卸压阀

高压卸压阀的作用是防止高压侧压力异常升高，保护压缩机和冷凝器。高压卸压阀一般安装在压缩机和高压管路上，如图 8-22 所示。

（4）减压安全阀

在一些使用 R134a 制冷剂的空调系统中，设置减压安全阀以代替易熔塞或高压卸压阀，起到防止污染环境的作用，如图 8-23 所示。

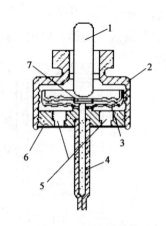

图 8-20 过热开关结构
1-端子；2-外置；3-膜片；4-热敏二极管；
5-基座开口；6-膜片安装基座；7-导电触点

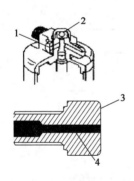
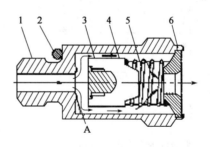

图 8-21　易熔塞结构

1-易熔塞;2-视液镜;3-螺栓;
4-熔化金属(特殊焊剂)

图 8-22　高压卸压阀结构

1-阀体;2-密封圈;3-密封塞;4-下弹簧座;
5-弹簧;6-上弹簧座;A-制冷剂的流动方向

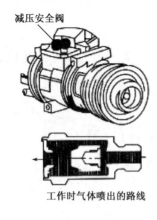
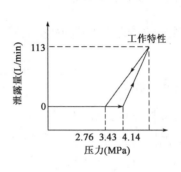

图 8-23　减压安全阀

二、汽车空调电路分析

(一) 鼓风机的控制

汽车空调系统的蒸发器采用直接蒸发式结构,这种结构由换热器和鼓风机组成。

1. 风机开关和调速电阻联合控制

风机的控制挡位一般有二、三、四、五速四种,最常见的是四速,通过改变风机开关与调速电阻的接通方式可令风机以不同转速工作,如图 8-24 所示。

2. 由电控模块通过大功率晶体管控制

有些汽车为实现风速的自动控制,风机的转速一般由电控模板通过大功率晶体管控制,如图 8-25 所示。

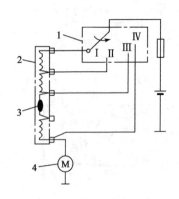 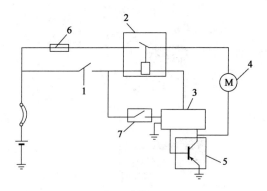

图 8-24 风机调速控制电路

1-风机开关;2-调速电阻;3-限温开关;4-风机;Ⅰ、Ⅱ、Ⅲ、Ⅳ-挡位

图 8-25 用大功率晶体管控制的风机电路

1-点火开关;2-加热继电器;3-空调放大器;4-鼓风机电动机;5-晶体管;6-熔断丝;7-鼓风机开关

(二) 冷凝器散热风扇的控制

汽车空调系统的冷凝器将车内的热量排向大气,其结构也是由换热器和风机组成。

1. 空调开关直接控制

空调开关直接控制电路如图 8-26 所示。A/C 开关打至"ON"的位置,在供电给压缩机电磁离合器的同时,空调开关直接控制冷凝器风扇继电器的电磁线圈,使继电器触点闭合,冷凝器冷却风扇高速运转。

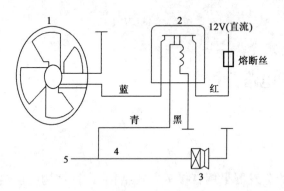

图 8-26 空调开关直接控制冷凝器风扇

1-冷凝器风扇;2-冷凝器风扇继电器;3-电磁离合器;4-恒温器;5-接至 A/C 开关

2. 制冷剂压力开关与微电脑组合控制

为了实现自动控制,可采用制冷剂压力开关与微电脑组合控制布置方式,两个散热风扇有三种不同的运转工况,如图 8-27 所示。

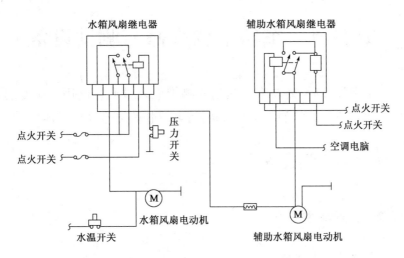

图 8-27　制冷剂压力开关与微电脑组合控制冷凝器风扇

(三)压缩机电磁离合器控制

1. 压缩机的控制方式

压缩机的控制方式根据控制开关的位置分为两种,即控制电源型和控制搭铁型,如图 8-28 所示。

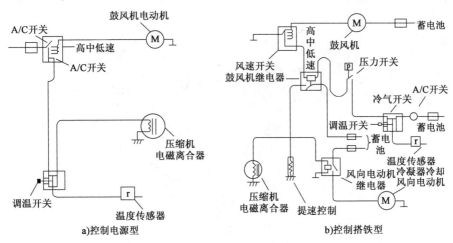

图 8-28　压缩机的控制方式

2. 压缩机工作时机的控制

控制压缩机工作时机的方式可分为手动空调压缩机的控制、半自动空调压缩机的控制和全自动空调压缩机的控制三种。

3. 通风系统的控制

目前很多汽车空调的通风系统采用电控方式,对气源门、温度门、送风门的控制均由计算机或放大器统一完成,实现最佳送风方式的控制。

第五节 车辆空调维修与测试设备

汽车空调出现故障后,需要高素质的检测维修人员通过使用空调专用检测设备才能准确快捷地判断出故障的部位和故障原因,尽快恢复空调的功能。

一、车辆空调检测设备

(一)歧管压力表组件

1. 歧管压力表组件的作用

歧管压力表组件是维修汽车空调系统必不可少的重要设备,空调系统维修的基本作业,例如,充注制冷剂、添加冷冻机油、系统抽真空等都离不开歧管压力表组件装置,汽车空调系统故障的诊断与排除也需要此设备。

2. 歧管压力表组件的结构

歧管压力表的结构如图 8-29 所示,由低压表、高压表、高压手动阀(Hi)、低压侧手动阀(Lo)和表座等组成。

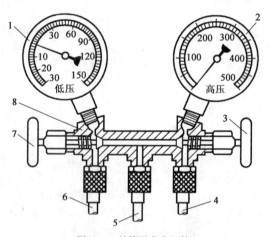

图 8-29 歧管压力表组件

1-低压表(蓝);2-高压表(红);3-高压手动阀(Hi);4-高压侧软管(红);5-维修用软管(黄);6-低压侧软管(蓝);7-低压侧手动阀(Lo);8-表座

3. 使用时注意事项

(1)歧管压力表是一件精密仪表,必须细心维护,不得损坏,且要保持清洁。

(2)不使用时,要防止水或脏物进入软管。

(3)使用时要把管中的空气排出。

(4)压力表接头与软管连接时,只能用手拧紧,不能用工具拧紧。

4. 歧管压力表的功能

（1）检测压力

歧管压力表可以检测制冷系统的高压端压力。如图8-30所示,当高压手动阀和低压手动阀同时关闭时,则可对高压侧和低压侧进行压力检查。

（2）对制冷系统抽真空

如图8-31所示,当高压手动阀和低压手动阀同时打开时,全部管路接通,在中间接头接上真空泵,便可以对系统进行抽真空。

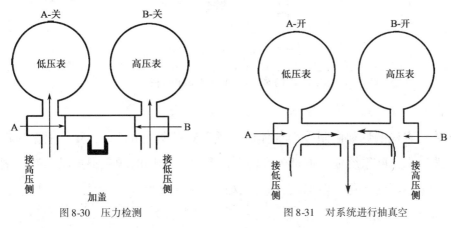

图8-30　压力检测　　　　　　图8-31　对系统进行抽真空

（3）注制冷剂和冷冻机油

如图8-32所示,当高压手动阀关闭,低压手动阀打开,中间接头接到制冷剂钢瓶上或冷冻机油瓶上,则可向系统充注制冷剂或冷冻机油。

（4）制冷系统放空或排出制冷剂

如图8-33所示,当低压手动阀关闭,高压手动阀打开,则可使系统向外放空,排出制冷剂。

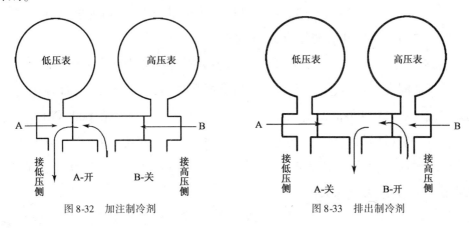

图8-32　加注制冷剂　　　　　　图8-33　排出制冷剂

(二) 卤族元素检漏灯

1. 卤族元素检漏灯的结构

如图8-34所示,卤族元素检漏灯主要由过滤器、燃烧筒盖、燃烧筒、火焰环螺钉、火焰驱动器、手柄、喷嘴、调节手轮、丙烷器阀和丙烷桶组成。

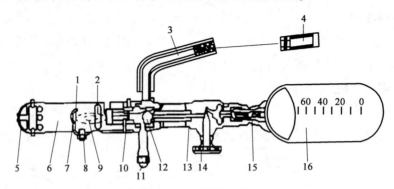

图 8-34　卤族元素检漏灯的结构

1-火焰上极限；2-火焰下极限；3-吸气孔；4-过滤器；5-燃烧筒盖；6-燃烧筒；7-火焰环；8-火焰环螺钉；9-点火孔；10-火焰驱动器；11-手柄；12-喷嘴；13-闻体；14-调节手轮；15-丙烷器阀；16-丙烷桶

2. 卤族元素检漏灯的工作原理

卤族元素检漏灯利用制冷剂气体进入安装在喷灯外的吸入管内，根据喷灯的火焰发生改变来判断系统泄漏的部位和泄漏的程度。火焰的颜色根据吸入制冷剂量的不同而发生不同的变化。泄漏量少时，火焰呈浅绿色；泄漏较多时，火焰呈浅蓝；泄漏量很大时，火焰呈紫色。

3. 卤族元素检漏灯的使用

卤族元素检漏灯的操作方法如下：

（1）向检漏灯本体的丙烷器中加液态燃料。

（2）将划着的火柴插进检漏灯的点火孔里，接着慢慢调节阀的手轮，让气罐内的液体燃料汽化成气体溢出，遇火后燃烧。

（3）把铜质反应环加热到红热状态，并把火焰尽量调小，火焰越小，对制冷剂泄漏气的反应越灵敏。火焰伸出铜环约 5mm 为宜。

（4）将吸入管末端靠近各个有可能泄漏的部位，并细心观察火焰颜色的变化。

若没有泄漏发生，在空气中不存在氟利昂蒸汽时，火焰不变色，仍旧为红色；当出现轻微泄漏时，吸入管将泄漏的蒸汽吸入到燃烧室内。氟利昂在 600～700T 的温度燃烧区分解为氯、氟元素气体，氯气接触到烧红的铜时便生成氯化铜，火焰颜色变绿，且火焰高度增加；当泄漏量增大时，火焰将由浅绿变为深绿，再变为紫色。在氟利昂泄漏量很大时，火焰可能熄灭。

二、车辆空调维修常用工具

空调维修是一个综合维修的过程，在修理过程中，会使用不同的工具，主要有割管器、倒角器、涨管器、弯管器、气焊设备等。

(一) 割管器

割管器又称割刀,是用来切割紫铜、黄铜、铝等金属管的工具。割管器的结构如图 8-35 所示。使用时,将需切割的管子放置于滚轮与割轮之间,管子的侧壁贴紧两个滚轮的中间位置,割轮的切口与管子垂直夹紧。调整手柄使割刀切入管壁(注意不要切入过深),然后转动调整手柄,每转动一圈调整手柄一次,直至将管子切断。用割管器切管具有切断过程不留金属屑及能保证管口垂直的优点,但在操作时,每次进刀不宜过深,否则,用力过大会使管子压扁,使管子缩小而造成限流。

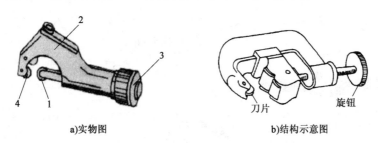

a)实物图　　　　　　　　b)结构示意图

图 8-35　割管器

1-刀片;2-支架;3-手柄;4-导轮

使用割管器切割铜管时的注意事项:

(1)铜管一定要架在导轨中间。

(2)所加工的铜管一定要平直、圆整、否则会形成螺旋切割,影响切割质量。

(3)由于所加工的铜管管壁较薄,调整手柄进刀时,不能用力过猛,以免内凹收口和铜管变形,影响切割。

(4)铜管切割加工过程中出现的内凹收口和毛刺需进一步处理。

(二) 倒角器

倒角器是将 3 把均匀分布且成一定角度的刮刀装在一段塑料管子里。这 3 把刮刀在端部互成钝角,在另一端互成锐角,如图 8-36 所示。

图 8-36　倒角器

使用倒角器时的注意事项:

(1)管口尽量朝下,以避免金属进入管道。

（2）如有金属屑进入管道内，需将其清除干净。

（3）不要用硬物敲击倒角器。

（4）使用后，除去倒角器上的金属屑，并在刀刃处加上防锈油。

(三) 涨管器

在实际操作维修过程中遇到相同管径的管道连接时，通常是使用涨管器将其中一根管道端部加工成杯形口，然后将另一根管道插入杯形口进行焊接，如图8-37所示。

图8-37 涨管器

1-标记；2-椎体；3-涨管器架；4-把手；5-夹板；6-制动钉

涨管器的使用方法如下：

（1）铜管端部应该从固定架管孔中稍微向上露出距工具平面1/3的距离。

（2）在锥形涨口工具的顶尖上涂少许冷冻机油。

（3）把锥形涨口工具插入管孔内，其拉脚卡在涨口夹板内。

（4）慢慢旋动螺杆使管端部扩张成喇叭形。

涨好后的喇叭口不应有裂纹和麻点，以防密封不严。不合格的喇叭口，一般是由以下情况造成的，应予避免。

（1）管口伸出工具平面过高。

（2）挤压时螺杆旋转过快。

（3）管子材质太硬，没有退火。

涨管操作时的注意事项：

（1）注意铜管与夹板的公英制形式要对应。

（2）有条件最好在扩管器顶锥上加上适量冷冻油。

（3）铜管材质要有良好的延展性（忌用劣质铜管），铜管应预先退火。

（4）铜管端口应平整、圆滑。

（5）喇叭口大小适宜，太大容易撕裂，不易夹紧，太小容易脱落或密封不良。

（6）铜管壁厚不宜超过1mm。

(四) 弯管器

过于小管径的铜管，一般用弯管工具弯曲，如图8-38所示。不同的管径必须用不同规格的弯管模子进行弯曲，对管径小于8mm的铜管可用弹簧管套入管内，有利于弯曲。弯管器与铜管相对应，也有公制和英制之分，其常见的规格有公制6mm、8mm、10mm、12mm、16mm、19mm和英制1/4in、3/8in、1/2in、5/8im、3/4in。

(五) 气焊设备

在维修汽车空调系统时，有时需要焊接冷凝器或蒸发器，这就需要用到气焊设备。与通常的气焊设备相同，其可燃气体采用乙炔，助燃气体为氧气。如图8-39所示，气焊设备主要由氧气瓶、乙炔气瓶、氧气压力调节器、乙炔气压力调节器、橡皮管、焊枪等部分组成。

a)弯管器实物　　b)弯管器的使用方法

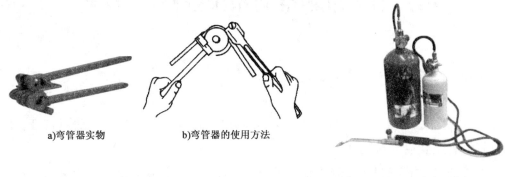

图8-38　弯管器

图8-39　气焊设备

三、电器检查仪器

（一）试灯笔

如图8-40所示，用一支透明塑料柄螺丝刀，在柄上钻一个孔，装入国产12V汽车小型管状灯泡，入口处用丝锥攻成螺孔，常用胶木或其他绝缘材料加工成螺栓，中心钻一小孔，用软塑料铜线穿入绝缘螺栓内，用薄铜片剪一个小圆垫片，焊在穿过绝缘螺栓的铜线末端，再在铜线的另一端焊上一个鳄鱼夹，最后把绝缘螺栓拧入起子柄内，这样，试灯笔就做成了。可以用试笔灯来检查线路中有无电路及搭铁不良等现象。

a）结构示意图　　b）实物图

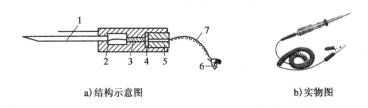

图8-40　试灯笔

1-透明塑料柄螺丝刀；2-管状灯泡；3-电阻丝；4-铜片；5-绝缘螺钉；6-鳄鱼夹；7-导线

（二）跨接线

跨接线可用几根粗细不同的导线直接连接起来，两端焊上鳄鱼夹制成。其作用是检查线路中的断路和接触不良。它可用于检测汽车电路中断路部分的故障。

（三）万用表

常用的检查仪器有普通万用表和数字万用表。万用表是汽车电器修理中最常用的工具,它不仅具有测量电流、电压、电阻的功能,还有许多其他的专用功能,如占空比、温度等。由于万用表的使用方法及相关资料较多,这里不作过多介绍。

第六节　车辆空调系统维修与检测

一、空调系统使用注意事项

(1)春季、秋季及早晚不需要制冷、不需要开启暖风的时候,建议将通风打开;开启通风的时候,建议将新风打开。

(2)空调工作模式设为<制冷>或<AUTO>时,建议将新风也设置为<AUTO>模式。

(3)由于每个人对温度的舒适性感觉不一样,驾驶员在设定温度时,应根据乘客的需求进行设定,正常气温下,设定在22~28℃之间;遇夏季极端高温季节,建议温度设置在20℃左右。

(4)空调运行时或工作停机后,严禁触摸系统的传动件(风扇、皮带、皮带轮等)和高温零部件(压缩机、高压管路等)。

(5)空调出现故障报警,立即关闭空调电源开关。

(6)制冷时,关闭门窗。

(7)严禁将空调出风口全部关闭,至少有1/3的出风口处于开启状态。

(8)启用空调时,发动机应提速。

(9)确保冷冻油、干燥过滤器的有效性。

(10)在空调停用季节严禁将空调压缩机、发电机各传动皮带拆除,以避免轴承及压缩机排气、吸气软管损坏。

(11)严禁操纵器进水。

(12)开关空调顺序不要颠倒,应在发动机转速稳定后再开空调,空调关闭后再将发动机熄火。严禁发动机和空调同时关闭。

二、压缩机油量检查

压缩机冷冻油又称压缩机润滑油,有润滑、冷却、密封、清洁、降噪的功能,其油量的正常对压缩机的寿命有重要的影响,油量判断标准如下:

(1)压缩机磨合期为250h,在磨合期内渗油属于正常现象,不必担心,只有在大量泄漏时才需要加油。

(2) 从观察窗可以观察到压缩机冷冻油平面度。空调起动 10~15min 后，实施油位检查。因为压缩机的安装位置不同（倾斜位置），所以最好通过两个玻璃视孔来检查油面，至少必须在一个玻璃视孔中可以看见油面（因运行时，有一部分油到顶置内，新车调试时应反复确认）。

(3) 空调未运行时，其中一个压缩机油面高度建议不低于视液镜面的 1/3。

三、故障代码查看方法及其含义

以松芝空调为例，其 A/C 开关具有故障显示功能。驾驶员在使用过程中，若发现故障报警（< > 和制冷灯闪烁），应按浏览键，查看是什么故障代码后（图 8-41），立即关闭电源，并报修，由专业的维修人员处理。

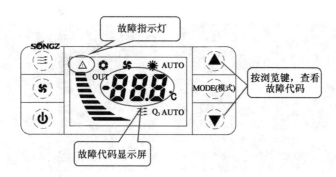

图 8-41　故障代码的调取

(1) 显示"EU1"（图 8-42），代表空调输入电压连续 13s 低于 20V。24V 的客车正常工作电压在 22~28V 之间。可能的故障原因有发电机故障、超载（用电量过大）、搭铁不良等。

图 8-42　故障代码"EU1"

(2) 显示"EII1"（图 8-43）代表温度传感器断路。可能的故障原因有传感器损坏、传感器接线松动。

(3) 显示""EII2"或"EII3"（图 8-44），代表除霜温度传感器断路。每台空调有 2 个除霜传感器，如图 8-45 所示。可能的故障原因有传感器损坏、传感器接线松动。

(4)显示"EP1"或"EP2"(图8-45),代表压力开关断路,每台空调有1个高压压力开关和1个低压压力开关,如图8-45所示。可能的故障原因有冷媒泄漏、冷凝风机不工作(高压保护)、系统堵塞[干燥器堵塞、膨胀阀堵塞(低压保护)]、压力开关故障(高压开关或低压开关保护)。

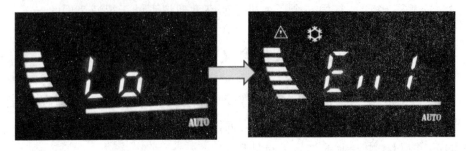

图8-43 故障代码"EⅡ1"

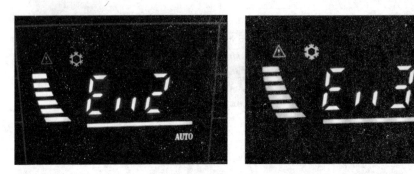

图8-44 故障代码"EⅡ2"或"EⅡ3"

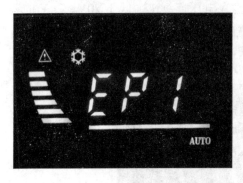 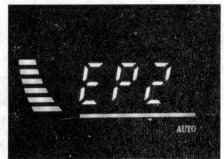

图8-45 故障代码"EP1"或"EP2"

四、行车中常见的故障及其处理措施

1.温度设定有误导致空调不制冷

这是制冷空调的常见故障,导致不制冷的因素有很多,首先要检查空调操纵器设定温度是否正确,如果是因为车内温度低于设定的温度而停机,可以将需要车内达到的温度设定得更低些,但所设定的温度值必须在16~32℃范围内;一般在春秋季节,一天的早上、下午和跟中午的同比温差较大时,车内环境温度可能会低于16℃,这时空调是不会制冷的,遇到这种情况,必须要等到气温回升后再开启制冷功能,如感觉到车内空气"闷"时,可以将空调"通风"打开或将车上的换气扇(天窗)打开。

2. 皮带松导致空调不制冷

空调开启后,会听到发动机舱的皮带打滑的声音,然后制冷灯马上熄灭,同时发动机转速明显下降,压缩机停止工作。出现这种情况,从空调的原理上来分析就知道是什么问题了:空调的制冷"心脏"——压缩机是靠发动机驱动的,而传输动力的纽带就是皮带,皮带松旷后,就会导致皮带打滑、发电机不能和发动机同步运转,发电机转速瞬间降低,发电量下降后直接影响到传送给离合器线圈的电流过小,电流过小,离合器吸盘和驱动盘吸合不紧,就会出现摩擦打滑、压缩机无法正常运转、空调不制冷等现象。将皮带适当地调紧后就可以解决这类问题。

3. 风量小且空调制冷效果明显下降

在空调系统运行正常的情况下出现这种问题,一般是由于空调滤网过脏。尤其是用过一个夏季的空调,在来年春夏之际使用空调时,感觉到空调制冷效果明显不如去年,这时只要将空调的回风口滤网及蒸发器滤网拆下来清洗干净即可。要预防出现这种故障,必须按照维护要求按时清洗空调滤尘网。

五、电动空调操作、维护注意事项

(一) 电动空调操作注意事项

(1) 空调出现故障时,不要轻易开启空调顶盖。

(2) 空调开启后,严禁人体接触空调零部件。

(3) 开启空调顶盖或其他窗口,请关闭空调。

(4) 一定确保在正常运转条件下最少有2min的开机时间,在2min内,不允许手动关机,以确保压缩机有足够的时间回油。

(5) 当系统短时间内频繁保护时,应对系统进行锁定,待消除故障后方可继续工作,否则将损害设备。

(6) 空调面板关闭20s后才能关闭车身的高、低压电源。

(二) 电动空调维护注意事项

(1) 空调器只能用压缩空气或清洁剂清洗,不能用含酸、碱等的化学药品处理。

(2) 高压舱清理时保证电器元件不带电或放电完毕。

(3) 高压舱清理时只能用干燥的压缩空气清理,可借助毛刷和抹布等辅助设施。

(4)清理空调回风格栅时应关闭空调并断开空调电源。

(5)空调回风格栅应定期及时清理,清理时间根据具体情况而定。

(6)空调绝缘测试检测电压应满足技术要求,测量设备电压应高于500V。

(三)电动空调维修注意事项

(1)电动空调电源适用DC250~820V电压,属于高压电等级范畴,因此,要求维修人员通过国家安监局认可的高压电工作业资格培训并取得从业资格证书。

(2)雨雪天气不要露天维修空调顶置,严禁空调带水操作。

(3)开启空调顶盖前,一定先关闭空调高、低压电源。

(4)非专业维修人员请勿擅自拆装空调部件,以防其他事故发生。

(5)当顶置带高压电检查空调时,必须穿上绝缘鞋,系好安全带,戴上绝缘手套操作(该操作只有专业维修人员才能进行)。

(6)在维修中更换设备时,要求必须关闭空调高、低压电源。顶置部分配有控制电源断路器的,应及时断开,保证在车内有人误操作情况下同样可以切断电源。

(7)空调开启时,严禁将手放在蒸发风机出风口处感觉风量,以免手不小心碰触到风机叶轮出现事故。

(8)更换风机时,必须连风机线束更换,禁止中间剪短连接,避免遗留故障隐患。

(9)制冷剂充注时,请务必从高、低压侧同时充注液态制冷剂,禁止仅从低压侧充注气态制冷剂。

(10)在高压电源下作业时,要注意保证电路不能短路且绝缘良好,否则将存在触电危险。即使在低电压电路中作业时仍要做到这一点,以免过大的电流(超过30A)引起的严重烧伤和火灾。

(11)严禁短接空调系统高、低压开关,否则,将导致压缩机损坏或高压安全事故。

(12)当空调连续工作10min以上,环境温度35℃时表压参考范围为高压2.0~2.3MPa,低压0.5~0.6MPa。

(13)严禁用铜丝或铁丝代替快速熔断器,严禁用慢熔代替快熔。

第九章

汽车底盘故障诊断与排除

第一节　传动系统故障诊断与排除

汽车传动系统是由离合器、变速器、万向传动装置和驱动桥等组成,是汽车底盘的重要组成部分。传动系统技术状况的好坏不仅直接关系到发动机的动力传递,而且对汽车的操纵性和燃料经济性产生较大的影响。因此,对汽车传动系统的故障应及时诊断并排除,确保传统动系统具有良好的技术状况。

一、离合器故障诊断与排除

离合器结构与组成如图9-1所示。

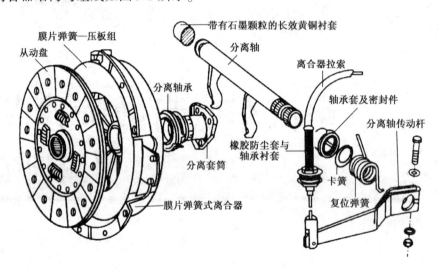

图9-1　轿车离合器的组成

汽车在使用过程中,经常需要踩下和松开离合器踏板,使离合器分离与接合,因此,离合器的技术状况会随着汽车的行驶里程的增加而变坏,严重时会造成离合器分离不彻底、打滑、起步发抖和异响等故障,使离合器不能正常工作。为保证发动机与传动装置平稳接合与分离,应及时对离合器进行故障诊断与排除。

离合器的常见故障有离合器打滑、分离不彻底、起步发抖、异响等。

(一)离合器打滑

1.故障现象

汽车用低速挡起步时,放松离合器踏板后,汽车不能起步或起步困难;汽车加速行驶时,车速不能随发动机转速的提高而提高,感到行驶无力,严重时产生焦煳味或冒烟等现象。

2. 故障原因

(1)离合器踏板没有自由行程,使分离轴承压在分离杠杆上。

(2)从动盘摩擦片、压盘或飞轮工作面磨损严重,离合器盖与飞轮的连接松动,使压紧力减弱。

(3)从动盘摩擦片油污、烧蚀、表面硬化、铆钉外露、表面不平,使摩擦系数下降。

(4)压力弹簧疲劳或折断,膜片弹簧疲劳或开裂,使压紧力下降。

(5)离合器操纵杆系卡滞,分离轴承套筒与导管间油污、尘腻严重,甚至造成卡滞,使分离轴承不能回位。

(6)分离杠杆弯曲变形,出现运动干涉,不能回位。

3. 故障诊断与排除

(1)检查离合器踏板自由行程,如不符合规定,应予以调整。

(2)如果自由行程正常,应拆下变速器壳,检查离合器与飞轮连接螺栓是否松动,如松动则予以拧紧。

(3)如果离合器仍然打滑,应拆下离合器,检查从动盘摩擦片的状况。如果有油污,一般可用汽油清洗并烘干,然后找出油污来源并设法排除。如果摩擦片磨损严重或有铆钉外露,应更换从动盘。

(4)如果从动盘完好,则应分解离合器,检查压紧弹簧,如果弹力过软,则应更换。

总结:离合器打滑主要可以从从动盘压不紧、从动盘摩擦系数下降等方面来分析。

(二)离合器分离不彻底

1. 故障现象

发动机怠速运转时,踩下离合器踏板,挂挡有齿轮撞击声,且难以挂入;如果勉强挂上挡,则在离合器踏板尚未完全放松时,发动机熄火。

2. 故障原因

(1)离合器踏板自由行程过大。

(2)分离杠杆弯曲变形、支座松动、支座轴销脱出,使分离杠杆内端高度难以调整。

(3)分离杠杆调整不当,其内端不在同一平面内或内端高度太低。

(4)双片离合器中间压盘限位螺钉调整不当,个别分离弹簧疲劳、高度不足或折断,中间压盘在传动销上或在离合器驱动窗口内轴向移动不灵活。

(5)从动盘钢片翘曲、摩擦片破裂或铆钉松动。

(6)新换的摩擦片太厚或从动盘正反装错。

(7)从动盘花键孔与变速器第一轴花键轴卡滞。

(8)离合器液压操纵机构漏油、有空气或油量不足。

(9)膜片弹簧弹力减弱。

(10)发动机支承磨损或损坏,发动机与变速器不同心。

3.故障诊断与排除

(1)检查离合器踏板自由行程,如果自由行程过大,则进行调整,否则,对于液压操纵机构检查是否储液罐油量不足或管路中有空气,并进行必要的排除。如果不是上述问题应继续检查。

(2)检查分离杠杆内端高度,如果分离杠杆高度太低或不在同一平面,则进行调整,否则检查从动盘是否装反,如果都没问题则继续检查。

(3)检查从动盘是否翘曲变形、铆钉脱落,从动盘是否轴向运动卡滞等,如果是,则进行更换或修理。

总结:离合器分离不彻底主要可以从离合器踏板自由行程、分离杠杆高度、从动盘等几个方面考虑。

(三)起步发抖

1.故障现象

汽车用低速挡起步时,按操作规程逐渐放松离合器踏板并徐徐踩下加速踏板,离合器不能平稳接合而产生抖振,严重时甚至整车产生抖振现象。

2.故障原因

(1)分离杠杆内端高度不在同一平面内。

(2)从动盘或压盘短曲变形,飞轮工作端面的端面圆跳动严重。

(3)从动盘摩擦片厚度不均匀、油污、烧焦、表面不平整、表面硬化、铆钉头露出、铆钉松动或切断、波形弹簧片损坏。

(4)压紧弹簧的弹力不均、疲劳或个别折断,膜片弹簧疲劳或开裂。

(5)从动盘上的缓冲片破裂或减振弹簧疲劳、折断。

(6)发动机支架、变速器、飞轮、飞轮壳等的固定螺栓松动。

(7)分离轴承套筒与导管油污、尘腻严重,使分离轴承不能回位。

3.故障诊断与排除

(1)检查离合器踏板、分离轴承等回位是否正常,如果正常,则继续检查。

(2)检查发动机支架、变速器、飞轮、飞轮壳等的固定螺栓是否松动,如果是,则紧固螺栓,否则继续检查。

(3)检查分离杠杆的内端是否在同一平面,如果是,则继续检查。

(4)检查压盘、从动盘是否变形,铆钉是否松动、外露,压紧弹簧的弹力是否不在允许范围内,如果是,则更换或修理。

总结:起步发抖主要可以从起步时离合器在接合过程中不平稳方面来考虑,即发动机在匀速转动,而由于离合器接合不平稳使离合器的从动部分转动不平稳,从而反应为离合器乃至整车的抖振。

(四)离合器异响

1. 故障现象

离合器分离或接合时发出不正常的响声。

2. 故障原因

(1)分离轴承缺少润滑剂,造成干磨或轴承损坏。

(2)分离轴承与分离杠杆内端之间无间隙。

(3)分离轴承套筒与导管之间油污、尘腻严重或分离轴承回位弹簧与踏板回位弹簧疲劳、折断、脱落,使分离轴承回位不佳。

(4)从动盘花键孔与其花键轴配合松旷。

(5)从动盘减振弹簧退火、疲劳或折断。

(6)从动盘摩擦片铆钉松动或铆钉头外露。

(7)双片离合器传动销与中间压盘和压盘的销孔磨损松旷。

3. 故障诊断与排除

(1)稍稍踩下离合器踏板,使分离轴承与分离杠杆接触,如果有"沙沙"的响声,则为分离轴承响;如果加油后仍有响声,说明轴承磨损过度、松旷或损坏,应予以更换。

(2)踩下、抬起离合器踏板,如果出现间断的碰撞声,说明分离轴承前后有串动,应更换分离轴承复位弹簧。

(3)连踩踏板,如果离合器刚接合或刚分开时有响声,说明从动盘铆钉松动或外露,应更换从动盘。

总结:离合器异响主要可以从磨损过度、松旷、过紧、运动中刮碰等方面加以考虑。

二、手动变速器常见故障诊断与分析

变速器的故障是汽车的常见故障之一,汽车行驶过程中,变速器各种运动机件常处于高转速、大负荷条件下工作。当行驶道路复杂时,挡位变换频繁,在换挡过程中,由于变速器内部齿轮之间、齿轮与轴之间的相对运动变化而发生冲击,使各部机件产生磨损,而导致变速器故障的产生。其故障主要有变速器异响、换挡困难、跳挡、乱挡、漏油等带动车轮转动。

(一)变速器异响

1.故障现象

变速器工作时,发出不正常声响,如金属的干摩擦声、不均匀的碰撞声等。

2.故障原因

(1)齿轮异响。齿轮磨损过甚变薄,间隙过大,运转中有冲击;齿面啮合不良,如修理时没有成对更换齿轮;新、旧齿轮搭配不当,齿轮不能正确啮合;齿面有金属疲劳剥落或个别齿损坏折断;齿轮与轴上的花键配合松旷,或齿轮的轴向间隙过大;轴弯曲或轴承松旷引起齿轮啮合间隙改变。

(2)轴承发响。轴承磨损严重;轴承内外座圈与轴颈孔配合松动;轴承滚柱破碎或有烧蚀麻点。

(3)其他原因发响。如变速器内缺油,润滑油过稀、过稠或质量变坏;变速器内掉入异物;某些紧固螺栓松动;里程表软轴或里程表齿轮发响等。

3.诊断与排除

当发动机怠速运转时,让变速杆处于空挡位置,检查接合和分离离合器过程中有无异响,如果离合器合时发生异响,分离时异响消失,说明异响发生在变速器。也可进行实车行驶,检查在变速挡位有无异响。此时,应区分驱动时与怠速时的异响。在排除变速器异响时,要根据响声的特点、出现响声的时机和发响的部位,判断产生响声的原因,予以排除。变速器换入某一挡位时,响声明显,则是该挡齿轮和同步器的磨损及齿轮啮合不良,若磨损严重,应予以更换;齿轮接触不良,更换一对新齿轮;发动机怠速运转,变速器空挡时有异响,是常啮合齿轮响,应修理或更换;变速器各挡均有异响,可能是基础件、轴、齿轮、花键磨损使形位误差超限,应修理或更换;变速器运转时有金属干摩擦声,是变速器内润滑油油面高度不够和油的质量问题;变速器工作时有周期性撞击声则是齿轮个别齿损坏,应更换该齿轮;变速器工作时有间断性的异响,则是变速器内掉入异物所致,应给予清除。

(二)变速器换挡困难

1.故障现象

在进行正常变速操作时,变速杆不能挂入挡位,或者勉强挂上挡后又很难摘下来

2.故障原因

(1)变速叉轴弯曲变形,严重锈蚀,端头严重"打毛",移动困难。

(2)变速叉或导块凹槽磨损严重,或锁紧螺钉松动,换挡时变速杆从槽中滑出,造成挂挡、摘挡困难。

(3)锁止钢球或凹槽严重磨损,导致定位不准,挂不上挡,还可能出现乱挡。

(4)变速杆调整不当,同步器损坏或严重磨损。

3.故障诊断与排除

在确认离合器正常分离状态,发动机怠速运转后,踏下离合器踏板,进行各挡位变速动作,检查变速杆是否卡滞、沉重,汽车行驶时发生换挡困难现象,离合器能否分离彻底,变速操纵机构能否工作。若是拨叉弯曲,需校正或更换;拨叉轴与导向孔锈蚀,可用较细的砂纸光磨;自锁和互锁装置不好,予以更换;拨叉的固定螺栓松动,应予以紧固;变速器轴花键损伤,给予修复或诊断。

(三)变速器跳挡

1.故障现象

汽车在加速、减速、爬坡或汽车剧烈振动时,变速杆自动跳回空挡位置。

2.故障原因

(1)自锁装置的钢球未进入凹槽内或挂挡后齿轮未达到全齿长啮合。

(2)自锁装置的钢球或凹槽磨损严重,自锁弹簧疲劳过软或折断。

(3)齿轮沿齿长方向磨损成锥形。

(4)一、二轴轴承过于松旷,使一、二轴和曲轴三者轴线不同心或变速器壳与离合器壳接合平面相对曲轴轴线的垂直变动。

(5)二轴上的常啮合齿轮轴向或径向间隙过大。

(6)各轴轴向或径向间隙过大。

3.故障诊断与排除

(1)在发现某挡跳挡时,仍将变速杆换入该挡,然后拆下变速器盖查看齿轮啮合情况,如啮合良好,应检查变速叉轴锁机构。

(2)检查操纵杆是否松旷或严重磨损,变速器内拨叉是否弯曲变形,止推垫片严重磨损,若松旷或损坏严重,应及时调整或更换零件。

(3)检查齿轮的啮合情况,如齿轮未完全啮合,用手推动跳挡的齿轮或齿套能正确啮合,检查变速叉是否弯曲或磨损严重,以及变速叉固定螺钉是否松动,叉端与齿轮凹槽间隙是否过大。若变速叉弯曲应校正;如因变速叉下端磨损与滑动齿轮槽过度松旷时应拆下修理。

(4)检查轴或轴承是否磨损严重,必要时应更换。

(5)检查第二轴固定螺母,如松动,需更换。

(四)变速器乱挡

1. 故障现象

在离合器技术状况正常的情况下,变速器同时挂上两个挡或挂需要挡位时,结果挂入别的挡位。

2. 故障原因

(1)互锁装置失效,如拨叉轴、互锁销或互锁钢球磨损过甚等。

(2)变速杆下端弧形工作面磨损过大或拨叉轴上拨块的凹槽磨损过大。

(3)变速杆球头定位销折断或球孔、球头磨损过于松旷。

总之乱挡的主要原因是变速器操纵机构失效。

3. 故障诊断与排除

(1)摆动变速杆,若变速杆能成圈转动,则为定位销折断或脱出。若变速杆摆动幅度较大,则为定位销磨损过甚。出现以上两种情况时均应更换定位销,并调整变速杆。

(2)若变速器只能挂挡,不能退回空挡,则变速杆可以转动引起错挡,则为变速杆下端球面或导块变速叉凹槽磨损过甚。若变速杆摆动量甚大,不能退回空挡位置,说明变速杆下端球形工作面已脱出导块凹槽或变速叉拨槽,必须对其进行焊补修复或更换。

(3)若能同时挂入两个挡位,说明互锁销球磨损过甚而失去互锁作用,必须予以更换。

(4)若除空挡和直接挡外,其他挡位均不能正常工作,则应检查第二轴前端滚针轴承是否烧结而使一、二轴连成一体,若是,应予清除更换。

(五)变速器漏油

1. 故障现象

变速器周围出现齿轮润滑油,变速器齿轮箱的油量减少,则可判断为润滑油泄漏。

2. 故障原因

(1)润滑油选用不当,产生过多泡沫,或润滑油量太多。

(2)侧盖太松,密封垫损坏,油封损坏,密封和油封损坏。

(3)放油塞和变速器壳体及盖的固定螺栓松动。

(4)变速器壳体破裂或延伸壳油封磨损而引起的漏油。

(5)里程表齿轮限位器松脱破损,必须锁紧或更换;变速杆油封漏油应更换油封。

3.故障诊断与排除

针对上述原因,应对照予以更换或修复。

(1)更换润滑油保持润滑油工作性能。

(2)更换密封件确保不在漏油。

(3)将漏油部位的放油塞或变速壳体盖上的螺栓紧固。

(4)变速壳体破裂应更换。

(5)检查变速器壳体上的空气平衡孔,如有堵塞,应予以清洁保持通畅。

第二节　制动系统故障诊断与排除

汽车制动系统的功用是使汽车减速或在最短的距离内停车,保证行车的安全,并能使汽车可靠地停放在坡道上。汽车制动系统一般可分为液压制动系统和气压制动系统两种。汽车的制动性能,直接关系到行车安全、动力性的充分发挥和运输效率。因此,对汽车制动系统的故障诊断尤为重要。

在行车制动装置中,制动系统的常见故障有制动失效、制动不灵、制动跑偏和制动拖滞。对于这些故障,通常应根据故障现象分析原因,按照一定的步骤进行故障诊断。

一、制动失效

汽车行驶时,踩下制动踏板,汽车不能减速和停车称为制动失效。

1.故障原因

(1)制动主缸内无制动液或制动液严重不足。

(2)制动主缸皮碗被踏翻或损坏。

(3)制动管路破裂或接头处严重泄漏。

(4)制动踏板至主缸的连接部位脱落。

2.故障诊断方法与步骤

(1)踩下制动踏板,如无连接感,则制动踏板至主缸之间的连接脱开。在车下检查,即可发现脱开部位。

(2)连续踩几下制动踏板,踏板不升高,同时又感到无阻力,应先检查制动主缸是否缺制动液,再检查前后制动管路有无漏液和损坏部位,通常根据油迹可诊断故障所在。

(3)踩下制动踏板,稍有阻力感,则多为主缸无制动液或缺制动液所致。

(4)踩下制动踏板,有阻力感,但踏板位置保持不住,有明显的下沉现象,则多为主缸皮碗破损。

(5)如上述情况良好,则故障可能是主缸皮碗被踏翻或损坏,可通过分解制动主缸确诊。

二、制动不灵

1. 故障现象

汽车行驶时,将制动踏板踩到底,汽车不能立即减速和停车,制动距离过长。

2. 故障原因

(1)制动踏板自由行程过大。

(2)制动管路和轮缸内有空气。

(3)制动管路或管路接头漏油。

(4)制动主缸、轮缸的皮碗、活塞、缸壁磨损过度。

(5)制动主缸、轮缸的皮碗老化、发黏、发胀,使制动时阻滞力变大。

(6)制动主缸阀门损坏或补偿孔、通气孔堵塞。

(7)制动摩擦片与制动鼓(盘)的间隙过大,或接触不良。

(8)制动摩擦片硬化、铆钉外露或有油污。

(9)制动鼓(盘)磨损过度或制动时变形严重。

(10)增压器、助力器效能不佳或失效。

3. 故障诊断方法与步骤

(1)检查储液罐的制动液是否太少或无制动液,若制动液过少,说明制动系统内可能有漏液故障,可加满制动液后再诊断。

(2)连续踩几下制动踏板,踏板位置逐渐升高,但升高后不抬脚连续踩,感到有弹力,则说明制动液压系统内有空气。

(3)踩一下制动踏板制动不灵,连踩几下制动踏板,制动踏板位置逐渐升高并且效果良好,说明踏板自由行程过大或制动摩擦片与制动鼓(盘)的间隙过大。

(4)连续踩几下制动踏板,制动踏板位置逐渐升高,但升高后不抬脚连续踩,制动踏板无弹力感且下沉至很低位置,说明制动液压系统漏油,可能是制动主缸、轮缸、管路、管路接头漏油,或制动主缸、轮缸磨损严重、皮碗破裂损坏或密封不良。

(5)当踩下制动踏板时,制动踏板位置很低,再踩几下制动踏板,位置还不能升高,一般为主缸通气孔或补偿孔堵塞。

(6)当踩下制动踏板时,制动踏板高度合乎要求,也感到有力且不下沉,但制动效果不好,则为车轮制动器故障。这种故障多为摩擦片硬化、铆钉头外露、摩擦片油污、制动鼓(盘)磨损及变形所致;若制动踏板高度合适,但踩制动踏板时感到很硬,则故障可能是制动液太稠、管路内壁积垢太厚、油管凹瘪、软管内孔不畅通或增压器、助力器效能不佳所致。

三、制动跑偏

1. 故障现象

汽车在平路上制动时,在转向盘居中情况下,自动向左或向右偏驶,紧急制动时尤为严重。

2. 故障原因

(1)左、右轮制动摩擦片与制动鼓(盘)间隙不同。

(2)左、右轮制动摩擦片与制动鼓(盘)接触面积相差过大。

(3)左、右轮制动摩擦片材质各异、新旧程度不同或安装修复质量不一样。

(4)左、右轮制动路复位弹簧拉力相差过大。

(5)左、右轮气压不一致、直径有差异、轮胎新旧不一及磨损程度不同。

(6)个别轮缸活塞运动不灵活、皮碗发胀、油管堵塞或有空气。

(7)个别车轮摩擦片油污、硬化或铆钉外露。

(8)车身变形以及前后车轴不平行或两边钢板弹簧刚度不等。

3. 故障诊断方法与步骤

(1)进行路试。先进行减速制动,若汽车向左跑偏,则说明右边车轮制动迟缓或制动力不足;若汽车向右跑偏,则说明左边车轮有故障,再进行紧急制动,并观察车轮抱死后在地面上的印迹。若同一轴两边车轮印迹不能同时发生,其中印迹短的车轮为制动迟缓,印迹轻的为制动动力不足。

(2)找出制动迟缓或制动力不足的车轮后,应仔细检查该轮制动管路有无碰瘪、漏油现象;检查该轮的轮气压是否正常,轮胎磨损是否严重。

(3)若上述目检正常,则可对该轮轮缸进行放气,放气时若发现有空气,放气完成后制动跑偏现象消除,则故障在该轮轮缸内或管路内有气阻。

(4)若无气阻现象,则检查并调整该轮制动摩擦片与制动(盘)之间的间隙,调整后若制动跑偏现象消除,则说明故障在该轮的制动器间隙调整不当。

(5)若上述制动器间隙符合要求,则应分解制动器及轮缸,检查制动器的技术状况、轮缸活塞和皮碗的形态以及油管是否畅通,以确诊故障部位。

(6)若上述均正常,而故障现象依旧,则说明制动跑偏的故障不在制动系统本身,可能是由车身变形或其他系统(悬架系统转向机构、行驶系统)的工作条件恶化所致。

四、制动拖滑

1. 故障现象

汽车制动后,抬起制动踏板时,全部或个别车轮的制动作用不能解除或解除缓慢,致使汽车起步困难或行驶无力,制动鼓发热。

2. 故障原因

(1)制动踏板无自由行程。

(2)制动踏板复位弹簧脱落、拉断、过软或踏板轴锈蚀、卡住而使复位困难。

(3)制动主缸、轮缸皮碗发胀,发黏或活塞移动不灵活。

(4)主缸活塞复位弹簧折断,预紧力太小。

(5)制动鼓严重变形,制动摩擦片与制动鼓间隙太小,制动复位弹簧过软。

(6)制动油管碰瘪、堵塞或制动液太脏、太稠而使回油困难。

(7)真空助力器的空气阀漏气。

3. 故障诊断方法与步骤

(1)汽车行驶一段里程后,用手触摸各车轮制动鼓。若个别车轮制动鼓发热,则故障在车轮制动器;若全部车轮的制动鼓都发热,则进行下一步诊断。

(2)全部制动鼓发热时,应首先检查制动踏板自由行程。若自由行程符合要求,则检查制动主缸,可将主缸储液罐盖打开,并连续踩下和放松制动踏板,看其能否回液。若不能回液,说明回油孔堵塞;若回液缓慢,说明皮碗、皮圈发胀或复位弹簧无力,则故障在制动主缸,同时还应观察制动踏板的复位情况,若制动踏板不能迅速复位,说明复位弹簧过软或折断,若制动主缸回油正常,且制动踏板复位正常,则进行下一步诊断。

(3)做车轮转动试验。松开制动踏板,让各车轮悬空并用手转动车轮,若各轮的转动阻力很大,则说明故障在各轮制动摩擦片,与制动鼓(盘)间隙过小或调整不当;若各轮的转动阻力较小,处于正常状态,对于采用真空助力器的制动系统,将汽车变速器置于空挡,使发动机处于急速运转,在松开制动踏板的情况下,再次用手转动车轮,若此时阻力增大,则说明汽车制动拖滞的故障是由真空助力器的空气阀漏气导致的。

第三节 汽车转向系统故障分析与排除

汽车转向系统技术状况的好坏对汽车的行使安全性有着极其重要的影响。对汽车转向系统故障进行诊断排除具有极其重要的意义。转向系统最常见的故障有转向盘自由行程过大、转向沉重及动力转向助力不足等。

一、转向盘自由行程大

1. 故障现象

汽车保持直线行驶位置静止不动时,轻轻左右转动转向盘,感到游动角度很大。

2. 故障原因

(1) 转向器内主、从动啮合部位松旷或主、从动部位的轴承松旷。

(2) 转向盘与转向轴的连接部位松旷。

(3) 转向器垂臂轴与垂臂连接部位松旷。

(4) 纵、横拉杆球头连接部位松旷。

(5) 纵、横拉杆臂与转向节的连接部位松旷。

(6) 转向节与主销松旷。

(7) 轮毂轴承松旷。

3. 故障诊断与排除

(1) 应先检查转向盘与转向轴是否松旷。

(2) 检查转向器内主、从动部分的轴承或衬套是否松旷。

(3) 检查转向器内主、从动部分的啮合是否松旷。

(4) 若故障不在以上部位,则应检查垂臂与垂臂轴,纵、横拉杆球头连接,转向节与主销是否松旷。

(5) 若以上部位均无故障,则故障是由轮毂轴承或拉杆臂松旷所造成的。

二、转向沉重

1. 故障现象

汽车行驶中驾驶员向左右转动转向盘时,感到沉重费力,无回正感;当汽车以低速转弯行驶或掉头时,转动转向盘非常吃力,甚至打不动。

2. 故障原因

(1) 轮胎气压不足。

(2) 转向节与主销配合过紧或缺油。

(3) 纵、横拉杆球头连接调整过紧或缺油。

(4) 转向器主动部分轴承预紧力太大或从动部分与衬套配合太紧。

(5) 转向器主、从动部分的啮合调整得太紧。

(6) 转向器无油或缺油。

(7) 转向节推力轴承缺油或损坏。

(8) 转向器转向轴弯曲或其套管凹瘪造成刮碰。

(9) 主销后倾过大、主销内倾过大或前轮负外倾。

(10) 前梁、车架变形造成前轮定位失准。

3. 故障诊断与排除

(1) 检查轮胎气压、轮毂轴承松紧程度、前轮定位等。

(2)顶起前桥,使前轮悬空,转动转向盘。若感到明显轻便省力,则故障在前轮、前桥或车架。若转向仍然沉重费力,应将垂臂拆下,继续转动转向盘,若明显轻便省力,则故障在转向传动机构;若仍沉重费力,则故障在转向器。

(3)对转向器进行检查。先检查外部转向轴有无变形凹陷等,再检查啮合间隙是否过小,轴承间隙是否过小,是否缺油,有无异响等。

(4)对转向传动机构进行检查。检查各部连接处是否过紧而运动发卡,检查各拉杆及转向节有无变形,检查转向节主销轴向间隙是否过小。

(5)必要时,还应对前轮及车架是否变形进行检查。

三、行驶跑偏

1. 故障现象

汽车行驶中自动跑向一边,必须用力把住转向盘才能保持直线行驶。

2. 故障原因

(1)两前轮轮胎气压不等、直径不一或车厢装载不均。

(2)左右车架前钢板弹簧挠度不等或弹力不一。

(3)前梁、后轿轴管或车架发生水平平面内的弯曲。

(4)车架两边的轴距不等。

(5)两前轮轮毂轴承或轮毂油封的松紧度不一。

(6)前后桥两端的车轮有单边制动或单边拖滞现象。

(7)两前轮外倾角、主销后倾角或主销内倾角不等。

(8)前束太大或负前束。

(9)路面拱度较大或有侧向风。

3. 故障诊断与排除

(1)应先检查跑偏一侧的车轮毂和制动器是否温度过高,若温度过高,则为轮毂轴承过紧和制动拖滞。

(2)检查轮胎气压,轮毂轴承松紧程度。

(3)新换轮胎出现跑偏,多为轮胎规格不等。

(4)检查钢板弹簧有无松动、断裂,车桥有无歪斜移位,车架有无变形等。

(5)检查前轮定位情况。

四、转向不灵、操纵不稳

1. 故障现象

在汽车转向操纵转向盘时感觉松旷量很大,需用较大幅度才能转动转向盘;汽车在直线行驶时又感到行驶不稳。

2. 故障原因

根本原因是由于磨损和松动导致各部位间隙过大所致,主要有以下原因:

(1)转向器啮合间隙过大,安装松旷。

(2)转向轴与转向盘配合松旷。

(3)主销与转向节衬套孔间隙过大。

(4)主销与转向节轴向间隙过大。

(5)转向传动机构各球头销处配合松旷。

(6)前轮毂轴承间隙过大。

(7)汽车前轮前束过大。

3. 故障诊断与排除

(1)先检查转向盘的自由转动量,若过大,说明转向系统内存在间隙过大的故障。

(2)若转向盘的自由转动量正常,故障原因可能是前轮毂轴承间隙过大、主销与转向节衬套孔间隙过大、主销与转向节轴向间隙过大及前束过大等。

(3)检查前轮毂轴承、主销等处,找出松旷部位。

(4)由一人原地转动转向盘,另一人观察垂臂摆动,当垂臂开始摆动时,转向盘自由转动量不大,说明是转向传动机构松旷;否则为转向器松旷。

(5)必要时应检查前束,前束值过大时,会伴随有轮胎异常磨损。

五、前轮摆头

1. 故障现象

汽车在某低速范围内或某高速范围内行驶时,有时出现两前轮各自围绕主销进行角震动现象。尤其是高速摆头时,两前轮左右摆震严重,握转向盘的手有麻木感,甚至在驾驶室内可看到整个车头晃动。

2. 故障原因

(1)前轮轮胎、轮辋、制动鼓或盘、轮毂等旋转质量不平衡。

(2)前轮径向圆或端面圆跳动太大。

(3)前轮使用翻新胎。

(4)前轮外倾角太小、前束太大、主销负后倾或主销后倾角太大。

(5)两前轮的主销后倾角或主销内倾角不一致。

(6)前梁或车架弯扭变形。

(7)转向系统与前悬架的运动互相干涉。

(8)转向系统部件刚度太低。

(9)转向器主、从动部分啮合间隙或轴承间隙太大。

(10)转向器垂臂与其轴配合松旷。

(11)纵、横拉杆球头连接松旷。

(12)转向节与主销配合松旷或转向节与前梁拳形部沿主销轴线方向配合松旷。

(13)前轮轮毂轴承松旷。

(14)转向器在车架上的连接松旷。

(15)前悬架减振器失效或左右两边减振器效能不一。

(16)左右车架前悬架高度或刚度不一。

3.故障诊断与排除

(1)若摆震随车速提高而增大,多为车轮动不平衡和轮辋变形所致,应检查轮胎平衡和轮辋变形情况。

(2)若在某一转速时摆震出现,则情况比较复杂,应对转向系统、前桥及悬架等进行全面检查,找出造成摆震的原因。

第四节 自动变速器故障诊断与排除

一、自动变速器的基本组成

自动变速器的厂牌型号很多,外部形状和内部结构也有所不同,但它们的组成基本相同,都是由液力变矩器和齿轮式自动变速器组合起来的。

常见的组成部件有液力变矩器、行星齿轮机构、离合器、制动器、油泵、滤清器、管道、控制阀体、速度调压器等,按照这些部件的功能,可将它们分成液力变矩器、变速齿轮机构、供油系统、自动换挡控制系统和换挡操纵机构等五大部分。

二、自动变速器的类型

汽车自动变速器常见的有三种形式,即液力自动变速器(AT)、机械无级自动变速器(CVT)和电控机械自动变速器(EAT)。

三、自动变速器的优点

(1)操作简便省力,提高驾驶的安全性。

(2)提高了发动机和传动系统的寿命。

(3) 能适应行驶组里的变化,实现自动换挡,提高了汽车的动力性和经济性。

(4) 提高了乘车的舒适性。

(5) 可避免因外界负荷突增而造成的过载和发动机熄火现象,并可以降低排放污染。

四、自动变速器的工作原理

自动变速器之所以能够实现自动换挡,是因为工作中驾驶员踏下加速踏板的位置或发动机进气歧管的真空度和汽车的行驶速度能指挥自动换挡系统工作,自动换挡系统中各控制阀不同的工作状态将控制变速齿轮机构中离合器的分离与接合和制动器的制动与释放,并改变变速齿轮机构的动力传递路线,实现变速器挡位的变换。

五、自动变速器故障诊断与排除流程

自动变速器故障诊断与排除流程如图 9-2 所示。

图 9-2　自动变速器故障诊断与排除流程

六、自动变速器常见故障、原因及诊断方法

故障一　汽车不能行驶

1. 故障现象

(1) 在汽车行驶中,升挡车速明显高于标准值,升挡前发动机转速偏高。

(2) 必须采用松加速踏板提前升挡的操作方法,才能使自动变速器升入高挡或超速挡。

2. 故障原因

(1) 无自动变速器油。

(2) 选挡杆与手动阀之间的连接松动,手动阀保持在空挡位置。

(3) 油泵仅有滤网堵塞。

(4) 主油路严重堵塞。

(5) 油泵损坏。

3．故障诊断与排除

（1）检查自动变速器内有无液压油。其方法是：拔出自动变速器的油尺，观察油尺上有无液压油。若油尺上没有液压油，说明自动变速器内的液压油已漏光。对此，应检查油底壳、液压油散热器、油管等处有无破损而导致漏油。如有严重漏油处，应修复后重新加油。

（2）检查自动变速器操纵手柄与手动阀摇臂之间的连杆或拉索有无松脱。如果有松脱，应予以装复，并重新调整好操纵手柄的位置。

（3）拆下主油路测压孔上的螺塞，起动发动机，将操纵手柄拨至前进挡或倒挡位置，检查测压孔内有无液压油流出。

（4）若主油路侧压孔内没有液压油流出，应打开油底壳，检查手动阀摇臂轴与摇臂间有无松脱，手动阀阀芯有无折断或脱钩。若手动阀工作正常，则说明油泵损坏。对此，应拆卸分解自动变速器，更换油泵。

（5）若主油路测压孔内只有少量液压油流出，油压很低或基本上没有油压，应打开油底壳，检查油泵进油滤网有无堵塞。如无堵塞，说明油泵损坏或主油路严重泄漏，对此，应拆卸分解自动变速器，予以修理。

（6）若冷车起动时主油路有一定的油压，但热车后油压即明显下降，说明油泵磨损过甚。对此，应更换油泵。

（7）若测压孔内有大量液压油喷出，说明主油路油压正常，故障在自动变速器中的输入轴上、行星排或输出轴上。对此，应拆检自动变速器。

故障二　自动变速器打滑

1．故障现象

（1）起步时踩下加速踏板，发动机转速升高很快，但车速升高很慢。

（2）行驶时踩下加速踏板加速，发动机转速升高，但车速没有很快提高。

（3）平路行驶正常，但上坡无力，且发动机转速很高。

2．故障原因

（1）液压油油面太低。

（2）液压油油面太高，运转中被行星排剧烈搅动后产生大量气泡。

（3）离合器或制动器摩擦片、制动带磨损过甚或烧焦。

（4）油泵磨损过甚或主油路泄漏，造成油路油压过低。

（5）单向超越离合器打滑。

（6）离合器或制动器活塞密封圈损坏，导致漏油。

（7）减振器活塞密封圈损坏，导致漏油。

3．故障诊断及排除

（1）对于出现打滑现象的自动变速器，应先检查其液压油的油面高度和品质。若油面过低或过高,应先调整至正常后再做检查。若油面调整正常后自动变速器不再打滑,可不必拆修自动变速器。

(2)检查液压油的品质。若液压油呈棕黑色或有烧焦味,说明离合器或制动器的摩擦片或制动带有烧焦,应拆修自动变速器。

(3)做路试,以确定自动变速器是否打滑,并检查出现打滑的挡位和打滑的程度。将操纵手柄拨入不同的位置,让汽车行驶。若自动变速器升至某一挡位时发动机转速突然升高,但车速没有相应地提高,即说明该挡位有打滑。打滑时发动机的转速越容易升高,说明打滑越严重。

故障三　换挡冲击过大

1. 故障现象

(1)起步中,由停车挡或空挡挂入倒挡或前进挡时,汽车振动较严重。

(2)行驶中,在自动变速器某个挡位或全部挡位升挡的瞬间,汽车有较明显的冲击。

2. 故障原因

(1)发动机怠速过高。

(2)节气门拉索或节气门位置传感器调整不当。

(3)升挡过迟。

(4)主调压阀故障。

(5)换挡执行元件打滑。

(6)油压电磁阀不工作。

(7)电脑故障。

3. 故障诊断与排除

(1)检查发动机怠速。装用自动变速器的汽车的发动机怠速一般为750r/min左右。若怠速过高,应按标准予以调整。

(2)检查节气门拉索或节气门位置传感器的调整情况。如不符合标准,应重新予以调整。

(3)检查真空式节气门阀的真空软管。如有破裂,应更换;如有松脱,应重新连接。

(4)做道路试验。如果有升挡过迟的现象,则说明换挡冲击大的故障是升挡过迟所致。如果在升挡之前发动机转速异常升高,导致在升挡的瞬间有较大的换挡冲击,则说明离合器或制动器打滑,应分解自动变速器,予以修理。

(5)检测主油路油压。如果怠速时的主油路油压高,则说明主油路调压阀或节气门阀有故障,可能是调压弹簧的预紧力过大或阀芯卡滞所致;如果怠速时主油路油压正常,但起步进挡时有较大的冲击,则说明前进离合器或倒挡及高挡离合器的进油单向阀阀球损坏或漏装。对此,应拆卸阀板,予以修理。

(6)检测换挡时的主油路油压。在正常情况下,换挡时的主油路油压会有瞬时的下降。如果换挡时主油路油压没有下降,则说明减振器活塞卡滞。对此,应拆检阀板和减振器。

(7)电子控制自动变速器如果出现换挡冲击过大的故障,应检查油压电磁阀的线路以及油压电磁阀工作是否正常、电脑是否在换挡的瞬间向油压电磁阀发出控制信号。如果线路有故障,应予以修复;如果电磁阀损坏,应更换电磁阀;如果电脑在换挡的瞬间没有向油压电磁阀发出控制信号,说明电脑有故障,对此,应更换电脑。

故障四　升挡过迟

1. 故障现象

(1)在汽车行驶时,升挡车速明显高于标准值,升挡前发动机转速偏高。

(2)须采用松加速踏板提前升挡的方法才能使自动变速器升入高挡或超速挡。

2. 故障原因

(1)节气门拉索或节气门位置传感器调整不当。

(2)调速器存在故障。

(3)输出轴上调速器进出油孔的密封圈损坏。

(4)真空式节气门阀推杆调整不当。

(5)真空式节气门阀的真空软管或真空膜片漏气。

(6)主油路油压或节气门油压太高。

(7)强制降挡开关短路。

(8)传感器故障。

3. 故障诊断及排除

(1)电控自动变速器应进行故障诊断。检查、调整节气门拉索或节气门位置传感器,测量节气门位置传感器电阻,如不符合标准,应更换。

(2)采用真空式节气门阀的自动变速器,应检查真空软管是否漏气,检查强制降挡开关是否短路。

(3)测量怠速主油路油压,若油压太高,应通过节气门拉索或节气门位置传感器予以调整。

(4)采用真空式节气门阀的自动变速器,应用减少节气门阀推杆长度的方法进行调整。若以上调整无效,应拆检油压阀或节气门阀。

(5)测量调速器油压,调速器油压应随车速的升高而增大。将不同转速下测得的调速器油压与规定值比较,若油压太低,说明调速器存在故障或调速器油路存在泄漏。

(6)此时应拆检自动变速器,检查调速器固定螺钉是否松动,调速器油路密封环是否损坏,阀芯是否卡滞或磨损过度。如果调速器油压正常,升挡缓慢的原因可能是换挡阀工作不良。应拆卸阀体检查,必要时更换。

故障五　不能升挡

1. 故障现象

(1)行驶途中自动变速器只能升 1 挡,不能升 2 挡及高速挡。

(2)可以升 2 挡,但不能升 3 挡或超速挡。

2. 故障原因

(1)节气门拉索或节气门位置传感器调整不当。

(2)调速器存在故障,调速器油路漏油。

(3)车速传感器故障。

(4)挡制动器或高挡离合器存在故障。

(5)换挡阀卡滞或挡位开关故障。

3. 故障诊断及排除

(1)电控自动变速器应先进行故障诊断,检查调整节气门拉索和节气门位置传感器,检查车速传感器,检查挡位开关信号。

(2)测量调速器油压,如果车速升高后调速器油压为 0 或很低,说明调速器有故障或漏油。

(3)如果控制系统无故障,应拆检自动变速器,检查换挡执行组件是否打滑。

(4)用压缩空气检查各离合器、制动器油缸或活塞有无泄漏。

故障六　无前进挡

1. 故障现象

(1)倒挡正常,但在 D 挡位时不能行驶。

(2)在 D 挡位时汽车不能起步,在 S、L 挡位(或 2、1 位)时可以起步。

2. 故障原因

(1)前进离合器打滑。

(2)前进单向超越离合器打滑。

(3)前进离合器油路泄漏。

(4)选挡手柄调整不当。

3. 故障诊断及排除

(1)检查调整选挡手柄位置。

(2)测量前进挡主油路油压。若油压太低(说明主油路油压低),拆检自动变速器,更换前进挡油路上各处密封圈。

(3)检查前进挡离合器,如果摩擦片烧损或磨损过度,应更换。

(4)若主油路油压和前进离合器均正常,应拆检前进单向超越离合器。

故障七　无倒挡

1. 故障现象

汽车在 D 挡能行驶而倒挡不能行驶。

2. 故障原因

(1)选挡手柄调整不当。

(2)倒挡油路泄漏,倒挡及高挡离合器或低挡及倒挡制动器打滑。

3. 故障诊断及排除

(1)检查并调整选挡手柄位置。

(2)检查倒挡油路油压。若油压太低,说明倒挡油路泄漏,应拆检自动变速器。

(3)如果倒挡油路油压正常,应拆检自动变速器,更换损坏的离合器或制动器摩擦片或制动带。

故障八　跳挡

1. 故障现象

汽车行驶中,自动变速器出现突然降挡现象,降挡后发动机转速升高,并产生换挡冲击。

2. 故障原因

(1)节气门位置传感器故障。

(2)车速传感器故障。

(3)控制系统电路故障。

(4)换挡电磁阀接触不良。

(5)电控单元故障。

3. 故障诊断及排除

(1)对电控自动变速器进行故障诊断。

(2)测量节气门位置传感器。

(3)测量车速传感器。

(4)拆下自动变速器油底壳,检查电磁阀连接线路端子情况。

(5)检查控制系统各接线端子电压。

故障九　无锁止

1. 故障现象

汽车行驶中,车速、挡位已经满足离合器锁止条件,但锁止离合器仍没有锁止作用,油耗增大。

2. 故障原因

(1) 锁止电磁阀故障。

(2) 锁止控制阀故障。

(3) 变矩器中锁止离合器损坏。

3. 故障诊断及排除

(1) 锁止电磁阀故障。

(2) 锁止控制阀故障。

(3) 变矩器中锁止离合器损坏。

故障十　不能强制倒挡

1. 故障现象

汽车以3挡或超速挡行驶时,突然把加速踏板踩到底,自动变速器不能立即降低一个挡位,汽车加速无力。

2. 故障原因

(1) 节气门拉索或节气门位置传感器调整不当。

(2) 强制降挡开关损坏。

(3) 强制降挡电磁阀短路或断路。

(4) 强制降挡阀卡滞。

3. 故障诊断及排除

(1) 检查节气门拉索、节气门位置传感器的安装情况。

(2) 检查强制降挡开关。在加速踏板踩到底时,强制降挡开关触点应闭合;松开加速踏板时,强制降挡开关触点应断开。如果加速踏板踩到底时,强制降挡开关触点没有闭合,可用手动开关。如果按下开关后触点能闭合,说明开关安装不当,应重新调整;如果按下开关触点不闭合,说明开关损坏。

(3) 检查强制降挡电磁阀工作情况。拆卸阀体,分解清洗强制降挡控制阀,阀芯若有问题,应更换阀体总成。

故障十一　无超速挡

1. 故障现象

(1) 汽车行驶中,不能从3挡升入超速挡。

(2) 车速已达到超速挡工作范围,采用松加速踏板几秒钟再踩下加速踏板的方法,自动变速器也不能升入超速挡。

2. 故障原因

(1) 超速挡开关故障。

(2) 超速制动器打滑。

(3)超速行星排上的直接离合器或直接单向超越离合器故障。

(4)挡位开关故障。

(5)液压油温度传感器故障。

(6)节气门位置传感器故障。

(7)3~4换挡阀卡滞。

(8)超速电磁阀故障。

3.故障诊断及排除

(1)对电控系统自动变速器应进行故障诊断,检查有无故障码输出。

(2)检查液压油温度传感器电阻值。

(3)检查挡位开关和节气门位置传感器的输出信号。挡位开关、信号应与选挡手柄的位置相符,节气门位置传感器输出电压应与节气门的开度成正比。

(4)检查超速挡开关。在 ON 位时,超速挡开关触点应断开,指示灯不亮;在 OFF 位时,超速挡开关触点应闭合,指示灯应亮。否则,检查超速挡电路或更换超速挡开关。

(5)检查超速挡电磁阀的工作情况。打开点火开关,不起动发动机,按下 O/D 开关,超速挡电磁阀应有接合声音。若无接合声音,应检查控制电路或更换电磁阀。用举升器举起车辆,使四轮悬空。起动发动机,使自动变速器在 D 挡工作,检查在无负荷状态下自动变速器升挡情况。如果能升入超速挡,并且车速正常,说明控制系统工作正常。如果不能升入超速挡,是因为超速制动器打滑,所以在有负荷情况下不能升入超速挡。如果能升入超速挡,而升挡后车速提不高,发动机转速下降,说明超速行星排中直接离合器或直接单向超越离合器故障。如果在无负荷情况下不能升入超速挡,说明控制系统存在故障,应拆检阀体,检查3~4换挡阀。

第十章

新能源汽车技术

第一节 新能源汽车概述

汽车的发展,是现代工业技术最重大的成就之一。它为现代化社会向发展和满足人们每天生活交通运输等许多要求作出了重大的贡献。不同于其他工业,迅速发展的汽车工业推动了人类社会由早期社会向工业社会发展。汽车工业和服务于它的其他工业,是全球经济的重要支柱产业。然而,全世界大量汽车的应用,已经产生并将继续引发严重的环境与人类生存问题。大气污染、全球变暖,以及地球石油资源的迅速消耗,成为当前人们必须关注的问题。节能和环保成为汽车工业发展的新目标,发展新能源汽车是实现汽车可持续发展的必由之路。

一、新能源汽车的定义

新能源汽车的定义在中国有一个不断变化的过程,中国新能源汽车的定义和包括的车辆类型逐渐由模糊变得清晰,同时也越来越科学规范。

根据国家"十五"计划和"863"计划中的电动汽车重大专项主要政策,在2001年诞生了"电动汽车"这一名词。电动汽车包括纯电动汽车、混合动力电动汽车和燃料电池电动汽车。

根据"十五"计划和"863"计划中的节能与新能源汽车重大专项主要政策,在2006年有了"节能与新能源汽车"这一名词。节能与新能源汽车包括纯电动汽车、混合动力电动汽车和燃料电池电动汽车。

根据《新能源汽车生产企业及产品准入管理规则》,在2009年出现了"新能源汽车"这一名词。新能源汽车包括纯电动汽车(BEV,包括太阳能汽车)、混合动力电动汽车、燃料电池电动汽车(FCEV)、氢发动机汽车、其他新能源(如高效储能器、二甲醚)汽车等各类别产品。其主要特征是采用非常规的车用燃料作为动力来源(或使用常规的车用燃料、采用新型车载动力装置),综合车辆的动力控制和驱动方面的先进技术,形成的技术原理先进,是具有新技术、新结构的汽车。

根据《节能与新能源汽车产业发展规划(2012—2020年)》,在2012年沿用"新能源汽车"这一名词。新能源汽车包括纯电动汽车、插电式混合动力电动汽车和燃料电池电动汽车。其主要特征是采用新型动力系统,完全或主要依靠新能源驱动的汽车。

2017年1月6日,工信部颁布了《新能源汽车生产企业及产品准入管理规定》,规定所指新能源汽车,是指采用新型动力系统,完全或者主要依靠新型能源驱动的汽车,包括插电式混合动力(含增程式)汽车、纯电动汽车和燃料电池汽车等。

二、新能源汽车的类型

新能源汽车包括纯电动汽车、混合动力电动汽车和燃料电池电动汽车。

(一)纯电动汽车

纯电动汽车,是指驱动能量完全由电能提供的、由电机驱动的汽车,如图10-1所示。电机的驱动电能来源于车载可充电储能系统或其他能量储存装置。

图10-1 福田欧辉纯电动公交车

纯电动汽车相对燃油汽车而言,主要差别在于四大部件,即驱动电机、调速控制器、动力电池和车载充电器。纯电动汽车的品质差异取决于这四大部件,其价值高低也取决于这四大部件的品质。纯电动汽车的用途也与四大部件的选用配置直接相关。

纯电动汽车的时速和起动速度取决于驱动电机的功率和性能,其续驶里程的长短取决于车载动力电池容量的大小,车载动力电池的质量取决于选用何种动力电池,如铅酸、锌碳、锂电池等。动力电池的体积、密度、比功率、比能量、循环寿命各异,取决于制造商对整车档次的定位和用途以及市场界定、市场细分。

纯电动汽车的驱动电机有直流有刷、无刷和永磁、电磁之分,还有交流步进电机等。它们的选用与整车配置、用途、档次有关。另外,驱动电机的调速控制也分有级调速和无级调速,有采用电子调速控制器的和不用调速控制器的。驱动电机有轮毂电机和内转子电机,驱动系统有单电机驱动、多电机驱动和组合电机驱动等。

纯电动汽车的优点是技术相对简单成熟,只要有电力供应的地方都能够充电。

(二)混合动力电动汽车

混合动力电动汽车,是指能够至少从可消耗的燃料或可再充电能/能量储存装置。这两类车载储存的能量中获得动力的汽车。

1. 分类

混合动力电动汽车根据动力系统结构形式可分为以下三类。

(1)串联式混合动力汽车(SHEV)

串联式混合动力汽车,是指车辆的驱动力只来源于电动机的混合动力电动汽车。其结构特点是发动机带动发电机发电,电能通过电机控制器输送给电动机,由电动机驱动汽车行驶。另外,动力电池也可以单独向电动机提供电能,驱动汽车行驶。图10-2 所示为福田欧辉插电增程版公交车。

图10-2　福田欧辉插电增程版公交车

(2)并联式混合动力汽车(PHEV)

并联式混合动力汽车,是指车辆的驱动力由电动机(电动/发电机)及发动机同时或单独供给的混合动力电动汽车。其结构特点是并联式驱动系统可以单独使用发动机或电动机作为动力源,也可以同时使用电动机和发动机作为动力源驱动汽车行驶。图10-3 所示为中通并联式混合动力客车 LCK6121GHEV。

(3)混联式混合动力汽车(CHEV)

混联式混合动力汽车,是指同时具有串联式、并联式驱动方式的混合动力电动汽车。其结构特点是可以在串联混合模式下工作,也可以在并联混合模式下工作,同时兼顾了串联式和并联式动力汽车的特点。通常采用传统燃料,同时配以电动机和发动机来改善低速动力输出和燃油消耗。国内市场上,混合动力车辆的主流都是汽油电混合动力。图10-4 所示为丰田普锐斯混合动力汽车,在国际市场上柴油电混合动力车型发展也很快。

图10-3　中通并联式混合动力客车 LCK6121GHEV

图10-4　丰田普锐斯混合动力汽车

2. 优点

(1)采用混合动力后可按平均需用的功率来确定发动机的最大功率,此时处于油耗低、污染少的最优工况下工作。当需要大功率发动机功率不能满足要求时,由电池来补充;负荷小时,富余的功率可通过发电机发电给电池充电,由于发动机可持续工作,电池又可以不断得到充电,故其续驶里程和普通燃油汽车一样。

(2)因为有电池,可以十分方便地回收制动时、下坡时、急速时的能量。

(3)在繁华市区,可关停发动机,由电池单独驱动,实现"零排放"。

(4)发动机可以十分方便地解决耗能大的空调、除霜等难题。

(5)可以利用现有的加油站加油,不必再投资。

(6)可让电池保持在良好的工作状态,不发生过充电或过放电,延长其使用寿命,降低成本。

(三)燃料电池电动汽车

燃料电池电动汽车,是指以燃料电池系统作为单一动力源的电动汽车。图10-5所示为丰田已经量产的Mirai氢燃料电池电动汽车。燃料电池的化学反应过程不会产生有害产物,因此,燃料电池电动汽车是无污染汽车,燃料电池的能量转换效率比内燃机要高2~3倍,因此从能源的利用和环境保护方面来说,燃料电池电动汽车是一种理想的车辆。单个的燃料电池必须结合成燃料电池组使用,以便获得必需的动力,满足车辆的使用要求。

图10-5 丰田Mirai氢燃料电池电动汽车

据最新统计,迄今为止推出的燃料电池电动汽车中,压缩氢气最受关注,其原因为这种车型的燃料供给在技术性上最简单可行。各公司开发的FCV(燃料电池车)从续驶里程、最大时速,到燃油经济性乃至储氢的压力等方面,都取得了较大进展。

氢燃料电池的优点令人难以想象,如果使用纯氢气,它的生产产物只有水,无污染、无噪声、效率高、响应性好。氢燃料电池不但在汽车上可作为绿色动力源,而且在工业上也可作为一个大型氢燃料发电站,前景是不言而喻的。整个氢能系统技术中的燃料电池,被加拿大著名科学家斯科特比喻为能源系统的"芯片",即在能源供应中起着重要的关键作用,它已延伸至整个国民经济及人民生活中,起着不可或缺的重要作用。

与燃油汽车相比,燃料电池电动汽车具有以下优点:

(1)零排放或近似零排放。

(2)减少了机油泄漏带来的水污染。

(3)降低了温室气体的排放。

(4)提高了燃油经济性。

(5)提高了发动机燃烧效率。

(6)运行平稳、无噪声。

三、中国新能源汽车发展现状

2015年5月,《中国制造2025》节能与新能源汽车产业发展战略目标公布,对于2020年或者更远的2025年新能源发展做出明确规划,明确提出纯电动汽车和插电式混合动力汽车、燃料电池电动汽车、节能汽车、智能互联汽车是国内未来重点发展的方向。规划明确指出：到 2020 年，自主品牌纯电动和插电式混合动力汽车年销量突破 100 万辆，在国内市场占 70% 以上；到 2025 年，与国际先进水平同步的新能源汽车年销量 300 万辆，在国内市场占 80% 以上。我国新能源汽车产业起步较晚，目前还没有具备明显优势的技术方向，所以国家有关部委在选择具体的新能源汽车时采取了多管齐下的策略，对各种可行的技术都予以一定的支持，但这并不意味着国家在新能源汽车开发上没有侧重点。我国新能源汽车战略已逐渐清晰，主要集中在纯电动汽车和油/电混合动力电动汽车上。这两种汽车在节能与环保方面的较高可行性，有望成为下一阶段新能源汽车的主流。

经过近 15 年的努力，我国电动汽车技术研发能力从无到有、从弱到强，自主创新取得重要进展，基本建立了适合中国国情、能有效联合产学研力量与汽车产业发达国家竞争的国家创新体系，搭建了自主知识产权的电动汽车动力系统技术研发平台，初步构成了关键零部件的配套研发体系。符合中国特色的各种动力系统技术不断创新和应用，形成了具有中国特色的技术特征与市场构成。

从发展趋势上来看，从 2020 年开始，传统汽油、柴油汽车的市场份额开始进入到下降的通道。新能源汽车，包括普通的混合动力汽车在未来市场份额中将呈现持续扩大的趋势。

至 2020 年，我国要初步建成以市场为导向、企业为主体、产学研用紧密结合的新能源汽车产业体系。自主新能源汽车年销量突破 100 万辆，市场份额达到 70% 以上；打造明星车型，进入全球销量排名前 10 名；新能源客车实现规模化出口，整车平均故障间隔里程达到 2 万 km；动力电池、驱动电机等关键系统达到国际先进水平，在国内市场占有率为 80%。

至 2025 年，我国新能源汽车行业将形成自主可控完整的产业链，与国际先进水平同步的新能源汽车年销量 300 万辆，自主新能源汽车市场份额达到 80% 以上；产品技术水平与国际同步，拥有两家在全球销量进入前 10 名的一流整车企业，海外销售占总销量的 10%；制氢、加氢等配套基础设施基本完善，燃料电池汽车实现区域小规模运行。

新能源汽车将重点发展插电式混合动力汽车、纯电动和燃料电池电动汽车，并重点推进电机、电池、逆变器等关键核心零部件自主化，满足新能源汽车产业的发展需求。

对于新能源汽车最为核心的动力电池技术而言，到 2025 年我国的动力电池系统电池单体比能量要达到 400 W·h/kg 以上，成本需降至 0.8 元/(W·h)，系统成本降至 1 元/W·h。燃料电池系统体积比功率达到 3 kW/L，冷起动温度达到 −30℃ 以下，寿命超过 5000 h，产能超过 10 万套。

为保证新能源汽车规划的顺利实施，国家将形成产业间联动的新能源汽车自主新发展规划，设立新能源汽车产业创新与示范基金；并推行持续可行的新能源汽车财税鼓励政策,以及企业平均燃料消耗量核算时的奖励政策。加大对关键核心技术的研发支持,支持形成新能源技术创新联盟,搭建产业共性技术平台,加强充电站、加氢站等基础设施建设,形成新能源汽车与智能网联汽车、智能电网、智慧城市建设及关键部件、材料等的协同发展机制。

2017年1月11日,中国汽车工业协会召开信息发布会,公布了2017年中国汽车工业经济运行情况。2017年,新能源汽车产销分别达到79.4万辆和77.7万辆,同比分别增长53.8%和53.3%,产销量同比增速分别提高2.1和0.3个百分点。2017年新能源汽车市场占比2.7%,比2016年提高0.9个百分点。从数据分析来看,2017年我国已是新能源汽车产销第一大国。

此外,2017年度全球新能源乘用车销量累计突破120万台。分国别来看,中国依然是全球最大的新能源乘用车市场。2017年,中国新能源乘用车销量超过57.8万,占比高达46.70%;美国排在了第2位,销售量近20万辆。

连续多年的高速增长,中国的电动汽车产业市场已稳坐世界第一,政府的补贴政策颇有成效。

从产业政策来看,中国的新能源汽车产业在调整中前行。

2017年国家先后出台、调整了《乘用车企业平均燃料消耗量核算办法》(CAFC)、双积分等多项政策,同时提高准入门槛,颁布了《新能源汽车生产企业及产品准入管理规定》,提出对企业产品提高开发、生产、一致性保证和产品售后能力的要求。

补贴新政的实施,体现了国家对产业调整和发展支撑的具体政策风向转变——即通过强化技术、强化退坡、强化使用、强化监管四个"强化"来进行调整完善。

在上述一系列的推动和监管指引下,虽然没有再现几年前近300%的大跃进式增长,但依然保持快速增长的趋势。新能源汽车产业愈发趋于理性、平稳发展,在调整中前行,为"后补贴时代"做好铺垫。

在新能源汽车产业中,自主品牌占据了国内的主导地位,在此领域出现了像北汽新能源、比亚迪等一大批厂家,并且其产品更加丰富,覆盖车型越来越广,技术水平显著提高。此外,即使国家乘用车补贴变少,但在日趋严苛的环保要求和限行、摇号等政策下,新能源乘用车仍将进一步发展。在国家大力扶持的新能源商用车领域,如今宇通、比亚迪等新能源客车已具有较强的国际竞争力,即使随后商用车领域国家补贴大幅度削减,相信其产品也能在环保问题日益严峻的今天闯出一片天地。

第二节 混合动力汽车

混合动力电动汽车按2010年颁布的《混合动力电动汽车类型》(QC/T 837—2010)标准有多种分类方式:按动力传递路线不同划分,主要有串联、并联和混联三种形式;按对电能的依赖程度不同划分,有微混合、轻度混合、中度混合和完全(重度)混合四种类型;按外界充电能力划分,可分为插电式混合动力和普通混合动力两类;按使用的内燃机不同划分,可分为汽油机混合动力和柴油混合动力两种;按车辆用途划分,可分为乘用车、客车和货车三类。

混合动力汽车是由多于一种的能量转换器提供驱动力的混合型电动汽车,即使用蓄电池和副能量单元的电动汽车。其中,副能量单元实际上就是一部燃烧某种燃料的发动机或动力发电机组。目前,混合动力汽车多采用传统燃料的燃油发动机与电力混合。

但是混合动力汽车也存在着价格高、长距离行驶不省油等问题,所以,国内混合动力汽车保有量并不高。目前我国混合动力汽车技术发展比较快,部分车型已趋于技术成熟期。

一、串联式混合动力系统

(一)定义

以串联方式组成其动力单元系统。发动机仅用于带动发电机,发电机发出的电能通过电动机控制器直接输送到驱动电机,由驱动电机驱动汽车行驶。发电机发出的部分电能向蓄电池充电,来延长混合动力电动汽车的行驶里程。另外,蓄电池还可以单独向驱动电机提供电能来驱动电动汽车,使混合动力电动汽车在零污染状态下行驶。

(二)结构组成

串联式混合动力电动汽车由发动机、发电机和驱动电机三大动力总成组成,如图 10-6 所示。

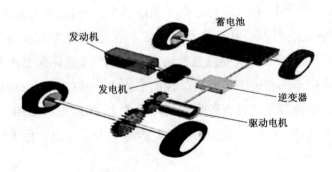

图 10-6　串联式混合动力电动汽车结构

(三)工作原理

在串联式混合动力电动汽车上,由发动机带动发电机所产生的电能和电池输出的电能,共同输出到驱动电机来驱动汽车行驶,电驱动是唯一的驱动模式。动力流程图如图 10-7 所示。

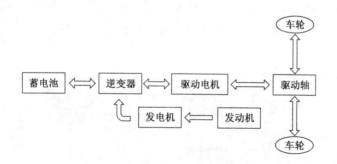

图 10-7　串联式混合动力汽车动力流程

串联式混合动力电动汽车只有电机直接与驱动桥相连接(这一点与纯电动汽车相同),而发动机与发电机直接相连产生电能,来驱动电机或者给蓄电池充电。汽车行驶时的驱动力由驱动电机来提供,它将储存在蓄电池中的电能转化为车轮上的机械能。当蓄电池的荷电状态(StateofCharge,SOC)降到一个预定值时,发动机即开始对蓄电池进行充电。发动机与驱动系统没有机械连接,这种方式可以很大程度地减少发动机所受到的车辆的瞬态响应。瞬态响应的减少可以使发动机进行最优的喷油和点火控制,使其在最佳工况点附近工作。

小负荷时由电池驱动电机驱动车轮,大负荷时由发动机带动发电机发电驱动电机。

串联式混合动力车运行模式:

(1)当车辆处于起动、加速、爬坡工况时,发动机、电动机组和电池组共同向电动机提供电能,如图 10-8 所示。

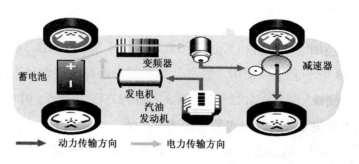

图 10-8　起动、加速、爬坡工况

(2)当电动车处于低速、滑行、怠速工况时,则由电池组驱动电动机,如图 10-9 所示;当电池组缺电时,则由发动机-发电机组向电池组充电,如图 10-10 所示。

(四)特点

串联式混合动力电动汽车从总体结构上看,比较简单,易于控制,只有电动机的电力驱动系统,其特点更趋近于纯电动汽车。因发动机不直接驱动车辆行驶,所以,可将发动机调整在最佳工况点附近稳定运转,通过调整电池和电动机的输出来达到调整车速的目的。使发动机避免了急速和低速运转的工况,从而提高了发动机的效率,减少了废气排放。它的缺点是能量几经转换,机械效率较低。

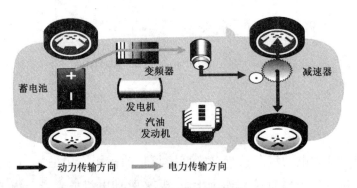

图 10-9 低速、滑行、急速工况

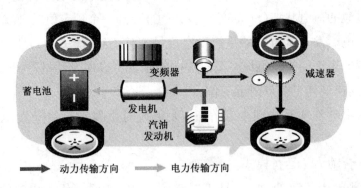

图 10-10 电池组充电模式

(五) 应用

串联式结构适用于城市内频繁起步和低速运行工况,这种动力系统在城市公交车上的应用较多,轿车上很少使用。北京公交集团目前在用混合动力车辆主要有福田欧辉 BJ6855SHEVCA、BJ6123SHEVCA-3、BJ6123SHEVCA-5、BJ6140SHEVCA-1、BJ6680SHEVCA 插电增程式气电串联混合动力车型。

下面以 BJ6680SHEVCA 插电增程式气电串联混合动力车型(图 10-11)为例,对插电增程式串联混合动力公交车的工作模式及结构进行介绍。

1. 串联混合动力汽车的工作模式

(1)纯电驱动模式(EV 模式)

打开 EV 开关,发动机停止工作,驱动电机所需的电量完全来自动力电池,该模式主要用于车辆低速行驶和倒车工况。

图 10-11 BJ6680SHEVCA 插电增程式气电串联混合动力公交车

(2) 纯发动机驱动模式(DE 模式)

驱动电机所需的电量完全来自发电机,此时动力电池既不提供能量也不接收能量,整车上电之前,打开 QZ 开关,然后开钥匙一挡、二挡、ST 挡,此时车辆处于 DE 模式。DE 模式采用电压闭环控制逻辑,为电池出现故障无法输出高压情况下的应急模式。此模式下由发动机带动发电机发电,实时供给整车电能消耗,限速 40km/h。需要注意的是,应急状态下才能使用 DE 模式。

(3) 混合驱动模式(HEV 模式)

关闭 EV 和 QZ 开关,驱动电机所需的电能同时来自发电机和动力电池,发动机带动发电机发出的电能和动力电池提供的电能由电机控制器耦合,共同输送给驱动电机。此模式是驾驶员驾驶车辆时的常用模式。

2. 整车技术参数

整车技术参数见表 10-1 所示。

整车技术参数及配置　　　　表 10-1

项　目	说　明
车身造型	城市客车造型
车架形式	全承载
最大允许总质量	8500kg
前桥	3T
后桥	5.5T
发动机	玉柴 4F80N-53,4 缸机、额定功率为 60kW,峰值功率为 150kW
驱动电机	精进 FTTB080 水冷永磁同步电机,额定功率为 80kW,峰值功率为 150kW
发电机	精进 FTT085 水冷永磁同步电机,额定功率为 85kW
动力电池	盟固利锰酸锂电池,电池容量为 35Ah,电量为 21.5kW·h
空气压缩机	耐力 3kW/380V
电动转向泵	北京思泰嘉业 MTZLYB-B11,3kW/380V
交流电源变换器(五合一)	理工华创
高压电缆	耐 3000V 电压电动车辆专用电缆,具有屏蔽层
轮胎	295/80R22.5,米其林
空调	松芝电动冷暖一体空调

3. 各部件安装位置

各部件安装位置如图 10-12 ~ 图 10-16 所示。

图 10-12　各部件安装位置(一)

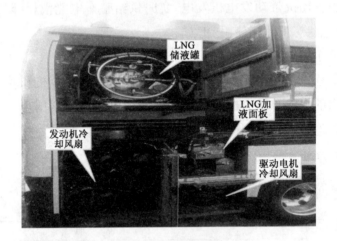

图 10-13　各部件安装位置(二)

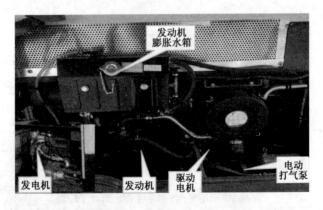

图 10-14　各部件安装位置(三)

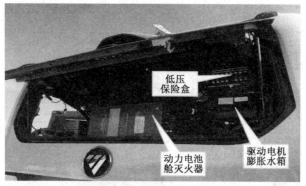

图 10-15　各部件安装位置(四)

图 10-16　各部件安装位置(五)

4. 各部件实物图及功能

各部件实物图及功能如图 10-17～图 10-24 所示。

图 10-17　LNG 燃气系统(蓝天达)

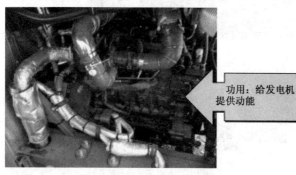

图 10-18　发动机(玉柴 4FA80N)

图 10-19　发电机、驱动电机(精进)

图 10-20　电机控制器(精进)

图 10-21　五合一(理工华创)

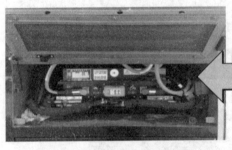

图 10-22　动力电池(盟固利)

图 10-23　电动气泵(耐力)

图 10-24　电动油泵(斯泰嘉业)

5. 整车控制策略

(1)高压上电控制策略

高压上电控制策略主要保证能够安全、可靠地接通整车高压,上电流程主要包括以下阶段:

①Key On(钥匙门拧到 ON 挡)。

②电池负极接触器闭合。

③整车负极接触器闭合。

④Key Start(钥匙门拧到 Start 挡)。

⑤预充电接触器闭合、断开。

⑥正极接触器闭合。

⑦整车其他高压附件的使能等。

上电过程中最关键环节的预充电阶段,整车正极接触器闭合的条件是:当电机控制器母线端的高压达到动力电池电压的 95% 及以上,整车控制器闭合正极接触器,否则整车控制器不执行闭合指令,当预充时间大于 5s 后整车控制器断开预充接触器,停止上电流程,不再响应整车上电请求。

(2)整车换挡控制策略

换挡控制策略主要保证车辆在较低转速($<50r/min$)下进行换挡,防止车辆在互锁条件解除后车辆自运行现象的发生,控制流程图如图 10-25 所示。

(3)车辆互锁控制策略

车辆互锁策略主要是为了保障车辆的安全,如气压低车辆抱死、正在充电、后舱门打开时,互锁条件有效后车辆无法行驶,保证了车辆、人身及财产安全,如图 10-26 所示。

(4)行车条件

可以行车条件如图 10-27 所示。

①首先闭合点火开关,气泵工作正常。压力低于 0.52MPa 时蜂鸣器报警,气压高于 0.8MPa 时气泵停止,干燥器排气。

②仪表应显示:正常模式动力电池组电压大于 420V、低压电压不低于 24V、电池最高温度不高于 52℃、单体电池最低电压不低于 3.55V。

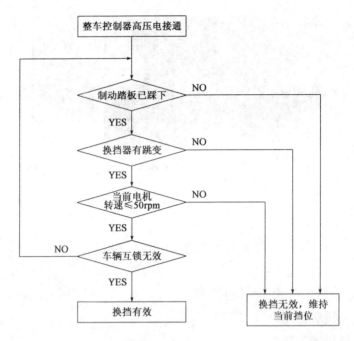

图 10-25 控制流程图

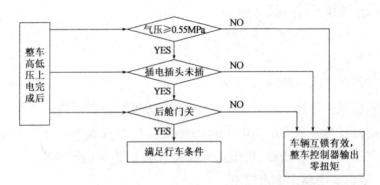

图 10-26 车辆互锁控制策略

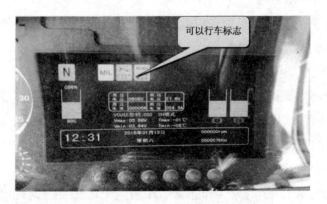

图 10-27 可以行车标志

③闭合油泵开关,油泵工作正常,无异常噪声。

④将车身调至水平位置,高度调到一挡或二挡行车位置。

⑤踩制动踏板,按下 D 挡位前进开关,仪表显示正常,无报警信息出现。

⑥松开驻车制动阀,轻踩加速踏板,车辆起步行驶。

(5)高压下电控制策略

高压下电控制策略主要是为了保证能够安全、可靠地将整车高压断开。整车高压下电流程分为正常下电流程和非正常下电流程两种情况。

正常下电流程主要适用于驾驶员主动意识关闭钥匙的情况,主要包括以下阶段:

①Key Off(关闭钥匙门)。

②将请求扭矩清零并关闭所有高低压附件(如气泵、油泵、空调、DC/DC、除霜器、水泵、电子风扇等)。

③断开高压正极接触器。

④断开整车高压负极接触器。

⑤断开动力电池高压负极接触器。

⑥整车控制器进入休眠状态。

高压下电流程保证断开正极、负极接触器前,无较大的负载(<10A),杜绝带载切断接触器的情况,延长接触器的使用寿命,降低纯电动客车故障率。

(6)发电控制策略

Key Start(钥匙门拧到 Start 挡)后,发动机通过起动电动机起动,EVCU 判断当前 SOC 是否满足发电条件,如满足发电条件,向 ISG 电机发送转速指令,向发动机发送载荷指令;如不满足发电条件,EVCU 发送停机指令,发动机停机。

最终上车的策略如下:

①行车充电工作区间为 SOC60—65,工作点为 1700r/min,270N·m,实际路试过程,SOC 未达到 60 以上。

②停车充电工作区间为 50—60,工作点为 1700r/min,270N·m,SOC 范围比行车充电区间更低,主要的考虑是:

a. 在一般的使用条件下,SOC 在 60—70 的区间,此时上高压未行车,发动机不起动,可以减少发动机起动却不行车的概率。

b. 冬季电池温度比较低,或因故障导致允许放电电流比较小,只靠动力电池起步动力性会较差,用此策略,挂挡后发动机直接起动概率大,保证动力性。

c. SOC 低于 35 时,开启充电优先模式,直至 SOC 达到 40,工作点为 1800r/min,270N·m,以最大的功率进行充电,且无论需求功率或者制动状况如何,都维持最大充电功率,以保证 SOC 不会被拉低。

d. 行车中,未开启强制充电模式时,当车速大于 10,且踩下制动踏板,进入回收优先模式,发动机工作点变为 1700r/min,0N·m,即不发电,优先保证充足的能量回馈。进入此模式后,有 10s 的延迟,即解除条件后 10s 才能回到行车充电模式。

e. SOC35%以下充电优先的策略,防止 SOC 在恶劣工况下行车被拉低。

f. SOC30%以下车辆强制降功率(40kW)的策略,双重保护电池不会持续降低电量。

g. 制动时,若不超过电池允许限值,则同时发电和能量回馈;若无法同时满足,则取消发电,并加入5s延迟,过滤点刹的情况。

h. 车辆正常运行时,发动机通过 ISG 电机反拖起动。若发动机很难起动,ISG 电机会连续进阶式拖动两次;若仍起动不了,整车会报系统故障,此系统故障可通过 EV 模式转换消除,无须重新下电。

(7)核心部件分级报警控制策略

故障等级分为四级,具体如下:

①一级故障:轻微故障,声光报警提示驾驶员。

②二级故障:一般故障,整车降功行驶并声光报警。

③三级故障:严重故障,强制进入停车模式,车辆无驱动动力输出,但不断开高压回路,能够保证转向、制动等关键部件在无动力情况下可正常使用。

④四级故障:致命故障,当出现此故障时,需要断开车辆的高压以保证车辆、人身及财产的安全。如车辆在上高压电过程中,电机控制器、电池管理系统、绝缘出现故障则属于致命故障。

整车核心零部件分级报警策略,主要是为了整车能够对不同等级的故障分别处理,针对不同的故障等级,整车控制器采取不同的处理方式控制车辆。

(8)其他控制策略

①车辆最高车速限制。

车辆最高车速限值由整车控制进行控制,满足公告要求(69km/h)。

②车辆倒车车速限制。

车辆最高倒车车速限值由整车控制进行控制,最高不超过 20km/h。

③车辆蠕动车速限制。

车辆蠕动的条件:

a. 无互锁模式;

b 挡位处于前进(D 挡)或倒挡(R 挡);

c. 松开驻车制动器。

车辆蠕动车速限值由整车控制进行控制,车速在 5~9km/h。

④驱动系统冷却水泵。

运行:高压正极接触器闭合后1s,整车控制器输出水泵电源控制硬线。

停止:高压正极接触器断开,立即停止输出控制硬线。

⑤冷却风扇。

正转:发动机冷却液温度在84~90℃之间,发动机水冷风扇50%开启,90~103℃之间时风扇90%开启,高于103℃时所有风扇90%开启;进气温度在60~69℃之间时,水箱中冷风扇50%开启,高于69℃时90%开启;电机冷却风扇开启,跟随发动机水冷风扇和水箱中冷风扇开启;中间为线性变化。

⑥DC/DC(24V变换器)控制。

运行:高压负极接触器闭合状态反馈有效1s后,整车控制器输出DC/DC控制硬线及正转信号,DC/DC开始工作,输出电压为27.5V±0.5V。

停止:关闭钥匙或非正常断高压55s后,DC/DC停止输出。

⑦气泵逆变器控制。

运行:高压正极接触器闭合后1s,整车控制器输出控制硬线,为逆变器提供电源;若气泵逆变器的正转信号有效,则气泵逆变器输出三相交流电(380V),正转信号来自干燥器上的压力开关(低于7bar)。另外,气泵增加温度传感器(PT100),保证气泵润滑油达到一定温度,防止润滑油乳化损坏气泵。

停止:高压正极接触器断开或正转信号无效(气压升至8.3~8.5bar),气泵逆变器立即停止输出。

⑧油泵逆变器控制。

运行:高压正极接触器闭合后1s,整车控制器输出控制硬线,为逆变器提供电源;若油泵逆变器的正转信号有效,则油泵逆变器输出三相交流电(380V),正转信号来自翘板开关。

停止:高压正极接触器断开或正转信号无效,油泵逆变器立即停止输出。

⑨电动助力转向油泵控制。

运行:整车控制器输出控制硬线且油泵开关有效(正转信号有效),电动助力转向油泵开始工作。

停止:高压正极接触器断开或油泵开关无效(正转信号无效),电动助力转向油泵停止工作。

⑩除霜器接触器控制。

运行:高压正极接触器闭合后且除霜开关有效,车身模块输出控制硬线。

停止:高压正极接触器断开,立即停止输出控制硬线或除霜开关无效。

6. 车辆日常检查及安全操作须知

(1)车辆日常检查

为预防事故和保证行车安全,在出车前、行车中、收车后必须亲自对车辆进行仔细检查。

①检查前注意事项。

a.应将车辆停放在平坦的地面上。

b. 钥匙开关应处于"OFF"的位置上。

c. 驻车制动器作用有效。

②检查项目。

a. 冷机检查。检查整车油、气、水管路是否有泄漏部位,如有,要及时检修。

b. 检查发动机膨胀水箱冷却液液面。如果缺失,要及时添加;添加冷却液时,必须使用同种类型的冷却液。

c. 检查发动机机油尺。如果油位低于"最低",则须从发动机加油口处加注规定的润滑油,直到"中间"刻线为止。

d. 检查位于驾驶员窗下边舱门内动力转向储油罐上的油标。读出液面的高度,其液面应位于 MAX 与 MIN 刻度之间;如果不足,则应加注液压油。

e. 检查驱动电机膨胀水箱冷却液液面。如果缺失,要及时添加;添加冷却液时,必须使用同种类型的冷却液。

f. 检查位于发动机舱内电动打气泵上的油标。读出液面的高度,其液面应位于油面观察孔中间位置;如果不足,则应加注液压油。

g. 定期检查发动机及打气泵空气滤芯。如果脏堵,要及时清理,保证进气畅通。

(2)安全操作须知

①车辆起动时,应先把换挡开关置于前进(D位)或后退(R位)位置上,松开驻车制动器,然后慢慢地踩下加速踏板;在上坡道上起动时,驻车制动器应在踩下部分加速踏板之后释放(或同步或稍后)。

②电动车行驶时,一般情况下不要猛加速、猛减速,尽可能保持匀速行驶或间断滑行。当高速行驶需要减速时,应轻踩制动踏板,用电制动进行减速。如需车辆停止时,则继续踩下制动踏板进行气压制动。

③不允许在车辆行驶状况下,操作车辆前进(D位)/后退(R位)开关。

④车辆在雨天行驶时,涉水深度不能超过 150mm,涉水时行驶速度不应超过 5km/h。洗车时严禁用水冲洗后舱电器及动力电池位置。

二、并联式混合动力系统

(一)定义

并联式混合动力电动汽车(Parallel Hybrid Electric Vehicle,PHEV),是采用发动机和电动机两套独立驱动系统的车辆,如图 10-28 所示。发动机和电动机两套动力驱动系统可以分别独立地向客车传动系统提供转矩,在不同的路面上,既可以共同驱动,又可以单独驱动。当客车加速、爬坡时,电动机和发动机能够同时向传动机构提供动力。一旦车速达到巡航速度,客车可仅依靠发动机维持动力。此时的电动机既可以作电动机使用,又可以作发电机使用,称为电动时发电机组。由于没有单独的发电机,发动机可以直接通过传动机构驱动车轮,机械效率损耗与普通客车差别不大。值得注意的是,并联式混合动力系统中,电动机只是被用于辅助发动机,所以此类车辆不能关闭发动机行驶。另外,发动机是由HV蓄电池驱动的,而电动机兼用作发动机,所以不能一边发电一边行驶。

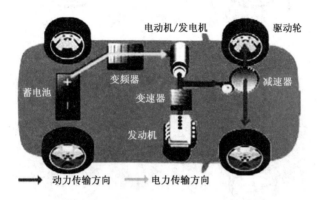

图10-28 并联混合动力客车

(二)基本结构组成

并联式混合动力系统由电动/发电机、发动机、HV蓄电池、变压器和变速器组成,如图10-29所示。

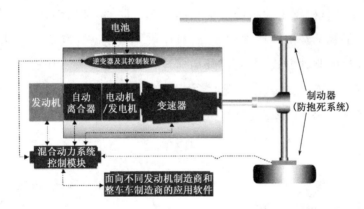

图10-29 并联式混合动力系统结构

(三)工作原理

(1)当汽车加速爬坡时,电动机和发动机能够同时向传动机构提供动力,如图10-30所示。

(2)当汽车车速达到巡航速度,汽车将仅仅依靠发动机维持该速度,如图10-31所示。

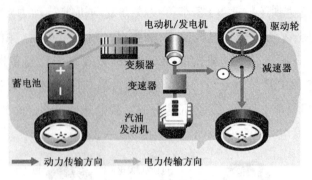

图 10-30　加速爬坡工况

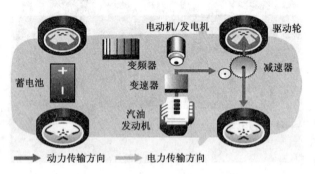

图 10-31　巡航工况

(四) 特点

并联式混合动力系统的电动机可以平衡发动机所受的载荷,使其能在高效率区域工作,发动机通过机械传动机构直接驱动汽车,其能量利用率相对较高,这使得并联式混合动力的燃油经济性比串联式高,且尾气排放低。并联式混合动力系统采用发动机+电动机的驱动方式,在低速及加速运行时扭矩变大。其缺点是由于发动机和驱动轮采用机械连接,在城市工况时,发动机不能总是运行在最佳工况点。此时车辆的燃油经济性比串联时要差。

(五) 应用

没有单独的发电机,发动机可以直接通过传动机构驱动车轮,机械效率损耗与普通汽车相似,得到比较广泛的应用。

伊顿并联混合动力系统目前广泛应用在公交车上,如图 10-32 所示。

1. 伊顿混合动力系统

伊顿混合动力系统如图 10-33 所示。

2. 伊顿混合动力系统主要部件

(1) 电池包 (PEC)

锰基锂离子动力电池高压为 340V,由 4 块电池组两两串联后并联,每块电池组由

48个电池单元构成,位于左后轮后侧舱门内。电池包包括电池外壳、高压电池组、电池控制单元、高压继电器、维修开关、冷却风扇等,如图10-34所示。

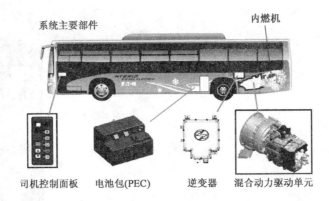

图10-32 伊顿并联混合动力公交车

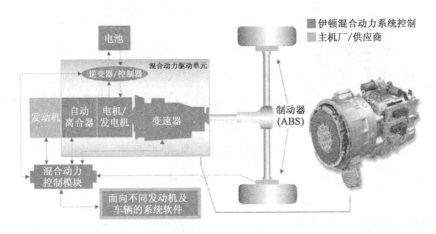

图10-33 伊顿混合动力系统

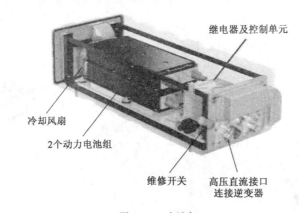

图10-34 电池包

(2)逆变器

逆变器安装在整车上,与电池包及逆变器连接,位于发动机舱左侧靠近电池舱。逆变器按照混合动力控制单元指令,实时监控整个高压系统,把电池包的高压直流电转换成高压交流电,传输给电机。把发电机的高压交流电转换成高压直流电,输送给电池包充电,如图 10-35 所示。

(3)操作面板(PBSC)

操作面板如图 10-36 所示。

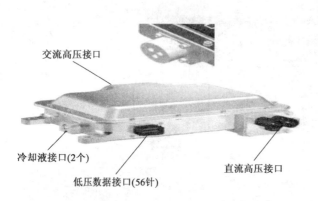

图 10-35 逆变器

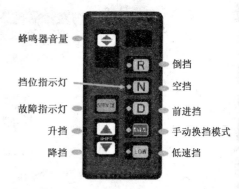

图 10-36 操作面板

R(倒挡):选择倒挡时,车辆必须停稳。

N(空挡):D 前进挡:采用最佳的自动换挡模式。

Low(低速挡):当坡度大于 10%(上坡或下坡)时选用。此种模式下会调整换挡点,以实现最佳的爬坡性能和发动机制动性能。

MANUAL(手动换挡模式):可以让驾驶员保持当前挡位或使用升挡/降挡按钮选择合适的挡位。驾驶员可以在任何时候选择这种模式,比如起步、过铁轨、爬陡坡等。

升挡/降挡按钮:在手动模式时使用,可以实现升挡或降挡。

故障指示灯:闪烁时提醒驾驶员混合动力系统发生了故障。

(4)混合动力驱动单位(HDU)

混合动力驱动单元如图 10-37 所示。

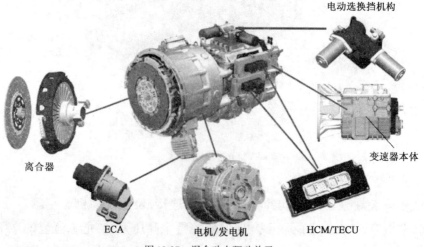

图 10-37 混合动力驱动单元

(5)变速器本体

变速器本体如图10-38所示。

变速器本体有6个前进挡及1个倒挡。基于伊顿成熟的AMT变速器,用滑动齿套取代同步器。

(6)变速器控制单元(TECU)

变速器控制单元的主要功能是控制变速器及故障诊断,有2个38针接口,负责整车、电源、搭铁、变速器其他部件间的数据通信。TECU安装在下部,如图10-39所示。

图10-38　变速器本体　　　　　　图10-39　变速器控制单元

(7)选换挡机构

选换挡机构由直流选换挡电机驱动,取代手动换挡。选换挡机构由TECU控制,2个位置传感器将换挡位置信号反馈给TECU,如图10-40所示。

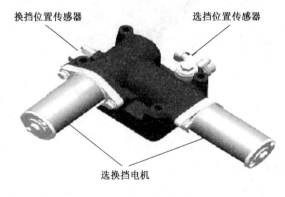

图10-40　选换挡机构

(8)转速传感器

向TECU提供转速信号。输入转速传感器位于中间轴位置,输出转速传感器位于后轴承盖,如图10-41所示。

(9)电机/发电机

电机/发电机为三相无刷永磁电动机,最大输出功率为44kW,位于发动机飞轮和变速器之间。在发电模式下,可产生最大500V三相交流电。电机装有温度传感器、相位传感器、高压电缆、冷却管路等,如图10-42所示。

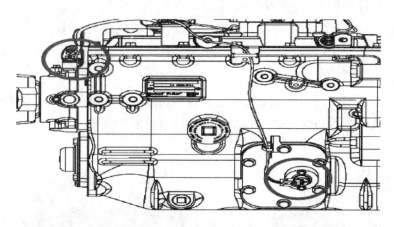

图10-41 转速传感器位置

(10)电子离合器执行器(ECA)

电子离合器执行器安装在离合器壳体上,与拨叉轴花键连接,电机驱动取代传统离合器操作系统,由HCM通过CAN总线控制。电子离合器内部有无刷永磁电机、电路板、位置传感器,行星齿轮机构以及电磁锁止机构,电子离合器无须维护调整,如图10-43所示。

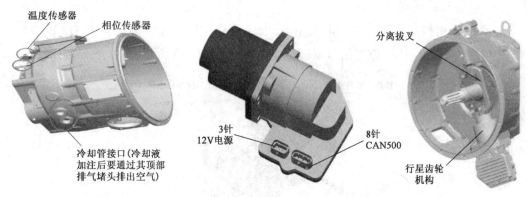

图10-42 电机/发电机　　　　图10-43 电子离合器执行器

(11)混合动力控制单元(HCM)

HCM控制TECU,有2个38针接口,负责整车、电源、搭铁、混合动力其他部件间的数据通信,如图10-44所示。

HCM的两个主要功能:

①系统控制根据发动机及变速器的输入提出换挡请求,控制ECA执行器高压系统运作。

②故障诊断监控J-1939系统总线的输入/输出数据,存储故障码、故障信息,向驾驶员发出警示等。

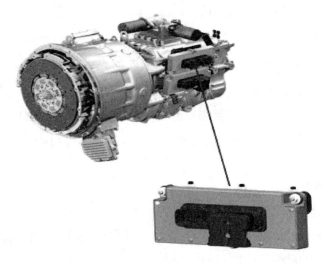

图 10-44　混合动力控制单元

3. 系统模式

(1) 混合动力模式

混合动力模式是混合动力系统的主要模式。HCM 进行换挡决策,由 TECU 执行换挡,换挡过程中,TECU 与 HCM 交流以控制转速和扭矩。

(2) AMT 模式

AMT 模式为当 HCM 与 TECU 通信中断时的备用工作模式。AMT 模式下,TECU 将取代 HCM 进行换挡决策以及转速/扭矩信息传输,此时混合动力系统离线。

4. 系统上电

(1) 通过点火电路继电器向 HCM(针脚 35)和 TECU(针脚 35)供电。

(2) TECU 向 PBSC 操作面板供电(针脚 31)。

(3) TECU 和 HCM 进行自检。

(4) 与发动机 ECU 进行内部编码,检测确定软件兼容性。

(5) PBSC 进行信号灯测试。

(6) 检测输出轴转速。

(7) TECU 从电子选换挡机构位置传感器确认空挡位置。

(8) 确认挡位显示"N"且无闪烁。

(9) HCM 向 ECA 和逆变器发送点火信号 HCM。

(10) HCM 确认 ECA 内部锁止机构释放(离合器结合)。

(11) ECA 和逆变器进行自检。

(12) 逆变器向 PEC 内部的电池控制单元(BCU)送电。

(13) BCU 通过 CAN 线将高压继电器状态信号发送给逆变器。

(14) 逆变器通过 BCU 把高压继电器闭合。

(15)逆变器将电机/发电机激活。

5. 发动机起动

(1)通过混合动力电机起动

旋转点火钥匙至起动,HCM 向逆变器发送信号,要求混合动力电机/发电机运转,以起动发动机,此时逆变器向混合动力电机输送高压交流电,HCM 发送扭矩指令给发动机控制模块,当发动机点火后发送反馈信号给 HCM 进行确认,HCM 发送指令给 ECA 离合器分离。

(2)通过起动机起动

转动点火钥匙至起动,HCM 给混合动力 12V 起动继电器送电,12V 起动继电器给发动机起动继电器供电,TECU 给空挡互锁继电器供电,确认空挡位置后,起动继电器给 24V 起动机供电,起动发动机。

6. 并联混合动力系统的运行模式

并联混合动力系统的运行模式如图 10-45 所示。

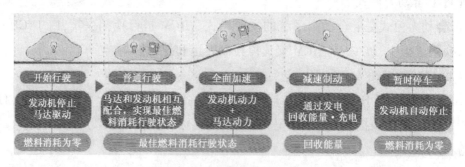

图 10-45　并联混合动力系统运行模式

并联混合动力系统有发动机起动模式、电动机驱动模式、联合驱动模式、柴油机单独驱动模式、再生制动模式等五种运行模式。

所有运行工况都由控制系统根据设定的控制策略自动执行。

(1)发动机启动模式

发动机起动模式如图 10-46 所示。

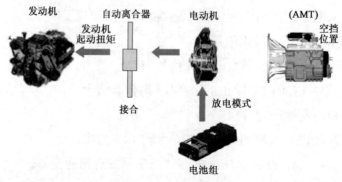

图 10-46　发动机起动模式

(2)电动机驱动模式

电动机驱动模式如图10-47所示。

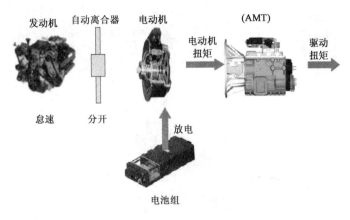

图10-47　电动机驱动模式

(3)联合驱动模式

联合驱动模式如图10-48所示。

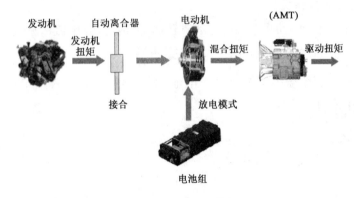

图10-48　联合驱动模式

(4)柴油机单独驱动模式

柴油机单独驱动模式如图10-49所示。

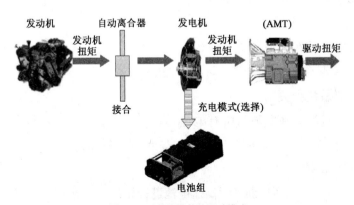

图10-49　柴油机单独驱动模式

(5) 再生制动模式

再生制动模式如图 10-50 所示。

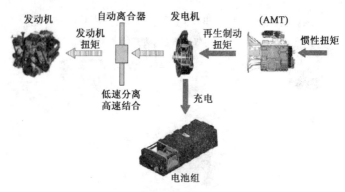

图 10-50　再生制动模式

7. 识别混合动力客车

在处理紧急事故前,非常重要的一点是先判断该车是否为混合动力车,因为混合动力车和传统车的事故处理办法是不同的。有下列几种方法可以确定一辆客车是否装备了伊顿混合动力系统：

(1) 仪表盘有电池电量(SOC)、电动机转速、电池电压/电流信息。

(2) 钮式控制面板左下角有伊顿标志 EATON 。

(3) 左后轮后侧舱盖内有黑色动力电池,上面接有橘红色高压电缆,外侧面贴有高压警示标签 ⚡ 。

8. 紧急处理

(1) 关机

方法 1：关钥匙(推荐)。

① 发动机关机。

② 混合动力系统关闭。

③ 混合动力电池只在电池盒中有电。

方法 2：断开 12V 电池。

混合动力电池只在电池盒中有电。

方法 3：拔掉混合动力控制器的熔断丝(30A)。

① 混合动力系统会关闭。

② 混合动力电池只在电池盒中有电。

注：车辆停机 5min 后,高压系统中的电势才会完全消失。

(2) 内置安全保护

① 电池盒内有一个高压熔断丝对高压电池进行保护。

② 从电池盒内引出的高压线都有继电器控制,钥匙关闭状态下为开路,只在电池盒内

有高压。

③所有的高压线束和车架都是绝缘的(系统报警)。

④高压交流线束会持续检测高压线和车架之间是否短路,如果钥匙打开时有故障,则发动机不能起动;如果行车中有故障,则仪表盘的红灯会闪烁。

⑤车辆运行时,漏电检测功能可以时刻检测高压系统是否有漏电。如果发生故障,仪表的黄灯点亮,高压系统关闭。

⑥电池盒上安装的惯性开关在发生交通事故时会自动打开,切断高压输出。

⑦高压直流线束有互锁装置,接头松动或断开时会关闭高压系统。

三、混联式混合动力系统

(一)定义

混联式混合动力系统是串联式混合动力系统和并联式混合动力系统的综合。通过前面的学习我们知道,电动机擅长从低速带开始发挥"威力",而发动机则在高速带"大显身手"。混联式混合动力系统通过理想的控制两者(利用动力分离装置将发动机的动力分成两部分:一部分用来直接驱动车轮;另一部分用来发电,给电动机供应电力和HV蓄电池充电),可在所有条件下提供高效率行驶。

(二)基本结构组成

混联式混合动力系统由电动机、发动机、HV蓄电池、发动机动力分离装置、电子控制单元(变压器和转换器)等组成。

(三)工作原理

1. 汽车起动时

当汽车起动时,由HV蓄电池提供能量的大功率电动机的动力起动。因为发动机不能在低转速带输出大扭矩,此时发动机效率低下,因此发动机关闭,而电动机可以灵敏、顺畅、高效地进行起动,动力传递路线如图10-51所示。

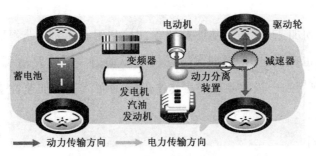

图10-51 汽车起动

2. 低速至中速行驶时

当低速至中速行驶时,由高效利用能量的电动机驱动行驶。对发动机而言,在低速至中速带的效率并不理想,但是,电动机在低速至中速带性能优越。因此,在低速至中速行驶时,油电混合动力系统使用HV蓄电池的电力,驱动电动机行驶,动力传递路线如图10-52所示。

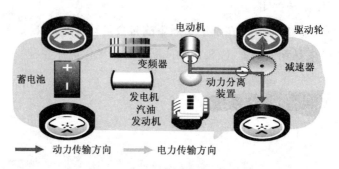

图10-52 低速至中速行驶

3. 一般行驶时

当一般行驶时,低油耗的驾驶,可使用发动机作为主要动力源。发动机在能产生最高效功率的速度带驱动。由发动机产生的动力直接驱动车轮,依照驾驶状况部分动力被分配给发电机。由发电机产生的动力用来驱动电动机和辅助电动机。利用发动机和电动机这一双重传动系统,发动机产生的动力以最小消耗被传向地面,动力传递路线如图10-53所示。

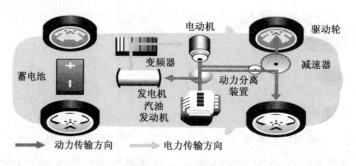

图10-53 一般行驶

4. 加速行驶时

当在需要强劲加速力(如爬陡坡及超车)时,利用双动力来获得更高一级的加速。此时,HV蓄电池也提供电力,来加大电动机的驱动力。通过发动机和电动机双动力的结合使用,实现与高一级发动机同等水平的强劲而流畅的加速性能,动力传递路线如图10-54所示。

5. 高速运转时

混合动力系统在高速运转时是采用发动机来驱动的,而发动机有时会产生多余的能量。这时多余的能量由发电机转换成电力,用于储存在 HV 蓄电池中,动力传递路线如图 10-55 所示。

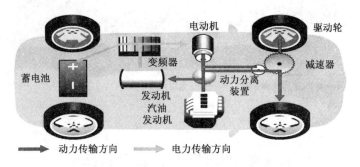

图 10-54 加速行驶

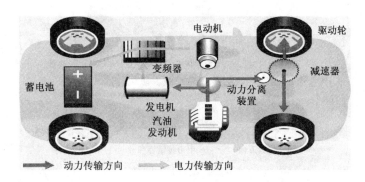

图 10-55 高速行驶

6. 减速或制动时

当减速或制动时,将减速时的能量回收到 HV 蓄电池中进行再利用。此时,车轮的惯性力来驱动电动机,而这时电动机变成了发动机,将减速时通常作为摩擦热散失掉的能量转换成电能,回收到 HV 蓄电池中进行再利用,动力传递路线如图 10-56 所示。

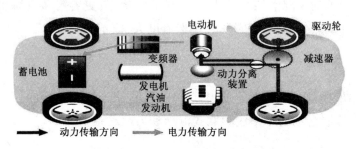

图 10-56 减速或制动

7. 停车时

在停车时,发动机、电动机、发电机全部自动停止运转。不会因急速而浪费能量,动力传递路线如图 10-57 所示。

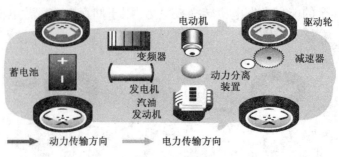

图 10-57 停车

8. 动力电池电量低时

停车或怠速时，HV 蓄电池的电量较低时，发动机将继续运转，给 HV 蓄电池充电，动力传递路线如图 10-58 所示。

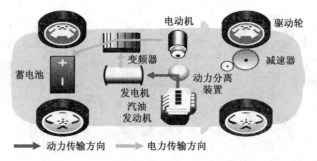

图 10-58 动力电池电量低

（四）特点

混联式混合动力系统包含了串联式和并联式系统的特点。它结合了串联式可使发动机不受汽车行驶工况的影响，始终可让发动机在最佳工作区域稳定运行，并可选用功率较小的发动机的特点。同时，又具有并联式可由发动机和电动机共同驱动或各自单独驱动汽车的特点，能使发动机、电动机等部件做更多的优化匹配，从而在结构上保证在更复杂的工况下使系统处于最优工作状态，更容易实现降低排放和油耗的控制目标。其缺点是结构比较复杂，制造难度大，成本高。

（五）应用

丰田普锐斯、凯美瑞、雷克萨斯 CT200H、亚星 JS6126GHE、厦门金旅、黄海客车 DD6129HES11 等混合动力车采用混联式混合动力驱动系统。

第三节 纯电动汽车

纯电动汽车（Battery Electric Vehicle，BEV）是指以车载电源为动力，用电机驱动车轮行驶，符合道路交通安全法规各项要求的车辆。这类汽车一般采用高效率充电蓄电池为动力源。纯电动汽车不需要再用内燃机,因此其电动机相当于传统汽车的发动机,蓄电池相当于原来的油箱,电能是二次能源,可来源于核能、风能、水能、热能、太阳能等多种方式。

一、纯电动汽车分类

1. 按照用途不同分类

(1) 电动轿车

电动轿车是目前最常见的纯电动汽车。除一些概念车外,纯电动轿车已经开始批量生产,并进入汽车市场销售,如特斯拉(图10-59)、北汽EV系列(图10-60)等。

图10-59 特斯拉纯电动汽车

北汽新能源Q60EV

北汽福田MIDI

北汽新能源E150EV

北汽新能源M30RB

长安E30

图10-60 北汽EV系列电动汽车

(2) 电动载货汽车

电动载货汽车用作公路运输的比较少,而在矿山、工地及一些特殊场地,则早已出现了一些大吨位的纯电动载货汽车,如图10-61所示。

(3) 电动客车

电动客车中,纯电动小客车也较少见。纯电动大客车用作公共汽车,在一些城市的公交线路以及世博会、世界性的运动会期间,有着出色的表现,如图10-62所示。

图 10-61　欧马可智蓝纯电动厢式货车

图 10-62　BJ6851 纯电动客车

2. 按照车载电源数目分类

（1）用纯蓄电池作为动力源的纯电动汽车

如图 10-63 所示，为纯电动汽车动力传输系统。

图 10-63　纯电动汽车动力传输系统

（2）装有辅助动力源的纯电动汽车

如图 10-64 所示，为装有辅助动力源的纯电动汽车的电力和动力传输系统。

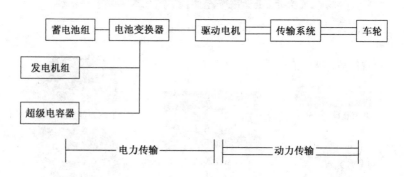
图 10-64　辅助动力源动力传输系统

辅助动力源有超级电容器或发电机组，用来改善起动性能和增加续驶里程。

3. 按照驱动系统组成进行分类

纯电动汽车按照驱动系统组成，又可以分为直流电机驱动的电动汽车、交流电机驱动的电动汽车、双电机驱动的电动汽车、电动轮电动汽车等类型。

二、纯电动汽车结构

纯电动汽车的结构主要由以下几部分组成（图 10-65）：

（1）电池及电池管理系统—储能单元，为整车提供持续稳定的能量。

(2)电动机驱动单元——将电能转化成机械能,驱动车辆行驶。

(3)整车控制单元——控制所有部件,使车辆各个组成部分协调工作。

(4)车身和底盘。

(5)安全保护系统。

除了电驱动系统和机械系统,其他部分的功能及结构组成基本与传统汽车相同,不过有些部件根据所选的驱动方式不同,已被简化或省去了。所以电驱动控制系统既决定了整个纯电动汽车的结构组成及其性能特征,也是纯电动汽车的核心。

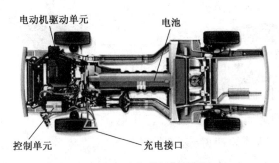

图 10-65　纯电动汽车的结构

三、纯电动汽车特点

1. 优点

(1)不消耗石油资源,在运行中不排放废气,噪声也比内燃机汽车低。

(2)具有比内燃机汽车高得多的能量转换效率。

(3)运行中消耗的电能可由多种能源转化。

(4)结构简单,使用维修方便。

(5)可以充分利用夜间电网低谷为电池充电,避免了电能的浪费。

(6)能够实现更好的控制性能,包括运动控制、舒适性、故障诊断等,同时可以更容易地实现智能化交通管理。

2. 缺点

(1)电池能量密度较低。

(2)电池组质量较大。

(3)续驶里程较短。

(4)电池组价格较贵及充放电循环寿命较少。

(5)汽车附件的使用受到限制。

四、纯电动汽车车型实例(HFF6122GS03EV 纯电动客车)

HFF6122GS03EV 纯电动系统主要由以下关键部分组成,如图 10-66 所示。

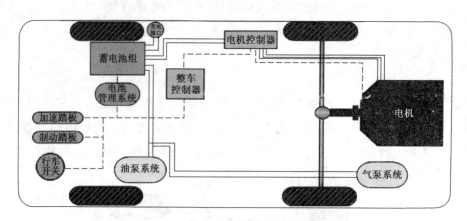

图 10-66　HFF6122GS03EV 纯电动系统结构图

(1)电机及电机控制器:锂电池组提供的电能经由电机控制器调控以驱动电机工作。驱动电机是车辆运行的动力部分,它接收驱动装置对其发出的电机旋转指令。电机的旋转部分通过机械的速度编码器反馈给驱动装置,使驱动系统运行在闭环的控制模式下。由于采用了扭矩的闭环控制模式,因此能使运动的车辆运行在平稳舒适状态下。

(2)整车控制器:整车控制器接收驾驶信号(加速踏板信号、制动信号及行车开关信号),并结合电机控制器的反馈信号,输出指令给电机控制器,实现整车的驱动控制。

(3)蓄电池系统为驱动系统、辅助系统(如打气泵、动力转向油泵、空调等)及车载电子设备供电。

(4)电池管理系统:动力锂电池管理系统对动力型锂电池的每个单体的参数进行监测、管理,并且将监测参数传递给整车驱动系统,用以指导驱动过程的能量输出控制。

(5)制动踏板、加速踏板:操作面板下方、驾驶员右脚侧有牵引主令踏板及电气混合制动踏板各一个。当车辆进入挡位后(怠速状态),踏下牵引主令踏板,随着踏板踏下角度的增加,牵引力随之增加,车辆即逐渐加速至要求的速度。运行过程中踏下制动踏板,先进入电制动区,车辆即减速制动。电制动力的大小与制动踏板踏下的角度成正比例、当制动踏板踏到一定角度(9°)后,进入电气混合制动区,最大的电制动力与机械制动同时作用,保证快速急停。

(一)高压系统

1.驱动电机

驱动电机是车辆运行的动力部分,它接收驱动装置对其发出的电机旋转指令。电机的旋转部分通过机械的速度编码器反馈给驱动装置,使驱动系统运行在闭环的控制模式下。由于采用了扭矩的闭环控制模式,因此,能使运动的车辆运行在平稳舒适状态下。

(1) 电机布置

电机位于后桥后部,采用中央驱动方式,如图 10-67 所示。

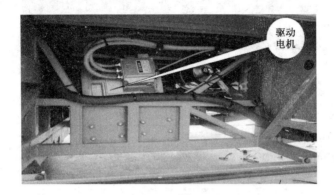

图 10-67　驱动电机

(2) 性能参数

驱动电机性能参数见表 10-2。

驱动电机性能参数　　　　　　　　　　　表 10-2

电机	型号	DM155B	冷却方式	液冷
	连接方式	Y	生产厂家	北京佩特来电机驱动技术有限公司
	额定功率	155kW	峰值功率	230kW
	额定转矩	1400N·m	最大转矩	3400N·m
	额定转速	1057r/min	最高转速	2450r/min
	额定电压	520V	额定电流	—
	质量	336kg	外形尺寸	706mm×571.5mm×585mm
	绝缘等级	H	防护等级	IP6K5

2. 电机控制器

电机控制器是动力蓄电池组与驱动电机之间的能量传输的装置,由外部控制信号接口电路、功率变换电路、控制电路和驱动电路等组成。控制器用矢量转矩控制的方法,在电动状态下,将电池组提供的直流电转换成交流电驱动电机,在制动状态下,将制动能量变换成直流电回馈给电池组。

(1) 电机控制器布置

电机控制器位于车左后部电器仓内,如图 10-68 所示。

(2) 电机控制器参数

电机控制器参数见表 10-3。

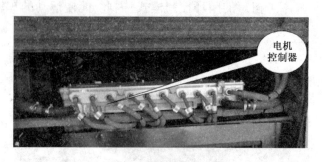

图 10-68　电机控制器

电机控制器参数　　　　　　　　　表 10-3

电机控制器	型号	C155B	冷却方式	液冷
	额定电压	520V DC	额定电流	328A
	输入电压范围	300~650V	控制电压	24V
	防护等级	IP6K5	生产厂家	北京佩特来电机驱动技术有限公司
	堵转电流	75A	堵转转矩	3400N·m
	质量	33kg	外形尺寸	750mm×356mm×126mm

3. 能源管理系统

车载能源系统相当于燃油汽车的汽油或柴油，其主要任务是为整车提供驱动电能。电池的主要技术参数有比能量、比功率和循环寿命。比能量影响电动汽车的整车质量和续驶里程；比功率是评价能量源是否满足电动汽车加速和爬坡能力的重要指标；循环寿命是评价能量源使用寿命的重要参数。此外，还要求车载能源系统具有高效率、良好的性能价格及免维护特性。经综合考虑，本系统选用的电池组为钛酸锂电池。

4. 电池系统

（1）电池布置

动力电池位于车身两侧和尾段电池仓内，如图 10-69 所示。

图 10-69　动力电池位置

(2)电池系统技术指标

①电池单体基本参数见表10-4。

电池单体基本参数　　　　表10-4

项目名称	规格参数	备注
电池类型	纳米高功率多元锂离子电池	
电池型号	66160A	
外形尺寸	长度:(161.0±1.0)mm; 直径:(66.0±0.5)mm	
质量	(1200±50)g	
出厂内阻	≤1.0mΩ	
额定容量	30Ah	
额定电压	2.3V	
充电截止电压(恒流恒压模式)	2.8V	
放电截止电压	1.5V	
最大充电电流(恒流)	300A	
最大放电电流(30s)	300A	
2C倍率恒流充电容量	>29Ah	
2C倍率恒流放电容量	>29Ah	
放电温度	1C倍率恒流放电,-20~55℃	使用温度
充电温度	1C倍率恒流充电,-20~55℃	使用温度
2C充放电循环寿命	≥16000次	(25±2)℃,容量保持率大于额定容量的80%

②电池模块基本参数见表10-5。

电池模块基本参数(D箱)　　　　表10-5

项目名称	规格参数	备注
模块成组方式	4P18S	
额定容量	120Ah	
额定电压	DC 41.4V	
工作电压范围	DC 32.4~47.7V	
额定能量	4.968kWh	
外形尺寸	791mm×485mm×350mm	
标准质量	140kg	含托架重量
最大持续充电电流	480A	最大充电电流480A(小于20min)
最大持续放电电流	300A	
峰值放电电流	400A	
IP防护等级	IP 55	
绝缘要求	>100MΩ	模块正负极对外壳
放电环境温度	-20~60℃	
充电环境温度	-20~60℃	
是否加热	否	
是否制冷	是	

③电池模块基本参数见表10-6。

电池模块基本参数(E箱)　　　　　　　表10-6

项 目 名 称	规 格 参 数	备　　注
模块成组方式	4P24S	
额定容量	120Ah	
额定电压	DC 55.2V	
工作电压范围	DC 43.2~63.6V	
额定能量	6.6kWh	
外形尺寸	999mm×405mm×350mm	
标准质量	185kg	含托架质量
最大持续充电电流	480A	最大充电电流480A(小于20min)
最大持续放电电流	300A	
峰值放电电流	400A	
IP防护等级	IP55	
绝缘要求	>100MΩ	模块正负极对外壳
放电环境温度	-20~60℃	
充电环境温度	-20~60℃	
是否加热	否	
是否制冷	是	

④电池系统基本参数。采用双电池系统,充电独立,放电并联,每套电池系统参数见表10-7。

电池系统基本参数　　　　　　　表10-7

项 目 名 称	规 格 参 数	备　　注
系统成组方式	22S	11个电池模块串联/套系统
额定容量	120Ah	双系统共240Ah
额定电压	DC 538.2V	
工作电压范围	DC 421~620V	
额定能量	64.58kWh	双系统共129kWh
标准质量	1810kg	双系统共3620kg
最大持续充电电流	480A	双系统最大持续充电电流960A
最大持续放电电流	300A	
峰值放电电流	400A	
自放电率/月(25℃,SOC100%)	≤5%	
绝缘要求	>10MΩ	装车完成后电池系统总正总负对地
IP防护等级	IP55	
放电环境温度	-20~60℃	
充电环境温度	-20~60℃	
开路电压一致性(平台期)	≤30mV	整车单体电池开路电压
内阻一致性	<0.5mΩ	整车单体电池内阻
容量一致性	≤0.3Ah	整车单体电池容量

电池箱要求单箱集成高压配电及 BMS 具备快速脱离车体的功能,具备通风、防水、防尘、过流保护功能。采用 M12 的螺栓直接固定在车架上,电池箱与车架无须做二次绝缘。

(3)BMS 电池管理系统

车载动力锂电池的每个单体都必须实现动态的监控和管理,必须将管理的信息与整车的驱动系统进行反馈传递,以指导驱动控制器的驱动运行方式。在每箱电池上都安装有电池检测模块,用于检测每节电池单体的电压和箱体的温度。每个从控模块与主控模块之间通过 CAN 通信。电池信息通过 CAN 通信在仪表上显示。当电池检测系统出现故障时,应请驾驶员针对故障信息找出故障原因,如涉及电池、电容等高压部件,请勿触摸,联系相关人员进行维修。

①BCU 技术参数。

工作电源:DC 19～32V。

工作温度:-40～75℃。

绝缘检测:检测动力电池与车底盘之间的绝缘电阻,并按照国家电动汽车 GB/T18384.1～18384.3—2001 相关标准对绝缘进行分级,分级编号、标准和建议具体参见表 10-8。

绝缘检测 表 10-8

故障级别	绝缘电阻	执行动作
0	$R > 500\Omega/V$	正常
1	$100\Omega/V < R < 500\Omega/V$	一般漏电,发送告警信息给仪表
2	$R < 100\Omega/V$	严重漏电,发送告警信息给仪表

②BMU 技术参数。

工作电源:DC 19～32V。

工作温度:-40～75℃。

(二)整车控制系统

整车控制系统如图 10-70 所示。

1.整车控制系统功能

整车控制系统主要完成整车控制与能源管理显示两部分功能,担负着采集整车的各个子系统的运行信息并进行监控和诊断。建立通信,将驱动系统和车载能源管理系统有机联系起来,完成整个动力系统总成的控制功能。其具体功能如下:

(1)整车信息检查和显示:包括牵引踏板、制动踏板等模拟信号,车速、排挡开关的开关量等。

(2)电机信息显示:通过 CAN 总线与电机控制器进行通信,并显示与电机相关的信息。

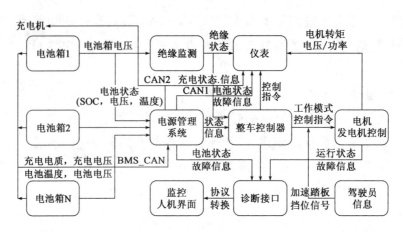

图 10-70　整车控制系统

(3) 电池组信息统计和显示：包括总电压、总电流、SOC 值、单体电压、单体温度等。

(4) CAN 通信的建立和显示：包括整车控制器与电机控制器、电池管理系统、绝缘监测仪、仪表之间的通信。

2. 整车控制器

(1) 整车控制器的安装位置及作用

整车控制器安装于副仪表台内，如图 10-71 所示。整车控制器在整个系统中处于核心地位，相当于电脑的 CPU。

图 10-71　整车控制器安装位置

(2) 整车控制器的功能

①动态操控。整车控制器根据操作员的操作指令进行解析，然后向驱动系统（通过 CAN 网络传递）发出驱动指令，其过程如下：依照驾驶员给出的信息（牵引、制动），根据电堆的状态和车辆的瞬间过程，给予驱动装置一个运动信息，从而使车辆运动（或制动）。

②能量回收算法。具有能量回收功能是本系统的特征之一。当整车在运动过程中接到需要制动的指令时，车辆能够依照内嵌的算法给出能量回馈的信息，将动能在瞬间完成向电能的转换，并且完成向动力锂电池组的充电。回收能量的瞬间大小将

取决于车辆的动态情况和锂电池组的能量状态。

③动力驱动控制。这是一个完成将电能直接转化成动能的过程,整车控制器在逻辑上完成向驱动系统及控制装置发送指令,动力驱动的平稳运行指标的实现也由其完成。

④自动驻坡功能。车辆可以在无牵引或者制动的指令时实现自动驻坡功能,此功能为电子辅助驻坡功能,使用时间不能超过10s,超过10s后请使用行车制动器或驻车制动器实现驻坡。

(3)整车控制器基本技术要求

整车控制器基本技术要求见表10-9。

整车控制器技术要求　　　　　　　　表10-9

工作电压	16～36V DC
工作温度范围	-20～70℃

输入接口:包括驾驶员加速踏板、制动踏板、驻车开关、驾驶员钥匙1挡、驾驶员钥匙2挡、变速器挡位、空调开关、电机控制器CAN、电池管理系统CAN等。

输出接口:包括电制动指示、系统故障指示、风扇电磁离合器控制、加速踏板控制等。

(三)散热系统

1. 安装位置

散热系统安装在左侧后轮后面,如图10-72所示。

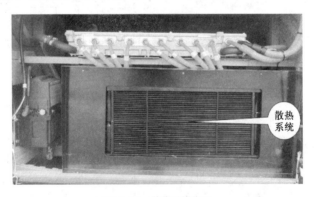

图10-72　散热系统位置

2. 系统构成及功能

散热系统由水泵、散热器和散热风扇构成,主要用于驱动电机及电机控制器的散热。

3. 系统工作条件

(1)水泵工作条件

①高压接触器闭合+处在前进或倒车状态。

②空挡+高压接触器闭合,电机温度超过35℃。

（2）风扇工作条件

电机温度大于35℃。

(四) 辅助系统

1. 打气泵

（1）安装位置

打气泵安装在车右后舱,如图10-73所示。

图10-73 打气泵位置

（2）功能

相当于传统车上发动机带的打气泵,负责为整车制动、门泵等提供气源。

（3）打气泵工作原理

打气泵工作原理如图10-74所示。

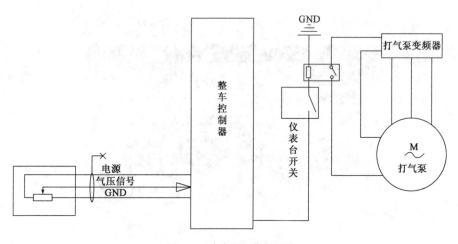

图10-74 打气泵工作原理图

①当气压传感器检测到气压低于标准值时,整车控制器输出气泵控制器信号,控制打气泵工作。

②当气压打至一定压力时,整车控制器停止输出气泵控制器信号。

2. 转向泵

（1）安装位置

转向泵安装在驾驶舱下部如图10-75所示。

图 10-75 转向泵位置

(2) 功能

相当于传统车上的转向油泵,为整车提供转向动力。

(3) 润滑油型号

推荐使用 30-0 号低温抗磨液压油;10 号航空液压油;8 号液力传动油(符合 Q/SH003,01,012—1995)。

(五) 悬挂系统

空气悬架系统性能优异,使用可靠,无故障行驶里程长。如果出现小故障,如空气管路泄漏或气囊被意外损坏等,气路中的压力保护阀仍可保持车辆有足够的制动气压,而空气弹簧内的缓冲块即形成橡胶垫支承,车辆仍可在低速下安全行驶到最近的维修服务站。

1. 空气悬架系统的使用要求

(1) 车辆超载

在高速公路和一级公路等良好路面行驶,超载不能大于 10%。

(2) 空气悬架系统气压

空气悬架系统的供气压力保持在 6.0bar 左右(超过 6.0bar,压力保护阀才开启,而空气控制系统最大允许压力是 7.0bar)。

(3) 空气悬架系统润滑

空气悬架系统任何部位都不要使用润滑油、润滑脂,尤其是橡胶件上。

2. 维护

(1) 每天或每次出车前进行例行检查。

例行检查内容:

①目视检查空气弹簧充气充足、均衡。

②悬架高度正常、系统无泄漏。

简易的检查方法是:从生产厂家接车时,把处于良好状态下的车辆停放在水平地面上,测量 4 个车轮中心至其上方车身上易于确定的固定点的距离,并做好记录,以后每次检查时,只需把车停在平地上,测量检查这 4 个数值,若无较大的改变,即说明悬架高度正常,系统无漏气。

(2)若检查不合格,需查出原因,排除故障,必要时进行维修。

第四节 双源无轨电车

一、无轨电车的定义

无轨电车是指与直流接触线网连接,由一台或多台电机驱动,橡胶轮胎的城市客运车辆。

根据使用的驱动电动机不同,可以分为直流无轨电车和交流无轨电车。

1. 直流无轨电车

采用线网直流电源,应用直流电动机驱动系统的无轨电车。

2. 交流无轨电车

采用线网直流电源,应用交流电动机驱动系统的无轨电车。

装备了在不接触线网电压的情况下能驱使无轨电车正常运营的动力源的无轨电车又称为双源无轨电车。其动力源可以是铅酸动力电池或锂离子动力电池。

二、无轨电车的整车结构

无轨电车的基本结构组成与公共汽车相比,除了动力和控制系统有所区别外,其余结构基本相同,如图 10-76 所示。

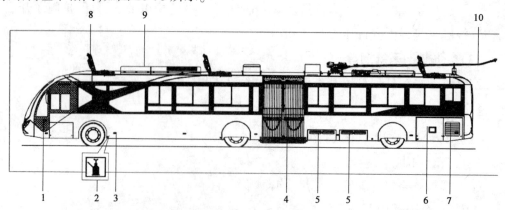

图 10-76 无轨电车基本结构

1-侧转向灯;2-千斤顶使用标志(每边 4 个);3-侧标志灯/侧回复反射器(本侧 7 个);4-铰接;5-动力电池仓;6-蓄电池仓门及电源总闸小门;7-左后百叶仓门;8-安全窗(3 个);9-空调机组(前后车厢各 1 组);10-集电杆

无轨电车车身骨架总成由前围、后围、左侧围、右侧围及顶盖等部件组成。车身骨架采用异型钢材（矩形钢管）及薄板冲压件组焊而成，车顶安装接触供电线网用的集电器总成。

无轨电车底盘包括转向系统、传动系统、制动系统、行驶系统等。底盘的主要功能是与车身骨架共同支撑整车的质量，将牵引电动机发出的动力传给车轮，实现无轨电车的驱动、转向和制动。

双源无轨电车辅助动力电池箱布置在车身两侧，通过车身两侧的侧围门，可以进行动力电池的检查、维修和更换。

驱动控制系统的电机控制器、电源变换器等置于车身两侧电气舱、后机舱内或车辆顶部，牵引电动机可以布置在驱动桥前面或后面。为了降低车内地板高度，现在一般采用布置在驱动车桥后面的后置方式。

三、无轨电车底盘行驶系统结构

（一）传动装置

无轨电车传动装置的作用是将电动机的驱动转矩传给车辆的驱动车轮。与内燃机车辆传动系统相比，无轨电车没有离合器总成；通过驱动电机的旋向变化，可以变换车辆前进和后退方向，通过控制驱动电动机的转速调整车辆速度的变化。直流无轨电车一般没有减速器；交流无轨电车一般采用固定速比的减速器。随着交流电动机及其控制技术的发展，交流电动机也可以做到不配置减速器。

（二）转向装置

无轨电车转向装置的液压助力转向助力油泵直接由一台电动机带动，可以布置在转向机附近。因为电动机在额定转速工况运行，使得液压助力转向油泵的输出功率可以维持在额定工况运行，因此，无轨电车的转向助力效果比内燃机车辆的转向助力效果要好。

（三）制动装置

在无轨电车上，除压缩空气制动系统外，还有电制动功能。在无轨电车滑行减速时，通过驱动电动机的控制电路将电动机变成了发电机运行，发电机吸收车轮的滚动能量并将其转换成电能输出，形成制动效果。输出的电能由制动电阻吸收并转换成热能释放。电制动功能是通过驾驶员踩制动踏板来实现的，制动踏板的制动行程分为两级。第一级是电制动功能区，一般在需要减速行驶时采用；第二级与普通汽车制动踏板功能相同，可以通过制动蹄片进行减速和停车制动。

(四) 气路系统

无轨电车的气路系统与内燃机汽车气路系统的不同点是空气压缩机的驱动方式不同。无轨电车的空气压缩机是由独立的电动机带动的。带动空气压缩机工作的电动机控制电路,根据气路系统的压力传感器判断气路中压缩空气的压力大小,并通过压力继电器(跳闸器)决定空气压缩机何时工作,给气路系统补充压缩空气。与内燃机汽车由发动机带动空气压缩机不同,电动机带动的空气压缩机的转速是恒定的,不受内燃机转速制约,同时压缩机工作不是"常开",因此具有上气快和节能的特点。

四、无轨电车动力控制系统的构成

无轨电车的动力控制系统由主动力回路、辅助动力回路和控制系统组成。

(一) 主动力回路

无轨电车主动力回路由下列总成构成:

(1) 集电器:无轨电车从架空线网上获得电能的装置。

(2) 避雷器:避免无轨电车上电气系统受雷击破坏的装置,由电容、电阻并联在线网电源正、负两极间构成。

(3) 滤波器:吸收线网瞬态尖峰浪涌电压,保护无轨电车高压电气系统的装置,它能够减少线网电流脉动,防止对通信的干扰,避免直流斩波器或交流电机控制器与线网谐振。

(4) 电源自动切换:在无轨电车上实现线网供电与动力电池供电自动切换的装置。

(5) 动力电池组:无轨电车的辅助动力电源。

(6) 随车充电器:无轨电车在使用线网供电时,给车载动力电池组充电。

(7) 空气自动开关:牵引电动机斩波调速器(电机控制器)回路的高压电源总开关,具有电源开关和电路过流保护的作用。

(8) 牵引电动机和斩波调速器(电机控制器):根据应用大功率整流元件的不同,斩波调速器可以分为可控硅斩波调速器和IGBT斩波调速器;根据拖带的牵引电动机类型不同,又可以分为直流斩波调速器和交流电动机控制器。它们的作用是根据牵引踏板和制动踏板输入的信号,来调节电源和驱动电动机之间的功率输出或输入及大小的变换,从而获得相应的车辆起动、加速、减速、制动和制动能量的回收功能。

(9) 制动电阻:无轨电车进行电制动时吸收电动机(此时变成发电机)输出的电能,并转换成热能释放。

(二) 辅助动力回路

无轨电车辅助动力回路由下列总成构成：

(1) DC/AC 电源逆变器：将直流动力电源逆变成交流动力电源，驱动空气压缩机、方向机助力油泵；为暖风除霜机提供电源。

(2) 电车空调电源：为无轨电车空调系统提供动力。

(3) DC/DC 变换器：将无轨电车线网或动力电池提供的高压直流电转换成24V低压直流电，与车载低压蓄电池一起，共同构成无轨电车低压回路的电源。

(三) 控制系统

无轨电车的控制系统由牵引踏板、制动踏板、牵引电动机斩波调速器（电动机控制器）中的电子控制单元、CAN总线通信系统和仪表组成。

五、BJD-WG120FN 双源无轨电车高压电器

高压电气系统是指由无轨电车供电线网或车载动力电池供电的高压用电器工作系统。无轨电车线网额定电压为 DC 600V（考虑线网升压预期，高压系统部件满足线网电压为 DC 750V）。车载辅助动力电池额定工作电压为 DC 579.6V。

(一) 集电器

1. 集电器技术参数

集电器技术参数见表10-10。

集电器技术参数　　　　　　　　　表10-10

项　目	技术参数
类型	OSA551
外形尺寸	1726mm × 2070mm × 653mm
质量	460kg
杆子长度	5.5m (Customizable 可订制)
水平角度	-55° ~ 55°
垂直角度	-4° ~ 35°
线网高度	4200 ~ 6000mm
允许速度	5km/h (Reverse 倒车) 70km/h (Forward 前进)
线网接触力	80 ~ 130N
最大仰角	40°
最大偏角	55°

续上表

项　　目	技　术　参　数
控制电压	16~36VDC
线网电压	600V/750V
避雷器	1000V;20A
工作温度	-20~85℃
系统耐压	3875V AC

2. 集线架系统 OSA551 结构

集线架系统 OSA551 由下列零部件构成：

(1) 集线架系统支撑架，独立安装在电车顶部，并配有：

①两个集线架下半部分，安装后可旋转。

②金属氧化物技术制成的过电压吸收器(避雷针)。

③装有主熔断丝的熔断丝箱，额定电压为 600V，发生短路熔断。

④压缩空气罐 10L。

⑤集线架控制器，由电子控制设备、诊断显示屏及电子式气动元件组成。

⑥集电头可旋转，防止刮网线。

(2) 两根铝制集线架杆，可导电。

(3) 两个内置复位弹簧的电缆卷筒，用于安装到电车背面的安装区域内。

(4) 两个安装在后盖上的电缆导轨。

(5) 两个安装在后盖上面的按钮，用于在下落汽缸完成快速下落后手动排空其中的空气。

3. 集线架系统 OSA551 的功能

集线架系统 OSA551 是按能够向前运动设计的，其向后活动是受限的。集线架下半部分安装好后，应确保集线架杆与上部滑接线能够形成一个约 55°的可变化的角，从而可以在道路上遇到障碍时绕行。集线架系统 OSA551 可实现以下功能：

(1) 可以借助螺旋弹簧设置集线架杆的接触力。上部滑接线的高度位置上的接触力几乎始终保持在 100N 的规定值上。

(2) 借助气动缸可以实现集线架杆的下落，并且其可能引发的损坏危险明显小于传统返回系统可能引发的危险。

(3) 可通电的集线架杆由一根无缝铝管构成，安装时与集线架基座绝缘。

(4) 用两个环箍将集线架杆固定到集线架下半部分，这种方式可以保障对杆的快速更换。

(5) 集线架头通过内部放置有碳插件的砂光垫从上部滑接线获取电压。电流从集线架头传导到集线架杆上则是通过集线架头的机械连接实现的。无轨电车接触线的正常连接及碳滑条的寿命由订购方负责。

(6)在上部滑接线工作区域内低于4200mm的位置无法进行自动脱线、快速降落或自动锁定等过程,因为按机械原理设定的快速下落高度应高于最小工作区域4200mm。不能降低快速下落高度,否则将出现集线架杆击到电车顶部的危险。

上部滑接线的最大高度是指,按照EN50119(第5.2.8.6)的规定,包含了因受热、集线架脚的接触力及电车颠簸晃动等因素造成的偏差的最大值。

(二)辅助动力电池组

辅助动力电池组见表10-11。

动力电池组参数　　　　　　　　　　表10-11

动力电池厂商	珠海银隆电器有限公司
动力电池规格型号	66160A
动力电池类型	钛酸锂动力电池
电池组总容量(Ah)	60
电池组额定总电压(V)	579.6
单体电池额定电压(V)	2.3

(三)牵引电动机和控制器

驱动电机参数见表10-12。

驱动电机参数　　　　　　　　　　表10-12

	主要技术参数	
电机	电机类型	PMSM 永磁同步电机
	额定电压	540V DC
	额定功率	100kW
	峰值功率	160kW(60s)
	额定扭矩	400N·m
	峰值扭矩	900N·m(60s)
	最高转速	7500r/min
	效率	>96%
	质量(单电机不含控制器)	130kg
	外形尺寸($L \times \Phi$)	410mm×357mm
	工作制	S9
电机控制器	外形尺寸	406mm×481mm×146mm
	质量	31kg
	效率	>97%
减速箱	速比	3.04
	外形尺寸	510mm×244mm×383mm
	质量	56kg

续上表

主要技术参数	
冷却方式	液冷
环境温度范围	-40 ~ +70℃
驱动方式	减速箱耦合驱动
防护等级	IP67
电驱动系统总输出功率	100kW/160kW
电驱动系统总输出扭矩	1216N·m/2736N·m

(四) 五合一集成控制器

五合一集成式辅助电源,额定输入电压为 DC 600V,输入电压范围为 DC 450 ~ 750V。集 DC/DC(输出 27.5V)、打气泵及转向器交流电源逆变器(DC/AC)、绝缘监测、高压配电功能于一体,输出电压符合车辆用电设备要求,输出电源具备过温、过载、过电压、欠电压、缺相、工作时负载突变等即时停机保护本体不受损坏功能;满足电磁兼容要求;具备 CAN 总线通信功能;具备每项输出电源参数功能;两路输出负载电路,加装过载保护和三相不平衡保护装置,具备绝缘监测及整车高压系统配电功能。

1. DC/DC 输出参数

(1) 电源额定功率:3kW。

(2) 电源峰值功率:3.5kW。

(3) 额定输出电压:27V DC。

(4) 额定输出电流:110A。

(5) 峰值输出电流:(130±10)A。

(6) 电压精度:±1%。

2. DC/AC 输出要求

(1) 额定功率:5kW。

(2) 峰值功率:7.5kW。

(3) 额定 DC 输入电流:16A。

(4) 额定输出电压:380V。

(5) 额定输出电流:13A。

(6) 峰值输出电流:19.5A。

3. 绝缘监测报警阈值

(1) 一级绝缘报警:300kΩ。

(2) 二级绝缘报警:100kΩ。

(五)空调

1. 产品型号

BPKD7.1AS—EV。

2. 使用条件

(1) 工作环境: -15~50℃。

(2) 最大相对湿度:90%。

(3) 海拔高度:1800m 以下。

(4) 振动和冲击:3g(max)。

(5) 输入直流电源:DC 280~800V。

3. 性能参数

(1) PTC 制热量:6kW(PTC 电热/环境温度低于-5℃时自动开启;当环境温度高于-5℃时,热泵系统正常制热,无须起动。)

(2) 制冷剂:R407C。

(3) 制冷剂充注量:10±0.2kg。

(4) 润滑油:POE。

(5) 标准输入功率:10kW。

(6) 控制电源:DC 24V/5A。

4. 安全性执行标准

(1) CJ/T5007 无轨电车技术条件。

(2) CJ/T5008 无轨电车实验方法。

5. 电磁兼容

符合标准《机动车电子电器组件的电磁辐射抗扰性限值和测量方法》(GB/T 17619—1998)或《电动车辆的电磁场发射强度的限值和测量方法》(GB/T 18387—2017)的相关要求。

六、BJD-WG120FN 双源无轨电车低压电气系统

无轨电车低压电器系统主要是指 24V 蓄电池供电的一整套电气系统,正常工作的低压电器系统,主要包含低压电源、控制系统、熔断器、低压电器开关、低压用电器等部分。

(一)开关定义

开关定义如图 10-77~图 10-79 所示。

图 10-77 开关定义(一)

1-灭火器开关;2-驾驶员灯开关;3-车厢灯开关;4-车厢灯开关;5-前雾灯开关;6-后雾灯开关;7-路牌开关;8-风扇反转;9-分线开关;

图 10-78 开关定义(二)

10-中后门控制开关;11-前门开关;12-中门开关;13-危险报警开关;14-前换气扇低速开关;15-前换气扇高速开关;16-后换气扇低速开关;17-后换气扇高速开关;18-消除报警开关

图 10-79 开关定义(三)

19-GPS 报警;20-GPS 开关;21-录像开关;22-ABS 诊断开关;23-OBD诊断接口;24-侧倾开关;25-升降开关;26-正常高度开关;27-恢复正常高度开关;28-油泵开关;29-紧急开关;30-升降开关;31-转向灯开关;32-排污开关

(二)CAN 仪表

1. 表盘功能划分

表盘功能划分如图 10-80 所示。

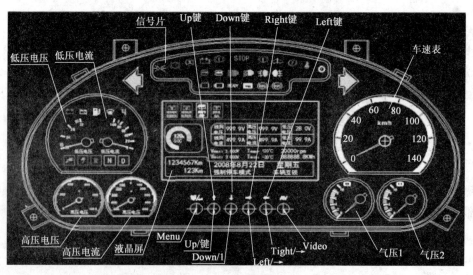

图 10-80 CAN 仪表

2. 报警灯功能定义

报警灯功能定义见表10-13。

报警灯功能定义　　　　　　　　　　　　　表10-13

编号	名称	指示灯	信号来源	颜色
1	左转向灯符号片 （Turn Left）	←	左转向开关,有效时每分钟闪烁90次 危险信号开关,有效时每分钟闪烁90次	绿
2	远光灯符号片 （High Beam）		远光灯开关	蓝
3	近光灯		近光灯开关	绿
4	前雾灯符号片 （Front Fog）		前雾灯指示	绿
5	后雾灯符号片 （Rear Fog）		后雾灯指示	黄
6	动力电池存在故障 （Power BATfailure）		动力电池存在故障指示	红
7	制动指示 （Braking）		制动指示有效	红
8	系统准备完毕 （Ready）	READY	运行准备就绪时亮	绿
9	系统故障指示 （System Failure Indicate）		整车系统故障	红
10	绝缘报警 （Dielectric）		一级报警:闪烁 二级报警:常亮	红

续上表

编号	名称	指示灯	信号来源	颜色
11	充电 (Charging)		电池预充电	黄
12	驻车符号片 (Parking)		手制动开关	红
13	气压报警符号片 (AirPressure)		气压低报警指示	红
14	电机故障 (Motoralarm)		电机故障	黄
15	右转向灯符号片 (Turn Right)		右转向开关,有效时每分钟闪烁90次 危险信号开关,有效时每分钟闪烁90次	绿
16	倒挡指示 (Reverse Gear)		倒挡信号	红
17	空挡指示 (Neutral Gear)		空挡信号	绿
18	前进挡指示 (Drive Gear)		前进挡信号	绿
19	动力电池断开指示 (Power BAT Disconnect)		动力电池断开指示	黄
20	充电线连接指示 (Charge Connect)		充电线连接	红

续上表

编号	名称	指示灯	信号来源	颜色
21	除霜器指示（Defroster）		除霜器开关	黄
22	电机及控制器过热指示（Elec. Motor Overtemperature）		电机及电机控制器过热指示	红
23	电机故障		电机故障	黄
24	空气悬架（ECAS）		ECAS报警	红
25	空气悬架（ECAS）		ECAS故障	黄
26	ABS符号片（ABS）		ABS故障	黄
27	分线器动作指示		分线器动作指示	蓝
28	位置灯		位置灯有效	绿
29	动力电池故障		动力电池故障	黄
30	充电指示		充电指示有效	红
31	表盘背光（Back light）		位置灯开关	白

3. 报警和指示图标

报警和指示图标见表 10-14。

报警和指示图标 表 10-14

序号	报警名称	图标	颜色	指示条件	蜂 鸣	备 注
1	STOP 指示灯	STOP	红色	前桥气压低报警、后桥气压低报警、车辆互锁、强制停车、强制断开接触器	蜂鸣常响,不受车速转速控制	
2	整车控制器故障	!	红色		蜂鸣常响,不受车速转速控制	同时点亮信号片 STOP
3	主接触器闭合		绿色		无	
4	主接触器断开		红色		无	
5	Ready 指示灯	READY	绿色		无	
6	ECAS 报警	ECAS	红色	开关量"ECAS 报警"有效	蜂鸣响 3 声、不受车速转速控制	
7	气压低报警	(!)	红色	开关量"气压 1 报警"	蜂鸣常响,受车控制	同时点亮信号片 STOP
8	安全带指示		红色	开关量"安全带"	响 1s 停 2s,受车速控制	
9	绝缘故障	⚡	红色		蜂鸣响 3 声,不受车速转速控制	
10	动力电池故障		红色	与动力电池相关报警联动	蜂鸣响 3 声,不受车速转速控制	
11	电机超温		红色		蜂鸣响 3 声,不受车速转速控制	同时点亮电机故障指示灯

续上表

序号	报警名称	图标	颜色	指示条件	蜂鸣	备注
12	亏电指示		红色	开关量"亏电指示"		
13	ASR 故障		黄色	开关量"ASR"		
14	ECAS 故障		黄色	开关量"ECAS 故障"		
15	电动机故障		黄色			
16	除霜器指示		黄色	输出量"除霜器"		
17	动力电池亏电故障		黄色	与电池相关报警联动		
18	ABS 故障		黄色	开关量"ABS"		
19	充电仓门开		黄色	开关量"充电仓门状态"有效		
20	烟雾过高报警		红色	开关量"烟雾过高报警"	蜂鸣常响	
21	电机传感器掉线		红色		蜂鸣常响,不受车速转速控制	同时点亮电机故障指示灯
22	电池管理系统掉线		红色		蜂鸣常响,不受车速转速控制	

续上表

序号	报警名称	图标	颜色	指示条件	蜂鸣	备注
23	驱动电机欠压	驱动电机欠压	红色		蜂鸣响3声,不受车速转速控制	同时点亮电机故障指示灯
24	MCU 一级报警	MCU 一级报警	红色		蜂鸣响3声,不受车速转速控制	同时点亮电机故障指示灯
25	MCU 二级报警	MCU 二级报警	红色		蜂鸣响3声,不受车速转速控制	同时点亮电机故障指示灯
26	MCU 三级报警	MCU 三级报警	红色		蜂鸣响3声,不受车速转速控制	同时点亮电机故障指示灯
27	MCU 过温故障	MCU 过温故障	红色		蜂鸣响3声,不受车速转速控制	同时点亮电机故障指示灯
28	电池不匹配故障	电池不匹配故障	红色		蜂鸣响3声,不受车速转速控制	
29	动力电池温度过高	动力电池温度过高	红色		蜂鸣响3声,不受车速转速控制	
30	动力电池放电过流	动力电池放电过流	红色		蜂鸣响3声,不受车速转速控制	
31	动力电池充电过流	动力电池充电过流	红色		蜂鸣响3声,不受车速转速控制	

续上表

序号	报警名称	图标	颜色	指示条件	蜂鸣	备注
32	SOC过低	SOC过低	红色		蜂鸣响3声,不受车速转速控制	同时点亮动力电池故障指示灯 BAT
33	SOC过高	SOC过高	红色		蜂鸣响3声,不受车速转速控制	
34	电池模块电压过高	电池模块电压过高	红色		蜂鸣响3声,不受车速转速控制	同时点亮动力电池故障指示灯 BAT
35	电池模块电压过低	电池模块电压过低	红色		蜂鸣响3声,不受车速转速控制	
36	电池系统一级故障	电池系统一级故障	红色		蜂鸣响3声,不受车速转速控制	同时点亮动力电池故障指示灯
37	电池系统二级故障	电池系统二级故障	红色		蜂鸣响3声,不受车速转速控制	同时点亮动力电池故障指示灯
38	电池系统三级故障	电池系统三级故障	红色		蜂鸣响3声,不受车速转速控制	同时点亮动力电池故障指示灯
39	电池温度不均衡	电池温度不均衡	红色		蜂鸣响3声,不受车速转速控制	
40	电池电压不均衡	电池电压不均衡	红色		蜂鸣响3声,不受车速转速控制	

续上表

序号	报警名称	图标	颜色	指示条件	蜂鸣	备注
41	电池总电压过低	电池总电压过低	红色		蜂鸣响3声,不受车速转速控制	
42	电池总电压过高	电池总电压过高	红色		蜂鸣响3声,不受车速转速控制	
43	电池单体电压过低报警	Vmin: 3.000V	红色		蜂鸣响3声,不受车速转速控制	
44	电池单体电压过高报警	Vmax: 3.000V	红色		蜂鸣响3声,不受车速转速控制	
45	电池模块温度过低报警	Tmin: -20℃	红色		蜂鸣响3声,不受车速转速控制	
46	电池模块温度过高报警	Tmax: 120℃	红色		蜂鸣响3声,不受车速转速控制	
47	水位报警	冷却水位	红色	内网开关量"水位报警"	蜂鸣响3声,不受车速转速控制	
48	左前烟雾过高报警	左前烟雾过高报警	红色	内网开关量"仪表显示1"	蜂鸣常响,不受车速转速控制	
49	左后烟雾过高报警	左后烟雾过高报警	红色	内网开关量"仪表显示2"	蜂鸣常响,不受车速转速控制	
50	右前烟雾过高报警	右前烟雾过高报警	红色	内网开关量"仪表显示3"	蜂鸣常响,不受车速转速控制	
51	右后烟雾过高报警	右后烟雾过高报警	红色	内网开关量"仪表显示4"	蜂鸣常响,不受车速转速控制	

续上表

序号	报警名称	图标	颜色	指示条件	蜂鸣	备注
52	电器仓烟雾报警	烟雾过高	红色	内网开关量"烟雾过高报警"	蜂鸣常响,不受车速转速控制	
53	脱网运行	脱网运行	绿色		蜂鸣响,响一歇三	
54	集电杆在挂钩范围内	集电杆在钩内	黄色		无	
55	集电杆左右超角报警	集电杆左右超角报警	黄色		蜂鸣常响	
56	集电杆在工作区域内	集电杆在工作区域	黄色		无	
57	集电杆脱线保护	集电杆脱线保护	红色		蜂鸣常响	
58	集电杆正在快降	集电杆正在快降	黄色		无	
59	集电杆正在上升	集电杆正在上升	黄色		无	
60	集电杆正在下降	集电杆正在下降	黄色		无	

七、双源无轨电车车辆维护

定期对车辆进行维护,是延长车辆使用寿命、提高车辆的动力性和经济性的必要手段。由于各地区使用条件不同,车辆的维护时间间隔也有所差别,使用者应参照有关规定,结合当地实践经验,适当增减保养间隔里程。只有严格按照规定对车辆进行维护,才能使车辆获得最佳的经济效益和社会效益。

1. 每日维护

(1)检查转向、制动、悬挂、传动等主要部件的紧固情况。

(2)检查气路管道有无漏气现象。

(3)检查驱动桥主减速器、转向机构、转向油泵管路、空气压缩机等有无渗漏油现象。

(4)检查轮胎气压是否合乎标准;剔除嵌入轮胎花纹的渣石、铁钉等杂物;清洁电动车车厢内外各部。

(5)按润滑表规定,按时按量对各润滑点进行润滑。

2. 每行驶 1000km 后的维护内容

(1)完成每日维护内容。

(2)检查蓄电池是否合格。

(3)排除各储气罐中的积水和污物。

(4)检查电气系统各部绝缘阻值是否符合规定要求。

3. 每行驶 3000km 后的维护

(1)完成每日维护内容。

(2)清洗空气压缩机的空气滤清器、转向助力油罐的滤清器;检查空气干燥器,并更换滤芯。

(3)紧固全车的各紧固件,尤其注意检查并紧固好转向拉杆、前后桥悬挂、牵引电动机、传动轴、制动等系统的紧固件。

(4)进行轮胎换位。

4. 每行驶 6000km 后的维护

(1)完成每日维护内容。

(2)检查空气压缩机皮带、转向助力油泵电动机皮带的松紧情况,并进行调整。

(3)清洗、润滑各车轮轮毂轴承,并调整松紧度。

(4)检查调整前束值。

(5)检查调整各制动蹄片的间隙。

5. 每行驶 12000km 后的维护

(1)完成每日维护内容。

(2)检查空气压缩机阀门工作情况和密封性能。

(3)清洗空气压缩机滤清器。

(4)检查转向助力油泵工作情况,并清洗油罐的滤清器和更换新油。

(5)检查牵引电动机、检查清洗空气压缩机及方向助力用电动机、调速装置等电器部分,并检查电线的紧固情况和各部位的绝缘情况。

(6)检查前照灯的光束。

第十一章

车辆综合故障诊断技术

第一节　故障诊断基本概述

一、汽车故障诊断相关知识

汽车是一个复杂的技术系统,由许多总成、机构有序构成。在使用过程中,由于某一种或几种原因的影响,汽车的动力性、经济性、安全性和可靠性将会逐渐或急剧下降,排放污染性也会恶化。故障率的增加,不仅影响到汽车的运行安全、运输成本和运输效率,还直接影响到汽车的使用寿命。因此,研究汽车故障的变化规律,探讨汽车故障诊断技术,及时而准确地判断出故障部位和原因并加以排除,就成为汽车运用技术的一项重要内容。

(一)汽车故障

汽车故障是指汽车部分或完全丧失工作能力的现象,其本质是汽车零件本身或零件之间的配合状态发生了异常变化。

汽车的工作能力是指汽车在技术状况良好的情况下,动力性、经济性、安全环保和可靠性能等方面的总称。

常见汽车故障的分类如下。

1. 局部故障和完全故障

这是按照丧失工作能力的程度进行划分的。局部故障是指汽车部分丧失了工作能力,降低了使用性能的故障。完全故障是指汽车完全丧失工作能力,不能行驶的故障。

2. 一般故障、严重故障和致命故障

这是按照故障产生的后果的严重程度进行划分的。一般故障是指在汽车运行中可能排除或不能排除的局部故障,对行车的影响不大。严重故障是指在汽车运行中无法排除的完全故障,可导致汽车停驶或使故障进一步发展。致命故障是指能够导致汽车产生严重损坏的故障。

(二)汽车故障的成因

汽车故障的形成,主要有自然因素和人为因素两个方面。

1. 自然因素

汽车在正常使用和维护下,由于不可抗拒的原因而形成的故障,属于自然因素引发的故障。这是因为汽车在使用过程中,不可避免地会在零件或零件之间产生自然磨损;在载荷以及温度残余内应力的作用下,零件会产生变形;长期在交变载荷作用下,零件会产生疲劳;金属或者电子器件老化。

2. 人为因素

由于人为的不慎而引起的汽车故障属于人为因素产生的故障。这些不慎的因素体现在汽车设计、制造、使用和维护过程中,具体如下:

(1) 设计制造上的因素

尽管车辆设计者考虑得非常周到细致,在汽车设计中仍然难以避免出现薄弱环节和不足之处。例如,发动机水套内的冷却液流向欠合理而影响散热,导致个别汽缸磨损严重;因总体布置不合理或其他原因导致制动侧滑。

(2) 维护维修影响的因素

汽车在使用过程中,不可避免地要进行维护和维修。随着中国汽车保有量的急剧增长,维修配件的需求量也大幅度增加。一些假冒伪劣配件的出现,会引发各种各样的故障。例如,同一台发动机的各燃烧室容积不等,导致发动机工作不稳、动力不足或爆燃;凸轮轴正时齿轮的键槽位置超差,破坏正常的配气相位,降低发动机的动力性;空气滤清器的质量差,会引起进气量少或过滤效果差,造成动力不足或过度磨损。维护维修者质量意识差、工作间环境卫生差,埋下隐患,产生故障。

(3) 燃油、机油选用因素

根据车型选用符合规定的燃油和机油,是保证汽车可靠使用的必要条件。例如,规定使用93号汽油的车辆,若使用了90号的汽油,发动机就会出现动力不足、爆燃、冲坏汽缸垫或烧损活塞顶;柴油机冬天使用高凝固点的柴油,会造成不易起动或不能起动故障;若机油牌号选用不对,会造成冬季时黏度过大、阻力增加。

(4) 使用因素

车辆使用者对汽车知识了解的多少及责任意识的高低,会对汽车的技术状况造成截然不同的结果。例如,使用带有涡轮增压的发动机,若起动以后马上高速运行,或高速运行以后立刻熄火,都会影响涡轮增压器的寿命;有的人开车,总习惯于把脚放在离合器踏板上,不但加速离合器片的磨损,还影响车辆的动力性能。

(5) 管理方面的问题

由于使用单位和个人不了解或不严格执行车辆技术管理规定,导致车辆使用不合理,维护不及时,修理跟不上,从而导致人为故障不断。在汽车使用过程中,不重视日常维护,不执行出车前、行驶中、收车后的"三检"工作,不定期进行"三清"工作,都会使车辆的故障频率增加,不但影响车辆的寿命,而且还会危及行车安全。

(三)汽车故障的症状

1. 异响

异响是指汽车总成或零部件在工作过程中产生的超出正常技术状况以外的不正常的响声。有些故障往往引起汽车发动机或底盘部分的不正常响声。这类故障症状明显,一般可以及时发现。应当指出的是,有些声响异常的故障可能酿成机件事故,因此必须认真对待。经验表明,凡声响沉重并伴有明显振抖的现象,多数是恶性故障,应立即停车并查明原因。一般的声响常因成因不同而带有不同的特征,在判断时应当仔细查听,正确分辨。

2. 异味

汽车在运行中,如有制动拖滞或离合器打滑等故障,则会散发出摩擦片的焦臭味;发动机过热或润滑油、制动液(带有真空增压器的液压制动系)燃烧时,会散发出一种特殊气味;电路短路、搭铁导致导线烧毁时,也会产生异味。行车中一旦发觉车内有特殊气味,应立即停车并查明故障的位置。

3. 泄漏

泄漏是指汽车上有密封要求的部位漏气、漏液量超过规定量的现象。通常指汽车的燃油、机油、冷却液、制动液(或压缩空气)以及动力转向系统油液的渗漏现象。这也是一种明显可查的故障症状。渗漏易造成过热、烧损及转向、制动失灵等故障,一旦发现应及时排除。

4. 过热

过热是指汽车总成或零部件工作时,温度超过技术文件规定的现象。过热现象通常表现在发动机、变速器、驱动桥和制动器等总成上。在正常情况下,无论汽车工作多长时间,这些总成均应保持一定的工作温度。除发动机外,若手触时感到烫疼难忍,即表明该处过热。发动机过热,说明冷却系统存在故障,如不及时排除,会引起爆燃、早燃、行驶无力,甚至造成拉缸、活塞等部件的烧熔事故。驱动桥过热通常是由装配不良或缺少润滑油等故障所致,如不及时排除,将引起齿轮及轴承等零件烧损。因此,对过热症状不可掉以轻心。

5. 失控

失控是指汽车总成或零部件工作时出现操纵失灵、无法控制的现象。

6. 乏力

乏力是指汽车运行过程中,动力明显不足、加速迟缓的现象。

7. 费油

费油是指汽车燃油、润滑油消耗量超过技术文件规定的现象。燃油、润滑油消耗异常,也是一种故障症状。燃油消耗增多,一般为发动机工作不良或底盘(传动系统、制动系统)调整不当所致。润滑油的消耗过甚,除了渗漏原因之外,常体现在发动机上,这时常常伴有加机油口处大量"冒气烟"、排气烟色不正常等现象,其原因主要是活塞与汽缸壁的配合间隙过大或活塞与汽缸壁有严重损伤。若发动机在工作中,润滑油的消耗量有增无减,可能是润滑系统中掺入冷却液或汽油。因此,燃油、机油消耗异常是发动机存在故障的一个重要标志。

8. 振动

振动是指汽车工作中产生不正常的自身抖动的现象。汽车或总成工作时,可能出现操纵困难或失灵,有时可能出现自身振抖。例如,由于前轮定位不正确而出现前轮振摆或跑偏;由于曲轴或传动轴动力不平衡而使发动机或传动系统在运转中产生振抖等。

9. 污染

污染是指汽车工作过程中产生的有害排放物和噪声超过技术文件规定的现象。

10. 工况突变

工况突变是指汽车的工作状况突然出现不正常现象,这是比较常见的故障症状。例如,发动机突然熄火后再发动困难,甚至不能发动;发动机在行驶中动力突然降低,使汽车行驶无力;汽车在行驶中突然制动失灵或跑偏等。这种故障症状虽然容易察觉,但其成因复杂,而且往往是由渐变到突变,因此在诊断时必须认真调查分析突变前有无可疑症状,去伪存真,判明故障的位置。

11. 排烟颜色不正常

发动机在工作过程中,正常燃烧生成物的主要成分应当是二氧化碳和少量的水蒸气。如果发动机燃烧不正常,废气中会掺有未燃烧完全的碳粒、碳化氢、一氧化碳及氮氧化物等。对于汽油机而言,正常的废气应无明显的烟雾。但是,汽缸窜机油时,废气呈蓝色;燃烧不完全时,废气呈黑色;油中掺水时,废气呈白色。柴油发动机的排气颜色不正常时,通常是喷油正时发生了偏移,伴随发动机无力或不易发动的现象。

12. 汽车外观异常

将汽车停放在平坦场地上,检查其外形状况,如有横向或纵向歪斜等现象,即为外观异常,其原因多数是车架、车身、悬挂、轮胎等出现异常。汽车外观异常会引起方向不稳、行驶跑偏、重心转移、车轮吃胎等故障。

二、汽车故障的症状

(一)汽车故障症状分类

汽车故障症状是在汽车操纵过程中可以感觉和察觉到的汽车异常现象,能够感觉到的是功能性故障症状,能够察觉到的是警示性故障症状。有些故障症状可能不明显,既不能感觉到也不能察觉到,但是故障却存在,这样的故障是隐蔽性故障,只能通过检测的方式才能发现,因而也称之为检测性故障。对汽车故障症状进行分析分类,是进行汽车故障诊断的出发点,对故障症状描述的准确性和同一性是分析判断汽车故障的基础。本章对汽车故障症状从功能性、警示性和隐蔽(检测)性三种存在状态出发,对汽车发动机、底盘系统等四个部分的常见典型故障症状进行了归纳和列举,希望在描述常见汽车故障症状时能够达到同一性和准确性的目标。

(二)汽车故障症状类别表

汽车故障按照表现特征可以分为功能性故障、警示性故障和隐蔽性故障,因此,依据这种分类方式,可以将故障症状具体的表现形式进一步分为以下不同的类别,见表11-1。

故障症状表现形式分类　　　　　　　　表11-1

症状表现形式	症状现象
工作状况异常	行驶性能、运转性能、工作性能、操纵性能等不正常
仪表指示异常	仪表显示、灯光警示、屏幕显示不正常
各部响声异常	发动机、底盘、电器、车身各部分的运动零部件及总成异响
工作温度异常	发动机、传动、制动、转向、行驶等系统的各个总成及润滑液温度不正常
机械振动异常	发动机、底盘等系统运动运转零部件及总成振动、摆动、跳动、抖动等
排放色味异常	尾气排放为白烟、蓝烟、黑烟、尾气排放异味
气味颜色异常	发动机舱、车厢内外各种液/气体、燃润油、橡胶及塑料件等颜色及气味不正常
油液消耗异常	燃油、润滑油、冷却液、转向助力液、变速器、差速器液等液体消耗量不正常
汽车外观异常	车身、车架、轮胎、轮辋、悬架、发动机舱、行李舱等外观变形
液体漏堵异常	发动机润滑油、冷却液、转向助力液、变速器液、差速器液等渗漏、泄漏、堵塞等
检测参数异常	力、力矩、角度、位移、照度、压方、温度、功率、电压、电流、侧滑量、排放值等超标
故障症状关系	单一症状与多种症状、简单症状与复合症状、伴随症状与因果症状

1. 工作状况异常

工作状况异常是指汽车的各个部分出现工作状况不正常的现象。这种现象是能够被直接感受到的。例如:汽车加速不良、发动机怠速不稳、自动变速器换挡不正常、制动失灵等。

2. 仪表指示异常

仪表指示异常是指汽车仪表指示不正常的现象。这种现象是可以直接察觉到的。例如:冷却液温度表指示温度过高、机油灯报警、发动机故障指示灯亮、液晶显示屏故障指示等。

3. 各部响声异常

各部响声异常是指汽车行驶过程中发出的声响不正常。这种现象可以直接听到。例如:发动机连杆轴承响、离合器分离轴承响、变速器齿轮啮合响、排气曾放炮、空调皮带噪声等。

4. 工作温度异常

工作温度异常是指汽车各个总成部件的温度不正常。这种现象可以感觉到。例如:水箱开锅,自动变速器油温过高,制动盘、鼓过热,排气管发红等。

5. 机械振动异常

机械振动异常是指汽车行驶中各部分的不正常振动。这种现象可以感觉到。例如:转向盘振动、车厢振动、车轮摆动、发动机振动等。

6. 排放色味异常

排放色味异常是指排气中的不正常气味和颜色。这种现象可以观察和嗅到。例如:排放气味呛人、排放黑烟、排放蓝烟等。

7. 气味颜色异常

气味颜色异常是指汽车各个部分在形式和运转时出现味道和外观颜色的不正常现象。这种现象可以观察和嗅到。例如:车厢内的汽油味,机油烧焦味,离合器片焦糊味,电路外皮烧焦,机油、变速器油颜色异常等。

8. 油液消耗异常

油液消耗异常是指汽车各种润滑油、电解液、冷却液等消耗过快的现象。这种现象可以观察到。例如:机油消耗过快、电解液消耗过快、水箱亏水等。

9. 汽车外观异常

汽车外观异常是指汽车变形、倾斜等现象。这种现象可以将汽车停放在平坦路面上观察出来。例如:车身偏斜、车轮变形、车身前后左右高低不一致等。

10. 液体漏堵异常

液体漏堵异常是指汽车各部分有油、液渗漏、泄漏或堵塞现象。这种现象通过检查可以发现。例如:发动机油底壳漏油、水箱渗漏、转型助力管路漏油、蓄电池电解液渗漏、燃油管路堵塞等。

11. 检测参数异常

检测参数异常是指只有通过检测才能发现的故障。这种隐蔽性故障必须通过检测来发现。例如:尾气排放超标、发动机功率下降等故障在变化范围比较小时,一般感觉不到,但通过测试可以发现。

12. 故障症状关系

故障症状按照症状数量的多少分为单一症状和多种症状;按照故障原因与故障症状之间的关系分为简单症状和复合症状;按照症状与症状之间的关系分为伴随症

状和因果症状。

单一症状是指只有一个症状表现的故障症状。多种症状是多个症状同时存在的故障症状。例如：前左转向灯不亮和汽油管渗漏，就是两个简单症状，两者之间没有必然联系。其中一个单独发生时称为单一故障，两个以上同时发生称为多种故障。

简单症状是指由一个故障原因导致一个故障症状的现象。复合症状是指由两个以上故障原因导致一个故障症状的现象。例如：混合气偏稀加上一个汽缸的压力偏低，导致这个汽缸出现的间歇性断火症状，就是复合症状，可能只需改变混合气浓度就可以将这个汽缸的断火故障现象大大削弱。如果将这个汽缸做个表面再生修复，就有可能将故障症状完全消除。这表明复合症状中的任何一个故障原因发生变化，都有可能影响到故障症状的表现。

伴随症状与因果症状是多种同时出现的症状之间存在着的相互联系。例如：由混合气过浓导致的发动机故障症状是排气冒黑烟和怠速不稳，其中怠速不稳是发动机运转性能变化的功能性故障症状，冒黑烟是警示性故障症状。冒黑烟与怠速不稳具有相互伴随的关系。又如故障症状是发动机有进气管漏气声和发动机转速不稳。发动机转速不稳是运转性能不良的功能性症状，而有进气管漏气声是警示型症状。故障是由进气漏气导致的发动机转速不稳，这两个故障症状之间是因果关系。

(三) 汽车发动机典型故障症状

1. 功能性故障症状

功能性故障症状是指在发动机工作中可以感觉到的工作状况发生异常变化的症状。

(1) 不能起动：起动机不转，起动机转，有、无点火，有、无喷油，缸压正常否。

(2) 起动困难：长时间起动才能发动、多次起动才能发动。

(3) 怠速不正常：无怠速、有怠速，无快怠速、怠速高、怠速低、怠速抖动、怠速游车、怠速熄火、怠速摆动、怠速忽高忽低。

(4) 运转(行驶)不良：转速不稳/抖动、喘振、闯车。

(5) 动力不足：最高车速低、爬坡无力。

(6) 加速不良：迟滞、无力、闯车、发闷、提速慢、提速转速低。

(7) 减速不良：熄火、不降速、降速慢。

(8) 自动熄火：突然熄火、逐渐熄火。

(9) 无法熄火：关闭点火开关后不熄火。

2. 警示性故障症状

警示性故障症状是指在发动机工作中可以察觉到的有异常现象发生的症状。

(1) 进气异常：回火放炮、异响。

(2)排气异常:放炮、突突、温度异常、异味、异响、白烟、蓝烟、黑烟。

(3)发动机异响:燃烧异常响、机械运动副间隙响、气流异响、跳火异响、机件摩擦敲击。

(4)发动机异味:汽油味、焦糊味、机油味。

(5)温度异常:水箱开锅冲水、冷却液温度过高、冷却液温度过低、暖机慢。

(6)指示异常:故障灯亮(闪)、充电灯亮、机油灯亮,转速表、燃油表指示正确。

(7)外观异常:转动异常、安装不当、变形损坏。

(8)消耗异常:燃油、润滑油、冷却液。

(9)颜色异常:润滑油、冷却液。

(10)液体渗漏:冷却液渗漏、润滑油渗漏。

3.检测性故障症状

在发动机工作时不易感觉和察觉到的隐蔽性故障症状,这是只有经过检测才能够发现的异常故障。

(1)汽缸压力略低。

(2)汽缸漏气率略高。

(3)曲轴箱窜气率略高。

(4)进气真空度略高或略低。

(5)冷却水箱盖开关阀压力异常。

(6)水箱保压时间短。

(7)燃油压力略高或略低。

(8)燃油箱盖进气阀开关压力异常。

(9)机油压力偏高。

(10)尾气排放略高或略低。

(11)怠速转速略高或略低。

(12)点火高压略高或略低。

(13)点火正时基准略为偏移。

(14)流量、角度、温度等传感器输入参数轻微偏离。

(15)燃油消耗量偏高。

三、汽车故障的原因

汽车故障生成原因由外因和内因两个部分组成。其中,外部原因主要由环境因素、人为因素和时间因素引发;而内部原因则主要由物理、化学或机械的变化因素导致。导致汽车故障生成的内部原因称为故障机理。

对故障原因进行模式化分类,就是找出不同故障原因的相同模式进行归类,故障模式就是从故障原因中抽出具有相同本质的内容进行分类组合而成的。

对汽车故障原因进行分层定义是为了在诊断故障时逐级缩小故障范围,最终锁定故障点,找出损坏的零部件,然后再分析零部件故障的生成原因,区分出零部件损坏的内因和外因,从根源处杜绝故障再次发生的可能性。

(一)汽车故障生成的外因

汽车故障外部原因主要由环境因素、人为因素和时间因素三个方面引发。

1. 环境因素

外界施加于汽车的各种条件、客观环境等均称为环境因素。环境因素包括力、能、温度、湿度、振动、污染物等外界因素,这些环境因素将以各种能量的形式对汽车产生作用并使机件发生磨损、变形、裂纹以及腐蚀等各种形式的损伤,最终导致故障的发生。这些能量包括机械能、热能、化学能和其他能量四种,其主要影响和造成的典型故障见表11-2。

环境因素影响造成的故障表　　　　　　　　　　　　　　　　表11-2

环境因素	主要影响	典型故障
机械能	产生振动、冲击、压力、加速度、机械应力等	机械强度降低、功能受影响、磨损加剧、过量变形、疲劳破坏、机件断裂
热能	产生热老化、氧化、软化熔化、黏性变化、固化、脆化、热胀冷缩机热应力等	电气性能变化、润滑性能降低、机械应力增加、磨损加剧、机械强度降低、腐蚀加速、热疲劳破坏、密封性破坏
化学能	产生受潮、干燥、脆化、腐蚀、化学反应及污染	功能受影响、电气性能下降、机械性能降低、保护层破坏、表面变质、化学反应加剧、机件断裂
其他能量	产生脆化、加热、蜕化、电离及磁化	表面变质、材料褪色、热老化、氧化、材料的物理性能、化学性能、电气性能发生变化

2. 人为因素

汽车在设计、制造、使用和维修过程中,始终都包含着人为因素的作用在内,特别是早期故障的发生,大部分都可以归因于人为因素。

3. 时间因素

通常都把机械指标(如强度、精度、功率等)当作随时间而变化的内容来考虑。因为即使是和设计要求完全相符的机械经过长年累月的使用,其特性指标都会因为温度、湿度、负荷等影响而随时间发生变化。

上述的环境因素、人为因素等是促使汽车发生故障的诱因,就其广义来讲也都将时间因素考虑在内。如施加应力的先后顺序、单位时间内应力循环的频率、疲劳裂纹扩展的速度以及负荷时间与无负荷时间的比例等都是故障诱因的时间因素。

(二)汽车故障生成的内因(故障机理)

1. 根据机械零件的类型、使用环境和故障表现形式分类

根据机械零件类型、使用环境和故障表现形式,故障机理通常可以归纳为磨损、变形、断裂、裂纹和腐蚀等几个方面。

(1) 磨损机理

磨损是指相对运动的零件物质由于摩擦而不断损耗的现象。按照磨损的机理磨损又可分为磨粒磨损、黏着磨损、疲劳磨损和腐蚀磨损四种。

①磨粒磨损。磨粒磨损是指摩擦表面间有硬质颗粒物相互摩擦引起的表面磨损。磨粒磨损会在材料表面划出沟槽。减少磨粒磨损的主要是为了防止外来磨粒进入摩擦表面和防止摩擦表面产生磨粒。

②黏着磨损。黏着磨损是指摩擦表面间因温度过高导致的金属局部熔化,发生转移黏附到相接触的零件表面上的现象。黏着磨损会在材料表面发生擦伤、撕脱、咬合现象。例如:拉缸、烧瓦、抱轴等。

③疲劳磨损。疲劳磨损是指在交变载荷长时间作用下,摩擦表面产生裂纹、甚至金属剥落的现象。例如:滚珠轴承滚道金属剥落,齿轮、凸轮表面金属裂纹和剥落等。

④腐蚀磨损。腐蚀磨损是指材料与周围介质发生化学和电化学反应引起金属表面腐蚀产生剥落的现象。腐蚀磨损又分为氧化磨损、特殊介质(酸碱盐)腐蚀磨损和穴蚀三种。例如:曲轴轴径、汽缸、活塞销、齿轮啮合表面都会产生氧化(层剥落)磨损。缸壁的酸性腐蚀以及湿式缸套与冷却水接触表面穴蚀等。

(2) 变形机理

变形是指机件在外部载荷以及内部应力作用下,发生形状和尺寸变化的现象。根据外力去除后变形能否恢复可分为弹性变形和塑性变形两种。机件变形的原因主要有外载荷、内应力、温度及内因四个方面。

①弹性变形。弹性变形是指机件受载时发生的变形,在外载荷卸除后变形即自行消失。弹性变形具有可逆性特点。

②塑性变形。塑性变形是指机件受载时发生的变形,在外载荷卸除后变形依然存在。塑性变形具有不可逆特点。

③外载荷。外载荷是指汽车机械零件在工作中传递的力和转矩以及承受的冲击和振动。当这些外载荷作用到金属零件上时,零件内部就产生了各种应力;当这种应力在材料的弹性极限之内时,汽车机械零件发生的变形是弹性变形;当上述应力超过屈服强度时,汽车机械零件发生的变形是塑性变形。

④内应力。内应力是指铸件冷却后由于相连部分体积变化不均匀,相互牵制产生的应力。内应力分为热应力和残余内应力两种。内应力要通过时效处理加以消

除,时效处理不当是导致机械铸件发生早期变形的主要原因。

⑤温度。温度是指在高温下工作容易导致零件的变形,原因是金属材料的弹性极限随温度的提高而下降。也就是说温度过高导致了金属强度下降,而金属强度下降导致了汽车零件的变形。

⑥内因。内因是指金属材料的结晶缺陷,这是指金属材料在微观组织结构上的缺陷,主要包括空位、位错、沿晶粒界限的缺陷、空穴和其他杂质等。内因是指零件材料的质量问题,这也是导致零件变形的原因。

(3)断裂机理

断裂是指机件在承受较大静载荷或动载荷时,达到材料的强度极限或疲劳极限时断成两个或几个部分的现象。断裂可分为疲劳断裂、静载断裂和环境断裂三种。

①疲劳断裂。疲劳断裂是指机件在重复以及交变应力的作用下,虽然所承受的应力低于材料的屈服极限,按静强度设计观点来看应该是安全的,但仍然发生了断裂的现象。

②静载断裂。静载断裂是指机件在静载荷(一次冲击或恒定载荷)作用下,外部载荷超过材料的强度极限时,机件发生断裂的现象。静载断裂分为韧性断裂和脆性断裂两种。韧性断裂是发生在宏观塑性变形下的断裂,也就是在断裂前机件发生过明显的塑性变形。脆性断裂是突然发生的几乎没有明显塑性变形的断裂,也就是机件在断裂前基本没有发生明显的塑性变形。

③环境断裂。环境断裂是指机件在腐蚀环境中材料表面或裂纹前沿由于氧化、腐蚀或其他过程,使断裂表面的强度下降导致的断裂现象。

(4)裂纹机理

裂纹是指机件表面出现局部断裂的现象。裂纹的发展过程分为裂纹产生、裂纹扩展和最终断裂三个阶段。裂纹属于可挽救故障,断裂属于不可挽救故障。裂纹的形态和成因都很复杂,很难区分裂纹的类型。为了讨论方便,可将裂纹分为工艺裂纹和使用裂纹两种。

①工艺裂纹。工艺裂纹主要指铸造裂纹、锻造裂纹、焊接裂纹、热处理裂纹和磨削裂纹五种。

②使用裂纹。使用裂纹是指机件在实际使用中产生的裂纹,主要有疲劳裂纹、应力腐蚀裂纹和蠕变裂纹三种。

(5)腐蚀机理

腐蚀是指金属机件表面接触各种介质后相互之间发生某种反应而逐渐遭到损坏的现象。腐蚀按照破坏机理可分为化学腐蚀和电化学腐蚀两种。

①化学腐蚀。化学腐蚀是指零件材料直接与介质发生化学反应的现象。化学腐蚀通常在零件表面形成一层相应的化合物覆盖膜,例如:铁、铝等金属在空气中氧化,

就会在其表面形成一层氧化膜。

②电化学腐蚀。电化学腐蚀是指当两种不同的金属材料处在同一导电溶液中时，两种金属相当于一对电极，这样就形成了微电池，产生了电化学反应，使得阳极金属因有电子流向阴极而受到腐蚀的现象。

2. 根据电器元件的类型、使用环境和故障表现形式分类

电器元件的故障模式和机理通常可以按照电器元件的种类来划分类别。常见电器有电阻器、电容器、接插件、焊接件、线圈、集成电路芯片、电机及变压器等。

(1) 电阻器件故障机理

电阻在电子设备中使用的数量很大，而且是一种发热元器件，电气设备故障中因电阻器失效导致的占有一定的比例。其故障原因与产品的结构、工艺特点有密切关系。电阻器失效分为两类，即致命失效和参数漂移失效。电阻器大多数情况是致命失效，常见的有断路、机械损伤、接触损坏、短路、击穿等。

(2) 电容器件故障机理

电容器故障模式常见的有击穿、开路、参数退化、电解液泄漏和机械损伤等。电容器在工作应力和环境应力的综合作用下工作，因而有时会产生一种或几种故障模式和故障机理，还会由一种模式导致另外一种模式或机理发生。各种故障模式又是相互影响的。电容器的故障与产品的类型、材料的种类、结构的差异、制造工艺及工作环境等诸多因素密切相关。导致上述故障的原因有以下几个方面：

①击穿。击穿主要由于介质中存在缺陷、杂质，介质老化，金属离子迁移形成导电沟道或边缘飞弧放电，介质材料内部气隙击穿或介质电击穿，介质机械损伤，介质材料分子结构改变等原因导致。

②开路。开路主要由于引线与电极接触点氧化而造成低电平开路、引线与电极接触不良或绝缘不良、电解电容器阳极引出金属因腐蚀而导致开路、工作电解质的干枯或冻结、电解质与电介质之间短时开路等原因导致。

③电参数退化。电参数退化主要由于潮湿或电介质老化与热分解、电极材料的金属离子迁移、表面污染、电极的电解腐蚀或化学腐蚀、杂质或有害离子的影响、材料的金属化、电极的自愈效应等原因导致。

(3) 集成电路芯片故障机理

集成电路芯片故障模式主要有电极开路或时通时断、电极短路、引线折断、机械磨损和封装裂缝、电参数漂移、可焊接性差和无法工作等几种。

①电极开路或时通时断。主要原因是电极间参数迁移、电蚀和工艺问题。

②电极短路。主要原因是电极金属扩散、金属化工艺缺陷或外来异物等。

③引线折断。主要原因有引线强度不够、热点应力及机械应力过大和电蚀等。

④机械磨损和封装裂缝。主要由封装工艺缺陷和环境应力过大等原因所造

成的。

⑤电参数漂移。主要原因是原材料缺陷、可移动离子引起的反应等。

⑥可焊接性差。主要由引线材料缺陷、引线金属镀层不良、引线表面污染、腐蚀和氧化导致。

⑦无法工作。无法工作一般是工作环境因素造成的。

(4)接触件故障机理

接触件是指用机械压力使得导体与导体接触,并具有导通电流的功能元器件。通常包括开关、插接件、继电器和起动器等。接触件的可靠性较差,往往是电子设备或系统可靠性不高的关键因素。开关件和插接件以机械故障为主,电气故障为次,故障模式主要有磨损、疲劳和腐蚀等,而继电器等接触件故障模式主要是指接点故障和机械故障。

①开关与插接件常见故障机理。

a.接触不良。接触表面污染、插键未压紧到位、接触弹簧片应力不足和焊剂污染。

b.绝缘不良。表面有尘埃和焊剂污染、受潮、绝缘材料老化及电晕和电弧烧毁、碳化等。

c.机械失效。主要由弹簧失效、零件变形、底座裂缝和推杆断裂等原因引起。

d.绝缘材料破损。主要原因是绝缘体存在残余应力、绝缘老化和焊接热应力等。

e.弹簧断裂。主要由于弹簧材料的疲劳、损坏和碎裂等。

②继电器常见故障机理。

a.继电器磁性零件去磁或特性恶化。主要原因是磁性材料缺陷或外界电磁应力过大造成的。

b.接触不良。主要由于接触表面污染或有介质绝缘物、有机吸附膜及碳化膜等,接触弹簧片应力不足和焊剂污染等。

c.节点误动作。主要由于结构部件在应力下出现谐振。

d.弹簧断裂。主要由于弹簧材料疲劳、裂纹损坏或脆裂、有害气体腐蚀。

e.线圈断路。主要由于潮湿条件下的电解腐蚀和有害气体的腐蚀等。

f.线圈烧毁。主要由于线圈绝缘的热老化、引出线焊接头绝缘不良引起短路而烧毁等。

(5)电机故障机理

汽车电机故障主要分为电气故障和机械故障两类。电气故障主要模式为换向器和电刷损坏、电枢线圈搭铁与短路、永久磁铁去磁或特性恶化、励磁线圈搭铁短路与烧坏。机械故障主要模式为电枢弯曲变形和断裂、电枢与轴承磨损、擦伤与腐蚀、电机外壳变形与烧坏。

①电气常见故障机理。

a.换向器损坏。换向器片间云母槽内炭粉或焊锡等导致绝缘不良短路、换向器表面磨损。

b.电刷损坏。电刷安装位置不当、电刷压力调整不当、电刷接触面积调整不当、电刷材质或牌号不当引起。

c.电枢线圈短路与搭铁。由于电机过载、散热不良、绝缘材料不良以及漆包线质量导致的线圈匝间层间绝缘损坏。

d.永久磁铁去磁或特性恶化。电机负载过大、散热不良导致温度过高损坏磁极、外界电磁力过大。

e.励磁线圈搭铁短路与烧坏。电流过大、绝缘不良和温度过高导致励磁线圈损坏。

②机械常见故障机理。

a.电枢弯曲变形与断裂。材质及设计加工等问题导致断裂,装配使用不当导致变形。

b.电枢和轴承磨损与腐蚀。润滑不良、温度过高导致轴承磨损。

c.电机外壳变形与烧坏。电机外壳机械损伤变形或电机过载过热导致烧坏。

第二节 汽车故障诊断基本原理

一、汽车故障诊断分析原理

(一)因果图分析法

因果图分析法是一种支叉表述方法,它以故障现象为结果,以导致该故障的诸因素为原因,用分支分叉的方法绘制成因果相关图。通过图形的因果关系可以全面分析导致故障现象发生的各种原因,并从中找出故障的主导原因。图11-1便是以发动机不能起动为故障现象,用因果分析相关图法表示出造成故障现象的各种因素之间的相互关系图。

很显然,这张图的故障现象是发动机不能起动,导致这个结果发生的因素有许多,它包括喷油不喷油、没有高压点火、配气相位失常、曲轴凸轮轴信号失常、控制电脑不工作和起动机不转等原因,这些原因形成了第一层分支,沿着这层分支再往下,又可以查找出第二层小分支,例如:没有高压点火可以是点火线圈初级电源熔断器损坏,也可以是点火线圈本身损坏导致的结果。

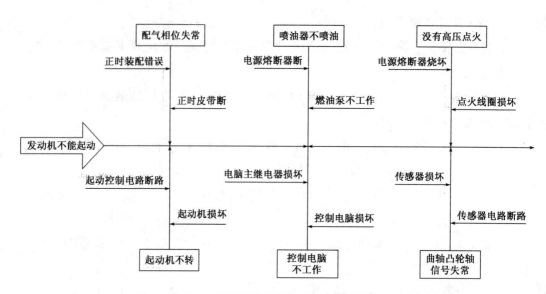

图 11-1　因果分析法与故障现象各因素关系图

由此可以看出,因果图中有一条主干,其端部箭头指向表示故障现象的结果(如图 11-1 中的发动机不能起动),在主干的两侧有若干分支形成枝节,每个枝节表示构成故障的主导原因(如图 11-1 中的没有高压点火、控制电脑不工作等)。对于复杂的故障现象枝节上再划出若干小分支,以表示不同的次要原因(如图 11-1 中的电源熔断器烧坏、点火线圈损坏等)。

将因果图中导致结果发生的各级主支干原因用字母表示,可以将因果图画成图 11-2 所示的形式。

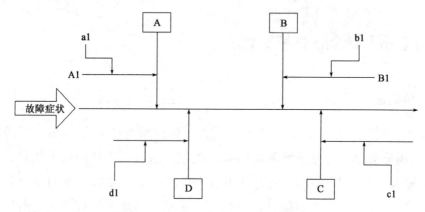

图 11-2　因果图与各级主支干原因关系图

因果图分析法给出任意一个故障现象对应的所有生成因素的脉络联系,它把一个故障症状与各种导致故障的原因用网状枝杈的方式联系在一起,形成一个非常清晰的关系图。从故障现象入手,让我们方便地沿着这个网状关系,去分层查找出故障的最终原因。

因果图分析法在汽车故障诊断中所具有的重要意义在于对每一个常见的汽车故

障现象,都基于因果的必然联系,清楚地区分出汽车各个部分或系统对这一故障症状的出现所具有的不同影响因素,掌握从各个方向查找出故障原因的基本脉络,即沿着网状枝杈顺藤摸瓜的故障诊断技巧。

因果图分析法简明地表示出故障现象和故障原因之间的关系,尤其对寻找由多种多层故障原因导致的故障现象更为清晰。但因果图分析法不能表示出结果与原因之间的定量关系,所以该方法仅作为故障的定性分析方法。

(二) 故障树分析法

故障树分析法是一种图形演绎方法,它以系统的故障作为分析对象,通过对可能造成故障症状的各种故障原因进行分析,用图形表示其发生原因之间的逻辑关系,列出故障症状与故障原因的相互关系图,故障树图形好像一颗倒置的树,因此叫作故障树。根据故障树分析系统发生故障的各种可能途径和可靠性特征,这就是故障树分析。对发生的故障事件从总体到部分,从系统到元件按树枝状作逐级展开的细化分析,进一步判明基本故障、确定故障原因、故障影响和发生概率以及分析系统可靠性的方法,叫作故障树分析法。

1. 由故障症状、故障原因的层级关系,确定从顶端到中间事件、再到底端事件的全部事件列表

在故障树中,首先把要分析的系统故障事件称为顶端事件,在汽车故障中,顶端事件是指最初故障症状。其次把不能再分解的基本事件称为底端事件,在汽车故障中,底端事件是指最小故障点。最后把其他事件称为中间事件,在汽车故障中,中间事件是指各层故障原因,因此中间事件有多层,故障树就是由第一层顶端事件和多层中间事件,再加上最后一层的底端事件构成的。注意:故障树中的底端事件不是故障的最终原因,而仅仅是最小故障点。

2. 由故障症状与故障原因之间的逻辑关系,连接起事件与事件之间的逻辑图

故障树是根据故障症状与故障原因相互之间的逻辑关系建立起来的,首先将顶端事件和中间事件用矩形符号表示,底端事件用圆形符号表示,绘制成图 11-3 的形式。然后再确定各层事件之间的逻辑关系,逻辑关系主要由"与"和"或"两种组成,并将各层事件用逻辑符号连接起来,逻辑"或"用符号" + "表示,"或"表示低一层的事件有一个发生时,上一层的事件就会发生。事件间的"或"关系是汽车故障中最常见的逻辑关系。例如:各缸没有点火和各缸没有喷油这两个事件中,只要有一个发生,发动机就不能起动。其逻辑关系图画法如图 11-3 所示。

逻辑"与"用" * "符号表示。"与"表示低一层的所有事件都发生时,上一层的事件才发生,例如:机油滤清器塞和机油旁通阀堵塞这两个事件中,必须是同时发生才会导致机油压力完全没有。其逻辑关系图画法如图 11-4 所示。

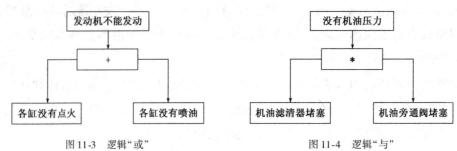

图 11-3 逻辑"或"　　　　　图 11-4 逻辑"与"

按照逻辑关系将顶端事件为汽车动力不足建立的故障树,如图 11-5 所示。

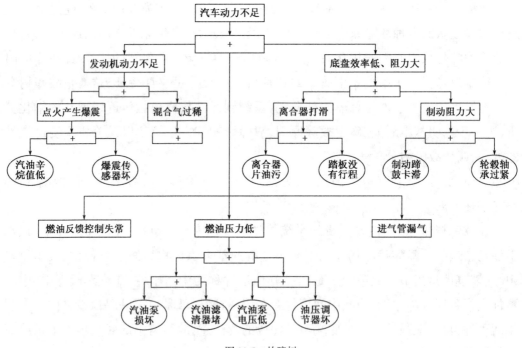

图 11-5 故障树

3. 对故障树进行定性分析

对故障树进行定性分析的主要目的是为了找出导致顶端事件发生的所有可能,也就是导致故障症状发生的所有原因,弄清发生某种故障到底有多少种可能性。

4. 对故障树进行定量分析

故障树定量分析的主要任务是根据故障树的结构函数和底端事件的出现概率,应用逻辑"与"、逻辑"或"的概率计算公式,定量地评价故障树的顶端事件出现的概率值。

二、故障树分析法在汽车故障诊断中的应用

故障树分析法在汽车故障诊断中的实际应用主要体现在汽车制造厂家提供的维

修手册中的故障诊断指导表格和流程图,即故障症状原因对照表和故障诊断流程图,前者是故障树的直接应用,后者是故障树的延伸应用。

(一)故障症状原因对照表

故障症状原因对照表将故障症状(顶端事件)与故障原因(故障部件)用表格的方式列出,它将顶端事件和对应的全部底端事件以列表的形式表示出来,表格中一个故障症状与多种可能的故障原因直接对应,表格通常会将某一系统的所有常见故障症状全部列出,这对分析和查找某一系统故障症状的产生原因具有十分清晰和便捷的指导作用。

表 11-3 是美国福特汽车公司生产的蒙迪欧轿车空调系统故障症照表,左边是故障症状,即顶端事件;右边是对应的可能原因,即底端事件。每一个可能的原因就是一个最小割集;对应一个故障症状的所有可能原因,就是全部的最小割集,显然,这是故障树的定性分析应用。

空调系统故障症状原因对照表　　　　　　表 11-3

故障症状	可能原因
空调(AC)无法起动	(1)熔断器; (2)线路; (3)在 AC 系统中无压力; (4)空调(AC)循环开关; (5)压力截断开关; (6)空调(AC)压缩机离合器; (7)动力控制模块(PCM); (8)AC 节气门全开(WOT)继电器; (9)风机电动机继电器; (10)风机电动机控制模块或 EATC 模块
风机电动机无法起动或转动不正常(仅针对配置手动空调的汽车)	(1)熔断器; (2)线路; (3)风机电动机继电器; (4)风机电动机; (5)风机电动机开关; (6)风机电动机电阻器
风机电动机无法起动或转动不正常(仅针对配置 EATC 的汽车)	(1)熔断器; (2)线路; (3)风机电动机继电器; (4)风机电动机控制模块; (5)风机电动机
空气循环不工作	(1)线路; (2)循环风门电动机; (3)风机电动机控制模块空调控制单元; (4)EATC 模块
除霜不工作	(1)线路; (2)除霜通气温度调节混风门执行器; (3)风机电动机控制模块空调控制单元; (4)EATC 模块

续上表

故障症状	可能原因
仪表盘/盘底空气分配调整不工作	(1)线路； (2)仪表盘底板出风口/导管混合闸门执行器； (3)风机电动机控制模块 AC 控制单元； (4)EATC 模块
温度控制不工作	(1)线路； (2)温度控制开关； (3)风机电动机控制模块/空调控制单元； (4)EATC 模块
电子自动温度控制(EATC)无法正常工作	(1)熔断器； (2)线路； (3)传感器； (4)EATC 模块
恒温控制总成的照明不工作(仅针对配置EATC 的汽车)	(1)线路； (2)EATC 模块
温度调整无法正常工作	(1)线路； (2)传感器
空调性能不足	(1)空调控制单元； (2)温度控制开关； (3)发动机冷却风扇； (4)EATC 模块； (5)制冷剂量； (6)制冷剂管路

资料来源：美国福特蒙迪欧轿车维修手册。

故障症状原因对照表对汽车故障诊断是非常有用的指导性资料，可以帮助汽车维修技术人员迅速准确地查找出常见的和普遍的汽车故障症状的原因，但是对于少见的和特殊的汽车故障症状原因的查找就可能没那么有用了。另外，对照表中所列举的故障原因范围很宽，由于设计制造的质量和使用维修的条件所致，有些故障症状和故障原因对某一确定车型有可能直到汽车报废都不会发生。因此，在实际的汽车故障诊断中还要注意查找汽车技术通报信息(TSB 通报)。TSB 通报信息会将某一车型在一段时间内所发生的典型案例公布发表，供全球范围内的汽车维修技术人员参考。

综上所述，故障树分析法在汽车诊断中的应用结果——汽车故障症状原因对照表可以作为一个十分有用的辅助诊断工具使用，具有方便快捷的使用价值，但存在着对常见故障和多发故障症状和原因列举过多，而对于少见故障和特殊故障症状和原因又列举不足的缺陷，因此，在实际故障诊断中汽车故障诊断流程图往往是更好的诊断指导资料。

(二)故障诊断流程图

故障诊断流程图是将一个顶端事件所表示的故障症状的诊断步骤按顺序图或顺序表逐一查找的方法列出，将同一层级的中间事件按照故障原因发生的概率或者故障诊断难易的程度排序把所有中间事件串联起来,形成的从一个顶端事件到所有底端事件的一张故障诊断顺序图表。

图 11-6 所示为奇瑞轿车发动机怠速不稳故障诊断流程图(资料来源:奇瑞轿车维修手册)。

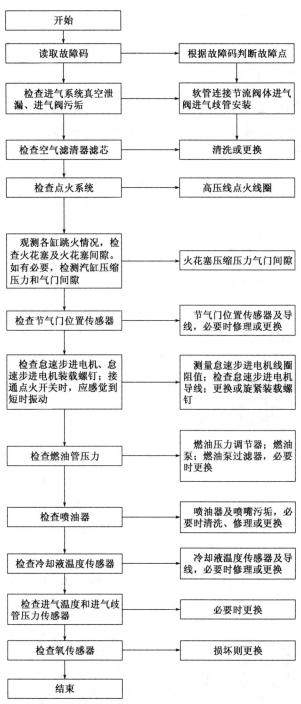

图 11-6　奇瑞轿车发动机怠速不稳故障诊断流程图

第三节 汽车故障诊断流程步骤

一、汽车故障诊断的基本流程

(一)汽车故障诊断的基本思路

汽车故障诊断的基本思路是从问诊入手了解症状,经过试车验证症状,通过分析弄清原理再推理假设出可能原因,最后经过测试验证故障点是否成立的全过程。图 11-7 为汽车故障诊断的基本思路。

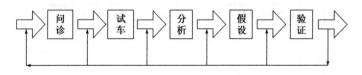

图 11-7 汽车故障诊断的基本思路

当验证的环节证明假设的故障点不成立时,应该返回到前一个环节提出新的假设,然后再去验证;当提不出新的假设时,就要再回前一个环节进行重新分析;如果重新分析还得不到更新的假设,就要再回前一个环节,应更加仔细地试车以发现新的特征,必要时还可以进一步重复问诊过程以了解更多的信息,重新提出新的假设并加以验证,直至发现真正的故障点为止。这就是汽车故障诊断的基本思路。

(二)汽车故障诊断的基本流程

汽车故障诊断基本流程是根据基本思路而来的,但比基本思路的内容更为详细,增加了诊断流程设计和修复后的验证环节。基本流程是汽车故障诊断中最基础的诊断过程,是对诊断内容的最一般的概括和总结。汽车故障诊断基本内容包括从故障症状出发,通过问诊试车(验证故障症状)、分析研究(分析结构原理)、推理假设(推出可能原因)、流程设计(提出诊断步骤)、测试确认(测试确认故障点)、修复验证(排除故障后验证),最后达到发现故障最终原因的目的。图 11-8 为汽车故障诊断的基本流程示意图。

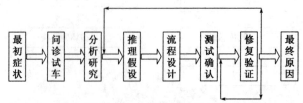

图 11-8 汽车故障诊断的基本流程示意图

1. 最初症状

最初症状是故障诊断的出发点,故障症状分为以下三种:

(1)可感觉到的性能和功能发生改变的症状。

(2)可察觉到的外观和状态发生改变的症状。

(3)可检测到的参数和指标发生改变的症状。

对故障症状的确认首先应该要力求达到描述术语的一致性,包含从车主的描述到维修人员之间描述的一致性,避免同一故障症状的歧异性描述,要逐渐形成规范化的定性描述语言文字,同时还应该向着标准化的定量描述参数图形的方向发展。例如:怠速游车、怠速抖动、怠速不稳、怠速波动、怠速喘振、怠速上下变化等怠速状况描述的多重化语言,带来了对怠速转速状态描述的不规范和不准确性,给故障诊断分析时的记录与交流带来极大的不确定性,因此,怠速转速变化的描述应该从参数化入手,即引入转速最大值、最小值、变化频率等参数来定量描述,并且应该向测试图形化方向发展,即引入怠速转速波形化的测量方法,从波形形状、幅值、斜率、信号分析等多种途径出发,更加细致地研究怠速转速的变化规律。总之,故障症状的描述在文字和语言上的统一亟待走上规范化和标准化的道路。

2. 问诊试车

问诊是通过对车主的询问了解汽车故障症状的过程,试车则是对汽车故障症状的实际验证,进一步确认故障症状的过程。

(1)问诊

问诊不仅要达到全面了解故障症状的目的,更重要的是要把握住故障症状发生时的前因后果。在许多生产厂家的维修手册中给出了标准的问诊表,使用问诊表的目的在于实现规范化和标准化的问诊模式,以便实现对问诊内容完备性和准确性的要求。表11-4所示为日产汽车公司提供的发动机故障诊断问诊表。

不同汽车公司提供的问诊表格不尽相同,但问诊的基本内容大致相同,问诊表的方式简捷,便于应用,但对于比较复杂疑难的故障只凭问诊表还是不够的,必须进行更加仔细的问诊和更加详细的故障症状记录。更为深入的问诊主要包括以下8个方面的内容:

①车主及汽车的基本情况。

a. 基本情况:客户姓名、牌照号码等。

b. 使用情况:经常行驶的道路条件、经常使用的车速等。

c. 车主的驾驶习惯:行驶、停车、暖车等。

②故障发生状况。

a. 故障基本症状:发生日期、症状类型等。

b. 故障症状特征:单一、伴随等。

汽车发动机故障诊断问诊表　　　　表11-4

客户姓名		车牌号/车型		
当前里程		WIP号		
故障现象	①发动机故障指示灯；②无法起动；③起动困难；④急速不良；⑤动力不足；⑥发动机熄火；⑦发动机异响			
故障发生频率	□经常　□偶尔　□仅一次　□有规律性　□其他(　　　　　)			
客户描述（原话）				
故障现象	①发动机故障指示灯	□常亮　□有时亮　□闪烁　□其他(　　　　　)		
	②无法起动	□无起动征兆　□有起动征兆　□起动后熄火　□其他(　　　　　)		
	③起动困难	□冷车起动困难　□热车起动困难　□其他(　　　　　)		
	④急速不良	□急速不稳　□急速高　□急速低　□急速抖动　□发动机负荷增加时急速不良　□其他(　　　　　)		
	⑤动力不足	□加速迟缓　□回火　□放炮　□喘振　□敲缸　□其他(　　　　　)		
	⑥发动机熄火	□起动后立即熄火　□加速时熄火　□减速时熄火　□空调工作时熄火　□挂挡时熄火　□其他(　　　　　)		
	⑦发动机异响	□咯咯　□嗤嗤　□吱吱　□其他(　　　　　)		
故障发生的条件	天气	□晴天　□阴天　□雨天　□雪天　□其他(　　　　　)		
	地点	□高速公路　□一般公路　□市区　□上坡　□下坡　□坑洼路面　□转弯时　□其他(　　　　　)		
	发动机工作温度	□冷车　□暖车时　□热车后　□任何工作温度　□其他(　　　　　)		
	发动机工况	□起动时　□起动后　□急速　□无负荷　□中小负荷　□大负荷　□车辆行驶速度(　　) □匀速　□加速　□减速)　□其他(　　　　　)		
	发动机转速	□急速　□中速运转　□高速运转　□所有转速下　□特定转速(r/min)		
车辆使用情况	经常行驶的道路条件	□城市道路　□乡间道路　□高速公路　□快速路　□其他(　　　　　)		
	行驶速度	□低速　□高速　□走走停停　□其他(　　　　　)km/h		
	变速箱挡位模式	□自动换挡模式　□手动换挡模式　□其他(　　　　　)		
	汽油品质	□97号汽油　□93号汽油　□乙醇汽油　□其他(　　　　　)		
	曾经发生过什么故障			
	更换过哪些部件			
	最近是否维修过	□是　□否 因什么故障维修：(　　　　　)		
	维修后故障症状是否消失	□是　□否	维修后是否产生其他异常现象	□是　□否
	维修后产生的其他故障			

c. 症状发生状况:持续、间歇等。

d. 故障发生程度:轻微、严重等。

e. 受气候影响/不受气候影响。

③发动机(汽车)工况。

a. 冷车时(后)/暖车时(后)/热车时(后)。

b. 低速时/中速时/高速时/变速时(后)。

c. 加速踏板全关/加速踏板微开/加速踏板半开/加速踏板全开/所有位置。

d. 开空调时(后)/打方向时(后)/开前照灯时(后)/风扇转时(后)。

e. 驻车时(后)/起动时(后)起步时(后)/行车时、稳速时、急缓减速时(后)/急缓加速时(后)/滑行时(后)/制动时(后)停车时(后)熄火时(后)。

f. 急缓踏制动踏板时(后)/急缓踏离合踏板时(后)。

g. 挂挡时(后)/摘挡时(后)。

h. 直行时(后)转弯时(后)。

④故障发生时的指示值。

a. 冷却液温度:低温、高温、任何温度。

b. 车速:行驶车速点。

c. 转速:发动机转速点。

d. 挡位:发生挡位。

⑤故障发生的间隔时间。

a. 多少时间前。

b. 多少时间后。

⑥故障发生时的环境。

a. 时间:早、中、晚。

b. 气温:冷、热、常温。

c. 湿度:潮湿、适中、干燥。

d. 气候:晴、雨、任何天气。

e. 道路:高速、一般公路、土路等。

⑦故障灯指示状态。

a. 故障灯常亮/故障灯有时亮/故障灯不亮。

b. 故障灯常闪亮/故障灯有时闪亮。

⑧维护情况。

a. 本次故障症状(如果不是第一次发生和修理)从第一次发生到本次进厂修理过程中的全部发生经历和维修经历。

b. 以往故障记录及修理记录、更换过的总成及主要零部件名称、生产厂家和更换次数及价格。车上附加安装的装置名称、生产厂家、安装单位。

c. 最近一次维修时间、维修项目、维修状况、更换零件名称数量。出厂检测参数。

d. 本车年检记录、车辆事故记录。

e. 本车维护周期、经常使用的润滑油牌号及添加剂名称数量、经常去的维修厂家情况及维修人员情况。

问诊的详细与完备程度直接影响到故障分析和诊断的准确性，问诊是维修人员了解故障发生情况的第一个环节，是维修人员与车主沟通的起点，也是维修人员间接掌握故障发生特征的最好途径。充分利用问诊时与车主交流的环节，认真做好问诊记录，对故障诊断具有十分重要的意义。问诊表的目的就在于此，问诊表能够帮助汽车维修人员完整地记录应该了解的全部内容，并且不遗漏任何重要的信息，为后面的诊断工作提供翔实的一手资料。

（2）试车

试车的目的在于再现车主所述的故障症状，以验证故障症状的真实性，同时试验故障症状再现时的特征、时间、地点、环境、条件、工况等客观状态。也就是说，要将问诊表中记录的内容逐一验证，以便为进一步分析故障原因做好准备。问诊后，首先应该开始进行故障码分析。试车中继续进行故障码和冻结数据帧的跟踪分析，还可以进行数据流分析记录，以便对故障症状出现时的各种工作参数，有一个可分析比较的数据资料。试车结束后要完成故障码分析。

试车首先应该由车主自己驾驶再现故障症状，因为车主对故障症状出现的时机、状况环境等各种条件和驾驶特点更为熟悉，这样有利于让维修人员尽快感受到故障症状出现的特征。维修人员要感受车主驾驶车辆的方式和习惯，注意车主反映的故障症状是否真的是汽车存在的故障，是否是车主对车辆的使用存在误区导致的错觉，或者是车主驾驶不当造成的后果。在车主再现故障症状后，维修人员应该反复体会和观察故障症状出现时，各种状况、工况环境、条件等细微过程，并且认真记录下来，对问诊表中记录的各项信息逐条加以验证，确认故障症状。车主驾驶汽车再现故障症状后，维修人员还应该亲自驾驶，体会故障症状出现的特点，以便在汽车修复后的试车中进行对比。

汽车试车是维修人员感受汽车故障症状的过程，对于维修人员了解掌握故障症状特征具有非常重要的意义。汽车试车是维修人员体会各种车辆驾驶特点的机会，是积累经验的过程。维修人员应该重视进厂修理车辆的试车工作。试车还应该遵循汽车使用手册中规定的操作规程来驾驶和使用汽车，特别注意要按照维修手册给出的技术要求来试验检查各种规定、功能的实际运行情况。完整的试车应该包括汽车各种性能的试验过程，即从发动机冷机起动、冷机高怠速、暖机到热机怠速、加速、急加速全过程的运行状况以及仪表指示情况;还应该包括汽车起步、换挡、加速、减速、制动、转向等过程的行驶状况试验,检查汽车的动力性能、制动性能、行驶稳定性能、操纵可靠性能、振动摆动异响等状况,感受驾驶和操纵过程的各种反映,以便检查是否有车主未感觉到的汽车故障症状存在,消除汽车行驶中的各种隐患。

下面是奥迪汽车公司提供的售前检查试车内容(资料来源:奥迪 A4 轿车 PD 培训手册)。

试车所测试的范围取决于车辆装备及当地条件(城市/乡村)。

试车时必须检测以下内容:

发动机:输出功率、点火连续性、怠速性能、加速性能。

离合器:起步性能、踏板力、有无异味。

换挡:换挡是否轻便、变速杆位置。

自动变速器:变速杆位置、换挡锁止/点火钥匙锁止、换挡特性、组合仪表上的显示。

制动踏板及手制动:功能,自由行程和作用,制动时是否跑偏、磨损、噪声等。

ABS 功能:当 ABS 起作用时,制动路板应能感到有规律的跳动。

转向系统:功能、转向间隙、转向盘处于中间位置时车辆是否直线行驶。

太阳能天窗:功能。

巡航控制系统:功能。

收音机:接收、外观、干扰情况。

驾驶员信息系统(F1S):功能。

空调系统:功能。

整车:在水平路面直线行驶时是否跑偏。

平衡性:车轮、传动轴。

车轮轴承:噪声。

发动机:热起动性能。

OBD-Ⅱ系统对汽车具有系统监测功能,要完成对所有系统的完整监测过程,对试车有着严格过程的要求。下面是美国通用公司汽车完成 OBD-Ⅱ监测功能时的一个典型的驾驶循环过程(注意:不同的车型其 OBD-Ⅱ监测功能的驾驶循环工况要求是不一样的,即使是同一汽车生产厂家的汽车、统一年份生产的车型,其驾驶循环都不相同,在试车时必须按照维修手册的规定进行)。

完全的驾驶循环应该使得监测 OBD-Ⅱ所能监测的所有系统。这个特别的驾驶循环能够在 15min 内完成,其驾驶循环步骤如下:

①冷起动:起动式发动机温度必须低于 120/50℃,环境空气温度必须低于 110/60℃。冷起动之前,不要打开点火开关,否则,不可能监测加热型氧传感器。

②急速:打开空调和后除雾器,发动机必须运转3min。在所有情况下,尽可能多的打开电气附件和电气系统。这将会测试加热型氧传感器、二次空气喷射、燃油蒸汽回收流量等,如果进入燃油闭环控制,将会调节燃油系统。

③加速:关闭所有电气附件系统。节气门开到50%,加速到88km/h在这个阶段,将会测试燃油反馈控制系统、点火失火和燃油蒸汽回收流量。

④巡航:以88km/h的稳定车速驾驶3min。在这个阶段,将会监测氧传感器的反应、二次空气喷射、废气再循环系统、点火失火、燃油蒸汽回收流量及燃油反馈控制。

⑤减速:收回节气门,不踩下制动踏板或离合器踏板,不换挡,以32km/h的车速滑行。在这个阶段,将会测试废气再循环系统、燃油蒸汽回收流量及燃油反馈控制。

⑥加速:加速到88~96km/h,将会测试点火失火、燃油蒸汽回收流量及燃油反馈控制。

⑦巡航:以88km/h的稳定车速驾驶5min。在这个阶段,将会监测催化转化器、氧传感器的反应、二次空气喷射、废气再循环系统、点火失火、燃油蒸汽回收流量及燃油反馈控制。

注意:如果催化转化器功能勉强合格,或者曾经新开过蓄电池,可能需要5个完整的驾驶循环决定催化转化器的状态。

⑧减速:收回节气门,不踩下制动踏板或离合器踏板,不换挡,以32km/h的车速滑行。在这个阶段,将会重复测试废气再循环系统、燃油蒸汽回收流量及油反馈控制。

3. 分析研究

分析研究是在问诊试车后,根据故障症状,对汽车结构和原理进行的深入研究分析,目的在于分析故障生成的机理、故障产生的条件和特点,为下一步推出故障原因做准备。分析研究首先要收集汽车发生故障部位的结构原理资料,了解汽车正常运行的条件和规律,并且与故障状态进行对比分析。分析研究的基础材料是车辆结构与原理方面的知识,以及所修汽车维修手册提供的机械与液压原理结构图、油路电路气路图、电子控制系统框图、控制原理图表、技术参数表、技术信息通报等重要信息。

在分析研究阶段,一定要认真查找、仔细阅读上述各种技术资料,彻底搞明白所修系统的结构组成和工作原理。只有在全面掌握结构组成、深刻理解工作原理的基础上,才能为下一步深入判断汽车故障原因奠定坚实的基础。特别对于电子控制系统软硬件匹配不当的故障,单从硬件电路和元器件出发检查故障是很难发现的,必须深入了解软件的控制过程后,才能通过对比分析的方式发现故障的原因所在。

在传统汽车故障诊断中,经过试车验证故障症状后,根据经验往往可以直接查找故障点,然后用对比更换元件或修理损坏部件的方法进行故障确认。在现代汽车故障诊断中,由于汽车新技术、新结构的不断使用,电子控制系统的控制过程的精细和复杂导致维修技术人员的经验范围远远不能满足故障诊断的需要。因此，必须强调分析研究这个环节的重要性，即使是比较熟悉的汽车系统也必须要研究其特殊性，特别是控制过程的细节。因为相同的系统在不同的车型上，其控制过程也会有细微的差别，而所谓棘手的疑难故障往往就是由这些不起眼的细节导致的误判断造成的。

4. 推理假设

在分析研究汽车故障部位的结构原理、查找对比汽车技术资料后，根据逻辑分析和经验判断，应该作出对故障可能原因的推理假设。推理假设是对故障原因的初步判断，这个初步判断是基于理论和实践两个方向的。理论上是根据结构原理知识，加上故障症状的表现，再从逻辑分析出发，推出导致故障症状发生的可能原因，这个推导从原理上是能够成立的逻辑推理，这是基于理论的逻辑推理。实践上是根据以往故障诊断的经验，对相同或相似结构的类似故障作出的可能故障原因的经验推断，这个推断具有类比判断的性质，这就是基于实践的经验推断。

推理是根据工作原理和故障症状推出故障原理的过程。在这个环节中，除了对工作原理的深理解之外，还应该注意到故障症状所对应的故障本质，也就是说，虽然我们在这个环节还不知道是什么原因导致的故障症状的发生，也就是还不知道故障点到底在哪里，但是，这时的故障发生机理应该已经基本明确。例如：发动机排放黑烟的故障症状，虽然不知道是哪个元器件损坏导致的，但从原理上讲，一定是混合气浓造成的。而假设则是根据推理的结果，进一步推下层故障原因的过程，例如：进一步分析导致混合气浓的原因，无外乎有两个，一个是燃油多，另一个是空气少。再进一步推理可知，燃油多可能有油压高和油时间长两个原因，而喷油时间长又可能有控制喷油时间不正常和喷油器关闭不严两个原因；空气少则可能有空气真少和假少两种原因导致。空气真少是由于进气系统堵塞导致的，空气假少则是由于空气流量计输出信号过高导致的。这就是一步步提出假设的过程。显然，推理是推出导致故障症状发生的基本机理原因，假设是在推出故障机理后进一步运用逻辑推理的方法向故障下一层纵深分析其原因得到的结果。很显然，上述例子中排放黑烟的故障原因机理是混合气过浓导致的，这个推断是已经被经验所证实了的，因此，这个推理是经验判断的结果。如果故障症状是发生在新技术、新结构应用的汽车上，例如混合动力车、柴油共轨喷射等系统中，那么故障的对应机理就无法从经验判断中直接得到了，因此必须在对结构组成和工作原理进行深入分析之后才能推出可能的故障机理原因的方向，进而进一步作出深层原因的假设。这里就要用到逻辑推理的方法来完成了。

推理假设的过程是从大方向上寻找故障原因的过程，这个过程探究的是故障基本机理和基本方向，因此，采用因果分析法的主干、枝干图能够比较好地帮助分析过程的逻辑推断，因果分析法在推理假设阶段是最好的辅助工具。

对于一个优秀的汽车故障诊断分析技术人员来说，对汽车各种典型故障的症状现象与故障机理之间的因果关系应该做到了如指掌，在心中存有各种典型故障的因果图，而且对因果之间的逻辑关系非常清楚，这是一个优秀技术人员的经验判断体系，对汽车典型性故障诊断具有相当重要的积极作用，对提高诊断速度和准确性意义重大。而对于初次接触到的汽车新结构、新技术故障的症状现象与故障机理之间的逻辑关系虽然不是十分清楚，但通过对结构组成和工作原理的学习了解，能够很快地形成对故障症状与故障机理之间逻辑关系的认识，提出新的推理假设方向，并形成因果关系图。这也是一个优秀技术人员应该具备的良好技术素质，这种能力的培养对于诊断非典型故障和疑难故障具有十分重要的意义。

推理假设环节是逻辑分析和经验判断能力的综合体现，是一个技术人员理论功底和实践能力的综合应用。在推理假设环节还要求技术人员有着良好的现场感悟力，技术人员的综合能力发挥与技术悟性的体现在这个环节表现得极为突出，一个出色的技术人员会非常快地在推理假设阶段找到故障原因的准确方向，凭借极强的感悟力，对推出的多种故障原因进行优选排序，用最少的诊断步骤，迅速锁定可能的故障点，大大缩短诊断故障和排除故障的时间。推理假设是汽车故障诊断过程中最具创造力的环节，也是鉴别汽车故障诊断能力水准的关键环节。

5. 流程设计

流程设计是在推理假设环节之后，根据假设的可能故障原因，设计出实际应用的故障诊断流程图的过程，这个过程包括首先建立以故障症状为顶端事件的故障树，然后根据这个故障树建立故障诊断流程图表。通常一个具有完备底端事件（最终故障原因）的故障树很难从推理假设环节所提出的故障原因中建立起来，因为这些故障原因不仅不能保证完备，甚至都不能完全保证准确，因此往往先确定汽车各大组成部分或总成故障的检测方法，然后确定汽车各个系统和装置工作性能好坏的检测方法，最后才是管线路和元器件的测试方法。这些测试方法的应用，目的在于逐渐缩小故障怀疑范围，最终锁定故障点。按照前面故障树应用一节所给出的具体方法完成故障树和故障诊断流程图设计。下面以前面提到的汽车动力不足的故障症状为例，说明从故障树到故障诊断流程图表的设计步骤。

汽车动力不足故障树以顶端事件开头，以逻辑关系确定下一层级的中间事件与顶端事件的相互关系。假设汽车动力不足是由发动机动力不足和底盘传动效率低、阻力大引起的，它们之间是逻辑"或"的关系，如图 11-9 所示。

显然，两个中间事件都是造成汽车动力不足的原因，这两个原因用逻辑"或"的符号联系起来就可以了，但流程图必须确定在诊断的过程中先查找哪一个。从故障发生的概率来讲，发动机发生故障的概率大于底盘的故障概率，但是发动机的功率大小在车上很难测定，按照故障发生的概率应该先判断发动机动力不足的问题，但在故障诊断实际中比较难实现。底盘故障虽然发生的概率低但却容易判断,所以,先采用汽车静止拉动拉力测试或制动阻滞力测试来判断制动系统阻力是否过大,然后再用离合器打滑试验来判断底盘传动效率的大小,当这两项都通过后再对发动机进行测试。其测试步骤如图11-10所示。

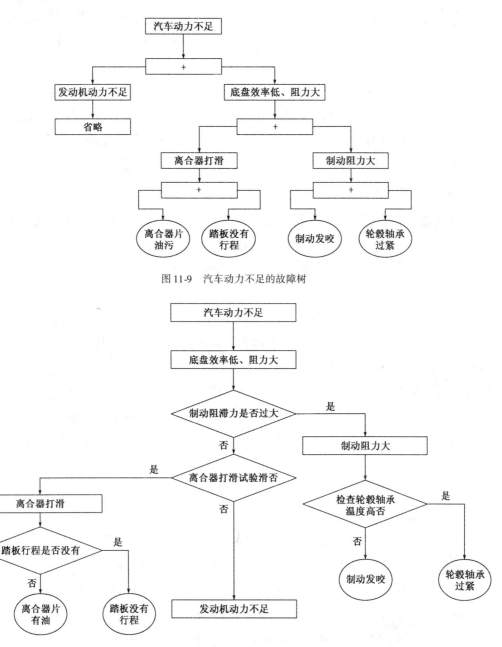

图11-9　汽车动力不足的故障树

图11-10　测试步骤图

首先,故障诊断流程图将故障树中相互平行并列的两个第一层中间事件变成了前后相互串联的两个顺序步骤。用判断底盘是否工作正常的方法,来作为区分发动机和底盘故障的分界点,这是将故障树变为流程图的重要一步。选择两个平行事件的判断前后次序,要按照方便性准确性的原则,不需要按照故障概率高低的顺序。

其次,每一层平行并列的中间事件都要找到多种测试方法来确定每一个中间事件是否成立,同理,处在最后一层的底端事件同样需要找到各种不同的测试方式来判断每个底端事件是否成立,这个步骤是将故障树中所有的"与""或"关系符号改变为流程图中的菱形判断符号,显然,从故障树演变为流程图的关键在于怎样确定每一层平行的中间事件诊断的先后顺序,怎样判定某一个中间事件或底端事件是否成立的方法。

汽车故障诊断流程图表的设计是汽车维修人员必须掌握的汽车故障诊断工艺设计技术,是汽车维修工作中技术层面最高的技术工作。汽车故障诊断流程图表设计的基础是故障树分析法,汽车故障诊断流程图表是故障树分析法的延伸推广应用,在汽车维修工程中,故障诊断流程图表具有十分重要的地位和意义。

6. 测试确认

测试确认是在故障诊断流程设计之后,按照流程设计的步骤通过测试的手段逐一测试,确认中间事件或底端事件是否成立的过程。测试确认过程是从最高一层中间事件逐一到最低一层中间事件,然后再到底端事件,直至确认故障点部位的全过程。

测试确认是在不解体或只拆卸少数零部件的前提下完成的对汽车整体性能、系统或总成性能、机电装置性能、管线路状态以及零部件性能的测试过程,它包含检测、试验和确认三部分,这三部分的内容是不一样的。检测主要指通过人工直观检查和设备仪器分析进行的检查和测量来完成的技术检查过程。试验主要指通过对系统的模拟试验和动态分析进行的测试和验证来完成的技术诊察过程。确认主要指通过诊断流程的逻辑分析、对检测和试验的结果做出的判断,最后确认故障发生点的部位。

(1) 检测

检测,即检查与测量,主要指基本检查和设备仪器测量最两个方面。基本检查包括人工直观检查和简单仪表检查两部分。

① 人工直观检查:主要是通过人的感官功能对汽车各个部分的外观、声响、振动、温度状态和气味进行的直接观察,包括看、听、摸、闻4个部分。

a. 看:主要通过眼睛的视觉或借助放大镜、内窥镜等对汽车各个部位的观察,发现比较明显的异常现象。例如:故障灯的指示情况,各部分有无漏气、漏水、漏油,液体流动是否正常,各部件运动是否正常,连接部件有无松脱、裂纹、变形、断裂等现象,线路有无破损、折断,导线插接处是否松脱,管路是否压瘪、弯曲,各操纵杆拉线拉杆是否调整得当。进气管和汽缸内及进排气门处有无结焦,发动机的排气颜色是否正常,各种液体的颜色、轮胎气压是否正常,轮胎磨损状况、车架、车桥。车身及各总成外壳、护板等有无明显变形,相关部位有无刮蹭痕迹等。另外,还可以借助高压试电笔判断有无高压点火信号,低压试电笔判断电源正极正常与否,逻辑脉冲笔判断数字电路的电位高低及脉冲信号的输出等。

b.听:主要通过耳朵的听觉或借助听诊器对汽车各个部分发出的声响进行监听,发现比较清晰的异响现象。例如:机械传动部分的轴承、齿轮异响,皮带打滑声、发动机的各种异响,进排气系统的异响,高压跳火的漏电声、气流异常声响,车身、车轮在行驶中的异响等。

c.摸:主要通过手的触觉或借助温度计或感温纸等感觉和测量汽车各总成的运行温度。例如:发动机冷却液温度、水管油管等温度、进排气管等温度、各个总成的油温、减振器制动盘的温度,各个电器元件,如点火线圈、电动机的外壳温度、线路外皮和电路接头以及熔断器、继电器等温度。用手感觉各种液体的质感、黏度、滑度等,用手拉动各个机械连接部件感觉其间隙和松动量,用手转动旋转装置感觉转动旷量和平顺性,用手感觉机械装置的运行振动状况等。

d.闻:主要通过鼻子的嗅觉感知汽车各部产生的异常气味。例如:发动机机油燃烧异味,各种油液的焦煳味,尾气排放中的异味,离合器、制动器摩擦片打滑时的煳臭味,皮带打滑后产生的烧焦味,导线过热发出的胶皮味,橡胶及塑料件过热后发出的橡胶塑料味,车厢内的汽油味和排放废气的异味等。

②简单仪表检查:仪表检查主要指采用比较简单的常用仪表对汽车各个系统进行的基本检测项目的检查。

a.发动机部分:发动机怠速转速、点火正时、进气真空度、蓄电池电压、排气背压、汽缸压力、燃油压力、机油压力、发动机冷却冷却液温度度、水箱盖工作压力、发动机异响等。

b.底盘部分:离合器踏板自由行程、制动踏板自由行程、自动变速器主油压、失速油压和发动机转速、各个总成油温、制动盘毂温度、各总成传动系统异响等。

c.电器部分:发电机输出电压与电流、蓄电池电压与充电电流、起动机起动电压电流、各种用电设备电压电流等、空调系统温度与高低压力等。

③设备仪器测量:主要是通过设备仪器的测量参数和图形以及诊断结果显示来反映汽车各个部分的技术状况,它包括整车性能测量、总成性能测量、系统性能测量、机械参数测量、电气参数测量、电脑控制系统测量6个部分。这6个部分测量所使用的设备仪器如下:

a.整车性能测量:五轮仪、制动减速度测试仪、声级计、油耗计、车速表试验台、侧滑检验台、轴重计、轴距仪。

b.总成性能测量:发动机综合分析仪、汽车尾气分析仪、柴油机烟度计、汽油机转速表、柴油机转速表、底盘测功机、制动力测试台、制动踏力计、悬架振动检验台、底盘间隙测试台、车轮定位仪、车轮动平衡机、车轮转角仪、转向盘转角及转向力测试仪、电器试验台、前照灯检测仪。

c. 系统性能测量：燃油压力表、燃油流量表、燃油箱盖测试仪、燃油蒸汽回收系统压力测试仪、汽油机汽缸压力表、汽缸漏气率测试仪、曲轴箱窜气率测试仪、进气真空表、超声波真空泄漏测试仪、手动真空泵、进气压力表、排气背压表、机油压力表、润滑油质量检测仪、冷却系统压力测试仪、汽油机点火正时灯、点火示波器、火花塞清洗测试仪、汽油喷油器清洗测试仪、柴油机汽缸压力表、柴油机喷油正时测试仪、柴油喷油器测试仪、电源系统及起动系统测试仪、密度计、蓄电池测试仪、高率放电计、荧光测漏仪、温度计、湿度计、空调系统压力表、空调制冷剂测漏仪、电子测漏仪、红外测温仪、自动变速器压力表、制动压力表、制动液含水量测试仪、转向助力压力表、轮胎压力表、轮胎胎纹深度检测仪。

d. 机械参数测量：钢直尺、厚薄规、游标卡尺、百分表、外径千分尺、前束尺、皮带张紧力测试仪、火花塞间隙规、拉力计。

e. 电气参数测量：万用表、示波器、模拟信号记录仪、电路元件（RLC）测试表。

f. 电脑控制系统测量：汽车故障电脑诊断仪、汽车防盗系统解码仪、汽车CAN-BUS局域网分析仪。

（2）试验

试验主要指对系统的边测试边验证的过程。试验是对经过检查与测量环节后初步判断出来的故障点进行的一边模拟实验一边动态测量的深入测试，试验方式主要有传感器模拟试验、执行器驱动试验、振动模拟试验、加热模拟试验、加湿模拟试验、加载模拟试验、互换对比（替换法）试验、隔离对比（短路、断路）试验。

①传感器模拟试验：电压信号模拟器、电阻信号模拟器、频率信号模拟器、曲轴凸轮轴信号模拟器，汽车故障电脑诊断仪（传感器模拟试验功能）。

②执行器驱动试验：喷油器驱动器、怠速电机驱动器、点火线圈驱动器、电磁阀驱动器，汽车故障电脑诊断仪（执行器驱动试验功能）。

③振动模拟试验：底盘垂直振动试验台、地盘间隙试验台。

④加热模拟试验：加热鼓风机、吹风机。

⑤加湿模拟试验：喷雾器、淋水机。

⑥加载模拟试验：道路模拟器、电子负载仪。

⑦互换对比（替换法）试验：同一汽车上的零部件互换，例如：独立式点火线圈、火花塞、高压分缸线、喷油器、车轮轮速传感器、左右氧传感器、轮胎、轮鼓。

⑧隔离对比试验。

a. 电路断路、短路：例如，断路喷油器、断路点火初级电路、短路高压线、断路步进式怠速电机、短路开关和继电器（直接给电器元件通电）。

b. 拆除机械部件：例如，拆除节温器、拆除滤清器。

c. 堵塞油气路：例如，掐住真空管路、掐住回油管路。

d. 直接喷涂油液：例如，对进气管喷油（隔离燃油喷射系统）、给汽缸内加注机油等。

（3）确认

确认主要是指对系统测试后得出的结果进行的确认，证明的是中间事件和底端事件是否成立，证明结果只有肯定和否定两个。

如果得到的是肯定的结果，则验证了中间事件或底端事件的成立。若中间事件成立时，再按照诊断流程指向下一个中间事件的检测试验环节；若底端事件成立时，说明最小故障点已发现，经过确认，证实最小故障点，接下去转入下一个环节，即修复验证环节。

如果得到的是底端事件否定的结果，则说明最小故障点的假设不成立，不是导致故障状发生的真正故障点，接下去就要返回到推理假设环节，再从推理假设开始进行一遍基本流程直至推出新的故障诊断流程图，开始新一轮的测试确认。

7. 修复验证

修复验证是在测试确认最小故障点发生部位后，对故障点进行的修复以及对修复后的结果进行的验证。它分为修复方法的确定和修复后的验证两个部分。

（1）修复方法的确定

修复方法要依据故障点的故障表现模式来确定。故障点是导致故障发生的底端事件，是故障的最小单元，故障点所具有的不同表现模式，决定了修复中将采用的不同方法。

①元件损坏、元件老化和元件错用等模式的故障：通常采用更换的方式进行修复。

②安装松脱、装配错误和调整不当等模式的故障：通常采用重新安装调整的方式进行修复。

③润滑不良模式的故障：采用维护润滑的方式修复。

④密封不严模式的故障：通常对橡胶件采用更换、机械部件采用表面修复工艺或更换的方式修复。

⑤油液亏缺模式的故障：通常采用添加的方式修复，但对于渗漏和不正常的消耗导致的亏缺，要对症下药，找到根源，给予修复。

⑥气液漏堵模式的故障：通常采用疏通堵塞、封堵渗漏的方式修复。

⑦结焦结垢模式的故障：一般采用清洗除焦垢的方式修复。

⑧生锈氧化模式的故障：一般采取除锈清氧化的方式修复。

⑨运动干涉模式的故障：通常采用恢复形状、调整位置、加强紧固的方式修复。

⑩控制失调、进入紧急备用模式以及匹配不当模式的故障：采用重新调整、恢复

归零及重新匹配的方式修复。

⑪短路断路、线路损伤、虚焊烧蚀模式的故障:采用修理破损、清理烧蚀、重新焊接及局部更换线路的方式修复。

⑫漏电击穿、接触不良模式的故障:采用更换或清理接触点的方式修复。

(2)修复后的验证

修复后的验证是采取按故障流程图从底端事件反方向,逐级从最底层中间事件向最高层中间事件,直至顶端事件的验证过程。验证作为原因的最小故障点(底端事件)修复后,其上层症状(最底层中间事件)是否随之消失,如果没有消失就要进一步查找故障点是否真正被修复,是否要采用其他方式来修复。若故障点确认已被修复,就要查找是否还有别的故障点(底端事件)会导致这层症状(最底层中间事件发生)。如果最底层中间事件随着底端事件的修复而症状消失,也就是说,最底层中间事件也已被修复,这时就继续验证更上一层的中间事件是否也被修复,如果没有被修复,就在这一层查找原因;如果被修复了,就验证更高一级的中间事件,直至顶端事件。

修复验证是对最小故障点(即底端事件)是否是引起最初症状(即顶端事件)唯一原因的最终确认,也是对故障诊断准确性与修复工作完备性的验证,这在故障诊断的过程中是不可或缺的内容。

8.最终原因

在经过对前面环节中找到的最小故障点进行修复验证后,故障现象可能会消除,但是这时不能认为故障诊断工作到此可以结束了,因为导致这个最小故障点发生故障的最终原因还没有被认定,如果不再继续追究下去,就此结束修理,让汽车出厂继续行驶,很有可能导致故障现象的再次发生。对故障点的最终故障原因进行分析,找到其产生的内部原因和外部原因,彻底消除故障发生的根本原因,杜绝故障重新发生的可能性,这就是汽车故障诊断基本流程最后一个环节的重要内容。

对故障最终原因进行查找时,应该从故障模式入手分析导致故障发生的内因和外因。汽车故障发生的外部原因是由汽车的使用环境恶劣程度、使用时间或里程的长短、汽车设计制造中的缺陷、使用中的驾驶和操作不当、维修过程中质量欠佳和零配件使用错误等因素导致的。而汽车故障发生的内部原因是由物理、化学或机械的变化因素导致的。要分析出导致汽车故障发生的最终原因,就要通过对最小故障点的损坏状况进行认真的检查分析,还要通过问诊调查以及上述内外因素的分析判断,找到故障最终原因,并针对最终原因采取相应措施,消除造成故障发生的内外影响因素,彻底排除故障。例如,一个零部件损坏的最终原因是因为老化和错用导致的故障,只要确定使用时间或里程是否超过规定值或零件代码与汽车ⅥⅣN的一致性后,采用更换零部件的方法即可彻底解决问题。但是如果零件损坏是由于设计和制造的缺陷导致的,就必须依赖生产厂家的召回制度来保证故障的根本解决。又如,因为使用环境恶劣导致发动机磨损加剧的故障,除了对磨损部位进行修复之外,还必须采取措施,减少因环境恶劣导致的磨损加剧继续发生。例如:采取更换更高级别的机油、缩短维护周期等措施。再如,一个由维修调整间隙不当导致的气门脚响,确认最终原因后只需重新调整气门间隙就可以彻底解决问题。但是如果不是因为维修调整的原因导致的气门脚响,就必须找到是什么原因使得气门脚间隙变大。比如是否是润滑油道堵塞造成的或者是其他什么原因造成的,必须找到,不然即使调整气门间隙后,故障暂时消除,但使用一段时间后故障还会再次出现。

显然,要找到故障最终原因需要具备有关汽车与内燃机理论、汽车电子控制技术、汽车设计、汽车制造、汽车材料、汽车运用、汽车维修等多方面的知识和经验,需要扎实的理论功底和丰富的实践经验积累,才能准确地分析出导致故障症状产生的最终原因。

二、汽车故障诊断的基本步骤

汽车故障诊断基本步骤是汽车故障诊断中具体的诊断顺序,是一步步完成诊断过程的具体指导。基本步骤从问诊开始,到找到故障点为止,是对汽车故障诊断路径的最一般描述,是故障诊断中应该遵循的基本步骤。

1. 基本诊断路径

基本诊断路径首先进行故障码分析,按有无故障码分成故障码诊断分析法和症状诊断分析法两条诊断路径。故障码诊断分析法通常按照维修手册给出的故障码诊断流程图表来继续分析故障。而症状诊断分析法又根据维修手册有无提供症状诊断流程图表,分成按照维修手册提供的症状诊断流程图表去分析故障和自行设计故障诊断流程图去分析故障两条路径。图11-11为汽车故障诊断基本步骤的路径示意图。

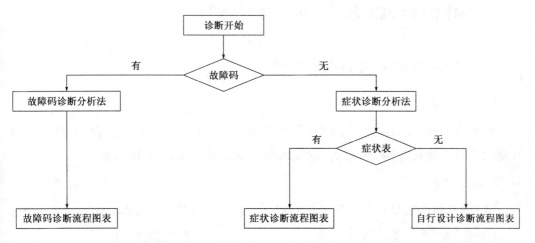

图11-11 汽车故障诊断基本步骤路径示意图

由图11-11可以看出，在汽车故障诊断的基本路径中，根据有无故障码和有无症状表将诊断路径分成3条，即依据维修手册提供的故障码诊断流程图表、维修手册提供的症状诊断流程图表，以及自行设计故障诊断流程3种路径。

2. 故障诊断基本步骤

故障诊断基本步骤是在基本路径的方向引导下，加上故障诊断基本流程（从最初症状分析，经过问诊试车、分析研究、推理假设、流程设计、测试确认、修复验证，直到最终原因查找）组合而成。

故障诊断基本步骤是汽车故障诊断过程实施顺序的工艺指导，是完整的汽车故障诊断工艺过程的具体步骤。在这个基本步骤中，问诊试车的具体方法、故障流程的设计方法和测试确认的实施方法是最重要的难点，即使是采用维修手册中提供的故障码诊断流程图表或症状诊断流程图表，也无法做到测试确认的完备性。有些维修手册给出症状诊断表没有提供诊断流程，只给出了可能的原因，要找到故障点，还必须在使用中自己确定测试方法和试验方法，即使是给出了诊断流程的故障码诊断流程表或症状诊断流程表，也不能完全保证按照流程查找就一定能够发现故障点，这样就必须学会自己设计出详细的诊断流程，并确定测试方法和试验方法。在测试确认环节中，除了要按照从汽车整体到各个部分，从总成系统到机构装置，从油气电管线到零部和元器件的层层深入地分析故障外，在这个环节上有10个常用的分析方法和8个常用的试验方法，在使用中需要灵活组合、交叉应用才能完成故障点的查找任务。

第四节 电控发动机故障诊断与分析

一、曲柄连杆机构常见故障现象及诊断

（一）发动机曲轴轴承故障现象及诊断

1. 故障现象

发动机机体下部有连续明显的沉重"噔噔"声，并伴有发动机运转抖动现象，且随着发动机的转速升高，响声变大。发动机负荷变大时，声响也更加明显。

2. 故障原因

(1) 发动机曲轴轴承与曲轴轴颈磨损，使得两者之间配合间隙增大，发出撞击声。

(2) 曲轴轴承的紧固螺栓松动。

(3) 曲轴轴承润滑不良造成合金烧毁或脱落。

(4)曲轴轴向间隙过大,导致曲轴前后窜动,使曲轴轴向定位端面与止推垫圈相互撞击而发出声响。

(5)曲轴弯曲、折断,运转时产生撞击声。

(6)飞轮紧固螺栓松动。

3. 故障诊断

(1)利用单缸断火法检验,响声没有变化,然后进行相邻两缸断火试验。

(2)若某两缸断火后,声响明显变弱,说明是此两缸之间的曲轴轴承响。

(3)踩下加速踏板,机体抖动加剧,同时机油压力会明显下降,这说明曲轴轴承间隙过大或轴承合金层脱落。

(4)放尽机油,拆下油底壳检查:
①若在放出的机油中或油底壳壁上发现轴承合金颗粒,说明曲轴轴承合金脱落。
②检查曲轴轴承盖螺栓是否松动。
③检查轴承间隙是否过大。

(5)在踩下离合器踏板时,响声明显减弱或消失,用撬棒撬动飞轮或曲柄臂,若轴向窜动量过大,说明止推片磨损严重,应更换止推片。

(6)随着发动机工作温度的升高,响声明显增大,当发动机高速转动时,发动机出现杂乱的声响时,说明曲轴产生弯曲。

(7)若响声出现在发动机的后端,且在发动机转速突然改变时发出一声撞击声,说明飞轮紧固螺栓松动。

(二)发动机连杆轴承故障现象及诊断

1. 故障现象

发动机运转中,产生一种连续而短促的敲击声,在突然加速时,敲击声随着增大;当发动机负荷增加时,响声也随着增大;当发动机温度发生变化时,响声不变;断火后响声会明显减弱甚至消失。

2. 故障原因

(1)发动机连杆轴承径向间隙过大。

(2)连杆紧固螺栓松动或折断。

(3)连杆轴承润滑不良,使合金烧毁或脱落。

(4)连杆轴颈失圆,使轴颈与轴承之间接触不良。

(5)曲轴主油道堵塞或润滑系统有故障,造成油压过低、轴承润滑不良等现象。

3. 故障诊断

(1)怠速运转时,发动机发出短促的"嗒嗒"声,发动机转速由怠速升至中速时,声响连续且更加清晰,随着转速升高,敲击声更明显,若在加机油口处察听,能听到明显而清脆的"嗒嗒"声。

（2）断火法试验。若某缸断火时声响减弱或消失,且在该缸恢复点火的同时响声又立刻出现,说明是该缸的连杆轴承响。

（3）放尽机油,拆下油底壳检查：

①发现机油中或油底壳壁上有轴承合金颗粒,说明连杆轴承合金脱落。

②检查连杆轴承盖螺栓是否松动,若松动,则应立即按规定力矩拧紧；若连杆轴承盖未发现松动,可用手上下推拉轴承盖检查,感觉旷量较大,说明连杆轴承磨损过大。

（4）察听声响的同时,应注意观察机油压力,若过低,说明润滑不良,应立即查找原因及声响部位。

（三）活塞环响故障诊断

1. 故障现象

起动后出现钝哑的"啪啪"声,且随发动机转速升高,声响加大,并且变成嘈杂的声响；在机油加注口处察听较为明显,单缸断火时,声响减小,但不消失。

2. 故障原因

（1）发动机出现活塞环折断。

（2）活塞环与活塞环槽之间间隙过大。

（3）活塞、缸壁磨损后,缸壁顶部出现凸肩,重新调整连杆轴承后,使活塞环与缸壁凸肩相碰。

（4）活塞环端口间隙过大或各环的端口重合。

（5）活塞环弹性过弱或缸壁有沟槽。

（6）活塞环粘在活塞环槽上而抱死。

3. 故障诊断

（1）利用单缸断火法试验。若某缸断火时声响减小,但不消失,用听诊器或者是试棒触在火花塞上察听,若活塞环折断,会发出"啪啪"声响。

（2）若活塞环碰撞汽缸凸肩响,会发出"噗噗"的声响,断火后没有变化,缸盖上有明显的振动。

（3）发动机冷车起动时,发出"嘣嘣"声响。在机油加注口处,可见蓝烟脉动冒出,做断火试验时,响声消失,且仍有漏气声,机油加注口处冒烟减轻,甚至消失,即可判断为该缸活塞环漏气响。

（4）发动机温度升高,若仍有明显的窜气响,再做断火试验、窜气虽减弱,但机油加注口处仍有明显漏气现象,可诊断为活塞环与缸壁密封不良。若在此缸内（拆下该缸火花塞）注入少量机油,并在起动后较短时间内响声减弱或消失,可进一步诊断为该缸活塞环与汽缸壁密封不良。若注油后,烟不但不消失反而更大,可诊断为活塞环对口、活塞环弹力不足或活塞环抱死。

(5)放尽机油,拆下油底壳和缸盖检查,将有故障的活塞连杆组拆除。检查活塞环槽内是否由于积炭过多而使活塞环卡死,并检查活塞环弹力、开口间隙及缸壁磨损情况。

二、配气机构常见故障现象及诊断

(一)气门响的故障现象及诊断

1. 故障现象

当发动机怠速运转时发出有节奏的"嗒嗒"声;发动机转速升高时变得杂乱;发动机工作温度变化时,声响无明显变化。

2. 故障原因

(1)发动机气门杆端和调整螺钉或摇臂发生磨损。

(2)气门间隙调整不当。

(3)凸轮磨损过度,运转中挺柱产生跳动。

(4)气门座圈脱落;气门导管积炭过多而咬住气门。

(5)气门挺柱固定螺母松动或调整螺栓端面不平。

3. 故障诊断

(1)使发动机处于怠速运转,在气门室罩处察听,声响随着发动机转速的变化而变化,并且存在明显且有节奏的"嗒嗒"声。若稍加大节气门,响声更明显,逐渐加油时响声随转速的提高节奏加快,在发动机温度变化时或做断火试验时,响声无变化,则说明气门响。

(2)拆下气门室罩,检查气门间隙,若气门间隙正常,说明气门杆端处润滑不良;气门与气门导管配合间隙太大或气门座圈松动。

(3)往发响的气门杆端处加少许机油,起动发动机并怠速运转。若响声减弱或消失,说明响声系润滑不良所致,清洗油道后再进行检查。若响声不减弱,说明气门座圈松动。

(二)液压挺柱故障现象及诊断

1. 故障现象

发动机在工作温度正常的情况下,以各种转速运转时,在气门室内均有类似气门响的有节奏的"嗒嗒"声;由怠速升到中速以上,响声杂乱但不会消失。

2. 故障原因

(1) 通往柱塞的润滑油压力不足。

(2) 液压挺柱与导孔的配合间隙过大。

(3) 液压挺柱体中的柱塞过紧。

(4) 柱塞弹簧过软甚至折断。

(5) 球阀泄漏。

(6) 液压挺柱导孔含有灰尘或胶黏物使挺柱卡住。

(7) 润滑油品质不良,或润滑油起泡沫。

3. 故障诊断

当发动机达到正常工作温度后,以各种转速运转时,在气门室内均有类似气门响的有节奏的"嗒嗒"声,可用听诊器或试棒触在气门室罩处听诊,响声更加明显。

(1) 若所有的挺柱都响,则首先检查机油压力是否正常,若正常,可能是由于液压挺柱导孔含有灰尘或胶黏物而使挺柱卡住,通往柱塞的润滑油压力不足,润滑油品质不良,或因润滑油起泡沫所致。可拔出润滑油标尺,检查其上润滑油是否有泡沫。若有,说明润滑油中有水或油面太高(太低),应拔出机油尺检查油面高度及油品质量。

(2) 若一个或几个挺柱响,可断定是液压挺柱损坏或液压挺柱与导孔的配合间隙过大造成的。

三、润滑系统常见故障现象及诊断

发动机起动前或停机 10~15min 后,将车辆停放在水平地面上。拔出机油标尺,用干净抹布擦去机油标尺上面黏附的机油,将机油标尺再次插入油底壳后,拔出机油标尺,观察机油标尺的机油黏附高度。机油标尺上的两条刻线,上刻线"F"表示机油的最多量;下刻线"L"表示机油的最少量,若机油油迹处于上下线之间,说明机油量合适;若机油油迹低于下刻线,则表示油量不足,应添加相同的机油;若机油油迹高于上刻线,则表示油量过多,应适当放出一部分机油。

起动发动机,待达到发动机正常工作温度后停机。拔出机油标尺,将机油标尺上黏附的机油滴在纸上(最好是滤纸),放置一定的时间后观察油滴的扩散情况及油斑中心的颜色。油滴的核心部分呈深灰色、褐色且透明则为正常,机油可继续使用。若油滴呈乳液状且油滴的扩散范围较大,外围颜色较浅,说明机油中掺入了汽油或冷却液,则机油已不能再继续使用,应更换。若油斑上积聚了较多金属微粒或黑色沉淀物,说明机油老化变质。

起动发动机,使其运转至正常工作温度,在不同的运转工况下检查机油压力是否正常。在车辆仪表盘上装有机油压力表,可通过机油压力表检查发动机不同工况下的机油压力值。

当发动机处于怠速工况时,机油压力应为0.125MPa左右;汽车行驶时,机油压力一般保持在0.2~0.5MPa;发动机温度较高而转速较低时,油压应不低于0.2MPa。

汽车机油更换周期一般为5000km,但车辆运行条件不同,换油的周期也不相同。如车辆行驶在灰尘多的道路上、寒冷季节、潮湿地区等,应适当缩短换油周期。

对于一次性整体旋装式滤清器,车辆每行驶5000km,视情况更换;车辆每行驶10000km必须更换。

(一)机油消耗异常的故障现象及诊断

1. 故障现象

车辆正常行驶,但每天检查机油时均发现机油消耗量过多;排气管冒蓝烟,机油加注口也出现脉动冒烟;燃烧室积炭增多。

2. 故障原因

(1)活塞与缸壁间隙过大。

(2)活塞环弹力不足或磨损量过大。

(3)扭曲活塞环装反。

(4)活塞环抱死或活塞环端隙对口。

(5)气门杆油封损坏。

(6)进气门导管与气门杆间隙过大。

(7)曲轴箱通风不良。

(8)正时齿轮室、曲轴前后油封、凸轮轴后端油堵等密封不严而漏油。

(9)油底壳或气门室盖密封不严漏油。

(10)空气压缩机的活塞与缸壁间隙过大。

(11)空气压缩机曲轴的前、后端盖漏油;润滑系统各零部件外漏。

3. 故障诊断

(1)首先检查发动机外表是否有漏油痕迹。

①检查发动机油底壳周围是否有漏油痕迹,若有,则说明油底壳固定螺栓松动或衬垫损坏。

②检查发动机曲轴的前、后端是否有漏油痕迹,若有,则应检查曲轴的前、后油封是否损坏,曲轴皮带轮与油封接触面磨损是否严重,后轴承盖的回油小孔是否被堵塞等。

③检查发动机气门室盖垫处是否有漏油痕迹,若有,则应检查气门室盖螺栓是否松动,密封衬垫是否损坏等。

④检查润滑系统的其他部件是否有漏油痕迹,若有,则应先紧固其固定螺栓,再

检查其密封垫是否损坏。

(2) 上述检查过程中,若发现发动机多处有机油渗出,但又找不出明显的漏油处,则应检查曲轴箱强制通风装置,清理曲轴箱通风管道中流量控制阀处的积炭和结焦。

(3) 若发动机外部无漏油痕迹,则应使发动机正常运转,检查排气管排出的废气颜色和机油加注口处是否有废烟冒出。

① 若排气管冒蓝烟,同时机油加注口也向外冒蓝烟,则为活塞、活塞环与汽缸壁磨损过大,活塞环的端隙、背隙和边隙过大,多个活塞环的端隙对口,或扭曲环装反等情况,使机油窜入燃烧室燃烧造成。

② 若排气管冒蓝烟,机油加注口不冒烟,而气门室罩向外窜烟,则应检查气门导管处的气门油封是否有损坏,气门导管与气门杆的间隙是否过大等。

(4) 在安装有机油散热器的发动机上,若在冷却系统中发现有机油,则应检查散热器的散热管是否脱焊、腐蚀或破裂。

(二) 机油变质过快的故障现象及诊断

1. 故障现象

车辆行驶不足5000km,机油出现了脏、变色、变稀,机械杂质增多等故障;取样检查时,机油颜色变黑,用手指捻搓,失去黏性并有杂质;机油呈乳浊状且有泡。

2. 故障原因

(1) 活塞与缸壁间间隙过大、活塞环密封不严造成漏气,废气漏入曲轴箱内与机油长时间接触,造成机油变质加快。

(2) 曲轴箱通风不良。

(3) 发动机冷却不良或机油压力过低,造成摩擦表面温度过高,使得机油的温度过高,加速了机油的氧化变质。

(4) 机油滤清器过脏堵塞,造成润滑油短路;汽缸垫或汽缸体损坏,造成冷却液进入曲轴箱,使机油变质。

(5) 发动机工作不良,未燃烧的燃料流入曲轴箱,造成机油黏度下降。

3. 故障诊断

(1) 拔出机油标尺,将数滴机油滴在中性滤纸上,观察其扩散后的油迹。若油迹中心黑色较严重且有较多杂质,说明机油含有较多的尘土及金属微粒和氧化物等。

(2) 检查机油压力是否偏低,发动机是否经常处于高温工作状态,活塞与缸壁的间隙是否过大,曲轴箱通风装置工作是否正常等。

(3) 若机油已经乳化,说明机油中渗进了水分,则应拆下火花塞,检查表面是否有水珠。若有水珠,说明水分进入汽缸内。应检查汽缸垫是否损坏;水套与燃烧室是否相通;汽缸套上的密封垫是否漏水等。

(4)若机油变质的同时,伴随着机油压力过低,则应检查机油滤清器是否堵塞,机油滤清器旁通的弹簧是否过软;机油泵的泵油能力是否下降等。

(三)机油压力过低的故障现象及诊断

1. 故障现象

发动机在正常工作温度和转速下运转时,机油压力表读数始终低于规定值。

2. 故障原因

(1)机油量不足或机油黏度太低。

(2)机油粗滤器堵塞且旁通阀打不开;机油泵齿轮磨损、泵盖磨损或泵盖衬垫太厚使供油压力过低,或机油泵外壳裂缝漏油,机油泵轴与连接键销断裂。

(3)机油集滤器滤网堵塞或集滤器漏气。

(4)内、外管路或放油螺塞处漏油,曲轴主轴承、连杆轴承或凸轮轴轴承间隙过大。

(5)机油限压阀调整不当、关闭不严或弹簧折断,汽油泵膜片破裂使汽油漏入油底壳或燃烧室内未燃的气体漏入油底壳内,使机油的黏度下降。

(6)汽缸垫或汽缸体损坏,使冷却液漏入油底壳,将机油稀释,机油压力表或其传感器连接导线断路或接触不良。

3. 故障诊断

行车中,应随时观察机油压力表或机油压力过低报警灯,若发现机油压力为零或报警灯闪亮,则应立即熄火,停车检查。

(1)拔出机油标尺,检查机油量及品质。若机油液面低于"L"或"MIN"线以下,说明机油量不足,应及时添加或更换机油;若机油颜色无变化,而黏度降低,且有燃油气味,说明机油中渗进了燃油;若机油呈乳浊状并有泡沫,说明机油中渗入进了水分,应查明漏水部位并修复,再更换新的机油。

(2)检查机油压力表和机油压力传感器的工作状况。检查压力表、机油压力传感器的连接导线是否松脱。若连接良好,则应将传感器端的导线拆下,并将其搭铁,接通点火开关,观察机油压力表的状态,若机油压力表的指针急速上升,说明机油压力表良好;若机油压力表指针不动,则应根据仪表的控制电路进行检查。在仪表指示正常的条件下,检查传感器工作是否正常,测量传感器的电阻值,其值应在规定范围内(具体车型参照维修手册)。

(3)若上述检查均正常,则应拧松压力传感器,起动发动机,观察连接处机油流出的情况。若机油流出有力,则应进一步检查机油压力的示值是否准确;若机油流出无力,应检查润滑系统各工作部件的工作状况。

①若机油限压阀安装在发动机缸体的外部,可将发动机熄火,将其拆卸下来并对

限压阀进行检查。检查限压阀的调整弹簧是否过软、折断或调整不当;检查限压阀柱塞磨损是否过度、钢球密封是否严密。

②检查机油滤清器的滤芯是否堵塞、旁通阀是否发卡或堵塞。

③拆下油底壳,检查机油集滤器滤网是否过脏,机油泵限压阀的状况是否正常,各连接管路是否存在漏油现象,机油泵的工作是否正常等。

④若发动机已接近或超过大修间隔里程,则应检查曲轴主轴承、连杆轴承、凸轮轴轴承间隙是否超差;检查其他压力润滑部位的零件配合间隙是否超差等。

(四)机油压力过高的故障现象及诊断

1. 故障现象

接通点火开关,机油压力表即显示压力值;发动机在正常工作温度和转速下运转,机油压力表读数始终高于规定值;发动机在运转过程中,机油压力突然升高。

2. 故障原因

(1)机油黏度过大;限压阀调整不当或移动发卡。

(2)通往各摩擦表面的分油道内积垢堵塞。

(3)曲轴主轴承、连杆轴承或凸轮轴轴承间隙过小。

(4)机油压力表或传感器工作不良。

(5)机油粗滤器滤芯堵塞且旁通阀开启困难等。

3. 故障诊断

发动机运转过程中,若发现机油压力过高应熄火排除故障,否则压力过高的机油容易冲坏机油滤清器及其连接部件。

(1)发动机运转过程中,机油压力突然升高,但没有其他异常现象,应首先检查机油压力传感器的导线搭铁是否良好。可接通点火开关,但不起动发动机,观察机油压力表指针是否升至最大值。若表指针升至最大值,则故障系导线搭铁引起;若表指针指示"0",则应检查机油滤清器的滤芯是否堵塞,限压阀柱塞或钢球是否卡死,限压阀弹簧是否过硬等。

(2)发动机运转过程中,机油压力表指示始终偏高,则应接通点火开关,检查机油指针是否指"0"。若指针不在零位,则应拆下机油压力传感器上的导线,再检查机油压力表的指针指示状态。若压力表指针仍有指示,说明压力表工作状况不良,若指针指示"0",则说明压力传感器有故障。

(3)检查机油的黏度是否过大,若机油黏度过大,则应更换规定牌号和规格的机油。

(4)检查机油压力限压阀是否调整不当或不能正常开启。

(5)若过高的机油压力已冲坏机油滤清器的密封垫,而机油压力表的读数却较低,则油粗滤器的滤芯堵塞且旁通阀开启困难或缸体上的油道堵塞。

(6)对于大修后新装的发动机,若曲轴主轴承、连杆轴承或凸轮轴轴承间隙过小,会引起机油压力偏高。

四、冷却系统常见故障现象及诊断

(一)冷却液充足但发动机过热故障现象及诊断

1. 故障现象

发动机出现冷却液充足,但行驶过程中发动机无力,冷却液温度过高;汽车行驶中发动机温度正常,一旦停车冷却液立即沸腾。

2. 故障原因

(1)百叶窗开度不足。

(2)风扇皮带打滑。

(3)散热器出水胶管老化吸瘪或内壁脱落堵塞。

(4)冷却风扇装反、扇叶角度变小或新换的风扇规格不对。

(5)电动冷却风扇不转,或硅油风扇离合器损坏,风扇转速过低。

(6)节温器失效。

(7)水套内水垢过多,分水管堵塞,分水不畅。

(8)散热器内水管堵塞。

(9)水泵损坏。

(10)汽缸垫烧穿,使相邻两缸串通,或缸体、缸盖出现裂缝,使高温高压气体进入冷却系统产生气阻。

(11)点火时间过迟;混合气过稀或过浓。

(12)燃烧室积炭过多。

(13)车辆长时间大负荷工作。

3. 故障诊断

(1)首先检查百叶窗开度是否充足。若百叶窗开度不足,应检查连杆机构运动是否灵活或调整是否适当。

(2)若百叶窗开度充足,应检查冷却风扇转速是否过低。若风扇转速过低,则应检查风扇皮带是否因过松、油污、磨损过度而打滑;检查硅油风扇离合器工作是否正常;电控风扇的热敏开关、直流电动机、控制电路工作是否良好。

(3)风扇转速正常,则应检查风扇的风量。在风扇转动状态下,将一张薄纸放在散热器前面,若纸被吸住,说明风量足够;否则应检查风扇叶片方向是否装反,风扇叶片角度是否正确,集风罩是否损坏等。

(4)在风量充足的条件下,检测散热器及发动机的温度。若散热器温度过低,而发动机温度过高,说明冷却液循环不良。逐渐提高发动机的转速,观察散热器出水胶管是否被吸瘪。若胶管被吸瘪,说明散热器的进水管堵塞严重,应进行清洗。散热器出水管良好,则应拆下散热器进水管,提高发动机的转速,冷却液应有力地喷出,否则说明水泵或节温器有故障。拆下节温器重复试验,若排水量明显增加,则应进一步检查水泵的工作性能、汽缸体水套内的水垢是否过厚等。

(5)散热器进水管冷却液喷出有力,则应检查散热器各部温度是否均匀。如果散热器冷热不均,则应检查散热器芯管是否堵塞。

(6)若以上检查正常,在冷却液温度过高的同时,发动机动力明显下降,则应检查点火时间是否正确;混合气是否过稀、过浓,进、排气门间隙是否过大,燃烧室积炭是否过多等。

(7)对于长期未清洗水垢的发动机,应检查水套内积垢是否过厚。检查方法是:将冷却液全部放出,再加满冷却液并测量注入冷却液的体积。若比规定量明显减少,则减少的体积即为水垢所占据的容积,若水垢过厚,应对发动机水套进行清洗。

(8)若发动机及冷却液温度正常,而冷却液温度表指示冷却液温度过高,则应检查冷却液温度表、冷却液温度传感器及控制电路是否正常。

(二)冷却液不足发动机过热故障现象及诊断

1. 故障现象

发动机冷却系统容纳不了规定的冷却液量,或在运行中冷却液消耗异常,使发动机过热。

2. 故障原因

(1)汽车发动机冷却系统水套或散热器积垢过多或堵塞。
(2)散热器盖的进、排气阀失效。
(3)在低温季节,散热器内冷却液在停车时未放净而结冰。
(4)散热器漏水。
(5)水泵水封密封不严。
(6)冷却系统其他部位漏水。
(7)汽缸垫水道孔与汽缸沿窜通。
(8)个别进气通道破裂漏水。

3. 故障诊断

(1)首先检查冷却系统中的冷却液容量。若冷却液液位正常,则应考虑冷却系内的水垢是否过多。

(2)冷却液液位过低(冷却液液位应在"MAX"与"MIN"之间),应检查冷却系统是否存在漏水部位。观察散热器、软管和水泵等是否有漏水部位。

(3)加入适量的冷却液(高温时不超过"MAX",发动机冷态时不低于"MIN"),起动发动机,观察散热器盖的密封状况。

(4)若冷却系统外部无漏水部位,则应检查冷却系统膨胀水箱是否存在内漏现象。拆下风扇皮带,停止水泵转动,起动发动机怠速运转,在散热器注液口处检查是否有气泡出现;检查排气管处的发动机尾气是否呈水汽状。检查发动机是否有工作不良的汽缸。拆下工作不良汽缸的火花塞,检查火花塞电极处是否存在水珠。若有上述现象存在,则应检查发动机的汽缸垫是否损坏,水道与汽缸间是否相通。拔出机油标尺,检查油底壳内的机油中是否有水,同时检查冷却液中是否出现油珠。若机油中掺入了水分,冷却液中应有油珠出现,应检查汽缸垫是否损坏。

(5)在寒冷季节行驶的车辆,应注意检查散热器、冷却系统水套是否结冰。

(三)发动机突然过热的故障现象及诊断

1. 故障现象

汽车行驶中,冷却液温度表指针很快指示到高温位置;发动机冷起动后,冷却液温度迅速升高并沸腾。加足冷却液后恢复正常。

2. 故障原因

(1)风扇皮带断裂。

(2)节温器主阀门脱落。

(3)水泵轴与叶轮松脱。

(4)冷却系统严重漏水。

(5)汽缸垫损坏,水套与汽缸沟通。

(6)风扇离合器失灵。

3. 故障诊断

(1)着车状态下,观察充电指示灯的工作状态。若充电指示灯常亮,说明水泵皮带断裂,使发电机和水泵同时不工作。

(2)停机后检查冷却风扇转动是否正常。若为硅油离合器或电磁离合器,应检查离合器是否损坏;若为电控风扇,应检查热敏开关、风扇电动机及其控制电路是否正常。将发动机熄火,用手触摸发动机和散热器,若感觉发动机温度很高,而散热器温度却较低,说明水泵轴与叶轮松脱或节温器失效;若感觉发动机与散热器温差不大,则应检查冷却液是否泄漏,查找漏水部位。

(3)汽车行驶途中,发动机温度升高,同时排气管有"突突"声,且发动机动力明显不足,可停车检查排气管及散热器、火花塞等。若排气管冒白烟且排出水珠;散热器口向外溢水或排气泡,且呈沸腾状态;某些缸火花塞电极处有水珠,说明汽缸垫烧穿或缸盖破裂。

(4)若冷车起动后温度迅速升高,冷却液沸腾,可用手触摸散热器出水胶管。若感觉胶管温度未升高且较硬,则说明放水不彻底或冷却液凝点过高而发生冻结。

(四)冷却液消耗异常的故障现象及诊断

1. 故障现象

汽车行驶中冷却液异常消耗;或在冬天出车前,已加满冷却液,但途中发现冷却液明显消耗。

2. 故障原因

(1)散热器及进、出水胶管破裂漏水。

(2)水泵水封损坏或叶轮垫圈磨损过度而漏水。

(3)汽缸垫水道孔与汽缸窜通。

(4)在低温季节,散热器的冷却液在停车时未放净而结冰。

3. 故障诊断

(1)发动机运转状态下,首先检查冷却系统外部是否漏水。

(2)若外部无漏水部位,则应检查排气管处的尾气状态。若尾气中含有水蒸气,且散热器盖处有水溢出,拔出机油尺发现机油中有水,则为水套破裂或汽缸垫水道孔破损,致使冷却液进入汽缸及曲轴箱。

(3)寒冷季节,若散热器内的冷却液在停车时未放净而结冰,在重新加注冷却液时,会感到加入的冷却液的量明显减少。发动机运转后,可以感觉出散热器的上部烫手而下部发凉。

(五)冷却液温度过低故障现象及诊断

1. 故障现象

汽车冬季行驶时冷却液长时间温度过低,发动机起动困难,汽车行驶无力,消声器有时放炮。

2. 故障原因

(1)寒冷季节行车,散热器前未加装保温罩或百叶窗不能关闭。

(2)冷却系统中未装节温器或节温器失灵,使低温时冷却液仍在进行大循环。

(3)风扇离合器或电控装置使冷却风扇始终高速运转。

(4)冷却液温度表或冷却液温度传感器损坏。

3. 故障诊断

(1)在冬季行车时,首先检查百叶窗是否开闭自如。若百叶窗不能关闭,则应检查拉杆机构运动是否灵活或调整是否正常。

(2) 在冷却液温度较低时,使发动机处于怠速运转状态,检查冷却液是否进行大循环。若冷却液进行大循环,则应检查节温器是否失灵。

(3) 对安装电控风扇的冷却系统,应检查冷却风扇的转动状况。若冷却液温度较低,而风扇处于工作状态,则应检查温控开关及控制电路工作是否正常。

(4) 上述检查正常,而冷却液温度表指示温度较低,可用手触摸散热器。若感觉冷却液温度不低,则应检查冷却液温度表或传感器的工作是否正常。

第十二章

运输企业日常管理

第一节　运输成本管理

运输成本是指企业生产经营全过程发生的所有费用和其他形式的支出,包括物化劳动和活劳动。运输成本管理是对企业生产经营活动全过程发生的所有费用和成本的形成进行预测、计划、核算、控制、分析、考核及采取降低成本措施的一系列生产管理、经营管理活动。它是关系到企业各部门的一项综合性管理工作,是企业管理最重要的组成部分。加强成本管理,是企业低成本运行、提高企业竞争能力,取得良好经济效益的必由之路。

一、运输成本

汽车运输企业的生产过程是实现旅客和货物的位置移动过程。在实现旅客、货物的移动时,需要消耗物化劳动和活劳动,这些劳动的社会价值就构成了运输成本。运输成本是用货币的形式来反映完成客、货运输量的全部消耗。这些耗费概括为生产费用和结算费用之和,由企业先用资金垫付,再从盈余收入中获得利润。

(一)运输成本的组成

运输成本是以运输价值为基础的。运输价值具体反映在劳务价值上,取决于生产该项劳务的社会必要劳动量。这种社会必要劳动量的价值是由运输生产中所消耗的物化劳动的转移价值、生产者为其自身创造的价值和生产者为社会提供的价值三部分组成。运输成本是劳动价值的前两部分,主要包括以下内容:

(1)生产运营过程中消耗的燃料、润滑料、维修材料、蓄电池、轮胎、原材料、低值易耗品的费用。

(2)运输、装卸货物的费用。

(3)职工工资、福利费、特定原材料节约奖(如节油、节电奖励)、技术改造和合理化建议奖励。

(4)固定资产的修理费、折旧费和租赁费。

(5)科研经费、技术开发和新产品试制发生的不构成固定资产的费用,购置样机和一般测试仪器的费用。

(6)工会和教育经费。

(7)财产和运输的保险费、契约、合同、公证费和印鉴、证件费、咨询费、专有技术使用费和排污费。

(8) 流动资金贷款利息。

(9) 办公费、会议费、差旅费、劳动保护用品费、消防费等管理费用。

(10) 营运业务费、养路费、过路过桥费、代理费。

(11) 财政审查批准应列入成本的其他费用。

(二) 运输成本的分类

汽车运输企业发生的费用项目繁多，为方便成本核算和管理，企业的生产费用在不违反财政原则的前提下，可按不同的管理需要进行分类。运输成本分类的主要方法有以下几种。

1. 按生产费用要素分类

按生产费用要素分类可反映企业在一定时期内同类性质费用的全部支出，便于按费用归口管理，为计算净产值、国民收入、核定企业流动资金需要量提供依据。可分为或包括：材料费、燃料和润滑料费、动力费、职工厂资及职工福利基金、固定资产折旧费、固定资产大修基金、流动资金贷款利息支出、养路费、其他费用支出。

2. 按成本项目分类

汽车运输成本按项目分类，可分为车辆费用和企业管理费用两大类。车辆费用主要包括工资、职工福利基金、燃料费用、轮胎费用、维修费、折旧费、养路费、其他费用等。企业管理费用主要包括企业为管理和组织运输生产而发生的各种管理费用和业务费用。企业管理费用按分级归口的原则又分为企业管理费、车队管理费、车站管理费等。例如，管理人员的工资和附加费、办公费、水电费、取暖费、通信费、差旅费、低值易耗品费用、修理费、大修基金计提费、折旧费、劳动保护费、公务车费、交通费、仓库费、业务费、职工培训费、材料盘亏和损失费、贷款利息支出、事故损失费等。

3. 按成本形态分类

汽车运输生产的消耗主要取决于运输距离的长短，因此，运输成本中有相当一部分是随行车公里数而变动的，还有一部分是随产量而变动的。这两部分成本叫作相对变动成本。另外，还有一种成本，它在一定的产量和行驶里程内不受影响，被称为固定成本。按汽车运输成本性质可分为车公里变动成本、吨公里变动成本和固定成本。

(1) 车公里变动成本

车公里变动成本是指在运输成本中随行车里程变动的成本，主要有燃料和润滑料费、轮胎费、维修费、计提的折旧基金和大修基金等。无论车辆空驶还是重载，只要车轮移动就会发生这类费用，而且随行驶公里数的增加，运输成本也增加。

(2) 吨公里变动成本

吨公里变动成本是指随运输周转量变动的成本。如吨公里燃料附加费、养路费

（按营收额的一定比例计提）、按周转量计算的行车补贴等。

(3) 固定成本

固定成本是指在一定产量的范围内，不受行车里程和产量变动影响的那一部分支出相对固定的成本。如驾驶员和其他职工的工资、提取的职工福利基金企业管理费、工会活动经费、教育经费、住房基金以及其他费用。

按照成本形态分类，企业可以进行成本决策。实行成本控制，还要充分考虑车辆利用率的影响，全面分析成本构成，保证企业以合理的成本运行，减少不必要的开支，才能实现企业的利润目标。

二、运输成本管理的要求

运输成本是企业经营管理工作质量好坏的一项综合性指标，直接反映企业生产经营活动的经济成果。对运输成本管理的要求是通过运输成果的预算、计划、控制、核算分析和考核，挖掘企业内部降低成本的一切潜力，寻找降低成本的途径和方法，降低生产费用和一切非生产开支，增加利润。因此，对运输成本管理的要求有以下几点。

(一) 加强运输成本管理的基础工作

企业各职能部门应在经理、总会计师、总工程师领导下，认真做好成本管理的基础工作。首先，建立健全客、货招揽业务记录，财产、物资移动记录，管理信息记录等原始记录。其次，企业应对各种原材料、燃料、轮胎、工具、物资储备、资金占用、费用、工时利用等制定出平均先进定额，并根据企业技术水平和管理水平的提高、生产环境的改善，定期或不定期地修订定额。再次，一切物资的进出都要经过计量、验收；计量仪表、器具要配备齐全，定期校正、维修，保证其准确性。最后，企业的物资财产要定期盘存，保证账、实相符，并及时调剂处理多余的积压物资，减少物资损耗。

(二) 严格区分不同性质费用的支出范围

企业费用支出种类繁多，费用来源和用途不同，为了加强成本管理，必须严格按规定的成本开支范围和标准支出。在企业会计核算中，要严格区分营业费用与基建费用的开支范围，区分营业开支与营业外支出的界限，保证成本的真实性和可比性，防止乱挤、乱摊成本等违反财经纪律的行为。

(三) 加强成本监督，保证成本核算的真实性

成本计划、成本控制和成本分析有赖于成本核算资料。若成本核算不真实，就不能发挥成本管理的作用，同时企业财务成果也会失真。造成成本核算失真的原因有：

企业原始记录不够健全,计量不够准确;财务人员处理企业各项开支范围和标准不清,财务科目处理归口不当;企业法人违反财经纪律,搞"法人成本"。要保证企业成本核算真实,除加强成本管理、成本核算的学习教育外,还必须加强成本监督,认真审查成本计划和各项费用开支的标准,经常进行成本检查,对违反成本法规的要及时制止;对明知故犯者,要及时警示处理;对违法者,且情节严重触犯刑律的,要交由司法机关依法追究刑事责任。

(四)实行成本全面管理

成本全面管理是企业全员参与企业生产经营全过程的管理。企业成本高、低直接影响企业的经济效益,关系到每个职工的个人利益。因此,每个职工都要参与成本管理,做到干什么管什么,成本责任到人。汽车运输企业要从物资供应、维修、装卸、运输、结算等方面进行全过程的成本管理,环环相接,精确到位,确保生产过程的每个环节以最低成本运行,创造出最佳的经济效益。

三、运输成本控制

运输成本控制是指企业在生产经营活动中,采用一定的控制标准,对运输产品形成的全过程进行监督,发现偏差及时采取措施消除失误,使实际劳动消耗和各项费用开支控制在目标成本和费用规定之内,保证企业达到降低成本的目标。

(一)成本控制方式

1. 事前控制

"凡事预则立,不预则废",要在成本形成之前采取有效的管理方式,预防成本扩大。要对各项资源消耗的数量界限和各项费用开支的标准事先加以确定,作为衡量实际成本控制情况的依据。

2. 过程控制

在生产经营过程中,始终按照成本计划指标、生产费用预算、各项费用支付额度和技术经济定额进行控制;建立信息反馈系统,及时发现执行过程中出现的偏差,采取措施及时纠正,防止事态扩大而造成严重损失。

3. 事后控制

企业定期或不定期地对过去一段时间的生产成本进行分析,总结经验,找出不足;对已经发生的成本偏差及时纠正,分析原因,明确责任,制订措施,完善必要的制度;若分析证明成本计划与变化了的形势不适应,必须及时修改原成本计划,制订切实可行的成本计划。

(二）运输成本控制的方法

汽车运输成本主要从以下几个方面进行控制。

1. 开拓市场，控制生产经营

认真进行市场调查，掌握市场需要，合理配置运力，围绕影响运输成本的关键性指标，把工作重点放在组织货源，保证运输质量，合理调配运力，提高车辆实载率、拖运率上。这是在生产过程中控制成本的有效环节。要通过有工作效率的相互配合的生产指挥系统来完成。

2. 控制费用，节约开支

在贯彻执行成本开支规定的基础上，主要从两方面控制费用支出。首先要严格控制营业费用，审查支出费用是否符合成本开支规定，是否有计划且符合定额要求和开支标准，是否符合"待摊费用"和"预提费用"规定；其次要严格控制非生产性开支，检查开支的合理性，超额部分要报企业领导批准。可采用"费用包干"方式，尽可能降低企业管理费在总成本中所占的比例。

3. 降低物资消耗

各种物资消耗的多少对生产成本高低具有决定性影响，必须严加控制。首先要控制劳动力的消耗，控制定员、定额，严格按定员、定额组织运输生产，提高劳动工时利用率，多余人员要另作安排；要严格考勤制度，抓好劳动纪律。其次要严格控制燃料、配件及原材料的消耗，特别要加强燃料的管理，做到有定额、有制度、有考核、有奖惩、节约能源；配件材料要严格控制采购、入库、保管、出库、领用、报废等环节，开展修旧利废活动，做到物尽其用。

4. 成本分级归口管理

在主管经理领导下，生产成本分级归口管理。以财务运作为中心，把成本计划指标按所述范围和性质逐级或逐项分解，落实到各基层及职能部门。这种管理能形成纵横交错的全企业的成本管理体系，有利于调动企业职工参与成本管理和控制的积极性。

四、运输成本的预测与计划

（一）生产成本预测

成本预测是在企业经营决策总目标指导下，对成本可能达到的水平进行客观、科学的估算。生产成本预测是确定目标成本和选择达到目标成本最佳途径的重要方法。加强成本预测，可以挖掘企业内部潜力，以最小的劳动力、物力、财力的投入来实现企业经营目标，保证企业取得最好的经济效益。生产成本预测过程，从某种意义上来说就是成本决策过程。可以对近期生产成本进行预测,也可以对远期生产成本进行预测,要按企业的实际需要进行。

1. 生产成本预测的步骤

(1)企业在经过充分调查的情况下,以国内外同行业的先进水平或本企业历史最好水平做参考,结合企业现有的经济实力、资金运作情况、企业经济效益、企业设备技术状况、企业员工平均技术水平、市场经营前景等各方面的状况,提出初步目标成本。还可以先确定目标利润,从运输收入(减去税金)中减去目标利润即为初步目标成本。

(2)在现有生产的情况下,预测生产成本可能达到的水平,找出与初步目标成本的差距。在此基础上,采取加权平均的方法,对以前的生产成本进行必要的调整或依据成本构成进行初步成本预测。

(3)比较各种降低生产成本方法的经济效果。降低运输生产成本的方式很多,如车型选购、采用节油技术、优化材料采购、修旧利废等,经过经济效果的比较后再确定最佳目标成本。

(4)选择最佳生产成本方案,确定目标成本。经过多种降低生产成本方案的比较、综合、平衡,选出最佳生产成本预测方案,计算、确定生产成本预测值。此值就是目标成本,也是企业在预测期内的预期生产成本目标。预测期内企业经营环境发生明显变化时,要及时调整目标成本,以保证企业获得最大的经济效益。

2. 生产成本预测的基本方式

生产成本预测的基本方式有保本成本预测法、成本降低预测法和车辆利用率变化时成本预测法。

(1)保本成本预测法

保本成本预测法是指企业的运输收入与运输成本相等,处于不盈、不亏的状态。企业运营收入低于保本点,则发生亏损;企业运营收入高于保本点,则企业盈利。

(2)成本降低预测法

随着科学技术的进步,道路条件的改善,企业经营管理水平的提高,成本构成必然会发生变化。为准确掌握成本构成,当产量、劳动生产率和工资等发生变化时,应及时对成本进行预测。

(3)车辆利用率变化时成本预测法

①工作车日和车日行程发生变化时的成本预测。运载系数一定,工作车日和车日行程变化,必然会引起周转量的变化。这时单位车公里变动成本和单位吨公里变动成本不受影响,而单位固定成本则随产量变动而变动,因此引起运输单位成本的变化。

②实载率及运载系数变化时的成本预测。实载率变化必然会引起运载系数的变化,产量也随之发生变化。这种变化对固定成本总额在一定产量限度内不发生影响,但单位固定成本随产量变动而变动;单位车公里变动成本则不受车辆实载率变动的

影响;吨公里变动成本则随产量变动而发生变动,从而引起单位成本的变化。

③拖运率变化时的成本预测。提高运载系数有两种方法:一是提高实载率,二是提高拖运率。提高拖运率比提高实载率降低成本的效果更显著。

(二)成本计划

企业成本计划是生产经营计划的重要组成部分,也是企业进行成本控制和成本分析、制订财务计划的重要依据。正确编制成本计划,对贯彻经济责任制、完善经济管理、提高经济效益有重要的作用。

汽车运输成本计划是按运输成本项目和车辆类别分别编制的,主要有客车成本计划,货车成本计划,客、货综合成本计划,分车型、类别的成本计划。编制计划的具体步骤如下。

1. 收集和整理资料

资料主要包括成本降低的指标,计划期企业生产、物资供应劳动工资等计划资料,计划燃料、润滑料、轮胎的消耗定额,车辆维修、维护里程定额,原材料消耗定额,劳动定额,上年度成本核算资料等。

2. 分析上年度成本,对计划期内成本进行预测

在编制成本计划时,成本降低额和降低率均以上一年度为参照。因此,对上一年度成本资料要认真分析,从中找出降低成本途径,对计划期内成本进行预测。

3. 依据企业计划期成本降低率,测算各因素变化对成本的影响

测算的重点放在燃料、原材料、全员或驾驶员劳动生产率、事故损失的变化上。

第二节 车用物资管理

车用物资涵盖内容非常广泛,包括黑色金属、有色金属、汽车配件、汽车燃料、润滑料、传动液、制动液、维修设备、检测设备等。

一、车用物资管理概述

(一)车用物资分类

为便于编制供应计划、采购和加强管理,物资按在生产过程中的作用,可分为材料、燃料、轮胎、工具量具、电气器材五类。

1. 材料

(1)配件。汽车维修零件、部件。

(2)五金、杂项。大、小五金,电气杂项,油漆,钢材,木材,轻化工产品,玻璃等。

(3)汽车维修用润滑油、润滑脂、固体润滑剂、制动液、动力传动液、蒸馏水、硫酸、盐酸等。

(4)包装物。油桶、氧气瓶、氮气瓶。

(5)液化石油气瓶、天然气瓶等。

(6)随车工具。

(7)蓄电池。

2. 燃料

燃料包括汽油、柴油、液化石油气、天然气。

3. 轮胎

轮胎包括各种规格轮胎的外胎、内胎、垫带。

4. 工具量具

工具量具包括各种工具、量具、卡具。

5. 电气器材

电气器材包括各种车用传感器、电控元器件、通信设备维修用材料。

(二)车用物资管理的意义和任务

企业物资管理不仅是生产前的一项准备工作,而且是企业开源节流的重要工作。这项工作做好了,就能保证运输生产的顺利进行。物资消耗中燃料、轮胎、小修用料约占运输成本的50%;在产品制造中,原材料一般约占成本的75%。而这些物资储备占用的流动资金约占企业流动资金总额的80%。做好物资管理工作,做到合理使用、储备和节约物资,对促进企业生产发展、降低成本、减少资金占用、提高经济效益有极为重要的意义。

物资管理的主要任务是计划采购(合适的供应商、合适的产品品质、合适的时间、合适的价格、合适的数量)、合理储备、科学保管、及时供应、修旧利废、降低成本、减少资金占用、加快资金周转、保证运输生产的顺利进行。

(三)车用物资管理的工作程序

汽车运输企业物资管理工作的程序如图12-1所示。

图12-1 物资管理工作的程序

(四)车用物资管理体系

企业物资管理体系要坚持集中统一、分级管理的原则。

1. 集中统一

集中管理就是统一计划、订购、分配、调度和管理。

(1)统一计划是指企业生产经营所需要的燃料、轮胎、配件等,由企业物资供应部门根据统计资料和计划期间生产任务、储备定额编制物资采购计划。

(2)统一订购是指企业生产经营所需要的燃料、轮胎、配件、材料由企业物资供应部门统一组织订货、采购和加工定做。基层单位材料供应部门只根据企业规定的自购物资项目和核定的储备基金采购。

(3)统一分配是指燃料、轮胎和配件材料均由企业物资供应部门统筹安排,并根据生产计划等具体情况进行统一分配。

(4)统一调度是指企业物资供应部门的各级仓库,有权视情况组织企业内部物资余缺的调剂。

(5)统一管理是指以岗位责任制为中心,对物资计划、定额、订购、核算、统计、仓库管理和资金管理等,制订统一的标准和考核办法。统一管理可以充分发挥集中采购的优势,对所需采购的物资进行招标,达到既优质又优价,即最合适的性能价格比。

2. 分级管理

分级管理就是要明确企业和基层生产单位物资管理机构的管理范围、采购范围以及各自的职责,保证按时、按质、按量供应物资,减少盲目采购,避免物资积压和资金浪费。同时,企业物资部门和其他职能部门的相关专用物资则实行归口管理。

按物资使用性质归口,凡生产用物资由供应部门管理,基建物资由基建部门管理。基建部门物资的消耗与库存必须认真统计,送给供应部门汇总,以便准确反映企业全部物资消耗和库存的情况。凡设备、工具、电气维修等均由相关部门管理。管理方法有两种:一种是计划、订购、资金结算、保管、发放等都由职能部门自行负责;另一种是由职能部门提出计划,由供应部门订购、保管和发放,职能部门负责计划分配和资金筹措。轮胎由主管部门计划分配、翻新修补,供应部门负责订购、提运、资金结算、保管、发放和报废。自制配件和修旧配件、总成,计划由供应部门提供,生产部门组织实施,产品由供应部门统一管理。

在实行统一管理和分级归口管理的同时,实行经济责任制,使经济效益与奖惩制度、供应任务、资金周转、流动费用、服务质量和执行政策相结合,做到责、权、利相结合,提高物资管理的经济效益。

二、车用物资的储备管理

车用物资定额管理包括储备定额管理和消耗定额管理。这里主要介绍储备定额管理,消耗定额管理另作介绍。

(一) 车用物资储备定额的作用

车用物资定额管理是指在一定条件下,为保证企业运输生产正常进行所必需的经济合理的物资储备数量的标准或限额。物资储备是企业进行生产经营活动的重要条件,是企业流动资金的重要组成部分。物资储备应有一个合理的储备数量。多储,会造成占用大量流动资金和物资积压;少储,则会导致供不应求,影响生产。因此,企业必须制订科学合理的物资储备定额。物资储备定额既是编制物资供应计划、组织采购订货、核定流动资金、确定企业仓库规模和仓库定员的重要依据,也是掌握和监督库存动态、督促合理采购、保持合理库存量的重要依据。

(二) 车用物资储备定额的制订

在一定的物资消耗量和一定的时间间隔内,物资储备定额主要取决于两个因素,即订购次数和订购数量。订购次数越多或订货批量越多,则物资储备量越少;反之,物资储备量越大。物资储备定额分为经常储备定额和保险储备定额。经常储备定额是指企业前后两批物资到货间隔期内保证正常生产所必需的物资储备数量。保险储备定额是指当物资供应工作中发生到货误期等不正常的情况时,保证正常生产所需要的物资储备数量。

1. 经常储备定额

经常储备定额主要由前后两批物资到货的间隔时间和平均每天需要量决定。计算公式为

$$经常储备定额 = 到货间隔天数 \times 平均每天需要量$$

2. 保险储备定额

保险储备定额主要由保险储备天数(由上年度统计的实际到货平均误期天数相关资料来确定)和平均每天需要量来决定。计算公式为

$$保险储备定额 = 保险储备天数 \times 平均每天需要量$$

3. 最高储备定额和最低储备定额

企业物资储备定额由经常储备定额和保险储备定额两部分构成。因为经常储备定额是一个变量,物资储备定额就有上限和下限之分上限称为最高储备定额,即经常储备定额和保险储备定额之和;下限称为最低储备定额,即保险储备定额。计算公

式为

$$最高储备定额 = 经常储备定额 + 保险储备定额$$
$$最低储备定额 = 保险储备定额$$

汽车运输生产的燃料、轮胎、维修配件的消耗中,燃料属一次性消耗,轮胎属实际运行消耗,维修配件消耗与车辆技术状况和维修标准有关。在制订储备定额时,需结合具体情况确定。

(1)有明确的消耗定额,凡属一次性消耗,消耗量基本平均时,可用定额计算法计算储备量,如燃料储备量。计算公式为

$$计划期内总需要量 = 平均每天需要量 \times 计划期日历天数$$

经常储备定额可按下述公式计算:

$$经常储备定额 = 到货间隔天数 \times 平均每天需要量 \times (1 + 耗损率)$$

(2)有明确的消耗定额,单位消耗基本均匀,但属于递延性消耗(如轮胎、蓄电池等)时,应在年度计划需要总量的基础上,根据上期末平均每车在用轮胎质量状况计划期翻新计划等资料进行推算来确定储备定额。确定储备定额时应计入送修、翻修轮胎的数量。

(3)只有消耗金额定额,而无具体材料消耗定额,同时又受车辆技术状况和维修标准等因素变化而影响消耗量时,可用统计推算法,结合具体情况确定调整系数来制订,如汽车维修配件类的储备定额。统计推算法步骤如下:

①求出计划期间内某种配件的总需要量。

$$计划期内的需要量 = (配件耗用量 \div 同期平均运营车数) \times \\ 计划期平均运营车数 \times (1 \pm 调整系数)$$

式中,平均运营车数也可根据具体情况用总行车公里或维修作业次数表示。

②根据总需要量计算平均每天需要量。

③根据平均每天需要量计算储备定额。企业物资供应部门将各种物资最高与最低储备定额数量填入相应的物资卡片和账本上。当库存物资接近最高储备定额时,要立即控制进货或调剂给其他单位,以防超储积压,占用资金;当库存物资接近最低储备量时要催办下批物资到货或向其他单位调剂,防止供应不足,影响生产。

(三)物资供应计划

企业的物资供应计划是确定计划期内保证运输生产正常进行所需各种物资的计划。它是依据年度运输生产计划、车辆维修计划和交通工业产品计划制订的,也是企业组织订货和采购各种物资的依据。编制物资供应计划分为编制计划前的准备、编制计划和组织计划实施三个阶段。

1. 编制计划前的准备工作

编制物资供应计划之前,计划编制人员要调查研究,掌握信息,收集资料,了解各

种物资消耗水平和市场动态,编制物资供应目录,调整和修改物资定额,并要认真做好物资盘存、核实库存各种物资数量的工作,预测计划期内各种物资供应形式和物价升降趋势,为编制物资供应计划做好准备。

2. 编制计划

物资供应计划的内容为确定各种物资需要量,计划期初、期末储备量,编制物资平衡表、物资申请计划和采购计划等。

(1) 确定各种物资需要量

确定各种物资需要量是编制物资供应计划的重要环节。物资需要量是指计划期内为保证正常生产进行所必需消耗的物资数量。它是按照每一类物资、每一种品种规格分别计算的。运输企业各种物资需要量主要有下列几种：

①燃料需用量。运输生产燃料需用量依据车型不同、路况不同、运行条件不同和其他附加燃料消耗量来计算,可采用不同的计算方式。常用的计量单位有升/百吨公里、升/百公里。简单经验计算公式为

$$行车燃料需要量 = 上年度燃料实际消耗量 \div 上年度实际工作量 \times 计划期运输工作量$$

用此式计算,假定计划期内车型及车辆技术状况、工作条件与上年度相似,燃料定额不变,则决定计划期内燃料需用量的主要因素为运输工作量。若条件发生变化,要依据变化的情况对计算的需用量进行修正。

②轮胎需用量。在正常的运输生产中,轮胎消耗费用占成本的百分比仅少于人工和燃料占总成本的百分比。在制订年度物资供应计划时,要重视轮胎需用量的计算。其计算公式为

$$某型轮胎需用量 = (某型轮胎计划总行驶公里 \div 该型轮胎行驶综合里程定额) \times 每车装用轮胎数$$

③配件需用量。主要配件需用量可分车型依据上年度配件实际平均消耗量和计划期运营车数进行计算。计算公式为

$$某型车配件需用量 = 上年度平均消耗量 \times 计划期该车型车数 \times (1 \pm 调整系数)$$

调整系数可根据车辆平均技术等级和维修任务的变化来修订。

④辅助材料需用量。辅助材料需用量有消耗定额的,可直接计算计划期内的需用量;对用量少、价值低、不需要或不易按单位产品计算耗用量的,可根据以往的消耗量进行估算。

(2) 确定期初库存量和期末库存储备量

在计划期内,期初库存量和期末储备量会有差异。当期初库存量大于期末储备量时,计划供应量可以减少;当期初库存量小于期末储备量时,则计划供应量增加。期初库存量是依据编制计划时的实际盘存数及预计计划期初前的到货和消耗用量来

计算的。计算公式为

$$期初库存量 = 计划时实际库存量 + 期初前到货量 - 期初前消耗用量$$

期末储备量是依据计划年度第四季度物资供应情况和下一年度第一季度生产任务来计算,即计划期间内经常储备量加保险储备量,最小不能低于保险储备量。

(3)编制物资平衡表和物资计划

编制物资计划要注意以下几点:

①物资需用量应与生产任务平衡。物资供应是为生产服务的,因此,需用量要与运输生产、车辆维修、配件制造、设备大修、技术措施、基建计划平衡。

②物资需用量应与供应资源平衡。要对调查的期货、积压、修旧、自制、库存资源等进行综合平衡。

③物资需用量应与供应可靠性平衡。要将计划需要的品种、规格、价格与质量、供货时间等,同产品的生产状况、市场供应、运输衔接,进行平衡。

④物资需用量的费用应与资金平衡。物资需用量要通过市场价格的估算转为货币之后,分别与相应的资金来源进行对口平衡。

通过上述综合平衡后,即可编制物资计划。计划量的计算公式为

$$某种物资计划量 = 该种物资需用量 + 期末储备量 - 期初库存量 - 企业内部可利用资源$$

3. 组织计划实施阶段

在完成物资供应计划的编制后,要按照"合理组织,精心选择,质量优良,满足需要,减少库存,杜绝浪费"原则实施;对编制的物资供应计划需要进行逐级审核,力求做到准确、规范,经集中会审后,由单位主管部门负责人签字并加盖单位公章后报相关部门。在这个阶段,需要注意以下几个问题:

(1)编制物资计划完成后,注意审核,能实事求是地反映物资供应需求,信息真实,标准要求清楚。

(2)计划上报必须以纸质版为准,杜绝口头计划。

(3)周期性物资供应计划需提前上报。

(4)计划若有变更,应根据变更内容重新予以调整,进行申报。

(四)物资采购

物资供应计划确定之后,还要认真组织物资的采购和订货,才能实施供应计划。

1. 物资采购和订货

汽车企业生产经营需要的物资,品种规格繁多,各种物资需用数量也各不相同。因此,需根据生产需要和市场供应情况采取招标采购、源头采购、以储代销等方式,以减少库存和流动资金,采购质量、价格、性能比较合适的物资。

(1) 对大宗物资可利用招标的方式进行采购。通过招标引进竞争机制,使采购行为公开、规范化,使所采购的物资具有较好的性能价格比。

(2) 源头采购要选择优质名牌产品,与信誉好、供货及时的生产厂商建立长期合作关系,减少中间环节,降低物资成本。企业可依据以往的供需关系,对供货商进行综合评价,定期公布供货商首选名录,规范采购行为。

(3) 对小额物资可就地、就近组织采购。

(4) 非计划物资按经济合理的原则选购。

2. 签订供货合同

供货合同属于经济合同范畴,是供需双方履行各自承担的经济责任的协议或契约。在合同中,规定了物资的名称、品种、型号、规格、质量、数量、包装标准、价格、交货方法、交货期限、运输方式、到货地点、验收方法、结算方式、违约责任以及双方协商约定的其他事项等。订货合同分为长期、年度和短期三种。长期合同分为定点、定量供货合同和供应协议两种。定点、定量供货合同对供应关系和供应数量做出明确规定;而供应协议只规定供应关系,不固定供应数量,一般依据企业每年需用量再签订具体的年度供货合同。短期合同是供需双方的一次性协议或临时发生的合同关系。供货合同一经签订就具有法律效力,供需双方必须严格遵守,认真履行合同中规定的各项条款和义务,任何一方都无权废除和改变合同。

(五) 仓库管理

仓库是企业物资周转的储备环节,是企业物资供应的基地,担负物资管理的多项职能。加强仓库管理,能够保证仓库安全、减少物资损坏、加快资金周转、保证物资供应,对企业生产管理有重要的作用。

仓库管理的主要任务是物资验收、入库、保管、发放、清仓盘点和废旧物资回收利用等。

1. 物资验收、入库

物资验收、入库是物资储存管理的开始,也是仓库业务管理的重要阶段。物资验收是对入库前的配件、原料以及车间、班组修制的成品,按规定的程序和手段进行检查和验收。物资验收主要有两个方面的内容:其一是对物资的数量、品种、规格、型号验收,要按照运单、发票和合同的规定,认真检查、点数、称重、核实;其二是质量验收,对要入库的物资按照相应的技术条件和合同规定的条件检验。凡仓库能检验的,由仓库管理人员进行;凡需要由技术部门或检验部门检验的,应通过这些部门检验,出具检验证明。只有物资验收无误后,才能办理入库手续,填写入库凭证,登记账卡,按物资分类存放,妥善保管。凡凭证不全、手续不全、数量不符、质量不合格的物资,不准入库。

2. 物资保管

物资一经检验入库，就要加强保管。要根据不同的品种、规格、性能、形状、体积大小分类分区进行保管。做到账物相符，不短缺、不变质、不损伤、品种规格不混杂。实行定仓、定位、立牌、立卡管理。要做到物资仓库管理专职化，货位固定化，堆放规格化，计量标准化，库容整洁化，防火、防盗、防潮、防震经常化；要做到库号、架号、层号、位号与材料账页上的编号统一，账物相符，发料准确、迅速。

3. 物资发放

物资发放工作是仓库管理的重要环节，是物资供应计划的具体落实，也是物资管理工作面向生产、面向基层的具体体现。物资发放要按程序及时、准确、保质、保量地进行，要坚持先入库物资先发放的原则，以减少物资储存时间。严格执行交旧领新制度，做好废旧物资回收工作。与此同时要建立送货上门制度。汽车维修单位的材料部门，要坚决执行按任务、按定额或依据技术检验员签证的领料单发料。

车辆救援用料，应由救援人员用机动小修用料单填车号领取。总之，物资出库必须坚持先开票后发料，当面清点后，应由领料人签章。材料发出后，要及时登记、调整、核实账面数量，实行日清月结，杜绝差错发生。

4. 清仓盘点

为及时掌握库存物资的变化情况，避免发生物资供应不足，影响生产以及物资账、物不符，超储积压和丢失，需要对物资进行经常性的、定期的清仓盘点工作。经常性的物资盘点主要由仓库管理人员每日通过收发料及时检查库存物资账物是否相符；每月对动态的物资进行一至两次的复查或抽查；年中或年末要逐项逐件进行全面清点工作。定期的清仓盘点，由物资供应部门、财务部门、技术部门等有关人员组成的清仓盘点小组，对仓库进行全面清点核查。清查中发生盘盈或盘亏等问题，要查明原因，及时处理。对超储积压物资，需及时处理解决。

5. 废旧物资的回收利用

废旧物资回收利用是物资管理的一个重要组成部分，是降低成本的一项重要措施，更是节约能源、保护环境的有效方法。做好废旧物资的回收利用工作，首先，要明确规定回收废旧物资的范围和标准。对废机油、废钢铁等废旧物资规定回收指标，建立健全废旧物资回收制度和奖励制度，要由专人管理。回收的废旧物资要及时分类，避免用途不同、性质不同、价值不同的废旧物资混杂。废旧物资回收的目的在于挖掘物资的使用潜力，做到物尽其用，降低企业运行成本；更重要的原因是保护人们的生存环境，防止废旧物资对环境的污染。修旧利废可以有效地降低企业运行成本，在经济合理、使用可靠的原则下，企业应加大修旧利废的力度。

第三节　劳动人事管理

在改革不断深入的大形势下,企业全面走向市场,在市场运作的全新态势下,企业必须适应新形势形成的新的劳动人事管理方式,形成一种职工能进能出、干部能上能下、工资能升能降、岗位靠竞争、待遇靠贡献的竞争机制。

一、劳动管理

劳动管理的任务是制定劳动定额,合理安排劳动力,充分利用劳动时间,保证安全生产,调动职工积极性,提高劳动生产率,使劳动者在生产过程中与生产资料(即劳动资料和劳动对象)最有效地结合起来。这里主要介绍定员编制。

汽车运输企业的定员编制要从运输市场的实际需要出发,既要保证运输生产正常进行的必需人员,又要做到精简机构,合理定员,提高工作效率,减少人工成本。要科学合理地配备各类工作人员的数量,从而形成一个工作效率高的整体。

(一)定员范围

企业定员范围一般限定在进行正常生产需要的各类人员之内,无论是长期合同工、正式工,还是临时工,是基本工人还是辅助工人,是生产人员还是非生产人员,是工人还是管理人员,只要是维持生产所需要的,都应列入定员之内。在市场经济条件下仅仅规定企业定员范围是不够的,还要在定员范围内分配好各类人员的比例,包括生产人员与非生产人员的比例;基本工人与辅助工人的比例;基本工人、辅助工人内各工种的比例。

(二)定员方法

计算定员人数的依据是总工作量和一个人的工作效率。因为企业内各类人员的工作性质不同,总工作量和各类人员的工作效率表现形式也不同,所以计算定员的具体方法也应该不同。汽车运输行业计算定员有以下几种方法:

(1)按设备定员。例如,驾驶员、售票员、保修工等的人数均可依据运营车来计算。

(2)按劳动效率定员。例如,保修工的人数就可用一部汽车年维修工作量除以一个维修工的年有效工时来计算。

(3)按工作岗位定员。例如,车站业务人员可依据站务性质和任务量的大小来定员。

(4)按人员比例定员。例如,管理人员可按站全员人数的比例计算;炊事员可按就餐人数和就餐次数计算等。

(三)定员组织工作

定员的组织工作是企业管理的基础工作,它关系到职工的切身利益,其政策性强,涉及面广,必须加强领导,充分发挥行政组织的作用。要充分依靠群众检查劳动组织是否合理、非生产人员和生产人员比例是否正常、劳动工时利用率是否合理。发现劳动力在使用上不合理时,要找出原因,采取措施,及时解决。

二、劳动保护及保险

(一)劳动保护

劳动保护是指劳动者在生产中的安全和健康保护工作。加强劳动保护、搞好安全生产,关系到职工人身安全、社会的稳定和企业的健康发展。劳动保护工作主要包括以下几方面的内容:

(1)保证安全生产,改善劳动条件,组织文明生产,防止工伤事故和职业病的发生。

(2)保护环境,认真治理"三废"。

(3)合理确定工作和休息时间,使劳动者保持精力充沛。

(4)加强对女职工的照顾,适当安排女职工的工作。

为了做好劳动保护工作,要建立健全安全生产责任制。企业各级领导对本单位的安全工作负总的组织领导责任,要保证国家有关劳动保护法令、环境保护法令和制度在本单位的贯彻执行;经常监督检查劳动保护、安全工作和环境保护工作,及时消除危害职工身体健康和不安全的隐患。

企业各职能部门应切实做好各自业务范围内的安全技术、劳动保护工作。劳动保护专职管理机构(或专职人员)在经理(厂长)、总工程师的领导下具体组织并监督检查企业有关部门的安全技术、劳动保护工作。

企业职工应积极参加各种安全生产活动,自觉遵守安全生产规章制度,主动提出改进安全、卫生的建议,维护和正确使用车辆、机具设备、个人防护用品。

企业要不断进行安全生产教育,宣传安全生产方针,交流安全生产经验。通过教育,使职工自觉执行安全生产的方针和劳动保护政策、法令,保证安全生产。认真发放劳动保护用品和保健食品。劳动保护用品是职工进行安全生产的必要条件,必须按规定发放,不可超标准,也不能降低标准。

(二)职工的劳动保险制度

劳动保险是依据国家的规定给予职工和其直系供养亲属在生、老、病、死、伤、残等方面一定的物质保障,是解决职工生活困难,保证职工身体健康的措施,是保证社会稳定的基本措施之一。

职工的劳动保险项目有:

(1)职工因公与非因公伤残、疾病及死亡的保险待遇。

(2)职工退休、退职的保险待遇。

(3)职工生育保险待遇。

(4)职工医疗保险待遇。

(5)职工集体保险。

第四节　汽车编队行驶管理

汽车运输企业在执行运输作业时,经常会遇到为完成大量客运、货运任务,数辆或数十辆车编队行驶的情况。在执行这种运输任务时,为保证行车安全和运输货物的安全(客运要保证乘客的安全),需要对参加运输的车辆编队,驾驶员按编队行驶更有利于保证行车安全。在对车辆编队的同时,要做好车辆检查、维修、救援的物质准备工作。车辆编队主要工作内容如下。

一、车辆编队的原则

进行车辆编队,首先要了解参加运输任务的驾驶员的驾驶技术、驾龄、驾驶经验、安全行驶公里数等,其次按驾驶员的技术水平进行编队。

二、车辆编队行驶

(1)车辆编队行驶,车队的第一辆车极其关键。车队第一辆车的驾驶员要求责任心强,驾驶经验丰富。车队行驶时要规定好行驶速度,车队第一辆车的驾驶员必须按此速度行驶。该车驾驶员要经常注意其余车辆是否跟得上,是否保持正常车距,要按行驶情况随时调整车速。

(2)车辆编队行驶,车队的最后一辆车至关重要。因此,车队的最后一辆车的驾驶员要求驾驶经验丰富,责任心强,处理事件果断,遇事不慌,跟车能力强。

(3)车辆编队要按车辆的数量进行。车辆少于10辆时,应编好前后顺序,将驾驶技术较弱的驾驶员尽量安排在接近第一辆车位置,便于其跟上车队行驶;车辆多于10

辆时，可依据车辆的多少，分成少于10辆车的数个组，每一组由专人负责，以便于车队的管理。

(4) 车队行驶时，要尽可能靠外侧车道行驶，以免影响车速较高的行驶车辆。

(5) 做好车辆识别标志，打开危险警示灯，保持车距，避免其他车辆插队行驶。

三、车队行驶的物质准备

车辆较多的车队在出车前要做好物质准备，主要包括维修工、维修备件、救援车辆等。

(1) 维修备件要满足修复车辆一般常见故障的需要(如常用汽车配件、易损件、传动带、蓄电池、轮胎等)，要准备足够的冷却液、润滑油、燃料等。

(2) 要依据出车数量，配备足够数量的保修工，以保证车辆的维修工作。

(3) 有条件的运输单位可配备专用的抢修车，抢修车应处于完好的技术状况。

(4) 规定与抢修车(抢修工)的联络方式，便于车辆出现问题时，能及时与抢修车(抢修工)联系，排除故障。

(5) 参加运输任务车辆的转向系统、制动系统、行驶系统应达到车辆安全行车的规定标准。

(6) 配备必要的备份运输车辆，确保完成运输任务。

四、车队行驶的指挥

车队指挥系统的工作效率、指挥决策对车队的行车顺利与安全起着决定性的作用。车队的指挥人员必须做到：

(1) 要了解清楚行车路线、行车路线道路的主要特点，做到心中有数，才能做到指挥若定。

(2) 出车前要把行车路线、行车路线的特点、车队编组、行车速度、应注意的问题及可能出现的故障和事故的处理方案向驾驶员交代清楚，使车队的驾驶员能在与车队失去联络时，独立处理出现的问题，安全到达目的地。

(3) 规定与指挥车的联系方式，保证车队的信息及时、通畅，便于处理车队突发情况。

(4) 车队行驶要适当安排休息，保证每个驾驶员精力充沛，以便于保证行车安全。一般每2h休息一次较为合理。休息时由保修工检查车辆转向系统、制动系统、行驶系统等。

(5) 车辆编队行驶时，要求驾驶员必须按前后编队的顺序行驶，严禁超车抢行。

第十三章

公文写作

第一节 公文写作知识

一、公文的概念与分类

(一)公文的概念

公文,全称公务文书,在古代指的是处理或联系公务的文件,而在现代一般指行政机关、社会团体和企事业单位在行政管理活动或处理公务活动中产生的,按照严格的、法定的生效程序和规范的格式制定的具有传递信息和记录作用的载体文件。

(二)公文的分类

公文按其行文方向,可分为上行文、下行文和平行文。上行文是指下级机关向上级机关报送的公文,如请示、报告等。下行文是指上级机关向所属下级机关的行文,如决定、指示、公告、通知、通报等。平行文指同级机关或不同隶属机关之间的行文,如函等。通知、公文纪要有时也可作为平行文。

公文按其时限要求,可分为特急公文、急办公文和常规公文。公文内容有时限要求,需迅速传递办理的,称紧急公文。紧急文件又可分为特急和急件两种,紧急公文应随到随办,时限要求越高,传递、办理的速度也就要求越快,但要"快中求准"。随着社会的发展,对公文的时效要求越来越高,即使常规公文,也应随到随办,以提高办文效率。

公文按其机密程度,可分为绝密公文、机密公文、秘密公文和普通公文。绝密、机密和秘密公文又称保密文件,是指内容涉及党和国家的机密,需要控制知密范围和知密对象的文件。文件的保密级别越高,传达、阅办、保管的要求也越严。

二、公文的特点和作用

(一)公文的特点

1. 公文是由法定的作者制成和发布的

法定的作者是公文与其他报刊、图书、资料上发表的著作、文章等在来源上和出处上的不同。公文虽然也是一种应用文,但它不是谁都可以随便写的,必须是国家行政机关(或依法成立并能以自己的名义行使权利和承担义务的组织)进行书写。

2. 有法定的权威和效力

作为机关的喉舌,代表机关发言。一份文件代表制发机关的法定权威,反映与传达了它的制发机关对于某项工作问题所作出的决断和意见,收到的机关可以作为办事的凭据。

3. 公文有特定的体式并需经过一定的处理程序

为了维护公文的严肃性,保证它的效用和方便文书处理工作,撰写公文须按照规定的体式进行。体式指文体的格式、程式,任何机关不能标新立异,各行其是。公文的制发和处理须经过一定的程序,任何人不得擅自处理。

4. 公文有现实执行效用

对每一份文件来说,都有它的特定效用,代表它的制发机关赋予它的具体使命。

(二) 公文的作用

1. 法规行政约束作用

各种法规是以文件的形式制定和发布的。如国家行政机关发布的命令、公告、通告,作出的决定,或制定的章程、条例、规定、办法、细则等。这些公文一经制定和发布生效,就必须坚决执行,具有法规约束作用。法规文件在没有修改和宣布作废之前,始终有效。在它有效的范围内,人人必须遵守,不得违反。

2. 领导指导作用

国家机关为了行使管理国家的职权和处理社会事务的职能,总要通过制发公文的形式制定方针政策,进行工作部署,对一些主要事项提出意见、措施和办法,而这些公文都具有领导指导作用。这种领导指导作用,正是公文制发机关的性质和职能决定的,也是上下级机关本来具有的领导指导关系的一种体现。公文中的决定、通知、批复、意见等都起这个作用。

3. 联系公务作用

公文除用于有隶属关系的上下级机关之间的公务联系之外,还具有与同级部门和不相隶属的机关之间互通情况、商洽工作的作用。如通过"函"的形式,互相了解情况,请求批准等。

4. 宣传教育作用

贯彻执行党和国家的路线方针政策,首先要对干部群众进行宣传教育,提高他们的自觉性。党的十一届三中全会以来,我们党确立了以经济建设为中心、坚持四项基本原则、坚持改革开放的基本路线。党和国家就经济、政治、教育、科学、文化体制等方面的改革政策,发出了一系列文件,教育了广大干部和群众,调动了他们建设有中国特色的市场经济的积极性,这就是公文的宣传教育作用,如决定、通知、通告、公告等。

5. 沟通信息作用

随着社会的现代化发展,政务、经济信息量迅猛增长。各级机关在日常工作中,经常利用公文与上下左右的机关单位进行相互联系,沟通信息,解决问题。例如,发通知、通报,报送工作计划,报告、请示问题,总结工作经验,发送公函、信息快报等。诸如此类公文和文书显然对于领导掌握信息、科学决策和沟通上下信息等方面起到十分重要的作用。

6. 依据凭证作用

各种公文都反映了制发机关的意图,收阅机关以此作为处理工作的根据,这类公文就具有依据作用。有些公文,如会议纪要、函等,还具有某项活动和公务联系的凭证作用。

三、公文的种类

公文的种类主要有以下几种。

(一)命令

命令适用于依照有关法律公布行政法规和规章;宣布施行重大强制性行政措施;嘉奖有关单位及人员。

(二)决定

决定适用于对重要事项或者重大行动做出安排,奖惩有关单位及人员,变更或者撤销下级机关不适当的决定事项。

(三)公告

公告适用于向国内外宣布重要事项或者法定事项。

(四)通告

通告适用于公布社会各有关方面应当遵守或者周知的事项。

(五)通知

通知适用于批转下级机关的公文,转发上级机关和不相隶属机关的公文,传达要求下级机关办理和需要有关单位周知或者执行的事项,任免人员。

(六) 通报

通报适用于表彰先进、批评错误,传达重要精神或者情况。

(七) 议案

议案适用于各级人民政府按照法律程序向同级人民代表大会或人民代表大会常务委员会提请审议事项。

(八) 报告

报告适用于向上级机关汇报工作,反映情况,答复上级机关的询问。

(九) 请示

请示适用于向上级机关请求指示、批准。

(十) 批复

批复适用于答复下级机关的请示事项。

(十一) 意见

意见适用于对重要问题提出见解和处理办法。

(十二) 函

函适用于不相隶属机关之间商洽工作,询问和答复问题,请求批准和答复审批事项。

(十三) 会议纪要

会议纪要适用于记载、传达会议情况和议定事项。

四、公文的写作

(一) 通知

1. 通知的概念

通知适用于批转下级机关公文,转发上级机关和不相隶属机关的公文;发布规章;传达要求下级机关办理和有关单位需要周知或者共同执行的事项;任免或聘用干部。通知大多属下行公文。

2.通知的种类

(1)印发、批转、转发性通知:用于印发本级机关,批转下级机关,转发上级机关、同级机关和不相隶属机关的公文以及发布某些行政法规等。

(2)指示性通知:上级机关对下级机关某一项工作作出指示和安排,而根据公文内容又不必用"命令"或"指示"时,可使用这类通知。

(3)知照性通知:用于告之各有关方面周知的事项等。这种通知发送对象广泛,对下级、平级均可发送。

(4)事务性通知:用于上级机关对下级就某一具体事项布置工作,交代任务;同级机关及不相隶属的单位之间就某一项具体工作的进行或某一具体问题的解决要求对方配合、协助办理等。

(5)任免、聘用通知:用于任免或聘用国家机关工作人员职务等。

3.通知的格式及写法

(1)标题:写在第一行正中。可只写"通知"二字,如果事情重要或紧急,也可写"重要通知"或"紧急通知",以引起注意。有的在"通知"前面写上发通知的单位名称,还有的写上通知的主要内容。

(2)称呼:写被通知者的姓名或职称或单位名称,在第二行顶格写(有时因通知事项简短、内容单一,书写时略去称呼直起正文)。

(3)正文:另起一行,空两格写正文。正文因内容而异。例如,开会的通知要写清开会的时间、地点、参加会议的对象以及开什么会,还要写清要求。布置工作的通知,要写清所通知事件的目的、意义及具体要求和做法。

(4)落款:分两行写在正文右下方,一行署名,一行写日期。

4.范文

通　　知

各分公司及保修厂:

为贯彻市政府安全工作会议精神,研究落实我公司安全生产事宜,总公司决定召开2010年度安全生产工作会议,现将有关事项通知如下:

(1)参加会议人员:各车队队长、修理厂厂长。

(2)会议时间:11月3日,会期1天。

(3)报到时间:11月3日上午9时前。

(4)报到地点:总公司办公楼二层礼堂。联系人:×××。

(5)各单位报送的经验材料,请打印2份,于10月20日前报送总公司。

××总公司安全保卫部

2010年10月10日

(二)报告

1. 报告的概念

报告适用于向上级机关汇报工作、反映情况、提出意见或者建议,答复上级机关的询问。报告属上行文,一般产生于事后和事情过程中。

2. 报告的种类

(1)综合性报告:是将全面工作或一个阶段许多方面的工作综合起来写成的报告。它在内容上具有综合性、广泛性,写作难度较大,要求较高。

(2)专题性报告:是针对某项工作、某一问题、某一事件或某一活动写成的报告,在内容上具有专一性。

(3)回复报告:是根据上级机关或领导人的查询、提问作出的报告。

3. 报告的格式及写法

(1)标题:包括事由和公文名称。

(2)上款:收文机关或主管领导人。

(3)正文:结构与一般公文相同。从内容方面看,报情况的,应有情况、说明、结论三部分,其中情况不能省略;报意见的,应有依据、说明、设想三部分,其中设想不能省去。从形式上看,复杂一点的要分开头、主体和结尾。开头使用多的是导语式、提问式,给出总概念或引起注意。主体部分可加二级标题或分条加序码。结尾可展望、预测,亦可省略,但结语不能省。打报告要注意做到情况确凿、观点鲜明、想法明确、口吻得体,不要夹带请示事项。

(4)结语:呈转报告的要写上"以上报告如无不妥,请批转各地参照执行。"最后写明发文机关和日期。

4. 范文

××市人民政府关于治理××河水质污染问题的报告

××省人民政府:

省政府转来××委员会提出的关于××河水质污染状况的报告,经市政府调查研究,对报告中提出的有关问题及解决方案报告如下:

一、解决××河水质污染问题的关键是尽快建成污水处理厂。现在××河的污染主要是××区排放的污水所致。××区的排放量为25万吨,污水比较集中,因污水处理厂未能及时建立,致使污水直接排入××河,造成了××河的污染。为解决××河的污染,市政府已抓紧××区污水处理厂建设,争取在××年建成。××区污水处理厂原设计概算为8316万元,按现行价格估算约为1100万元,已于××年××月开工,建成了8项附属设施,计划完成投资200万元。市政府今年安排的300万元投资已全部落实,××区城环局正在组织实施。

根据××河河道以南人口密集区的地下水污染和环境问题,在污水处理厂未建成之前,利用现有污水管道,把污水引到某区污水处理厂以西,污水直接排入污水处理厂的出口,这就避开了污染区。

二、电热厂的粉煤灰也是污染源之一。对于电热厂储灰厂的选址,必须考虑到对地下水和环境的污染。选址已责成××区电热厂抓紧做工作,争取尽快报市政府有关部门审批。对南储灰厂渗漏对地下水的污染,主要采取截流集中排放的措施,以减少对地下水的污染。

××市人民政府
××年××月××日

(三)请示

1. 请示的概念

请示是下级机关向上级机关请示指示和批准的公文文种。

请示主要用于:

(1)在实际工作中,遇到缺乏明确政策规定的情况需要处理。

(2)工作中遇到需要上级批准才能办理的事情。

(3)超出本部门职权之外,涉及多个部门和地区的事情,请示上级予以指示。

请示和报告既有相同之处,又有区别。相同之处是两个都是写给上级的上行文,公文里都有陈述意见,反映情况的内容。两者的区别主要有三点:第一,时间有别。请示与报告相比,时间要求更紧迫。请示写的情况是未解决的,属于将来时,报告写的情况是已做过的,属于过去时。第二,内容的侧重点有别。请示着重于请示批准,报告着重于汇报工作。第三,要求有别,请示要求上级必须回复,报告则不必,只供上级参考。

2. 请示的分类

根据内容、性质的不同,请示分为请求指示的请示和请求批准的请示两类。

3. 请示的格式及写法

(1)标题:请示的标题一般有两种构成形式,一种是由发文机关名称、事由和文种构成;另一种是由事由和文种构成。

(2)主送机关:请示的主送机关是指负责受理和答复该文件的机关。每件请示只能写一个主送机关,不能多头请示。

(3)正文:其结构一般由开头、主体和结语等部分组成。

开头:主要交代请示的缘由。它是请示事项能否成立的前提条件,也是上级机关批复的根据。原因讲得客观、具体,理由讲得合理、充分,上级机关才好及时决断,予以有针对性的批复。

主体:主要说明请求事项。它是向上级机关提出的具体请求,也是陈述缘由的目的所在。这部分内容要单一,只宜请求一件事。另外请示事项要写得具体、明确、条项清楚,以便上级机关给予明确批复。

结语:应另起段,习惯用语一般有"当否,请批示""妥否,请批复""以上请示,请予审批"或"以上请示如无不妥,请批转各地区、各部门研究执行"等。

(4)落款。一般包括署名和成文时间两项内容。标题写明发文机关的,这里可不再署名,但需加盖单位公章,成文时间××××年××月××日。

4.范文

关于××同志前往××(国家或港澳)的请示

国际交流处:

应××(国家或港澳)××公司(单位)的邀请,我学院/处室拟派××(写明真实身份,不宜对外公开的,还需写明对外身份)等××人,于××年××月前往××(国家或港澳)。

一、出访的主要任务

(一)×××××××。

(二)×××××××。

(三)×××××××。

二、出访的时间和费用

拟订于××月××日至××月××日出访,在外停留××天。出访费用由派人单位(或外方)负担。以上请示,妥否,请批示。

××年××月××日

(四)会议纪要

1.会议纪要的概念和特点

会议纪要是根据会议记录和会议文件及其他有关材料加工整理而成的,它是反映会议基本情况和精神的纪实性公文,是会议议定事项的重要精神,并要求有关单位执行的一种文体。有需要下发执行的会议纪要,可以"通知"形式发出。

会议纪要有以下几个特点:

(1)综合性。会议纪要是在对会议中各种材料、与会人员的发言以及会议简报等进行综合分析和概括提炼基础上形成的,它具有整理和提要的基本特点。

(2)指导性。这一特性包含两层含义:一是会议本身的权威性;二是会议纪要集中反映了会议的主要精神和决定事项。因而纪要一经下发,将对有关单位和人员产生约束力,起着类似于指示、决定或决议等指挥性公文的作用。会议纪要还可以作为与会同志向单位领导汇报、向群众传达的文字依据。

(3)备考性。一些会议纪要主要不是为了贯彻执行,而是向上汇报或向下通报情况,必要时可作查阅之用。

2.会议纪要的分类

按照会议性质来分,会议纪要大致有办公会议纪要、专题会议纪要、联席(协调)会议纪要、座谈会议纪要等。

3.会议纪要的格式及写法

(1)会议纪要的格式

会议纪要通常由标题、正文、落款三部分构成。

标题有两种情况:一是会议名称加纪要,如《2010年先进班组表彰工作会议纪要》;二是召开会议的机关加内容加纪要,如《公交总公司关于雪天行车安全会议纪要》。

会议纪要正文一般由两部分组成。

①会议概况:主要包括会议时间、地点、名称、主持人、与会人员、基本议程。

②会议的精神和议定事项:常务会、办公会、日常工作例会的纪要,一般包括会议内容、议定事项,有的还可概述议定事项的意义。工作会议、专业会议和座谈会的纪要,往往还要写出经验、做法、今后工作的意见、措施和要求。

落款包括署名和时间两项内容。署名只用于办公室会议纪要,署上召开会议的领导机关的全称,下面写上成文的日期,加盖公章,一般会议纪要不署名,只写成文时间,加盖公章。

(2)会议纪要的写法

会议纪要一般分两大部分。第一部分(是开头部分)一般应写明会议概况,包括会议进行的时间、地点、届次、组织者、出席和列席人员名单、主持人、会议议程和进行情况以及对会议的总体评价等。第二部分是纪要的中心部分,反映会议的主要精神、讨论意见和议决事项等。根据会议性质、规模、议题等不同,大致可以有以下几种写法:

①集中概述法:这种写法是把会议的基本情况,讨论研究的主要问题,与会人员的认识、议定的有关事项(包括解决问题的措施、办法和要求等),用概括叙述的方法,进行整体的阐述和说明。这种写法多用于召开小型会议,而且讨论的问题比较集中单一,意见比较统一,容易贯彻操作,写的篇幅相对短小。如果会议的议题较多,可分条列述。

②分项叙述法:召开大中型会议或议题较多的会议,一般要采取分项叙述的办法,即把会议的主要内容分成几个大的问题,然后另上标号或小标题,分项来写。这种写法侧重于横向分析阐述,内容相对全面,问题也说得比较细,常常包括对目的、意义、现状的分析,以及目标、任务、政策措施等的阐述。这种纪要一般用于需要基层全面领会、深入贯彻的会议。

③发言提要法:这种写法是把会上具有典型性、代表性的发言加以整理,提炼出内容要点和精神实质,然后按照发言顺序或不同内容,分别加以阐述说明。这种写法能如实地反映与会人员的意见。某些根据上级机关布置,需要了解与会人员不同意见的会议纪要,可采用这种写法。

4. 范文

全国城市经济体制改革试点工作座谈会纪要

××年××月××日至××日,国家体政委在××省××市召开了全国城市经济体制改革试点工作座谈会。32个省、自治区、直辖市体政委(办)的负责同志,58个试点城市的负责同志,以及中央、国务院有关部门的负责同志共200多人参加了会议。会上传达学习了中央领导同志最近的重要讲话,交流了试点城市改革的情况和经验,研究了在新形势下要积极推进城市经济体制改革进一步开展的工作。

(1)统一认识,明确今年改革的方针和主要任务。(略)

(2)进一步简政政权,政企分开,搞活企业。(略)

(3)充分发挥社会主义市场经济,理顺经济关系。(略)

(4)精心指导,保证改革健康发展。(略)

与会同志一致表示,当前改革进入攻坚阶段,我们要坚定地贯彻党中央和国务院的部署,精心组织,精心指导,搞好调查研究,把城市经济体制改革引向深入,为建立有中国特色的社会主义市场经济作出新贡献。

××年××月××日

第二节 技术总结

一、性质与特点

(一)性质

技术总结,就是在本职业(工种)的范围内,作者综合运用所掌握的专业基础理论、专业知识和基本技能,对某项课题进行研究后所写出的书面总结。它属于一次文献,具有一定的技术资料价值。

技术总结属于科学技术报告的范畴,是众多类型科学技术报告中的一种,有其特定的编写格式。技术总结一般有以下几种功能:

(1)陈述某一项科学技术研究的结果或进展情况。

(2)对一项技术实验结果的总结。

(3)对某一科学技术项目的发展和现状做出描述。

技术总结描述的对象是客观存在的技术活动,是技术研究、技术观察、实际操作或实际观测的结果及所作结论的实际记录和文字体现。

技术总结的主要目的在于陈述作者的技术工作成果、学术观点和独创性见解；技术总结的内容比较单一，只是局部地、深入地、集中地反映本职业（工种）中某一方面的科研成果或研究进展情况；通常是在完成了某项实际技术工作之后对取得成果的书面总结。

（二）特点

1. 总结性

技术总结是将技术工作和科研成果用书面的形式向公众告知，属于正式陈述。主要目的在于向同行和社会通报实际操作情况和取得的成果，同时起到相互交流、启发思想促进发展的作用。

2. 真实性

客观性和真实性是对技术总结的基本要求之一。技术总结以技术工作或科研实践中的客观事实为基本内容，真实地记述研究工作的情况、调查了解的事实、在观测和实验中所取得的数据，以及整个科研工作所得出的结论等。技术总结的形式决定了它要以告知事实为主，绝不允许有任何的主观臆断或弄虚作假，一定要真实反映客观事物的本来面貌，使读者能真正了解到确凿可靠的情况，所以要尽可能提供第一手材料，对间接材料要认真核查确认。对技术工作和科研工作的目的、条件、手段、方法、过程和结果等，都应用科学、专业的文、图、声、像实事求是地描述和说明，不能运用文学创作中的艺术表现手法。

二、内容结构

技术总结的主体部分，一般由引言、正文和结论三个基本部分构成。但由于种类不同、读者对象不同、写作目的不同、功用不同和内容不同，在表述上较其他总结更为灵活。有一些基本要求是应该共同遵守的。

（一）技术工作总结报告

技术工作总结报告是在某一技术工作完成后，对其全面情况进行总结的书面报告。其具有较大的实际意义和一定的学术价值。技术工作总结报告也是由引言、正文及结论三部分组成，其正文部分主要应包括以下内容：

(1) 对技术对象的基本原理做概括说明。
(2) 该技术对象的特点和优点，以及与同类项目的主要区别。
(3) 说明技术对象预期指标的完成情况。
(4) 对该技术对象取得的实质性成果给予总的分析与综合评价。
(5) 对该技术对象的经济效益、社会效益及环境效益做出基本的评价。
(6) 检查技术对象在实际工作中存在的问题，提出切实可行的改进措施或改进方向。
(7) 对该技术对象所达到的科学技术水平及科学性、先进性和实用性给予认定。

(二)技术改造和革新工作进展总结

技术改造和革新工作进展报告是陈述某一课题研究、革新实验进展情况的书面报告,其主要目的是真实记录该项科学技术研制项目在某一阶段的进展情况,并作为历史记录保存下来。其作用有两方面:一方面便于技术改造和革新工作任务承担者及协作者之间总结交流情况,使主管部门及时掌握技术改造和革新工作进度;另一方面可积累第一手资料和数据,为项目完成后写出技术改造和革新工作总结报告做好充分准备。

1. 引言

回顾技术改造和革新工作的情况,说明课题的起因和背景、全过程的时间范围、预期的目的和量化的指标。

2. 正文

在本部分要详细、具体和如实地表述、分析当前技术改造和革新工作的进展情况,对已得的成果做出恰当的估计和正确的评价,对存在的问题据实陈述,并做出相应的分析和提出解决方案。本部分是技术改造和革新进展报告的主体。

3. 结论

本部分将对照技术改造和革新计划任务书确定工作的实际进展情况,以及对任务书中不切实际的部分进行补充和完善,以指导下一步工作顺利进行。

最后,应对技术改造和革新工作的科学性、先进性及实用性做出客观的基本评价。

(三)科学技术考察总结

科学技术考察总结是根据社会实践的需要和预期的目的,运用调查研究手段对各职业(工种)所涉及的科学技术领域进行探索后所写出的书面总结。

科学技术考察总结种类繁多,但通常可依据所考察的范围将其分为学科研究考察总结、科学技术情况考察总结和科学技术会议考察总结三大类。技师申请者所撰写的考察总结通常都属于科学技术情况考察总结和科学技术会议考察总结。

科学技术情况考察总结和科学技术会议考察总结的引言部分主要说明考察的起因和所要达到的目的,并对考察的具体对象、考察概况、考察结果做出简要介绍和总体评价等。考察总结的正文部分要对考察的范围、考察的全过程、考察中采用的方法、存在的问题和考察结果等进行如实的表述,并在此基础上进行整理、鉴别、分析、综合及归纳,做出进一步的结论。正文的文章结构,既可按考察过程的顺序逐一陈述,也可按考察对象的类型分类叙述。在科学规范的前提下,语言尽可能生动鲜明。

考察总结的结论部分主要是对考察的结果及其在研究工作中所能起到的作用进行实事求是的评价,如果作者对考察的结果有异议,应用讨论的方式提出来,文字要精练、简洁和流畅。

三、撰写要求

(一)叙述事实是核心

技术总结重在叙述实际情况,总结的主体就是客观存在的事实,脱离事实进行抽象推导和理论分析的技术总结则完全失去了技术总结的存在价值。但并不是说技术总结不能进行理论分析和阐述作者的观点、思想等,只是必须以确凿的事实为依据,是对客观存在的事实进行整理、分析和归纳,即用事实阐明道理。要注意总结的系统性和完整性。不可遗漏有价值的事实,对研究过程的主要环节和重要细节都要翔实、具体地加以叙述。要叙述清楚研究该项课题的目的、目标、方法,研究的具体内容,解决问题的途径、方法,以及研究的结果和今后的建议等。如果脱离事实空洞论述,只会使人不得要领。

为了更准确地反映实际情况,技术总结可大量使用规范的专业术语、图形、表格和公式进行表述。要注重条理性和逻辑性。为扩大读者范围,要尽量做到通俗易懂,使艰深难懂的专业理论知识通俗化,使抽象的概念形象化,使复杂的问题简明化。有时还要适当地增加背景材料,使读者了解事情的来龙去脉。

(二)附录和附件的安排

现代信息社会节奏大大加快,冗长的总结是没有市场的。因此,使读者花费尽可能少的时间和精力掌握报告型专业论文的核心内容也就成为专业论文撰写者所追求的目标。为达到此目标,专业论文的形式也就发生了某些演变,其正文内容被适量压缩,原来正文中的各种资料、数据、图表、公式推导等则被放入附录或附件中。这样就使专业论文本身的篇幅大为精简。这种结构形式可适应不同层次的读者在阅读专业论文时进行自由选择。只需进行一般性了解的读者可仅看正文,而同行中需全面了解的读者则可同时阅读专业论文的附录或附件。

第三节　论文写作

撰写专业论文是检验技师申请者综合工作能力的重要措施。在申请评审前,技师申请者都必须完成专业论文的撰写任务,通过答辩后,方可取得职业资格证书或本行业权威机构颁发的职业能力证书。一篇专业论文虽然不能全面地展示个人技术才能,也不一定能直接产生财富和社会经济效益,甚至对专业产生重大影响,但综合来说,能在一定程度上反映一个人的能力与学问,向社会证明自身的价值。目前,各领域撰写论文制度,是全国各领域、各层次的教学和资格认证的重要环节之一,是保证人才质量的基本措施。为了更有效地评价技师专业水平与职业技能，很多行业、单位都把技师答辩的配分比例提高，向面对面答辩的考评形式倾斜，但专业论文仍然是评价专项活动成果的核心项目。通过撰写专业论文提高写作水平是高层次工人队伍适应现代化建设的需要。特别是进入21世纪后，日趋激烈的国际竞争对高层次工人的整体素质也提出了更高的要求，而文字表达水平就是体现这一要求的重要方面。

一、技师专业论文的作用

专业论文是社会实践活动的产物，是专业论文撰写者在长期的社会生产实践中不断总结经验、努力学习理论知识、不断追求和探索所取得的研究成果的文字存在形式，具有极其广泛的应用价值和巨大的社会功用。具体表现在以下几个方面。

(一) 推广和记录科学成果，充实人类的科学知识宝库

专业论文是探讨科学问题、描述工程技术研究成果的一种方式，是人类对社会规律和自然规律认识的书面记录。人类对社会和自然现象的认识是不断深化的，是世代劳动者和科技在改造社会和改造自然中不断积累的过程。而专业论文是这一发展进程中的阶段性成果，将作为人类科学研究的财富永久性地保存下来，为社会发展和进步奠定基础。专业论文是记录、总结、储存、传播、交流研究成果的最佳手段，是确立有专业特长的技术工人地位的重要标志。专业论文一旦发表，就不受时间和地域的限制，这比一篇新闻报道和一场经验交流会的收效更广泛和长远。

(二) 开展技术交流，促进科技进步

专业论文是开展学术交流的重要手段之一。科学技术成果只有形成专业论文才能进行技术交流，通过交流，活跃科学技术思想，促进科学技术的发展和繁荣，促进科研广泛应用；开阔科学视野，提高全民族的科学文化素质，提高社会主义物质文明和精神文明水平，将科技成果转化为社会生产力，加速现代化建设的进程。

(三) 考核鉴定综合工作能力的重要依据

撰写专业论文是考核鉴定技师申请者综合工作能力的重要依据。技师申请者根据自己所从事的工作，从中发掘出有价值的东西进行总结归纳，形成论点，并撰写成专业论文。在写作的过程中，如发现某些材料和论据不足，就需要进行新的研究和探索，因此，专业论文的写作，实质上是人们形成对科技对象创造性心智活动，是从实践到认识、再从认识到实践的一个反复过程。专业论文的写作和完成过程，就是这种心智活动的具体表现。专业论文还是高层次职业资格认证或专业技能水平评价的主要依据。开展专业论文评审是培养人才、评价人才、选拔人才和保证人才质量的重要途径。

二、技师专业论文的基本要求

(一)坚持以习近平新时代中国特色社会主义思想为基本指导

撰写专业论文,是一个艰苦的思考、探究和再学习的过程,是一种复杂的创造性劳动,必须坚持以马克思主义世界观和方法论、中国特色社会主义理论为指导,自觉地运用真理去认识客观世界和改造客观世界。对工作实践、技术革新和技术改造做出客观的评价,创造性的见解和成果,实事求是地指出其存在的问题。在专业论文写作过程中,进行科学的分析综合、推理和论证,从而深刻地把握本质内容,将其准确地表达出来,在科学技术领域里多出高价值的作品。如果以习近平新时代中国特色社会主义理论为指导,不但不会走弯路,更会有助于提升思想境界,进而提升专业能力,成为"中国梦"的造梦者、圆梦者,更会无愧于时代、无愧于国家和人民的业绩。

(二)坚持理论联系实际

专业论文研究的课题必须是本职业(工种)领域中待解决的具有现实性的问题。只有深入实际获得大量的第一手材料,然后运用科学的思维方法,对这些材料进行去粗取精、去伪存真、由此及彼、由表及里的分析加工,才能从中发现既具有现实意义又适合自己实际能力的新课题。在科技如此快速发展的时期,各职业(工种)中的新情况、新问题、新经验层出不穷,需要研究和总结的问题遍布各职业(工种)的各个方面。只要我们对生产实践中的各类问题保持浓厚的兴趣和敏锐的洞察力,善于捕捉那些具有普遍意义的典型性材料,通过深入思考和研究,就能将其提升为对现实世界的规律性认识,提高专业论文的价值。坚持理论联系实际,必须认真读书,学好基础理论,具备专业基础知识,这是写好专业论文的基本条件。只有具备了相应水平的知识积累,才能理解并解决一定深度的科学技术问题。只有具备了某一特定的理论知识结构,才能对某些技术问题进行研究和总结。

(三)坚持严谨治学

1. 科学性

科学性是指专业论文的基本观点和内容能够反映事物内在的基本客观规律。文章的基本观点必须是从对具体材料的分析研究中产生,而不是主观臆想出来的。科学研究的作用就在于揭示规律、探索真理,为人们认识世界和改造世界开拓前进的道路。判断一篇专业论文有无价值或价值之大小,关键是看文章观点和内容的科学性如何。

首先,来自对客观事物周密而详尽的调查研究。掌握大量丰富而切合实际的材料,使之成为研究论述的基础。其次,文章的科学性通常取决于专业论文作者在观察、分析问题时能否坚持实事求是的科学态度。在科学研究中,必须从实际分析出发,如实反映事物的本来面目,不能夹杂个人的偏见,也不能人云亦云,更不能不着边际地凭空臆想。最后,文章是否具有科学性,还取决于专业论文作者的理论基础和专业知识。写作专业论文是在前人成就的基础上,运用前人提出的科学理论去探索新的问题,因此,必须准确地理解和掌握前人的理论,具有广博而坚实的理论知识基础。如果对专业论文所涉及领域中的科学技术成果一无所知,就不可能写出有价值的专业论文。

2. 翔实性

有价值的专业论文还必须要有充分而翔实的论据材料作为支持,以此作为自己观点形成的基础。专业论文要求作者所提出的观点、见解确属原创,而要使自己的观点能够得到普遍的承认,就一定要用有说服力的论据来证明自己的观点。专业论文的论据要充分,应在已掌握的大量材料中选择有典型性、代表性的关键论据。

三、技师专业论文的结构原则

关于文章结构的探索论述自古有之,南朝文学理论家刘勰的《文心雕龙》就是一部有体系的、"体大面虑周"(章学诚《文史通义·诗话篇》)的文学理论专著。《文心雕龙》系统地论述了文学的形式和内容、继承和革新的关系等,细致地探索和论述了语言文学的审美本质及其创造、鉴赏的美学规律,这对我们今天撰写专业论文来说,仍具有重大指导意义。

(一)顺理成章,依理定形

顺理成章,是说写文章、做事情顺着条理就能做好,比喻随着某种情况的发展而自然产生的结果。《朱子语类》卷十九中说:"文者,顺理面成章之谓也。"原指写作遵循事理,自成章法,后多指说话、做事合乎情理,不悖常规。

依理定形,是指专业论文采用的基本推理形式,决定着专业论文的内在结构形式。例如,一篇专业论文主要是想探讨某一科技事物产生的原因,反映在结构上,必然有因果关系两个部分。不是由原因推断结果,就是由结果推断原因,两者缺一不可。理的发展必须遵循人的思维规律,违规就会出现理不通文不顺的后果。

(二)以意为主,首尾一贯

以意为主,即意是专业论文的中心。要写好专业论文,就要抓住中心。这个中心要求言简意赅,以达到以简治繁的目的。抓住这样的中心,紧扣不放、一以贯之,中途能转面他论,不能出现冗杂重复,不能有遗漏缺失,这样就能使中心思想的发展具有连贯性。

首尾一贯,是强调一篇专业论文,从论述的逻辑来说,必须一层一层地推进,环环相扣。专业论文开头提出的问题,中间必须要有分析和研究的过程,结尾一定要有答案结论,做到前呼后应,不能"掉链子"。

(三)层第有序,条理清晰

层第有序,是说专业论文要有层次,这和材料安排的先后次序有极大的关系,材料之间的相互关系决定了处理方式,不能出现舛错混乱。

条理清晰,是说专业论文在一个层次内,按事物内在规律推进,论述的内容要清清楚楚。

所谓层第有序,包括平行关系、递进关系、接续关系和对立关系等。

1. 平行关系

文章各部分材料之间没有主从关系,在逻辑顺序上可以前后颠倒,谁先谁后都可以,影响不大。

2. 递进关系

具有递进关系材料之间的次序是不可随意调换的,这些材料之间是一种层层深入的关系,颠倒了就会造成逻辑混乱。

3. 接续关系

前一部分与后一部分有直接的逻辑联系,虽然分出层次,但是有些道理要在后一部分做进一步的阐述,因此中断了就无法说明白。

4. 对立关系

文章论述的事理是对立统一体,它们既有联系又有区别。论述的重点在于阐明其是解证的统一,不能孤立地对待。

总之,理清了事物间的相互关系,并在结构中体现出来,专业论文的整体脉络就一目了然了。

(四)瞻前顾后,调整结构

瞻前顺后,就是要把专业论文整合成一个脉络明晰、继承连贯、首尾呼应、合乎逻辑的有机整体。

调整结构,是强调专业论文的结构必须合理,并且在写作过程中要及时调整。调整结构是把不合理的段落修改到协调有序,把上下不衔接的修改到紧密相连,把前后脱节的修改到内容呼应,把详略不当的内容修改到相得益彰。

四、技师专业论文的标准格式

(一)基本要求

专业论文虽然其内容千差万别,其构成形式也是多种多样,但均由文字、数字、表格、图形等形式来表达。在职业技能鉴定工作中,要特别强调统一规范,因此,撰写专业论文必须注意内容与形式的统一。按照标准规定,一般应由专业论文题目(副题目)、目录、内容提要(摘要)、关键词、正文、参考文献,以及作者信息和签名等几部分构成。

尽管在整体上统一规范,但在某些方面还存在差异。例如,在字数要求方面,各单位的部分构成要求不尽一致,北京市技师社会化鉴定有关文件规定,技师和高级技师的专业论文字数为300~4000字。为了能够较好地体现技师申请者的水平,类比其他领域的水平,建议技师专业论文应在5000字以上,高级技师专业论文应在800字以上,技术含量高的职业(工种)还可将字数的下限提高。需要说明的是,专业论文中的图形等非文字内容,一般不折算成字数,以避免产生争议。

另外,现在虽然大家都会用计算机编辑电子文稿、上交电子文档,但大部分仍然要求上交纸质打印文稿,其份数要求也不尽统一,一般要求上交2~5份。

(二)封面

封面包含了专业论文的主要信息,一般由以下内容组成:

(1)职业(工种)。按照国家职业(工种)分类大典或国家职业技能标准的标准名称定义。规范的表示是以职业为主,如果是某职业下的工种,应先列写职业全称,然后在后面括号里写上工种名称。

(2)技师专业论文题目。必要时可加副题目。

(3)技师申请者姓名。

(4)身份证号。按照标准18位填写。

(5)申请职业技能鉴定的等级。

(6)准考证号。

(7)职业技能培训单位。

(8)职业技能鉴定单位。

(9)技师专业论文完成日期。

北京市职业技能鉴定管理中心对专业论文的封面要求示例如下。

技师专业论文
客运汽车驾驶员
题目:××××××××××××
(副题目)××××××××××××

考生姓名:×××
身份证号:××××××××××××××××××
申报等:高级技师准考证号:×××××
培训单位:北京市××学院××分院
鉴定单位:××鉴定所
完成日期:××年××月××日

(三) 题目

题目又称为标题,它是一篇专业论文的提示与主旨。好的题目,可以使读者通过题目而了解专业论文的概貌,引发读者的注意和兴趣,使其产生进一步阅读的欲望。

专业论文的题目和专业论文的主题是有区别的。主题是专业论文的核心内容,是要表达的中心思想。专业论文中的每一段表述和每一个事例,都是围绕专业论文的主题而展开的。因此,专业论文的主题是贯穿全篇最主要和最基本的思想。而专业论文的题目更应与主题密切相关,应该是专业论文主题最贴切的表述。专业论文论述的内容必须始终紧紧围绕专业论文的题目展开,不能偏题,更不能离题。

拟定专业论文题目要遵照下列要求。

(1) 题文相应,具有独创

题目要具有独创性。题目就是作者给专业论文取的名字。它应能恰当地向读者表达论文的特定内容,对研究深度和广度做出最鲜明、最精练的概括,也是最恰当、最简明的文字表达。题目必与内容相合,能直接体现文章的主旨,把论述的目的或所研究的某些主要因素之间的关系,用含义确切的文字恰当而清楚地表达出来,给读者深刻的印象并激发其兴趣。因此,题目要与主题密切呼应,要有独创性,避免使用空洞、乏味、不确切、与同类专业论文重复雷同的词句。

(2) 文字精练,含义确切

要把一篇文章的主题和研究的主要目的用一句话确切而生动地表达出来,并不是一件容易的事情。专业论文撰写者应当懂得一篇专业论文的题目,在遣词造句方面既不能太贫乏,也不宜过分包装和渲染,要实事求是又能引起读者的注意和重视,过分夸张则可能引起误会和反感。题目不是简介文字,应惜墨如金,必须尽量精练,而意义确切更是至关重要。专业论文题目要经过字斟句酌、反复推敲后才能最终确定,就像一些经典的表达,少一字则意义不完整,多一字则显多余,换一字则表达不准确。题目应多长才合适,不能一概而论,要由专业论文的内容而定,一般不宜超过20字。题目中一般不宜使用缩写词和标点符号,也不能用所从事的职业(工种)或研究的学科和分支学科作为题目。

(3) 层次分明,体例规范

为了确切、简洁和清晰地表述专业论文的主题思想,专业论文的题目可由若干部分组成,即主题目和副题目。主题目是表述专业论文中心内容的句子,有时专业论文直接用论点作为文章的题目;副题目的作用是进一步对主题目的内容进行说明或补充,只有在主题目无法完美地表达专业论文主题时才采用。主、副题目用破折号和不同字体或字号加以区分。主题目和副题目,往往是虚实结合,相互补充。主题目重在提示意蕴,副题目重在概括事实、点明具体对象。

(四) 主题目

主题目是专业论文的主标题,典型的命题方法有如下几种:

1.运用陈述句

这种形式的题目往往就是专业论文所要论述的中心论点,一目了然,具有高度的明确性和高度的概括性。读者一眼就能把握全文内容的核心。

2.运用判断句

这种形式的题目界定了观察问题的角度,明确标注了从哪一个侧面来论述所研究的对象,具有很大的灵活性和伸缩性。专业论文论述的对象是具体的,但从中却引申出一般性的。

3.运用提问句

这类题目采用了设问句的方式,它不直接陈述作者的观点,但读者一看就知道专业论文作者的观点是十分明确的,只是语言委婉。这种形式的题目能引起读者的反思,因而容易引起人们的注意。

(五)副题目

副题目也称为分题目,当主题目难以明确表达论题的全部内涵时,为了点明专业论文更具体的论述对象和论述目的,可对总题目加以补充说明;如若为了强调专业论文所研究的某个侧重面,才可以添加副题目。

(六)命题的注意事项

尽量少用非规范的专业术语、特殊专业术语和缩略语,力求通俗易懂。随着科技的发展,每个职业(工种)的分工越来越细,所涉及的学科越来越多,各专业间的交叉、分离、融合,使各职业(工种)的专业性越来越精深,再加上地域的限制,产生了许多专业性的术语、符号、代号和特殊的表达方式等。在拟定专业论文的题目时,必须注意尽量避免使用不通用的特殊符号和特殊术语,以免妨碍读者的理解。

论题要符合实际,避免动辄覆盖一个职业、工种或学科的空泛题目。也有些人因为自己的工作取得了一些成绩便自以为是,将自己的研究成果和论点提高到不适当的高度。实际上这些人并不知道自己所涉猎领域的广度和深度,从而将个别、局部成果不恰当地夸大到具有普遍意义,结果只能适得其反。

五、目录

由于字数的限制和为了便于评审,专业论文都要求设置目录。对于目录设置的基本要求如下:

(1)专业论文一般采用两级目录,相当于书籍的章、节,必要时也可以安排三级目录。

(2)目录放置在专业论文正文的前面,起到对专业论文的导读作用。因此,目录要能够提纲挈领,勾画全貌,以使读者决定取舍。当读者需要了解某个部分的内容时,就可以依靠目录而快速检索。

（3）目录必须准确完整，清楚无误，与全文的纲目相一致，最好标注该行目录在正文中的页码。

六、内容提要

内容提要也称摘要，是专业论文正文的附属部分，是对专业论文内容的高度概括性陈述，简要介绍了专业论文的主要论点和研究成果，内容提要的基本内容应包括论述目的、论述对象、研究方法、研究结果、基本结论和作者情况及文章的写作过程等。

撰写内容提要必须仔细斟酌，文字简洁、概括性强、结构紧密，对其中的各主要内容不必进行更详尽的论证说明。专业论文的内容提要字数要长短适宜，一般控制在200～300字之间。在实际写作时可根据专业论文本身的内容具体决定，如果专业论文的内容比较艰深、主题新颖、有较重要的技术经济价值或篇幅较长，内容提要的字数可适量增加。

内容提要是一种文体，它有特定的结构。其基本目的是给读者一个指示性的概括，以便根据需要决定是否查看原文。内容提要自身就是一篇完整的短文，必须文字流畅、表述完整、结构严密，能够独立使用，读者只需阅读内容提要就能获得整篇专业论文的主要信息。

七、关键词

关键词是指从专业论文的题目、正文和内容提要中精选出来，能够表示专业论文主题内容特征、具有实质意义和未经规范处理的自然语言词汇。关键词也叫说明词或索引术语，是编制各种索引工具的重要依据。但需要注意不要将关键词同主题词相互混淆，它们在概念上和使用上都有所区别。主题词是经规范处理的受控自然语言，规范化是其主要特征，主题词被收录在主题词表中，例如中国的《汉语主题词表》等，只有在各类主题词表中能查到的词才是主题词。主题词可作为关键词，但关键词不一定是主题词。

因此，对选择关键词也就形成了一定的规范化要求，即所选择的关键词应包括两部分：一部分为主题词表上所用的主题词；另一部分为主题词表上未选入的一类词，这类词称为补充词或自由词，它们随着科技进步和经济及社会活动范围的不断扩展每天都在增加。选择关键词应尽量采用本专业中公认的词汇。

由于科技的飞速发展和文献资料的爆炸性增长，对信息检索的时间性提出了更高的要求。为了提高信息传播的效率，适应读者的各种需要，关键词索引就成为一种简单而快捷的工具。一般对于专业论文，在内容提要后要附3～5条关键词。

专业论文的关键词是从专业论文题目和正文中选出来的，有实质意义的，表达文章主题内容的词或词组。关键词通常编排在内容提要之后，并按重要程度依次排列，也可以按词条排列。关键词是信息的高度浓缩，是专业论文核心宗旨的概括体现。因此，选择关键词要细心斟酌、反复推敲,力求准确恰当,能真正反映专业论文的核心宗旨。

为了高质量的选用关键词,首先必须认真分析专业论文的核心宗旨,选出与核心宗旨一致,能概括核心宗旨后又能使读者大致判断专业论文论述内容的词或词组。其次,选关键词要精练且具有唯一性,同义词、近义词不宜并列为关键词。再次,关键词的用语必须规范,要准确体现不同职业(工种)和各学科的名词和术语。最后,关键词的提取方法有从专业论文题目中提取或从专业论文中提取两种方法,一些新的还没有被词表收录的重要术语,也应作为关键词提出。

八、正文

专业论文的正文一般由引言、正文和结论三部分组成。通过这三个组成部分的有机结合,把专业论文作者的工作成果和经验准确地论述出来。正文要论点突出、层次分明、用词准确、合乎逻料。

(一)引言

起先导作用的一段文字称为引言。引言,也叫前言、导言和导论等,是整个专业论文的一个组成部分,为帮助读者理解全文内容而进行引导。它的作用是向读者提纲挈领地介绍专业论文的背景和基本内容。引言不能与专业论文的内容提要雷同,也不能将其变成内容提要的注释或缩写。引言的内容包括以下几个方面:确定论题的起因和背景;简要论述专业论文的主要观点和论述的目的;论题所涉及的规模或范围;写作所依据资料的来源、性质以及运用情况;专业论文结构和简要内容;新概念和新术语的定义。另外,由于专业论文论述的主题有很强的专业性,所以在专业论文中涉及的某些名词术语、缩略语和专业性概念等要在引言中做出说明和解释。

引言的撰写,力求突出重点、言简意赅。应充分考虑到读者在阅读专业论文正文时可能会遇到的困难和疑问,以在引言中做出解释和交代为宜,主要将背景情况、论述思路等说清楚即可。目的是帮助读者理清思路,以便进一步阅读正文。不要以为专业论文面对的是专业读者,他们对该专业的有关背景已有了解,对所涉及的专业名词及概念必定清楚,从而在引言中省略了有关内容,这是不对的。

(二)正文

专业论文的主要部分是正文部分,也是专业论文的核心部分。专业论文论点的阐明、论据的叙述及论证的过程,都要在此处论述。它的文字最多,最能展现出实际工作的成就和技术水平。正文部分的任务是提出问题、分析问题和在某种程度上解决问题,是作者技术水准的体现。专业论文有实操型、技改型、理论型、报告型和评述型等类型,其正文格式和写法也各有差异。不同专业的专业论文虽都有各自的特点,但主题明确突出、论据充分有力、论证逻辑严密、结论清楚、文字简洁流畅是对一切专业论文的共同要求。

（三）结论

结论是专业论文的总结、回顾和提高。写入结论中的内容必须是经过充分论证、肯定正确的观点，需要商榷的观点不能写入结论中。在措辞方面禁止使用"可能""也许"等模棱两可的词句。结论中还可包括作者的建议，如改进的方向、尚需解决的问题等。

撰写结论要力求完整、精练，提炼出整篇专业论文的精髓，使之更具典型意义，并且首尾呼应，形成一个完整严谨的整体。

九、参考文献

参考文献也被称为参考书目，它是作者在撰写专业论文过程中所查阅参考过的主要材料，包括著作、报纸和杂志，其应列在专业论文的末尾。按在专业论文正文中出现的顺序列出直接引用的主要参考文献。列出的参考文献要按照有关标准处理，一般要写明书名（篇名）、作者、出版社和出版年份等。

专业论文应本着严谨求实的科学态度来撰写，凡有引用他人成果之处，均应按文中所出现的先后次序列于参考文献中，并且应只列出正文中以标注形式引用或参考的有关著作和论文。一篇论著在专业论文中多处引用时，在参考文献中只出现一次即可，序号以第一次出现的位置为准。

列出参考文献可以使答辩小组或答辩委员会的高级考评员了解申请者掌握资料的广度和深度，可以作为审查专业论文的重要参考依据。当作者本人文中有差错时，便于查找勘误，还便于研究同类问题的读者查阅相关的资料。

第十四章

职业培训与指导

第一节 职业培训基础知识

为培养和提高劳动者从事各种职业所需要的知识和技能而进行的教育和训练称为职业培训,亦称职业教育。职业培训是国民教育的一个重要组成部分。它同普通教育既有联系,又有区别。两者都是开发智力、培养人才,但是职业培训是直接培养劳动者,使其掌握从事某种职业的必要的专门知识和技能。

现代化的企业广泛采用机器和机器体系生产,工艺技术十分严密,劳动者不但需要熟练地掌握操作技能,而且需要深刻地理解专门知识。因此,培训和提高劳动者的知识和技能,是发展社会生产力的客观要求。在社会主义条件下,加强职业培训有利于加速培养技术业务骨干和熟练工人,以满足国民经济发展对专门人员的需要;有利于提高劳动者的文化素质和技术水平,促进劳动生产率和经济效益的提高。

一、基本含义

职业培训,也称职业技能培训,是指对准备就业和已经就业的人员,以开发其职业技能为目的而进行的技术业务知识和实际操作能力的教育和训练。职业培训的具体含义是:

(1)职业培训的对象是劳动法意义上的劳动者。在这里,劳动者是广义的,既包括即将成为工薪劳动者的人、谋求职业的人,也包括已经成为劳动关系一方当事人的劳动者。前者可以是具有劳动能力的人,也可以是尚未具有劳动能力的人。

(2)职业培训的目的是开发受训者的职业技能,使受训者获得或提高某个方面的职业技能,而不是培训受训者的文化水平。当然,有些与文化素质教育有联系的职业培训方式(如职业技术学校培训方式),在职业培训的同时也进行高中阶段的文化课程教学,但这只是职业培训与普通教育相结合的事物,并不改变职业培训的目的。

(3)职业培训的内容是技术业务知识和实际操作能力。为了实现职业培训的目的,职业培训的内容是相关岗位或工种的技术业务知识和实际操作能力。受训者经过职业培训,获得谋求职业或保障职业安定必需的技术业务知识和实际操作能力。劳动者的职业素质取决于职业培训的程度,劳动者劳动权的实现在很大程度上与所受职业培训的程度有关。综上所述,职业培训在对象、目的和内容上,与普通教育都不相同。但是,职业培训和普通教育都是国民教育的组成部分,一个合格的劳动者既要有良好的文化水平,也应有精湛的职业技能。有鉴于此,各国劳动法一般都将职业培训列为一项重要的法律制度。

二、基本内容

(一)职业培训的基本内容

职业培训的基本内容一般分为基本素质培训、职业知识培训、专业知识与技能培训和社会实践培训。

1. 基本素质培训

基本素质培训包括文化知识、道德知识、法律知识、公共关系与社会知识、生产知识与技能。这种培训主要是培养熟练工,培训的内容以基本素质培训为主,并结合用人单位的岗位设置及职业要求进行培训。

2. 职业知识培训

职业知识培训包括职业基础知识、职业指导、劳动安全与保护知识、社会保险知识等。其目的是使求职者了解国家有关就业方针政策以及个人选择职业的知识和方法;掌握求职技巧、就业程序与相关政策;了解职业安全与劳动保护有关政策和知识;掌握社会保险方面的知识和政策。

3. 专业知识与技能培训

专业知识与技能培训包括专业理论、专业技能和专业实习。学员在专业理论的指导下掌握一定的专业技能,并通过在企业的实习,提高解决实际问题的能力,为就业打好基础。

4. 社会实践培训

社会实践培训包括各种社会公益活动、义务劳动、参观学习和勤工俭学等。

(二)职业培训的主要特点

(1)具有较强的针对性与实用性。职业培训目标、专业设置、教学内容等均根据职业技能标准、劳动力市场需求和用人单位的实际要求确定。经过职业培训的毕(结)业生可上岗作业。

(2)具有较强的灵活性。在培训形式上可采取联合办学、委托培训、定向培训等方式;在培训期限上采取长短结合的方式,可以脱产也可以半脱产;在培养对象上依据岗位的实际需要灵活确定;在教学形式上不受某种固定模式的限制,根据职业标准的要求采取多种形式的教学手段。

(3)教学与生产相结合。教学与生产相结合主要体现在两方面:一方面教学要紧紧围绕生产实际进行,另一方面要贯彻勤工俭学、自力更生和艰苦奋斗的原则,通过教学与生产经营相结合,既培养了人才,又创造了物质财富,获得社会、经济的双重效益。

(4)培训方法上强调理论知识教育与实际操作训练相结合,突出技能操作训练。

三、职业培训的分类

职业培训的种类包括技能培训、劳动预备制度培训、再就业培训和企业职工培训,依据职业技能标准,培训的层次分为初级、中级、高级职业培训和其他适应性培训。培训工作主要由技工学校、就业训练中心、咨询公司、社会力量办学等各类职业培训机构承担。

为使职业培训工作更好地适应劳动力市场的发展,针对劳动者就业的需要开展多层次、多形式的培训,并促进培训与就业紧密结合,原劳动部制定了《综合性职业培训基地的基本要求》,组织进行综合性职业培训基地和集团试点工作。通过进一步深化办学体制改革,扩大培训,利用现有办学条件和挖掘师资、设施设备等方面的潜力,将技工学校或就业训练中心建成兼有职业需求调查、职业培训、职业技能鉴定、职业指导并与职业介绍紧密联系的多功能的综合基地,充分体现培训与就业相结合、培训为就业服务的功能,并发挥示范和辐射作用。职业培训集团主要是依托培训、就业、鉴定等职能机构的紧密协作,加强本地区职业培训实体的联合,为劳动者培训、鉴定与就业提供全方位、一体化的服务。集团主要依托于社区,着眼于联合与调动全社会力量办培训,发挥整体优势,成为区域性职业培训工作的主导力量。全国已建成职业培训综合基地和集团200多个,在当地为促进就业发挥了重要作用。

四、职业培训相关的法律

《中华人民共和国劳动法》(简称《劳动法》)于1995年1月1日实施,又分别于2009年8月27日和2018年12月29日第十三届全国人民代表大会常务委员会第七次会议第二次修正,自2018年12月29日起执行。在《劳动法》第八章中规定,国家通过各种途径,采取各种措施,发展职业培训事业,开发劳动者的职业技能,提高劳动者素质,增强劳动者的就业能力和工作能力。各级人民政府应当把发展职业培训纳入社会经济发展的规划,鼓励和支持有条件的企业、事业组织、社会团体和个人进行各种形式的职业培训。用人单位应当建立职业培训制度,按照国家规定提取和使用职业培训经费,根据本单位实际,有计划地对劳动者进行职业培训。从事技术工种的劳动者,上岗前必须经过培训。国家确定职业分类,对规定的职业制定职业技能标准,实行职业资格证书制度,由经过政府批准的考核鉴定机构负责对劳动者实施职业技能考核鉴定。

《中华人民共和国职业教育法》于1996年5月15日第八届全国人民代表大会常务委员会第十九次会议通过;1996年5月15日中华人民共和国主席令第六十九号公布,自1996年9月1日起施行。明确了各级各类职业学校教育和各种形式的职业培训并举的职业教育体系,确立了职业教育多元化办学发展方针,提供了发展职业教育的保障条件,是一部全面规范职业教育活动的法律。

第二节　职业指导方法

职业指导就是帮助劳动者了解社会就业形势与当前就业状况,了解社会人才需求和有关人事与劳动政策法规,认识自己的职业兴趣、职业能力与个性特点的过程,运用职业评价分析、调查访谈、心理测量方法和手段,依据市场人才供求,按照求职择业者个人条件与求职意愿以及单位用人要求,提供咨询、指导和帮助,实现人职合理匹配的过程。

一、职业指导理论

(1)职业指导是一个教育过程,本质上属于思想教育的范畴,是学校教育的重要组成部分。
(2)职业指导的目标是让学生学会设计、学会选择,实现人职的科学匹配。
(3)职业指导的内容是给予学生职业意识、职业理想和职业道德教育。
(4)职业指导帮助学生了解职业信息,提供就业咨询和服务。

二、职业指导的主要任务及形式

职业指导的主要任务是向劳动者和用人单位提供咨询和服务,促其实现双向选择。职业指导工作必须依法进行,并遵循公平、自愿的原则。职业指导可采取个人面谈、集体座谈、报告会、授课、通信联系等多种形式。

三、职业指导方法

职业指导有很多种方式,如对求职者的择业指导和对单位的用人指导,对劳动者的个体指导和群体指导等。职业指导的双方要建立良好的咨询关系才能顺利实施这些指导,所以职业指导讲究方法。

(1)真诚对待是方法之一。职业指导者首先要对求职者表里如一,不隐瞒、误导和欺骗求职者。另外,也要以生活中真实的自我与求职者接触,坦率地与其分享成功和失败的经验和体会,并提供其需要的各类信息。职业指导人员通过自我探索和模拟演练等方式,可有效地训练自己在实际咨询工作中的真实感。

(2)无条件积极尊重是职业指导过程中一种常用的技术,是指无论求职者所表现出的思想感受和反应是否正确,一律给予无条件接纳。全面地接纳、关心、尊重求职者,可提高其自尊心与自信心,同时还可以使求职者真正从内心放松,畅所欲言,与职业指导人员交融在一起,促进问题的解决。这一点在职业指导过程的初期是非常重要的。

(3)人员素质测评。在职业指导中一个关键的问题就是要解决哪些人适合做哪些工作。这就需要职业指导人员首先能帮助求职者真正了解自我,解决这个问题常用的方法就是心理素质测评。目前常用的心理测评一般分为职业能力测评、人格测评、职业兴趣测评、气质测评等几类。随着测评技术的发展,目前人们又采取了情景测评技术。例如,建立一个无领导者的小组,对某一个问题进行讨论,通过言语沟通、小组成员之间互相测试等方法,调动被测试者发挥自己各方面的潜能,以便对被测试者在组织、协调、人际交往等方面做出有效评价。

四、职业指导人员应具备的条件

职业指导工作人员应具备以下条件:
(1)有较强的事业心、责任感,热爱职业指导工作。
(2)熟悉有关劳动就业的法规与政策,掌握劳动力市场供求信息,了解职业分类和职业特征。
(3)具有与职业指导工作相关的心理、教育、社会等学科知识。
(4)在劳动部门工作两年以上,具有大专以上文化水平。
(5)经过相应的业务资格培训并考核合格,持有劳动部门颁发的"职业指导资格证书"。

五、职业指导人员的职责范围

(1)宣传国家有关劳动就业的法律、法规和政策。
(2)向劳动者和用人单位提供咨询服务,协调劳动力供求双方的相互关系。
(3)指导劳动者依法确定劳动关系,维护自身合法权益。
(4)组织用人单位与求职的劳动者开展多种形式的交流。
(5)负责与职业介绍、就业训练等方面的工作联系。

第三节 微课设计

微课这个概念被提及已经有几年了,但具体什么叫微课好像并没有一个明确的定义,从最早的在线课程,到流行的微信在线语音课程,再到近期新出来的微课直播间,或者借助某些APP软件编辑的小视频,似乎都可以被称之为微课。微课的表现形式可谓是五花八门,借助各种新媒体呈现多种姿态,但这都改变不了微课的实质,即微小而灵活的课程。

一、微课简介

(一)微课定义

微课(Microlecture),是指运用信息技术,按照认知规律,呈现碎片化学习内容、过程及扩展素材的结构化数字资源。

(二)微课的特点

(1)时间较短,通常在5~8分钟左右,最长不宜超过10分钟。

(2)内容短小精悍,通常都是为了讲清楚一个知识点或解决一个问题,主题突出,更适合教师的需要。

(3)多利用移动在线媒体。视频格式多为网络在线播放的流媒体格式(如rm、wmv、flv等)以搭载日常使用的手机。

(4)内容声画同步,有趣且吸引人。微课营造了一个真实的"微教学资源环境",具有视频教学案例的特征,在这种真实的、具体的、典型案例化的教与学情境中可易于实现高阶思维能力的学习,并实现教学观念、技能、风格的模仿、迁移和提升,从而迅速提升教师的课堂教学水平,促进教师的专业成长,提高学生学业水平。

(三)微课的类型

(1)讲授类:适用于教师运用口头语言向学生传授知识。这是最常见、最主要的一种微课类型。

(2)问答类:适用于教师按一定的教学要求向学生提出问题,要求学生回答,并通过问答的形式来引导学生获取或巩固知识。

(3)启发类:适用于教师在教学过程中根据教学任务和学习的客观规律,从学生的实际出发,采用多种方式,以启发学生的思维为核心,调动学生的学习主动性和积极性,促使他们生动活泼地学习。

(4)讨论类:适用于在教师指导下,由全班或小组围绕某一种中心问题通过发表各自意见和看法,共同研讨,相互启发,集思广益地进行学习。

(5)演示类:适用于教师在课堂教学时,把实物或直观教具展示给学生看,或者作示范性的实验,或通过现代教学手段,通过实际观察获得感性知识以说明和印证所传授知识。

(6)练习类:适用于学生在教师的指导下,依靠自觉的控制和校正,反复地完成一定动作或活动方式,借以形成技能、技巧或行为习惯。

(7)实验类:适用于学生在教师的指导下,使用一定的设备和材料,通过控制条件的操作过程,引起实验对象的某些变化,从观察这些现象的变化中获取新知识或验证知识。

(8)表演类:适用于在教师的引导下,组织学生对教学内容进行戏剧化的模仿表演和再现,以达到学习交流和娱乐的目的,促进审美感受和提高学习兴趣。

(9)自主学习类:适用于以学生作为学习的主体,通过学生独立的分析、探索、实践、质疑、创造等方法来实现学习目标。

(10)合作学习类:合作学习是一种通过小组或团队的形式组织学生进行学习的一种策略。

(11)探究学习类:适用于学生在主动参与的前提下,根据自己的猜想或假设,运用科学的方法对问题进行研究,在研究过程中获得创新实践能力、获得思维发展,自主构建知识体系的一种学习方式。

二、微课设计

微课是指以视频为主要载体,记录教师在课堂内外教育教学过程中围绕某个知识点或教学环节而开展的精彩教与学活动的全过程。在网络时代,随着信息与通信技术的快速发展,无线网络的普及,基于微课的移动学习、远程学习、在线学习将会越来越普及,微课必将成为一种新型的教学模式和学习方式。那么,如何设计一节好的微课呢?

(一)了解微课的定义及作用

要想设计一节好的微课,首先要了解微课的特点和作用。微课是指利用5~10min时间讲解一个非常碎片化的知识点或教学经验的一种微视频,启惑、解惑而非授业,用于(不受时间、空间限制的)网络在线教育,不能代替课堂新知识的教学。

(二)选择和分析处理知识点

若想设计一节好的微课,达到理想的教学效果,知识点的选择和分析处理非常重要。因此,在设计微课时,首先应慎重选择知识点,并对相关的知识点进行科学的分析和处理,使它们更符合教学的认知规律,这样,学习者学习起来能够达到事半功倍的效果。

(1)知识点尽量选择重点、难点。

(2)知识点的选择要在十分钟内能够讲解透彻。

(3)知识点要准确无误。

(4)知识点按照一定逻辑能分成若干小知识点。

(三)选择合适的微课类型

在每个微课设计前,根据所要讲解的知识点选择适当的微课类型,有助于提高微课堂的效果。

(四)构建完整精炼的教学过程

1. 切入课题要新颖、迅速

由于微课时间短,因此在设计微课时要注意切入课题的方法、途径,力求新颖、迅速,而且要与题目关联紧凑,争取把更多的时间分配给内容的讲授。

2. 讲授线索要鲜明

在微课的设计中,要求尽可能地只有一条线索,在这一条线索上突出重点内容。在讲授重点内容时如需罗列论据,必须做到精而简,力求论据的充分、准确,不会引发新的疑问。在设计微课时要注意巧妙启发、积极引导,力争在有限的时间内,圆满完成微课所规定的教学任务。

3. 结尾要快捷

在微课的设计中,内容要点的归纳小结是必不可少的,好的微课小结可以起到画龙点睛的作用,可以加深所学内容的印象,减轻记忆负担。微课小结,不在于长而在于精,同时方法要科学、快捷。

4. 力求创新,亮点耀眼

在微课的设计中,一定要有独特的亮点。这个亮点可以是深入浅出的讲授,可以是细致入微的剖析,也可以是准确生动的教学语言等。微课教学有了独特的亮点,才能提升微课水准。

(五)制作实用的微课教学课件

教学课件能充分创造出一个图文并茂、有声有色、生动逼真的教学环境,为教师教学的顺利实施提供形象的表达工具,有效地突破教学难点,激发学生的学习兴趣。所以在设计微课的过程中,要注意具有美感、动静结合、合理安排信息量等问题。

三、微课制作

在微课设计完成后,利用常用的微课开发软件 PPT、CamtasiaStudio、H5 等就可以进行制作了。下面以常用的 PPT(2013 版本及以上)为例介绍以 PPT 为载体的微课制作。

(一)制作阶段

微课制作有"三宝":PPT、动画、话术稿,三者一样都不能少。在开始制作之前要确保上述三项内容都已准备好。PPT 负责微课的画面感,力求风格统一,色彩鲜艳,内容生动。在制作 PPT 时,我们除了要尽量使页面美观,也要考虑页面整体的逻辑性。建议大家可以重点设计封面、开篇、目录和内容页。动画负责微课内容的过渡,在 PPT 页面转换中设置动画、插入视频、添加 GIF 动图,都能使微课内容波澜起伏,抓人眼球。而话术稿则是微课的剧本,它将 PPT 和动画串联起来,让微课娓娓道来。同时建议将话术按照 PPT 页面分页记录,便于在录制过程中分页面呈现。

(二)合成阶段

微课制作好后,就可以进行录制了。录制微课时,建议找一个安静的环境,有条件的可以准备话筒。打开准备好的 PPT,在幻灯片放映的模块下面,选择录制幻灯片演示,就可以开始微课录制了。如果觉得微课只有图片、动画和语音,略显单调,也可以在 PPT 中插入背景音乐,把音量放到较低,为微课增加效果。

如果微课没有 PPT 而是需要在屏幕上操作,2016 及以上版本的 PPT 均有录屏功能。具体操作如下:打开 PPT,选择插入页面,选择最右边屏幕录制按钮,就可以对屏幕录制了,这个功能非常适合 PPT、EXCEL、ERP 系统操作类的微课。

(三)导出阶段

当录制好所有内容后,选择文件/导出,点击创建视频,选择你想要保存的文件格式即可,通常选择 MP4 格式。注意,如果微课时间较久或者素材较多,导出时可能会需要较长时间。

基于上述步骤,大约花费几个小时的时间,一个微课就可以问世了,生成的 PPT 播放格式或者 MP4 格式可以放在企业的内网或者在线学习平台,供大家学习和存储。打造一个好的微课所需要的时间,不比设计一个培训课程短。在短短 10min 内抓住学习者的眼球,并得到认可,这需要更强的色彩搭配、课程页面设计、情境结构铺垫等,也是对每一位微课设计者提出的更高要求,需要再接再厉,不断迭代更新和学习。

第十五章

北京公交集团企业文化价值

党的十八大以来,以习近平同志为核心的党中央高度重视社会主义文化建设,发表了一系列关于文化建设的重要论述,立意高远,内涵丰富,思想深刻,意义重大。党的十九大报告深刻阐述了文化和文化建设的重要地位及作用,指出文化是一个国家、一个民族的灵魂,阐明了发展中国特色社会主义文化的方向、目标等推进文化建设的重大问题,为坚定文化自信,推动社会主义文化繁荣兴盛提供了根本遵循。北京公交集团深入贯彻落实习近平新时代中国特色社会主义思想和党的十九大精神,高度重视企业文化的作用,从企业改革发展和生产经营的实际出发,加强企业文化建设,坚定企业文化自信,提升企业文化力量,建强企业文化品牌,形成了独具特色的北京公交集团企业文化。

第一节　北京公交集团企业文化发展历程

一、北京公交企业文化发展脉络

北京公交已有近百年的历史。1921 年,北京电车股份有限公司正式成立,古都北京驶出了第一辆有轨电车,这是北京城市公交的初始,由此掀开了北京城市公共交通事业发展的序幕。中华人民共和国成立后,成立了"北京市公共汽车公司"。经过 30 年的艰苦奋斗、创业发展,北京城市公共交通行业初步形成规模,于 1980 年 8 月改组成立了"北京市公共交通总公司",成为首都地面公共交通的经营主体。进入 21 世纪后,随着"公交优先"发展战略的确定,2004 年改制更名为"北京公共交通控股(集团)有限公司"。

北京公交集团作为国有独资大型公益性企业,是以城市地面公共交通客运主业为依托,集多元化投资、多种经济类型为一体的大型公共交通集团企业。经过近百年的发展,由诞生时的 2 条电车线路、总长 12.5 公里,成长为具有运营车辆 20000 余辆、运营线路 1000 余条、线路总长 20000 余公里的现代化企业,在首都城市地面客运中处于主体地位,发挥着主导作用。

北京公交近百年的发展历史,不仅留下了时代的烙印,同时积淀了丰厚的文化底蕴,形成了北京公交优秀的文化传统。改革开放以来,北京公交集团较早地学习、吸收国内外企业文化理论和文化管理的先进经验,解放思想,开拓创新,将企业文化理论与本企业的实际相结合,扎实推进企业文化建设。1993 年,北京公交开始了对企业文化的初步系统建设;2005 年,在总结提炼企业文化内涵的基础上,从导入企业识别系统(CIS)入手,先后形成了企业理念识别规范、企业行为识别规范和企业视觉识别规范,逐步构建起企业文化的基础框架,着力打造特色鲜明的北京公交企业文化。

2017年,北京公交集团适应新时代的新变化、新要求,对企业文化再次进行深化提炼,在北京公交百年优秀文化积淀及以往企业文化建设经验的基础上,全面提升和构建与国家及首都发展相适应,与新时期企业战略、使命和愿景相匹配的文化体系,将北京公交文化提升到"同行文化"的新高度,支撑与引领集团公司的可持续发展。"同行文化"的提出标志着北京公交集团企业文化建设进入规范化、标准化、制度化的新阶段,上升到进一步创新发展的新层次。

二、北京公交企业文化传承积淀

北京公交近百年历史积淀的优秀文化是北京公交集团宝贵的精神财富和无形资产。在建设中国特色社会主义新时代,北京公交集团的优秀文化积淀将厚积薄发,进一步绽放出展现首善形象、优质服务乘客的绚丽光彩。

1. 乘客至上,诚于服务

乘客至上、诚于服务,是北京公交集团文化的历史积淀。北京公交集团秉持"一心为乘客、服务最光荣,真情献社会、责任勇担当"的企业精神,把乘客需求放在发展的首位,优化线网结构,提供便利的出行方案;加快车辆更新,打造舒适的乘车环境;完善服务规范,打造和推广服务亮点;深化服务专项整治,解决影响乘客体验的关键问题。20世纪50年代驾驶煤气炉车的"节能状元"葛正中和著名的13路"全国红旗车队";60年代苦练售票技能"一手清"的吴兰芬;70年代解答乘客难题"百问不倒"的赵淑珍;80年代被誉为"晶莹露珠"的王桂荣、"新长征突击手"杨本莉;90年代"岗位作奉献,真情为他人"的李素丽、"活地图"任玉琢和电车"103路"车队、"大1路"等服务品牌,都是乘客至上、诚于服务的杰出代表。

乘客至上、诚于服务,是北京公交人真诚美德的一脉相承。几十年来,北京公交集团坚持岗位学雷锋,把真诚作为优质服务的第一要义、职业素养的第一准则,不断提升整体服务水平。广大员工把对乘客的真诚化作诚挚的爱心、热忱的态度、和善的话语、文明的举止,真心服务于社会大众,使北京公交成为首都的一张靓丽名片。

2. 心怀大局,勇于担当

扎根于广大员工心中的首都意识,铸就了北京公交人心怀大局、勇于担当的责任自觉。

(1)心怀助力首都发展的大局。广大员工深知公共交通是城市主要的出行方式,关系人民群众日常工作和生活,关系城市正常运转,关系首都经济发展,深感公交服务工作责任重大,平凡而光荣。几十年来,伴随着首都城市建设的快速发展,公交线路不断向新建小区和郊区村镇延伸,北京公交集团广大员工牢固树立大局意识,勇于担当责任,保证了条条新线按时开通,满足了广大群众公交出行的需求。

(2)心怀展现首都形象的大局。广大员工把本员工作和中央对北京的"四个服务"要求紧密联系起来,以树立首都形象、展示首善风采为己任,在北京窗口服务领域率先提出"在全国人民面前代表首都,在世界人民面前代表中国"的响亮口号,做讲文明、有礼貌的北京人,通过公交服务的良好形象为首都形象增光添彩。

(3)心怀服务首都大事的大局。北京公交集团在首都历次重大政治活动中,认真落实市委、市政府工作部署和要求,以高度的政治责任感,选配高素质员工和精心保养的车辆参加运输保障工作,精心组织,精细调度,精准衔接,保证了每一次重要任务的圆满完成。

3. 拼搏敬业,甘于奉献

公共交通是一刻不能停摆的城市动脉,公交人的职责就是保证城市动脉畅通。"让更多的人享受更好的公共出行服务"的光荣使命,激励北京公交集团员工把方便带给乘客,把困难留给自己,形成拼搏敬业、甘于奉献的文化积淀。

拼搏敬业、甘于奉献的文化积淀,是北京公交集团薪火相传的优秀品质。在平凡的工作岗位上,在风雨无阻的公交服务中,在起得最早归得最晚的奉献中,北京公交人诠释着"一心为乘客,服务最光荣,真情献社会,责任勇担当"的企业精神,在为他人服务的奋斗中实现个人的人生价值。

拼搏敬业、甘于奉献的文化积淀,是坚持不懈、精心培育的结果。长期以来,北京公交集团各级组织始终注重员工队伍建设,大力营造"吃苦耐劳、乐于奉献、勇挑重担、先进引领"的思想氛围,使拼搏敬业,甘于奉献成为群体的思想境界,使员工队伍成为坚守国企职责,忠诚公交事业,在急难险重任务中迎难而上,在平凡工作岗位上兼程往复,以强烈政治责任感和社会使命感奉献于首都发展的过硬员工队伍。

4. 以人为本,长于关爱

以人为本、长于关爱是北京公交集团长期形成的优良传统,是坚持党的群众路线在企业文化中的具体体现。

以人为本、长于关爱充分体现在以员工为本。北京公交集团视员工为企业的根本,依靠员工群众办好国有企业,发挥员工代表大会的职能和作用,在企业改革发展中切实维护员工根本利益。坚持关心员工生活,做好事、办实事、解难事,让员工快乐工作、感受尊严。坚持优机制、搭平台、创氛围,促进员工强能力、提素质,不断成长、实现梦想。

以人为本、长于关爱,充分体现在以乘客为本。北京公交集团视乘客为服务主体,坚持"以人为本、乘客至上、创新发展、追求卓越"的核心价值,履行"让更多的人享受更好的公共出行服务"的企业使命,从乘客需求出发,不断优化线路,"减重复""提运速""便接驳""增覆盖",提供优质服务和多样化服务。通过不断创新公交经营模式,引领公众出行方式,吸引公众首选公交出行,为提升城市生活品质、治理大气污染、减轻道路拥堵做出了应有的贡献。

第二节　北京公交集团企业文化建设体系

一、北京公交企业文化发展目标

企业文化发展目标是企业文化建设工作实施的"统领",具有阶段性特点,其内容决定了在较长的一段时期内,企业文化建设方向的准确性、计划的有效性和落实的可行性,是支撑企业发展总体战略布局的重要组成部分,确保企业文化建设形成整体规划、有序推进的总体格局。

现阶段企业文化建设发展阶段性目标即"四个高":建设一个"高趋同"的价值理念体系、构建一个"高效率"的文化管理模式、坚持开展"高层次"的文化实践创新、大力塑造"高信赖"的集团品牌形象。

建设一个"高趋同"的价值理念体系:开展企业文化优化升级,形成体现集团特色、具有前瞻性的理念体系。梳理提炼,构建核心价值观指导下的、适应公交集团变革发展的行为规范体系。

构建一个"高效率"的文化管理模式:健全责任体系,组建一支覆盖全面、专业精干的企业文化建设队伍,建立分工明确、齐抓共管的工作机制。明确"一主多元"的母子文化架构,指导二、三级单位开展统一文化下的特色实践,不断丰富和发展公交文化。

坚持开展"高层次"的文化实践创新:理念引导,进行核心价值观指导下的管理创新,有计划、有主题、有重点地开展管理提升活动,提升企业的管理效能。实践渗透,推进特色实践载体创新,开展六大文化建设与特色子文化建设,促进企业文化的落地生根。

大力塑造"高信赖"的集团品牌形象:科学定位,梳理品牌架构,明确品牌核心价值,塑造个性鲜明、凸显公益属性的"北京公交"的品牌形象。精准传播,制定品牌传播规划,开展贴近时代、贴近百姓的系列品牌活动,提升"北京公交"品牌的影响力。

通过"四个高"的企业文化建设阶段性目标,持续提升集团公司企业文化建设水平,使企业文化深度融入日常工作以及企业管理,逐步形成富有集团特色的企业文化建设行业标杆,充分发挥企业文化的向心力和凝聚力,达到统一思想、凝聚共识、规范行为、塑造品牌的良好效果,推动员工由"制度驱动"转变为"价值观驱动",为集团公司发展提供强大的文化支撑。

二、北京公交"六大文化"建设

北京公交"六大文化"建设是贯彻落实党的十九大精神,坚定文化自信的重要体现;是企业牢记初心使命,保持高度战略定力和发展方向的内在要求;是推动企业现代化建设,完善企业现代治理体系,提升企业"文化软实力"的重要举措。文化是企业发展最根本、最持久的力量,在新的时代背景、新的发展阶段下,集团公司党委高度重视企业文化建设,提出了开展"六大文化"建设,即理念文化、制度文化、识别文化、仪式文化、行为文化、执行力文化,以此把有形的文化和无形的文化结合起来,让文化不虚化、不空谈,落地有声,落实有力。这"六大文化"相辅相成,相互联系,相互支撑,既是对北京公交以往企业文化的精心提炼,又是对现代文化的吸收升华,翻开了新时代北京公交企业文化建设的新篇章。

1. 理念文化

理念文化是企业文化的核心和灵魂,是企业在生产经营过程中受文化传统、意识形态影响而形成的一种长期的文化观念和精神成果,具有导向、约束、激励、凝聚等作用。理念文化坚持传承与创新相结合,在总结归纳企业发展历程中积淀而形成的优秀文化元素。理念文化一般由企业使命、愿景、核心价值观和企业精神以及具体的实践理念组成。开展理念文化建设,重点在于突出企业文化的核心价值,传承公交优秀企业文化,践行企业使命、企业愿景、核心价值观、企业精神等,通过强化理念文化,起到凝心聚力的重要作用,营造北京公交良好的企业文化氛围,增强全体员工对企业的认同感和归属感。

2. 制度文化

制度文化是推进企业治理体系和治理能力现代化的重要支撑,是全面依法治企、强化企业民主管理、科学管理的集中体现,也是企业全体员工共同遵循的行为规范。科学合理的制度文化既是优秀企业文化的客观反映,也是对于贯彻实施企业文化的重要保障。制度文化可以将企业文化理念转化为实际可操作的管理制度和机制,使各项制度反映企业文化理念,做到"固化于制"。集团实施制度文化主要体现在公开、公平、公正上,要突出激励、业绩、能力导向。通过制度执行实现有序管理,树立制度的威严,使管理有法可依;结合企业服务对标、内控管理等工作,在运营生产实际过程中强化员工的制度意识、责任意识,使员工对制度逐渐认同、深入理解、严格执行,把外在的行为约束转化为内在的信念约束,形成内在管理的制度约束机制。

3. 识别文化

识别文化是对企业文化理念的具体物质与形象表现,对扩大"北京公交"影响力、号召力和凝聚力具有重要作用,是企业形象鲜明的视觉展现,将集团企业文化、企业规范转化为清晰可见的识别系统,进而凝聚核心价值文化的共识。开展识别文化建设,要在车厢、场站、站台识别中突显公交文化特色,让企业愿景、企业使命、企业核心价值观随处可见,在公益性企业范围的车辆、设施中冠以"北京公交",注重无形资产和知识产权的保护,形成文化的聚合力。对企业视觉识别系统进行规范化应用和升级,进一步明确企业标识(Logo)、企业标准色、标准专用字体、企业名称规范、辅助图形应用等;将识别文化贯穿于企业的经营管理行为之中,展现企业形象特征,树立企业品牌文化,起到内聚人心、外树形象的作用。

4. 仪式文化

仪式文化以宣传企业的核心价值文化为重点,是把集团开展的某些工作固定化、程式化,是展示企业形象的重要途径和方式。仪式文化以集体行为的结构化和稳定的模式为特征,是一个不断强化文化宣传的过程。发挥仪式文化的作用,能够通过有形的活动将无形的文化理念内化于心,潜移默化地影响员工思维,形成文化习惯,增强员工的归属感和自豪感,有效解决企业文化的落地问题。

5. 行为文化

行为文化是员工在生产经营、人际关系中产生的活动文化,是以员工的行为为形态的企业文化。行为文化真实地反映了企业的使命、愿景和精神面貌,是企业核心价值文化的折射。在行为文化的实践中,要以安全、运营、服务各项工作为重点,倡导员工的职业道德和诚信服务,满足乘客出行需求,提高服务水平,体现文明行为,帮助员工从思想意识、管理行为上塑造公交行为文化,提升员工的整体素养。

6. 执行力文化

执行力文化是把"执行力"作为所有行为的最高准则和终极目标的文化,体现了企业的核心竞争力。执行力文化的关键在于透过企业文化塑造和影响企业所有员工的行为,形成全心全意、令行禁止、权责明确等工作作风。执行力文化是一个落实的过程,也就是不断发现问题进而解决问题的过程。具体体现为说我们做的,做我们说的,说到做到,通过考核、督查等方式全面加强,不仅要列项目,更重要的是盯结果,做到积极作为、善于作为、依法作为。

三、北京公交企业标识升级

随着时代变迁,企业理念文化更新,为使企业标识更富于时代性、国际化的要求,2017年北京公交集团以目前国际上较为流行且具有北京特征的红灰配色为基准,并根据继承借鉴、融合创新、创意设计的原则,对企业标识进行调整和完善如图 15-1 所示。

图 15-1　北京公交企业标识

新的企业标识主要致力于打造"北京公交"品牌新形象,规范企业标识的整体形象应用,新标识的使用规定品牌标识以品牌形象图形(企业 Logo)、品牌标准字、英文构成整体品牌形象,三者原则上不可拆分,以保证北京公交企业品牌整体形象鲜明、简洁,从而在更大范围内提升"北京公交"的社会认知度。

标识遵循简洁明快的国际化设计理念,体现出北京公交集团的开放性、包容性、时代性。整体为椭圆造型,寓意方向盘和车轮,代表行业属性,体现出北京公交集团"同行文化"的融合力、凝聚力、向心力。

标识采用红、灰两种基本色。红色是首都的文化印记,有吉祥喜庆的寓意;灰色是北京青砖灰瓦的传统色彩,有深入人心的地域特征。两色相配,大气稳重,既体现出北京公交服务首都的政治责任,以及北京公交人服务公众的主动与热情,又富有历史感和地域感,展现出北京古老与现代相融的文化气息。

标识由三条线段围绕一个圆环,形似北京环形及散射状的路网,寓意北京公交集团立足首都、面向京津冀、走向世界的开放、创新之路,也寓意北京公交集团打造"互联网+公交",实现互联互通,秉持智慧之道,建设现代公交的理念。

标识中间的红色飘带,似宽广的道路向远方延伸,象征北京公交集团走过百年的发展历程。北京公交集团在国家"一带一路"、非首都功能疏解、京津冀协同发展等新的历史条件下,践行"创新、协调、绿色、开放、共享"五大发展理念,打破固有观念,拓宽发展思路,谋新路、创新篇,体现了北京公交集团肩负新的使命、朝着新的愿景,公交现代化建设之路越走越宽,走向更加宽广美好的未来。

标识整体寓示新的历史时期,北京公交人既传承历史、同心同德、和融共生,又开拓创新、行无止境、追求卓越,不断走好建设国内领先、世界一流的现代公共交通综合服务企业新征程。

第三节　北京公交集团企业文化价值理念体系

北京公交集团企业文化价值理念体系是以"同行文化"为主题,包括"同行"内涵、"同行"价值(核心理念层)、"同行"共识(应用理念层)三个层面。

一、"同行"内涵

"同行"内涵是对"同行文化"概念的阐释,包括两个方面:一是同心同德,和融共生;二是行无止境,追求卓越。

1. 同心同德,和融共生

"同心同德,和融共生"体现的是北京公交人的情怀,更是信仰。"同心"内涵为共筑公交梦想,共促公交事业,统一思想行动;"同德"内涵为继承传统美德,恪守职业道德,弘扬精神文明;"和融"内涵为秉持公益定位,响应各方期盼,共建和谐生态;"共生"内涵为坚守惠众利民,坚持携手共进,实现协同发展。

"同心同德,和融共生"是北京公交集团"同行文化"体系中"六元价值"的内涵体现,表明北京公交集团始终坚定地与乘客同行、与政府同行、与员工同行、与社会同行、与伙伴同行、与行业同行,相互促进、携手共建,实现乘客满意、政府信任、员工幸福、社会赞誉、伙伴共赢、行业引领,共创首都公交美好明天。

2. 行无止境,追求卓越

"行无止境,追求卓越"体现的是北京公交人的进取,更是信念。"行无止境"内涵为勇担社会责任,提升服务品质,实现宏伟愿景;"追求卓越"内涵为谋求持续进步,推动跨越发展,实现公交梦想。

"行无止境,追求卓越"是北京公交集团新时期"三步走"发展战略部署的内涵要求。表明北京公交集团持续提升公交服务品质,提升资产经营质量,提升资本运作效益,促进企业健康可持续发展,致力成为"世界公共交通服务领域内具有较强影响力的公交企业"。

二、"同行"价值

"同行"价值是指北京公交集团"同行文化"的核心价值理念,共分为四个部分:一是使命,二是愿景,三是核心价值观,四是企业精神。

1. 使命

使命是北京公交集团存在的本质意义、肩负的根本任务。北京公交集团的企业使命是:让更多的人享受更好的公共出行服务。使命的内涵释义为:我们企业的本质是公益性服务,定位于"现代公共交通综合服务企业",为公众提供安全、快捷、方便、准时、舒适的"公共出行服务"是北京公交人的根本职责与庄严承诺。我们立足首都,服务京津冀,不断拓展经营领域,不断提升服务水平、不断满足出行需求,不断增强公交吸引力,让"更多的"人享受到公交优质服务。我们始终把提高出行服务品质放在首位,持续推进现代公交发展,以现代化设施、精细化管理、标准化服务,让公众享受到"更好的"公共出行体验。

2. 愿景

愿景是北京公交集团对未来发展的现实追求,是北京公交人为之奋斗的美好蓝图,努力实现的长远目标。北京公交集团的企业愿景是:引领公众出行方式,提升城市生活品质,成为卓越的国际性控股集团。愿景的内涵释义为:创新公交经营模式,提高公交运行效率,满足多样化出行需求,引领公众出行方式。北京公交集团倡导文明交通,推动绿色出行,共筑智慧公交,提升城市生活品质。北京公交集团做强做优做大主业,以一流人才、一流管理、一流经营、一流服务、一流效益、一流品牌,提升综合实力,提升服务品质,打造国际性控股集团,逐步成为世界公共交通服务领域内具有较强影响力的公交企业。唯有卓越,方能拥抱未来。

3. 核心价值观

核心价值观是北京公交集团存在意义的评价标准,北京公交人行为价值的选择标准,是北京公交集团的文化本质。北京公交集团的核心价值观是:以人为本,乘客至上,创新发展,追求卓越。"以人为本,乘客至上"是北京公交集团文化的历史积淀;"创新发展,追求卓越"是北京公交集团文化的时代引领。核心价值观的内涵释义为:北京公交集团视员工为企业的根本,坚持人性化管理,维护员工基本权益,促进员工全面发展,营造积极和谐的企业氛围,打造北京公交人共同的精神家园。北京公交集团视乘客为服务的主体,秉承"吃苦耐劳、乐于奉献、勇挑重担、先进引领"的优秀品格,践行"让乘客满意"的社会责任,"让政府放心"的政治责任。北京公交集团视创新为发展的核心,坚持观念创新,转变思维方式,开阔发展思路;坚持管理创新,转变管理方式,促进提质增效;坚持技术创新,转变服务方式,实现服务升级。北京公交集团视卓越为前进的目标,追求持续进步,追求跨越发展,追求实现乘客利益最大化、员工进步最大化、公交发展最大化,实现国内领先、世界一流,筑就"公交梦"。

4. 企业精神

企业精神是北京公交集团员工在长期工作实践中形成的意志品质,是企业发展、员工进步的精神动力。北京公交集团的企业精神是:一心为乘客,服务最光荣,真情献社会,责任勇担当。企业精神的内涵释义为:北京公交集团以奉献公交事业为荣,全心全意为乘客服务。温暖同乘,快乐同行,以真心感动乘客、以爱心关怀乘客、以热心帮扶乘客、以细心照顾乘客、以诚心回应乘客,在平凡岗位中永葆创先争优、服务一流的精神追求。北京公交集团以保障公众利益为责,真心实意为社会服务。情牵社会,心系民生,勇于肩负首都国企的政治责任、公益企业的社会责任,时刻保持敢打硬仗、能打胜仗的责任担当,为实现国际一流的和谐宜居之都贡献力量。

三、"同行"共识

"同行"共识是指北京公交集团"同行文化"应用层面的理念,共有八个部分:一是服务理念,二是管理理念,三是安全理念,四是科技理念,五是人才理念,六是学习理念,七是廉洁理念,八是品牌理念。

1. 服务理念

服务理念是北京公交集团为展示良好行业形象、赢得公众认知所奉行的基本信念,体现出北京公交人恪守公益性国有企业定位的服务本质。北京公交集团服务理念主题是打造"真情公交",理念为"真诚于心,奉献于行"。

真诚是北京公交人一脉相承的光荣传统。北京公交集团把真诚作为优质服务的第一要义、职业素养的第一准则,以诚挚的爱心、热忱的态度、和善的言语、文明的举止服务于社会公众。奉献是北京公交人代代相传的优良作风。北京公交集团坚守国企职责,忠诚公交事业,在急难险重任务中迎难而上,在平凡工作岗位上兼程往复,以强烈的政治责任感和社会使命感奉献于首都发展。

2. 管理理念

管理理念是北京公交集团开展管理活动的基本原则,是实现固本强基、提质增效等一系列管理实践的基础保障。北京公交集团管理理念主题是打造"精益公交",理念为"管必精细,行必高效"。

北京公交集团坚持目标导向,推行精细化管理。通过"决策科学化、经营法治化、基础坚实化、行为标准化、规范全员化",管理环节做实做细,实现工作流程精细创优,达到"人人重细节、事事见效益"。北京公交集团坚持问题导向,聚焦高效执行力。言出必践,发挥主观能动性,全面准确,落实决策部署;行有建树,提高工作效率,加强团队协作,实现组织优化协同创效,达到"责任全方位、行动高效率"。

3. 安全理念

安全理念是北京公交集团打造"大安全"体系,打牢安全维稳基础的指导思想,实现企业持续安全稳定发展的基本原则。北京公交集团安全理念主题是打造"平安公交",理念为"安全发展,共享安全"。

安全是企业的生存之本。北京公交集团树立"总体安全观",坚持"安全第一"的红线意识和底线思维,依法建安、规范促安、精细创安、科技强安,打牢安全维稳基础,提高全面保障能力,实现企业长治久安。安全是员工的首要责权。北京公交集团牢记"公交无小事"的责任意识,坚持维护安全稳定人人有责,完善责任体系,发挥协同效应,全员"想安全、懂安全、保安全",共建和谐稳定环境,共享安全发展红利。

4. 科技理念

科技理念是北京公交集团不断追求公共交通服务科技现代化、信息化及设备设施技术开发应用等方面的基本认知。北京公交集团科技理念主题是打造"智慧公交",理念为"创新驱动,引领发展"。

科技理念旨在着力创新驱动,依托"互联网＋公交"的深度融合,发挥创新思维,凝聚创新力量,促进绿色公交、信息公交、智能公交等领域的新技术应用,推动公交科技进步,保持领先水平。引领未来发展,关注公众出行方式的转型升级,聚焦运营效率、服务品质、节能环保、产业发展的全面提升,深化数据资源互联互通,提高国际化智能科技水平,打造城市智慧公交。

5. 人才理念

人才理念是北京公交集团对员工价值和团队管理的根本认知,体现出北京公交集团与员工共生、共创、共赢的发展原则。北京公交集团人才理念主题是打造"人文公交",理念为"尊重关爱,共同成长。"

员工是企业创新发展的核心推动力。尊重每一位员工的人格尊严与职业诉求,关爱每一位员工的身心健康与发展进步,保障员工合法权益,营造和谐工作环境,激发员工工作热情,增强员工归属感。员工是公交事业进步的关键同路人。依靠每一位员工的价值创造力,完善培育激励机制,提供职业发展平台,让员工更加自信、更加自强、更加自豪,实现企业与员工同步发展、共同成长,增强企业凝聚力。

6. 学习理念

学习理念是北京公交集团对学习重要性和方法论的认知,是打造学习型企业的指导思想。北京公交集团学习理念主题是打造"知识公交",理念为"尚学求进,尚行求实"。

崇尚学习,追求进步。北京公交集团营造"书香公交"的学习氛围,强调全员学习、主动学习、终身学习,让学习成为习惯、成为乐趣,在学习中开拓思维、增长能力、提升素养,做知识型北京公交人。推崇行动,讲求实干。北京公交集团强调工作岗位就是实践平台,工作过程就是实践过程,工作结果就是学习成果,让实干成为自觉、成为风尚,在实践中知行合一、学以致用,做实干型北京公交人。

7. 廉洁理念

廉洁理念是北京公交集团各级领导干部在党风廉政建设中所遵循的基本原则和政治素养。北京公交集团廉洁理念主题是打造"阳光公交",理念为"严格自律,风清气正"。

廉洁理念是指自律其身,忠诚信仰、严守底线、慎独慎微;自律其位,坚持原则、秉公履职、知人善任;自律其权,依法用权、公正用权、谨慎用权;自律其行,遵规守纪、率先垂范、接受监督。坚持以"零容忍"的态度惩治腐败。全面构建廉政风险防控体系，筑牢防线、拒腐防变，做到不敢腐、不能腐、不想腐。弘扬风清弊绝的浩然正气，营造激浊扬清、以廉为美的清廉风尚。

8.品牌理念

品牌理念是北京公交集团的品牌价值承诺，体现出北京公交集团的历史使命与价值追求。北京公交集团品牌理念主题是打造"品质公交"，理念为"一路同行，一心为您"。

北京公交与您一路同行。您是北京公交集团赖以生存的根基，您的需求就是北京公交集团前行的动力。北京公交集团是您最忠实的伙伴，信守与您的约定，寒来暑往真情服务，披星戴月永葆初心。北京公交为您一心服务。致力于构建更加安全、快捷、方便、准时、舒适的现代公共交通服务体系，为您营造更加通畅、和畅、舒畅的出行体验，让更多的人享受更好的公共出行服务。

第四节　北京公交集团员工行为规范

北京公交集团员工行为规范主要从企业文化建设的角度对企业员工进行规范，包括员工行为公约、行为准则和行为礼仪三个方面的内容。

一、行为公约

行为公约是企业全体员工共同遵守的约定，是企业员工共同信守的行为规范。行为公约共有八条，分别是：爱国守法、爱岗敬业、创先争优、团结协作、诚信友善、尊重包容、学习创新、健康自律。

1.爱国守法

爱国守法是所有北京公交集团员工履职行为的底线，是指要热爱祖国，恪守公民基本道德规范，践行社会主义核心价值观。心中信法、遵纪守法，依法行使权利，自觉履行义务，争做合格公民。

2.爱岗敬业

爱岗敬业是所有北京公交集团员工履职行为的本分，是指要忠诚企业，热爱本员工作，认真履行职责，优质高效完成任务。秉持职业道德，提高职业素养，充分发挥主观能动性。

3.创先争优

创先争优是所有北京公交集团员工履职行为的目标，是指要为愿景而奋斗，以高昂的精神状态投入工作,以实际行动创造佳绩。努力成为岗位标杆,为企业创造效益,为社会贡献价值。

4. 团结协作

团结协作是所有北京公交集团员工履职行为的前提,是指要怀有共同的奋斗目标,互相信任,积极沟通,共同搭台。凝聚团队智慧,发挥团队力量,维护工作大局和集体利益。

5. 诚信友善

诚信友善是所有北京公交集团员工履职行为的基础,是指要遵守诺言,恪守信用,言必信,行必果。待人真诚,谦敬礼让,帮扶互助,传递友善。

6. 尊重包容

尊重包容是所有北京公交集团员工履职行为的共识,是指要尊重每一个人的想法和能力,尊重每一个人的付出和价值。换位思考增加理解,坦诚沟通化解争议,深度交流达成共识。

7. 学习创新

学习创新是所有北京公交集团员工履职行为的途径,是指要增强学习意识,提高学习能力,实现学习常态化、学习实效化。突破定式思维,坚持持续改进,追求更高的效率、更好的自己。

8. 健康自律

健康自律是所有北京公交集团员工履职行为的修养,是指要倡导健康的生活方式,陶冶高尚的道德情操,保持积极的阳光心态。严于律己,让自律成为一种习惯,保持良好的精神状态。

二、行为准则

行为准则是北京公交集团员工根据各自岗位的具体要求,在行为公约基础上进一步的工作标准和具体原则。

具体到北京公交集团驾驶员的行为准则,主要包括岗位理念和关键行为两个方面的要求,驾驶员的岗位理念是"文明驾驶,安全送达"。驾驶员的关键行为是"遵章守纪,服从指挥;精神集中,平稳行车;安全第一,处置得当"。

三、行为礼仪

行为礼仪是北京公交集团员工在日常工作中要遵守的道德习惯,是企业员工素质、教养、道德等的集中体现。包括基本礼仪、工作礼仪和公共礼仪三个层面。

1. 基本礼仪

基本礼仪包括仪容仪表和言谈举止两个方面。

仪容仪表就是指要做到：面部干净、发须整洁、妆容淡雅、衣着得体、配饰简洁、形象大方。

言谈举止就是指要做到：语言文明、语调柔和、语速适中、坐姿端正、站姿挺拔、行姿稳健。

2. 工作礼仪

工作礼仪包括工作交往、工作汇报、拜访接待、通讯交流、会务活动五个方面。

工作交往就是指要做到：称谓礼貌、主动问候、亲切握手、言谈和蔼、手势得体、谦和有度。

工作汇报就是指要做到：准备充分、发言简明、条理清晰、征询意见、准确记录、领会精神。

拜访接待就是指要做到提前预约、遵约守时、真诚致谢、安排得当、迎送合规、礼宾有序。

通讯交流就是指要做到：在电话沟通时确认身份、表述清晰、记录重点；在电子邮件沟通时主题明确、语句准确、格式规范；在传真沟通时信息完整、及时转呈、确认送达。

会务活动就是指要做到：组织者能够精心筹备、全程保障、后续跟进；参与者能够准时参会、认真倾听、遵守规则；主持人能够言达行雅、掌控议程、稳健灵活；发言人能够态度谦和、表达精准、把握时间。

3. 公共礼仪

公共礼仪就是指要做到：遵规守纪、文明自律、友善礼让、和睦共处、尊老爱幼、乐于助人、爱护公物、节约环保。

第五节　北京公交集团企业文化实践活动

北京公交集团企业文化实践活动是在企业文化价值理念体系的基础上，从文化外在实践的角度，对企业文化建设进行的丰富发展。通过企业文化实践活动对企业核心价值理念进行宣贯，使之成为企业员工的行动自觉和行为自觉，不断提升企业文化的影响力、传播力、传导力。

北京公交集团企业文化实践活动主要内容是要突出发挥"新媒体、新平台、新仪式、新空间"在企业文化创新实践中的作用，从载体层面深入开展二十项重点任务，即"一个全媒体宣贯载体"；"五个文化传播平台"，包括员工互动平台、文体活动平台、在线学习平台、形象展示平台、公益活动平台;"六大仪式文化建设",包括员工入职仪式、员工退休仪式、教育激励仪式、入党入团仪式、管理任职仪式、企业纪念仪式;"八项文化实践活动",包括讲好一堂企业文化课、组建一支文化宣讲团、拍好一批公交金镜头、挖掘一组公交好故事、开辟一档公交微节目、聘请一批公交代言人、设计一套文化衍生品、设立一个员工"文化节",简称企业文化"1、5、6、8"实践体系。

一、打造"一个全媒体宣贯载体",强化文化传导深度

一个全媒体宣贯载体主要指通过树立"互联网+文化"的思维,高度重视传播手段建设和创新,充分利用微博、微信、网站、视频平台、宣传园地、车载电视等媒体平台,持续认真做好党的十九大精神的学习宣传,设计制作符合干部员工审美需求的企业文化主题海报、宣传片和微视频,通过全媒体文化宣贯载体宣传企业文化理念和价值导向,实现企业文化建设线下线上同步发力。

二、构建"五个文化传播平台",增强文化感染力度

1. 员工互动平台

员工互动平台通过开通企业移动门户,丰富新媒体平台的推送内容和服务方式,使员工可以更便捷地浏览企业动态和个人信息,进一步拓展文化宣教管理新渠道。

2. 文体活动平台

文体活动平台主要依托集团公司官方微博、微信、网站和员工文体协会,以员工和公众喜闻乐见的各类文体形式,积极组织开展线上线下互动体验活动,提高公交员工及广大乘客对公交文化的体验感,营造浓厚的企业文化氛围。

3. 在线学习平台

在线学习平台主要指充分利用"公交在线学习平台"APP功能和资源,以企业文化专题答卷、文化理念教育资料等为主要内容,组织开展知识竞赛、教育培训和学习交流活动,进一步提升企业文化理念宣贯的覆盖率。

4. 形象展示平台

形象展示平台主要指精心筹建新北京公交展示馆,通过引入先进科技手段,创新宣传展示内容,使之成为北京公交历史文化与发展成就的全景展示平台。借助展示馆等载体,开展同行交流、社会宣传、员工教育等文化传播活动,充分展示企业品牌形象,进一步扩大企业文化影响力。

5. 公益活动平台

公益活动平台主要围绕企业文化理念,结合开展特色公益活动,主题日活动、青

年志愿服务活动等,积极传播传导企业价值理念,展现公交品牌价值,提升社会公众对公交企业文化的认知度。

三、推进"六大仪式文化建设",提升文化体验温度

1. 员工入职仪式

员工入职仪式是指通过组织新员工观看"入职教育片"、参观公交展示馆、举行入职宣誓、参加专业入职教育,促进新员工了解和掌握企业发展历程、使命愿景、核心价值观、企业精神、劳模先进事迹,提高新员工的荣誉感、使命感和忠诚度,使他们尽快适应和融入企业文化。

2. 员工退休仪式

员工退休仪式是指按照"统一规范,分级实施,定期开展,灵活多样"的原则,结合实际,组织退休员工开展"五个一"活动,即开展一次谈心谈话、颁发一块荣誉奖牌、拍摄一张退休合影、赠送一份退休纪念、送上一句温馨祝福活动。提高干部员工的归属感、成就感和获得感。

3. 教育激励仪式

教育激励仪式是指通过开展"金方向盘"评选、先进集体、先进个人评选表彰仪式、"七一"表彰仪式,以及建立员工班前宣读岗位职责等班组仪式、特色仪式,充分发挥仪式的教育激励功能。

4. 入党入团仪式

入党入团仪式是指依照党团规章制度要求,在组织开展相关仪式活动中,增加企业文化理念的相关内容。

5. 管理任职仪式

管理任职仪式是指根据相关管理层级任职要求,开展颁发任命书、举行任职宣誓活动。

6. 企业纪念仪式

企业纪念仪式是指针对企业重要庆典活动,规范纪念活动的报送审批及开展相关纪念仪式的流程,在仪式活动中规范展示企业标志标识,奏唱司歌、升司旗等环节。

四、培育"八项文化实践活动",拓宽文化影响维度

1. 讲好一堂企业文化课

讲好一堂企业文化课是指以公交"文化讲堂"形式为重点,由各级党组织负责人

结合本单位实际,或邀请外部文化建设专家,定期讲好一堂企业文化课,帮助员工准确把握企业的使命和愿景、企业精神与核心价值观,实现企业文化建设自上而下、有效传导。

2. 组建一支文化宣讲团

组建一支文化宣讲团是指以员工宣讲团为骨干组建企业文化宣讲团,以基层员工喜闻乐见的方式,开展覆盖全体员工的企业文化理念宣贯活动,深入基层车队、车间开展巡回宣讲,宣传先进事迹,讲好公交故事,传播公交正能量,实现企业文化建设由外及内,平行灌输。

3. 拍好一批公交金镜头

拍好一批公交金镜头是指以"金镜头"摄影摄像评比活动为载体,引导员工发现和记录工作中的美好瞬间,展现新时期公交企业发展成果和员工队伍优良风貌,不定期进行评选、奖励,并通过官方平台向外传导,用影像讲述公交故事、传递公交形象,实现企业文化建设寓教于乐,常态运转。

4. 挖掘一组公交好故事

挖掘一组公交好故事是指以传承北京公交优秀文化为主题,深入挖掘公交企业和公交人身上的闪光点,整理出一批反映行业精神和员工风貌的真情故事,形成故事集,实现企业优秀文化的准确记录和文学升华。

5. 开辟一档公交微节目

开辟一档公交微节目是指以解决企业文化持续传导"最后一公里"问题为抓手,编辑制作《公交频道》特别节目,涵盖公交企业文化理念宣传内涵,坚持在基层300台移动终端播放,营造企业与员工同心同德、风雨同行的文化氛围。

6. 聘请一批公交代言人

聘请一批公交代言人是指要开展明星公益代言活动,邀请符合企业理念的社会名人和优秀员工担任"北京公交形象大使",策划丰富多彩的公交企业文化活动,对内吸引员工参与企业文化活动,对外倡导公交文化理念,进一步提升公交企业的影响力。

7. 设计一套文化衍生品

设计一套文化衍生品是指在完善传统视觉识别系统应用的基础上,拓展具有公交行业文化特色的展示渠道,设计制作公交吉祥物等文化衍生品,面向全社会进行设计方案征集,甄选优秀设计图稿,并制作成贴图、海报、展板等宣传品,争取入围"北京礼物",在人流密集的机场、火车站、展馆等公共场所进行广泛宣传和推广,增强公交文化生命力,提升北京公交品牌形象。

8. 设立一个员工"文化节"

设立一个员工"文化节"是指以员工"文化节"为主题,依托"国企开放日""公交出行达人""绿色出行公社区""党员干部进社区""基层单位互动共建"等公益品牌活动,进一步丰富公交文化实践活动内容和形式,打造具有公交情怀和独特生命力的文化主题节日活动,增强与社会公众的互动交流,提高公交文化吸引力,扩大企业的社会影响力。

附录

计算机应用相关知识

- 一、计算机的组成
- 二、计算机的硬件系统
- 三、计算机的软件系统
- 四、计算机安全使用与病毒防治
- 五、多媒体技术与计算机网络
- 六、操作系统的基本概念
- 七、Windows的基本操作
- 八、Word快速入门
- 九、Word文档写作和编辑技巧
- 十、Excel使用入门和编辑技巧
- 十一、PowerPoint使用入门和编辑技巧

参 考 文 献

[1] 汤定国.发动机构造与维修[M].北京:人民交通出版社,2002.
[2] 袁杰.车身构造及附属设备[M].北京:人民交通出版社,2015.
[3] 刘晓岩,王永丰.汽车电子控制技术[M].北京:化学工业出版社,2016.
[4] 李京申,刘波.电子电气系统[M].北京:教育科学出版社,2004.
[5] 李京申,刘波.发动机性能[M].北京:教育科学出版社,2003.
[6] 朱启臻,职业指导理论与办法[M].北京:首都师范大学出版社,1996.
[7] 徐晓慧.机动车驾驶人必读[M].西安:陕西电子科技大学出版社,2004.
[8] 汽车故障诊断技术[M].北京:中央广播电视大学出版社,2007.
[9] 汽车故障诊断[M].北京:中国劳动社会保障出版社,2010.
[10] 黄孟涛.汽车电器设备[M].北京:中国劳动社会保障出版社,1998.
[11] 杨维俊,周明亮.汽车空调结构原理及典型故障案例[M].北京:机械工业出版社,2012.
[12] 严安辉.汽车电控柴油发动机检修[M].北京:中国劳动社会保障出版社,2010.
[13] 北京公共交通控股(集团)有限公司编.公交员工(工人)岗位知识读本[M].北京:人民交通出版社,2016.
[14] 人力资源和社会保障部教材办公室组织编写.技师专业论文撰写指南[M].2版.北京:中国劳动社会保障出版社,2016.
[15] 人力资源和社会保障部教材办公室组织编写.汽车驾驶员(技师)[M].北京:中国劳动出版社,2013.
[16] 朱启臻.职业指导理论与办法[M].北京:首都师范大学出版社,1996.
[17] 王晓林.汽车指导驾驶员培训教材[M].北京:人民交通出版社,2009.